基于系统论的行为资产定价理论与模型研究

孙有发　著

本书出版得到广东省高水平大学建设经费，以及国家自然科学基金项目“带双层反馈的非线性随机波动率期权定价模型研究”（项目编号 71771058）、“带反馈的随机波动率股票定价模型研究”（项目编号 70801019）资助

科学出版社
北　京

内 容 简 介

本书将系统科学方法论引入行为金融学研究中，研究行为金融学中迫切需要解决的、也是核心的研究课题——行为资产定价理论及模型，提出一种基于系统论的行为资产定价理论，建立两类模型框架(带反馈的随机波动率资产定价模型、多类异质非理性均衡资产定价模型)及五个具体的模型.该理论认为，要将金融资产定价问题作为一个系统来研究，以整体性、相关性、综合性等原则来指导资产定价研究；在建立具体定价模型时，要全面、客观地认识资产价格决定机制，并注意在“简化科学”与“科学的简化”之间取得适当均衡.最后，基于上述理论与模型，结合中国证券市场实际数据，设计了一套“带反馈的行为证券定价系统”，客观地再现证券市场零和博弈下的股票价格涨跌过程，并揭示深层次原因.

本书可作为金融系统工程、计算实验金融、金融工程与风险管理等相关领域的科研人员、高校教师、研究生从事科学研究的参考书；也可以作为金融学、金融工程等相关专业本科高年级学生的教学参考用书.

图书在版编目（CIP）数据

基于系统论的行为资产定价理论与模型研究/孙有发著. —北京：科学出版社, 2020.3

ISBN 978-7-03-059822-6

Ⅰ. ①基… Ⅱ. ①孙… Ⅲ. ①金融资产－研究 Ⅳ. ①F830

中国版本图书馆 CIP 数据核字（2018）第 280929 号

责任编辑：马 跃 / 责任校对：贾娜娜

责任印制：张 伟 / 封面设计：正典设计

科 学 出 版 社 出版

北京东黄城根北街 16 号

邮政编码：100717

http://www.sciencep.com

北京盛通商印快线网络科技有限公司 印刷

科学出版社发行 各地新华书店经销

*

2020 年 3 月第 一 版 开本：720×1000 B5

2020 年 3 月第一次印刷 印张：17 1/2

字数：350 000

定价：158.00 元

（如有印装质量问题，我社负责调换）

前　言

本书集合了作者十余年间(2003~2018年)在行为资产定价领域的研究心得. 这十余年来, 中国股市正进入由"庄股(散户)时代"到"机构时代"的转变过程; 股市中的乱象, 在监管趋严的背景下, 得到一定程度的治理, 但新的乱象又产生: 市场中的某些大资金, 从"超级庄家"(从组织资金渗透企业筹划重组, 到在二级市场控盘指挥, 再到直接通过新闻舆论为自己造势)华丽转身为隐藏极深的各类"资本系"(以"产业链的财务投资"之名, 行"资本运作"之实). 证券市场纷繁复杂, 本书仅专注于其中一个核心问题——资产定价. 十余年的研究, 将之抽象总结为《基于系统论的行为资产定价理论与模型研究》. 尽管已成书, 作者深知其挂一漏万, 始终诚惶诚恐; 如若拙著在行为资产定价领域能起到一丁点抛砖引玉的作用, 作者将稍感心安.

资产定价一直以来都是金融领域颇受关注的研究主题之一. 传统主流金融学着眼于客观的市场状况, 在投资者理性和有效市场假说的理想假设下, 参照数学研究的范式, 推导出一系列在形式上很"完美"的结论. 行为金融学则在投资者有限理性和套利限制假设的基础上, 专注于研究"人性"——不同的研究者往往依据特定的心理假设, 建立特定理论和模型. 不幸的是, 传统金融学的线性研究范式, 是传统理性主义哲学思辨的产物; 而行为金融学仍处于一个对市场异象和认知偏差的描述状态, 远未形成一个统一的、结构严谨的、框架圆满的理论体系; 行为资产定价理论作为行为金融学的核心, 也没有形成一个被广泛认同的理论模型. 或许正是因为缺乏综合的、动态的、关联的思维方法, 金融学理论中至今仍然观点林立, 各种观点互不相让, 却又缺乏各自强有力的论证. 事实上, 无论传统主流金融学研究, 还是行为金融学研究, 都割裂了研究对象——金融系统, 从而难以从整体上把握金融系统的运行规律, 所提出的理论或模型都不同程度地存在其自身难以克服的缺点. 金融学研究方法的突破, 无疑对整个金融学的发展起着至关重要的作用.

系统观对金融学研究是不可或缺的. 众所周知, 现实金融市场是由众多投资者参与的市场, 投资者的人性, 即理性与非理性的统一, 并非一个同质的、理性投资者所能代表的, 因而投资者的"人性"就必然成为金融系统不可剥离的要素. 传统主流金融学正是通过投资者理性假设, 生硬地剥离了投资者的"人性". 然而, 对投资者"人性"的强调, 又不应成为忽略金融系统其他要素(如市场客观状况、环境等)的理由.

作者于 2003 年已注意到: ①日渐成为显学的行为金融学, 是对整个经济学

(金融学)的最基本假设进行的一种革命式的检讨和前提性的反思，是一个横跨经济学、金融学、心理学、认知科学、系统科学、信息科学、控制科学和数学等的交叉性学科；生物学、物理学的理论与观点，一直以来在金融研究中占有一席之地. ②行为金融学的多学科性及金融系统本身的巨复杂性，决定了行为资产定价研究应采用系统科学方法. 建立在质疑投资者理性和有效市场假说的基础上的行为资产定价理论，正是通过研究投资者普遍存在的心理认知偏差对投资决策的影响来解释或预测股价行为. 从哲学意义上讲，这是对金融资产定价问题认识上的巨大突破；从方法论上讲，它开始站在系统论角度研究定价问题——把"人"重新放入研究的视野. 这种研究思路和方法的创新精神，本身就值得进一步发扬光大.

本书就是在这种精神的指引下，将系统科学的方法论引入行为金融学研究中，采用系统观来研究行为金融资产定价问题，将金融资产定价问题视为一个系统，提出了基于系统论的行为资产定价理论；并在该理论指导下，建立了两大类模型框架及若干个具体的定价模型，获得了一些有意义的研究结果.

孙有发

2018 年 8 月于广州瑜翠园

目　　录

第一篇 理 论 篇

随着违反传统资产定价理论和有效市场假说的实证研究结果的出现，以及实验经济学等相关科学的研究成果的引入，主流金融理论的两大重要假设及其研究方法、范式等均面临尖锐质疑和挑战. 到目前为止，金融理论与实践界尚没有一个公认的证券定价模型，能够准确地认识或解释真实的股票价格行为. 对股票价格行为复杂性进行系统全面的、客观的研究，这已经被提到学者们的日程上. 而对于这个复杂巨系统，研究方法尤其重要："简化科学"与"科学的简化"要取得适当均衡. 大量实证研究已经表明，传统的基于理性投资者、有效市场及随机游动假说推演出的模型尽管数学上很优美，却留下众多未能解决的问题.

在传统金融理论与现实金融市场矛盾重重,而新的可替代模型又尚未出现的情况下，金融理论家和实践家不断尝试从多个角度对传统理论与模型进行革新. 关于金融资产价格变化行为模型的研究，国际上有两个重要方向：一是非线性定价模型，如混沌分形模型等，但多数正统金融学家并不认可. 另一重要研究方向,即行为金融模型. 目前尽管这个领域已经涌现了大量高质量的理论和实证文献，形成了最具活力的行为金融学派，但缺少能与传统定价模型媲美的核心定价模型.

客观地讲，传统金融理论及其资产定价模型是牛顿"力"学时代的产物. 当人类已经进入以"信息"定量化和信息论、控制论、系统论"老三论"产生为标志的信息社会时，完全有必要而且有能力将传统金融理论及其模型扩展到更广义的理论和模型上. 此时，由以信息论、控制论、系统论为核心所构成的现代科学理论群就成为改造旧理论的有力工具. 在这种背景下，本书基于系统论、认识论、反馈控制论，在传统金融资产定价理论的基础上，构建出一种新的定价理论——基于系统论的行为资产定价理论.

第1章 绪　论

投资活动好比选美比赛. 在这个竞赛中, 每个参与者都从同一观点出发, 于是都不选他自己真认为最美的人, 也不选一般人认为最美的人, 而是应用智力, 推测一般人认为一般人所认为最美者.

——凯恩斯

从短期来看, 市场是一家投票计算器. 但从长期看,它是一架称重器.

——巴菲特

1.1 写作背景

行为金融理论与主流金融理论产生于同一个时代, 即20世纪50年代. 在后者近半个世纪的压倒性的统治下, 行为金融理论研究一直处于相对弱势地位, 其真正发展始于20世纪80年代中后期, 并以21世纪初期的该领域代表人物Vernon Smith(乔治・梅森大学的实验经济学教授)和Kahneman(普林斯顿大学心理学系教授)获2002年度诺贝尔经济学奖为契机, 掀起了行为金融理论研究的热潮 (Barberis and Thaler, 2003; Shleifer, 2000; Ritter, 2003; Frankfurter et al., 2004; Kahneman, 2003). 然而, 行为金融学传入我国仅有十余年时间, 创新性成果尚不多见(郭怀英, 2002; 姜波克和薛斐, 2004; 李心丹, 2004; 饶育蕾和张轮, 2005; 周业安, 2018).

关于资产价格发生机制及资产定价等的研究是行为金融学研究领域最为重要的研究领域之一(Barberis and Thaler, 2003; 李心丹, 2004). 目前, 在国际金融领域, 基于行为金融学基础理论的核心资产定价的研究刚刚起步, 尚未有系统性的成果问世(Barberis and Thaler, 2003; Shleifer, 2000; Hirshleifer, 2001; Daniel et al., 2001; Shefrin and Statman, 1994; 姜波克和薛斐, 2004; 陈彦斌和周业安, 2004). 因此, 本书也将致力于这方面的研究. 然而, 为什么还要基于系统论来研究行为资产定价理论及模型呢? 这得从金融领域内现有(包括主流和非主流)的资产定价基本理论、基本方法及基本模型的缺陷说起.

随着金融市场上越来越多的不能为传统主流金融学解释的异象, 如股价过度波动(Shiller, 1987)、股权溢价之谜(Mehra and Prescott, 1985; Weil, 1989)、规模溢价之谜(Fama and French, 2012)、日历效应(Thaler, 1987)、股价短期惯性和长期反转特性(Hong and Stein, 1999)、投资者羊群效应(Stracca, 2004)及封闭基金折价交易之谜(Lee et al., 1991)等被发现，尤其是发生于1987年10月19日的美国股市黑色星期一事件和1998年长期资本管理公司的几近破产事件，传统主流金融学的两大基础假设——投资者理性和有效市场假说受到最直接的挑战.

Shleifer(2000)则逐一驳斥了有效市场假说赖以成立的三个基础假设——投资者理性、随机交易及有效套利者假设. Shleifer(2000)指出，有效市场假说的最基本结论建立在三个递进假设上：一是理性投资者假设——投资者被认为是完全理性的，因而能完全理性地对资产进行估价；二是随机交易假设——即使投资者不是完全理性的主体，但由于他们的交易是随机发生的，交易对价格发生的影响也能相互抵消；三是有效套利者假设——即使投资者非理性且行为趋同，非理性交易行为不能相互抵消，套利者的理性行为仍然可以把其对价格发生的影响冲销. 然而，有效市场假说赖以成立的三个假设也遭到质疑.

(1)对套利学说的质疑. 该学说认为理性交易者(套利者)会很迅速排除非理性交易者(噪声交易者)引起的偏离现象. 本质上，这种观点基于两个假设：第一，只要价格偏离基本价值，就会产生有吸引力的投资机会；第二，理性交易者会立即抓住机会并纠正误价. 第二个假设成为争论的焦点：当某种证券发生价格偏离时，纠正误价策略有风险且成本昂贵. 在实务上，套利本身还受两类风险的影响，即不存在完美替代品及投资期限有限的制约. 现实股市中的孪生股权、编入指数效应、互联网出让效应等，确实也表明套利是有限的.

(2)对投资者交易无关性的质疑. Kahneman和Tversky(1979)认为非理性投资者的决策并不完全是随机的，常常会朝着同一个方向，所以不见得会彼此抵消. Shiller(1984)指出投资者的情绪因素并非是随机产生的错误，而是一种很常见的判断错误；当非理性投资者的行为社会化或群体化，趋同现象会更加明显. 实证研究表明，即使是机构投资者，其行为同样存在从众现象.

(3)对理性投资者的质疑. 理性投资者意味着投资者能够进行诸如复利计算、贝叶斯概率计算和回归分析等数学计算(具备完全计算与完全预测能力)，还意味着投资者对自己的风险偏好及效用函数等有关个人属性的参数了如指掌，不为任何感情、偏见和他人的行为所左右，并无止境地追求预期效用最大化(具备完全知识和完全认知能力). 心理学、认知学研究成果表明，现实世界的人是有限理性的，在不确定条件下决策存在大量心理偏差和认知偏差，他往往使用“直觉”，而不像主流金融理论中最优决策模型要求的那样按照贝叶斯法则来修正自己的判断并对未来进行预测.

此外，美国著名数学评论家John P. 和美国运通银行首席经济学家Calverley甚至认为，有效市场假说本身就自相矛盾. 如果绝大多数投资者相信市场是有效率的，那么他们分析公司基本现状及追求股市发展趋势都是在浪费时间，因为过去的信息已经反映到价格里，新的信息又无法被预测. 基于这一点，他们就不会对新的发展状况给予太多关注. 但是，如果只有相对少数的几个投资者关注发展趋势的话，那么市场就不会对新的信息做出迅速的反应. 按照这个逻辑，对该假说压倒性的信任只能最终导致该假说无法成立(Paulos, 2003; Calverley, 2004).

事实上, 基于投资者理性和有效市场假说的传统金融定价理论及模型(如随机游走、资本资产定价、套利定价、期权定价等)也遭遇到来自金融理论界和实践界严厉的质疑(Shleifer, 2000).

基于预期收益贴现的资产内在价值分析法, 如零增长模型、不变增长模型、多元增长模型或其他衍生模型等, 由于贴现率难确定, 且投资者也不可能准确地预期资产的未来收益流等(郭红, 2004), 充其量只能说是对资产进行了"估"价.

以上定价理论与模型缺陷及定价方法的不足, 促使金融学者开始对证券市场涨落机制、市场风险及资产定价做出新的认识和研究.

例如, Mandelbrot 和 van Ness(1968)、Mandelbrot 和 Wallis(1968)提出了股票价格行为诺亚效应(Noah effect)和约瑟效应(Joseph effect). 诺亚效应, 是指股票价格偶尔会发生不连续、突发性的大跳跃, 像《圣经》里诺亚故事中的洪水一样. 这导致股票收益的分布存在尖峰、厚尾的现象, 服从稳定的帕累托分布, 而不是有效市场假说所说的正态分布. 约瑟效应, 是指股票价格存在长期持续与非周期的循环, 像《圣经》里约瑟故事中的粮食生产一样, "七年丰收跟着七年饥馑", 这导致收益存在长期相关性, 而非有效市场假说所说的独立性.

后来学者受此启发提出了条件异方差模型族, 如广义自回归条件异方差(generalized autoregressive conditional heteroscedasticity, GARCH)模型; 指数 GARCH 模型、非线性非对称 GARCH 模型等; 此外, 还提出了分形市场假说、协同市场假说、多重分形假说、计算实验金融学、信念自适应系统(adaptive belief system, ABS)及行为金融理论等.

分形市场假说认为: 第一, 当市场由许多不同投资期的投资者组成时, 市场是稳定的. 第二, 相对于长期而言, 市场情绪及技术因素在短期内对信息集的影响更明显. 第三, 如果一件事情发生使基本面信息的可靠性值得怀疑, 那么长期投资者, 要么退出市场, 要么就依据短期信息进行交易. 当所有的投资期都趋向一致, 市场就变得不稳定. 第四, 价格综合反映短期技术交易与长期基本面交易的结果. 第五, 如果一个证券与经济周期没有任何联系, 那么它不会有任何的长期趋势. 短期信息流动性与技术交易决定证券的价格走向. 在解释股票价格行为复杂性形成的原因时, 分形市场假说认为, 不同投资期的投资者对信息的估价不同, 导致信息扩散不均匀, 使价格并非反映所有可以得到的信息, 而只是反映对相应投资期而言比较重要的信息, 进而使价格表现出有偏随机游走的形态.

协同市场假说是一个非线性统计模型, 它的基本假设是市场的概率分布基于下列因素在时间上变化: 第一, 基本的经济环境即模型中的基本偏倚. 第二, 市场中存在的情绪偏倚量或集体思维的水平, 即模型中群众行为度. 第三, 随着这两个因素组合的变化, 市场的状态, 即收益率的概率密度函数形式也随之变化. 用物理学的术语来表达即是相过渡. 第四, 协同市场假说认为市场可以到达四个不同的相: 随机游走、过渡市场、混沌市场、协同市场. 强有力的正面(负面)基本状况与强烈的投资者情绪相结合, 这可能导致协同市场, 这时趋势可能是强有力的正面(负面)的, 而风险很低(高). 协同市场假说则认为, 基本经济环境与市场情绪的组合状态是随时间变化的, 从而驱使市场出现不同的价格状态.

Mandelbrot (1997) 认为以往所研究的随机模型, 如 ARCH/GARCH Levy 过程、分数布朗运动等只能抓住价格波动的某一特征, 如 ARCH/GARCH Levy 过程, 虽然可以描述价格的暴涨暴跌特性, 却无法描述波幅的长相关性; 而分数布朗运动情况恰好相反; 而一个多重分形过程则可以更全面地描述价格运动的特征.

计算实验金融学是在既定的市场结构下, 通过研究市场微观层次 Agent (投资者) 的行为来揭示市场宏观特性形成原因的一门金融学分支, 它注重应用计算机技术来模拟实际金融市场, 如股票市场、外汇市场、期货市场等. 计算实验金融学的理论基础是复杂自适应系统 (complex adaptive system, CAS), 其基本思想是把市场中的投资者定义为具有自适应性的 Agent, 由他们在各个证券上做投资组合. 各个 Agent 有不同的预测与决策机制, 并且预测规则能够随着市场状态的变化而进化, 通过设定初始市场结构, 模拟实际市场的演化过程. 研究内容包括 Agent 投资策略市场价格形成机制, 财富在各 Agent 之间的分配规律及市场宏观特性的涌现 (emergence) 的原因等. 美国圣塔菲研究所 (Santa Fe Institute, SFI) 的人工股票市场 (artificial stock market, ASM) 或称基于 Agent 的股票市场开发成功标志着计算实验金融学的形成. SFI 研究人员用复杂自适应系统理论为股票市场建立了一个计算机模型. 利用此模型, 他们研究了股票市场宏观价格行为复杂性的微观机理, 指出宏观价格行为复杂性是由于微观投资主体 (Agent) 的自适应造成的.

信念自适应系统的基本思想是: 市场上的投资者千差万别, 其对未来的信念也各不相同. 为了适应环境, 投资者的信念是不断变化的, 人们通过不断的学习选择业绩好的预测规则 (信念) 以适应不断变化的复杂环境. 这样就导致了不同类型投资者的比例的变化, 进而影响资产价格的变动, 而价格的变动反过来又会影响投资者对预测规则的选择, 形成了二者相互作用的进化系统.

上述理论或学说中, 最系统、最具深远意义的是行为金融理论. 然而, 在现有的行为金融理论框架里, 还没有建立起统一的、基于其基础理论的核心资产定价模型. 目前研究状况是不同的研究者往往依据特定的心理和行为假设建立特定的理论与模型. 这些模型普适性差, 解释能力不强, 前景理论本身又存在不少缺陷. 例如, Kahneman 和 Tversky (1979) 并没有给出如何确定价值函数的方法, 包括函数具体形式及参考点位置的确定; 也没有给出决策权重函数的具体形式. 此外, 前景理论还遇到了两个问题: 一是评价不满足随机占优原则; 二是无法扩充到数目很大的结局情况. 针对这些问题, Kahneman 和 Tversky 及其他科学家对前景理论进行了许多完善与发展, 提出了心理账户概念, 并在已有理论基础上, 提出了累积前景理论. 然而, 不管是前景理论还是累积前景理论, 都不是放之四海而皆准的信条, 在解释实际问题时存在着相对性与绝对性的矛盾(饶育蕾和张轮, 2005).

在国际金融实践界, 目前也不存在统一的、可以精确解释或预测现实证券价格的模型. 众所周知, 技术分析的理论基础是空中楼阁理论(张行端, 2002). 现有的基于技术分析的价格预测理论(包括 K 线理论、切线理论、形态理论、技术指标理论、波浪理论和循环周期理论等)过分依赖基础假设, 即市场行为涵盖一切信息、价格沿趋势移动及历史会重演, 导致其只适用于短期的价格预测(邵道明, 2005; 张行端, 2002). 要进行周期较长的分析必须依靠基本面分析(Abarbanell and Bushee, 1997; de Chow et al., 2001), 然而基本面分析只能判断股票现行的价位是否合理, 而具体时刻的预测精度相当低, 而且只适合相对成熟的证券市场.

那么, 自然就产生了这样一个问题: 世界证券发展已有几百年历史, 为什么金融界至今都没有建立起公认的、能准确定量地(而不仅是定性地或逻辑上)解释或预测真实证券价格的模型? 能不能建立这样的模型?① 对于此问题, 本书并不急于作答, 而是通过发掘现有定价理论及模型的价值和缺陷, 找寻可行的解决方案. 结合文献调研, 本书认为, 困难不仅来自技术方面的制约, 而且来自方法论上的障碍.

主流金融学者将现有的定价模型在金融实践中的糟糕表现, 归咎于现实经济环境不确定性、信息缺陷、“外界随机干扰”或者模型细节精度不够等客观方面的原因(郭红, 2004). 显然, 投资者的有限预期(或有限理性)、心理偏差、逆向选择、从众行为等也是其中不可忽略的原因. 这些原因可归纳为一句话, 即现有定价模型并没有真正建立在人们对真实资产价格发生机制的系统的认识基础上. 现实金融市场是复杂大系统, 系统各要素之间、系统与环境之间, 以及此系统与彼系统之间都是相互关联、相互作用的. 例如, 利息率会影响失业率, 从而影响收入水平; 预算赤字会影响贸易赤字, 从而引起利息率和汇率的波动; 上市公司的欺诈行为会影响投资者的信心, 从而影响到股市及相应的指数; 而某些变量或指数的增长, 又会以正(反)向形式与另一变量形成反馈关系, 在增强或削弱其他变量的同时, 自身亦得到增强或削弱, 所有的这些因素之间的相互关联运动都会驱动资产价格波动. 因此, 现实证券定价理论及模型, 应该是建立在对证券价格的系统的、客观的认识基础上. 任何过于简化的模型, 必然失去客观性, 也容易导致似是而非甚至错误的结论. 郭红(2004)也认为, “金融交易行为受人的意识、心理等因

① 这些问题的答案是仁者见仁, 智者见智. 深深植根于西方文化背景中的理念, 认可人类认知能力的广泛重要性, 这导致了精确科学的成功演化. 如果基于这种哲学理念之上的精确科学可以如此繁荣, 那么, 为什么社会科学, 特别是经济学和金融学不可以呢? 因此, 关于股价的可预测性, 国内外的研究文献非常丰富. 然而, 索罗斯对经济学是否能够作为自然科学来发展提出了质疑. 他认为, 定价模型的构造及相应的投资策略是思想的艺术, 这种思想改变了被研究的客体, 因为预期决定了价格, 这就导致预期的进一步变化, 等等. 由此, 一个人无法将关于客体的想法从客体本身分离出来. 这正是社会科学和自然科学的分界线——在自然科学那里, 客体和研究者是隶属于不同的“世界”的.

素的影响，这就赋予了金融资产定价以人类(非)理性色彩. 鉴于金融资产交易双方面对的是金融契约，如果无法对其实际价值做出准确判断，就不能较充分地满足传统金融学中理性选择的假设. 因此，心理变化与公众行为就会对资产定价产生巨大的影响. 这就要求探讨影响金融资产准确定价的若干因素，从社会学方面分析从众行为的特征及对定价的干扰，进而确立金融资产定价应是一种融合金融理论和心理学方法的系统模型的观点”.

中国科学院李静海院士认为，目前学术界在复杂性、复杂系统研究方面存在很多误区：一是将非线性、非平衡的问题当作简单的线性化来处理；二是将有结构的问题当作没有结构的来处理，如平均方法等；三是将动态的问题当作静态的问题来处理. 这些误区在传统金融市场研究中表现尤为突出. 事实上，在研究金融市场这个复杂大系统时，尤其要注意在“简化科学”与“科学的简化”之间取得均衡. 不难看出，目前大多数基于统计学理论和大数定理的金融定价模型，其有效性是建立在金融市场本身非常复杂，复杂到足以表现出随机性规律的前提假设上(刘文财，2003). 然而现实中，对金融系统做任何随机假设的结果，都或多或少地与实际系统存在偏差. 例如，如果股票价格真是完全随机游走的，那么对投机者来说，对明天股价最好的预测就是不要预测. 现实却并非如此.

然而，对于如此复杂的现实金融系统，要建立起客观的资产定价模型，又遇到了技术上的难题. 众所周知，在动态的市场中，价格取决于所有投资者的预期. 而这种预期本质上的不可靠，以及无法忽略研究者对被研究的客体的影响，导致对金融资产价格的预测具有无法避免的不确定性(Soros，2003). 这种不确定性不同于自然科学上的不确定性，因为经济学上的不确定性是内在的，是投资者引起的，是投资者的心理与情绪(抽象精神空间)作用于金融市场(现实客观空间)而产生的问题(李增惠，2004). 显然，仅用传统描述客观空间的数学模型去研究更高维抽象空间(包括抽象精神空间和现实客观空间)的问题，肯定存在模式和维度不匹配的问题. 事实上，处理这种内生不确定性问题，至今都是公开的技术难题. 既然无法解决，传统主流经济金融学就毅然地选择逃避——假设投资者是完全理性和市场是有效率的①. 但是，逃避不是解决办法，所有技术上的暂时困难在理论上都不应该成为停止前进的理由. 金融资产定价问题的研究突破，

① 为什么主流金融学偏好这两个假设而不是其他的？首先，由于传统主流金融理论是建立在西方经济学基础上的，它同样继承了投资者是理性的、市场完善、投资者追求效用最大化及理性预期等经济学的理想假设前提. 其次，这两个假设之间存在内在逻辑一致性：由于理性投资者具有“完美”的理性和万能的投资分析能力，在与非理性投资者博弈的过程中，前者将逐步主导市场，使证券市场最终至少能达到“弱式有效”的层次. 再次，有效市场假说的直接推论是随机游走价格理论，它与投资者理性假设一起通过“极大化”原则，实际上造成数学工具在经济学中广泛应用的可能. 这种研究范式完全符合西方理性主义哲学. 主流金融理论也在这两个假设下获得如同“牛顿物理学”式的古典美.

在很大可能上依赖于研究的方法和工具突破①.

在方法论上，众所周知，系统科学作为综合的普遍性的基础学科（高隆昌，2005），横跨自然科学和社会科学两大领域，在哲学、社会科学和自然科学之间架起了相互贯通的桥梁. 它的出现，不仅进一步深化了人们对现实世界的认识，而且以其特有的新颖思路，改变了人们的思维方式，为科学研究提供了崭新的方法（高隆昌，2005；高志亮和李忠良，2004；汪应洛，2003；苗东升，1998；钱学森等，1988；许国志等，2000）. 在技术上，由以系统论、信息论、控制论为核心所构成的现代科学理论群可成为研究金融资产定价问题的有力工具. 人工智能技术[包括模糊系统、神经网络、遗传算法、支持向量机等（孙有发等，2002；孙有发，2006；孙有发和邓飞其，2006，2007）]擅长处理不确定、带噪声、非线性等性质的问题②，因此也可为金融问题研究提供先进的智能计算技术. 此外，与行为金融研究密切相关的技术，包括目前在国际上正方兴未艾的人工心理与情感计算技术（Picard, 1997; Tao and Tan, 2005; Mehra and Sah, 2002; Kahn, 2015; Atkinson and Campos, 2016；王宏等，2004；李佳源，2012；杨永健等，2017）. 该技术已经在管理学、经济学、市场学等方面有一定的理论探讨和实际应用（饶育蕾和张轮，2005），

① 成思危教授指出，复杂科学研究拟采用定性判断与定量计算相结合、微观分析与宏观综合相结合、还原论与整体论相结合、科学推理与哲学思辨相结合的方法. 所用的工具包括数学、计算机模拟、形式逻辑、后现代主义分析、语义学、符号学等. 研究深度不限于客观事物的描述，而更着重于揭示客观事物构成的原因及其演化的历程，并尽可能准确地预测其未来的发展. 成思危教授的深刻见解，对本书撰写（包括今后进一步研究）提供了一条极其重要的线索.

② 众所周知，模糊系统以 L. A. Zadeh 创立的模糊集合论为基础，是模拟人类模糊逻辑思维方法而设计的一类系统，它对被处理对象的不确定、不精确、噪声及非线性、时变、时滞等特性，以模糊推理方法来处理，从而对复杂事物进行模糊识别、模糊度量. 模糊系统的显著特点是能够用模糊逻辑直接表示被处理对象，适于直接的或高级的知识表达，具有强的逻辑功能. 神经网络能够通过学习和训练，自动或半自动地获取隐含的控制规则，并能用数值计算方法来描述复杂的非线性控制行为，获得用数据表达的知识. 除了可以记忆已知的信息之外，神经网络还具有较强的概括能力和联想记忆能力，具有自学习、鲁棒性强、能够实现非线性映射等特点. 遗传算法（genetic algorithm, GA）是 1975 年由美国学者 Holland 提出的，是模拟达尔文的生物进化论模型，它依据适者生存、优胜劣汰的进化规则，对包含可能解的群体反复进行基于遗传学的操作，不断生成新的群体并使群体不断进化，同时以全局并行搜索方式来搜索优化群体中的最优个体，以求得满足要求的最优解. GA 比起其他搜索方法，如随机查找、梯度下降、模拟退火等，其主要优点是简单、鲁棒性强. GA 实现全局并行搜索，搜索空间大，并且在搜索过程中不断地向可能包含最优解的方向调整搜索空间，以便寻找到最优解或准最优解.

综合上述三大重要计算智能技术，形成一种相互融合、优势互补的新的智能协作技术，可获得更有力的表示和解决实际问题的能力. 若再能将上述智能协作技术（包括概率推论、粗糙集、混沌理论、支持向量机等）渗透到现代金融决策管理中，必将极大提高决策水平. 实现人工智能技术与行为金融理论的融合，建立高级智能金融投资决策管理系统，将是一项十分重要的研究课题.

因此也可为行为金融资产定价研究提供科学的计算工具.

有启发意义的是，目前正日益成为显学的行为金融学，正在对整个经济学(金融学)的最基本假设进行一种革命式的检讨和前提性的反思(李心丹, 2004)，其本身就是在吸收其他相关领域科学研究方法和成果的基础上发展起来的，是一个横跨经济学、金融学、心理学、认知科学、系统科学、信息科学、控制科学和数学等的交叉性、综合性学科. 生物学(Camerer et al., 2004)、物理学的理论与观点(Alvare-Ramirez et al., 2003)一直都在金融研究中占有一席之地. 人工市场也被用来模拟真实市场以探讨市场特性. 从行为金融学研究引进社会科学及自然科学的观点或方法看来，未来研究显然会是一个跨领域研究的时代(周宾凰等, 2002). 行为金融学的多学科性及金融系统本身的巨复杂性，决定了行为资产定价研究应采用系统方法论. 事实上，现有的建立在质疑投资者理性和有效市场假说的基础上的行为资产定价理论，正是通过研究投资者普遍存在的心理认知偏差(详见 3.3 节)对投资决策的影响来解释或预测股价行为. 从哲学意义上讲，这是对金融资产定价问题认识上的巨大突破——因为传统主流金融资产定价理论着眼于客观的金融市场状况，忽略了投资者的心理与行为方面因素的影响(周宾凰等, 2002)；从方法论上讲，它开始站在系统论角度研究定价问题——把“人”重新放入研究的视野①. 这种研究思路和方法值得进一步深入.

因此，本书在系统科学指导下，基于系统论，研究行为金融学中最迫切需要解决的、最为核心的课题——行为资产定价理论及模型.

1.2 研究意义

金融资产定价研究，是金融经济学的核心. 行为金融学的兴起，预示着经济学将毫无疑问地会发生一场革命. 然而，行为金融学要取得重大突破，强烈地依赖于统一的行为资产定价核心模型的支持. 事实上，也只有建立起新的、基于自身基础理论的资产定价模型，才能改变行为金融学研究“实证多、核心理论模型少、缺乏解释力，以及描述性的多、定量分析的少、指导性差”的现状(姜波克和薛斐, 2004).

在实践中，行为金融学研究(包括行为资产定价理论及模型研究)对于不成熟的证券市场的意义尤其重大. 众所周知，我国证券市场发展的特殊历史阶段决定了它的不完善性，理论与现实之间的差距也较大. 转轨与新兴的双重特征，文化与社会的特质使中国金融市场具有明显的特殊性. 由于缺乏卖空机制，传统金融

---

① 在古典经济学里面原本没有社会学与经济学的对立. 亚当 · 斯密认为，人不仅有自利性也有社会性. 阿尔弗雷德 · 马歇尔也认为经济学是一门研究财富的学问，也是一门研究人的学问.

学中有效市场基础理论的套利机制根本不存在. 同时, 投资者行为非理性成分高, 宏观政策环境不确定性大, 所有这一切表明: 在目前中国证券市场不成熟的条件下, 照搬西方传统金融定价理论的一些成果(如资本资产定价理论、套利定价理论等)似乎并无多大意义; 反而从投资者入手, 探索中国化的金融资产定价理论更切合我国实际(李心丹, 2004).

1.3 行为资产定价理论及模型研究现状

在综述之前, 本书首先界定行为金融学的概念. 作为一个新兴的研究领域, 至今行为金融学还没有一个为学术界所公认的严格的定义, 但是不少学者已提出过自己的看法. 在前人研究(Shleifer, 2000; Thaler, 1993; Shiller, 2003, 2005; Lintner, 1998; Olsen, 1998; 李心丹, 2004; 梁汉超, 2017)的基础上, 本书从系统角度给出一个广义的行为金融学定义.

行为金融学是行为科学、心理学、实验经济学、认知科学、信息科学、系统科学等与经济学、金融学相互关联和相互作用的综合性学科; 它应用上述关联学科的相关领域理论、研究方法及成果等, 从整体上把握金融系统与其组成要素(或子系统)之间、要素与要素之间(如投资者与投资者之间、投资者群体的心理和行为模式与证券价格之间等), 以及要素与系统环境(如宏观政治、经济环境等)之间的关系; 在各种资源(如投资者有限理性、有限资金、不完备信息及不完善的规章制度等)的客观约束下, 建立最能反映客观现实的目标模型; 解释并预测金融市场未来的发展趋势, 最终实现金融系统的可持续(或最优化)发展.

当前国际上行为金融学的研究脉络可以用图 1.1 来描述(李心丹, 2004).

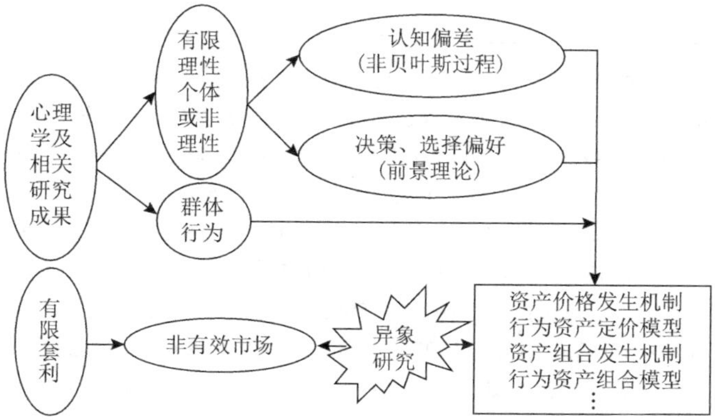

图 1.1　行为金融学的研究脉络

由于本书内容仅涉及行为资产定价理论及模型, 故关于行为金融学本身的发展历史请参考文献 Barberis 和 Thaler(2003)、Shleifer(2000)、Ritter(2003)、李心丹(2004)、饶育蕾和张轮(2005)等，其他方面的经典研究文献也仅做简单罗列并放在脚注里①. 这样做的目的是突出重点. 事实上，这些文献为本书撰写提供了重要的理论基础、实证支持和研究思路等，它们都将在后文被引用.

尽管行为金融学关于投资者心理、决策偏好、非有效市场(有限理性、有限套利)及异象等理论方面的研究异常丰富，但关于模型方面的研究却相对较少，相关研究可归类到如下几类模型上，如行为资产定价模型(Shefrin and Statman, 1994; Kuznitz, 2001; Carroll, 2000; Haug, 2001; Campbell, 1993; Campbell and Cochrane, 1999; Lucas, 2003; Smith, 2001; Duffie and Epstein, 1992)、基于羊群行为的资产定价模型(Bannerjee, 1992; Shiller, 1995; Bikhchandani and Sharma, 2000)、噪声交易模型(de Long et al., 1990a; de Long et al., 1991; Shleifer and Summers, 1990)、投资者心态模型(Daniel et al., 2002; Barberis et al., 1998; Avery and Chevalier, 1999; Barberis and Huang, 2001)及泡沫模型(de Long et al., 1990b; de Long et al., 1991; Shleifer and Summers, 1990).

事实上，基于行为金融学的基础理论的核心定价模型的研究，目前在国际经济金融领域也只是处于萌芽状况，尚未有系统性的研究成果问世；而基于系统论的行为资产定价理论及模型研究方面的文献更少见. 目前仅我们在该方面有些研究，如孙有发(2006)、孙有发和邓飞其(2006)、孙有发等(2007).

尽管如此，我们还是对行为资产定价理论和模型的基础性及最新文献做一个综述. 由于国内相关研究与国际同类研究相比存在一定滞后，因此，下面综述的文献以国外为主. 其余未在此列举而又被本书参考到的文献，将放到各章中介绍.

行为金融范式下的资产定价理论以心理学的研究为基础，从微观个体的行为，以及产生这种行为的深层次的心理与社会动因来解释、研究和预测资本市场

① 根据图 1.1 所示的行为金融学的研究脉络，本书有关一般心理学在行为金融理论研究方面的文献有 Daniel 等(2001)、Prast 和 Vor(2005)、Tvede(2002)、Avery 和 Chevalier(1999)、Tversky 和 Kahneman(1991)等. 投资者有限理性或非理性行为等方面的研究文献有 Shiller(2000)、Hirshleifer 和 Luo(2001)、Chuang 和 Lee(2006)、Barber 和 Odean(2001)、Daniel 等(2001)等；关于认知偏差方面的文献有 Tvede(2002)、Barberis 等(1998)、Barberis 和 Huang(2001)、Odean (1998)、Shefrin 和 Statman(1985)等；关于投资者在不确定状态下决策的研究文献包括 Tversky 和 Kahneman (1974)、Ding 等(2004)、Barberis 等(2001)等；有限套利方面的研究文献有 Shleifer 和 Vishny(1997)、Pontiff(1996)、Ofek 等(2004)等；金融异象方面的研究文献更是异常丰富，仅列文献 Mehra 和 Prescott(1985)、Stracca(2004)、Thaler(1987)、Shiller(1987)、Weil(1989)、Lee 等(1991)等；关于资产价格行为方面的研究文献有 Lo 和 MacKinlay(1988)、Cutler 等(1989)、Saunders(1993)、Shively(2003)等；关于投资者的过度自信和保守、过度反应、反应不足及惯性与反转投资策略方面的研究文献有 Hirshleifer 和 Luo(2001)、Chuang 和 Lee(2006)、Poteshman(2001)等；关于投资者的行为因素的相关研究文献有 Dumas 等(2000)、Camerer 等(2004)、Nofsinger 和 Sias(1999)等.

价格行为. 在基于消费的资本资产定价模型(consumption-based captical asset pricing model, CCAPM)基础上, 通过修正投资者的效用函数, Shefrin 和 Statman(1994)首先构建了一类行为资产定价模型(behavioral asset pricing model, BAPM), 揭示了理性交易者和非理性交易者相互影响下的资产定价方式, 把决定证券预期回报的β系数与行为联系起来; 认为理性趋利性特性应与投资者的价值感受特性一起成为决定预期收益的参数. 目前, 行为资产定价模型的研究角度很多, 其中两种研究思路较具有代表性.

一种是从 CCAPM 出发, 逐步引入各种行为因素, 如财富偏好、习惯消费、追赶时髦、损失厌恶、嫉妒、焦虑、猜疑等, 以此来实现更为精确的随机贴现因子刻画, 重新构造资本资产定价模型(capital asset pricing model, CAPM). 目前大部分行为资产定价模型都是遵循这一研究方向(陈彦斌和周业安, 2004). 例如, Kuznitz(2001)认为除了消费之外, 投资者的财富也是效用函数中的变量; Carroll(2000)、Campbell 和 Cochrane(1999)、Haug(2001)、Cheng 和 Wei(2005)、Li 和 Zhong(2005)等在 CCAPM 中引入习惯因子; Campbell 和 Cochrane(1999)则将投资者的效用函数定义在投资者自己的、当前的消费水平和滞后一期的经济中的平均总消费水平之上, 提出追赶时髦资本资产定价模型; Kahneman 和 Tversky(1992)、Barberis 等(2001)研究了带损失厌恶的资产定价模型; Gollier(2003)等将投资者的效用函数定义在投资者自己的当前消费水平和当前的经济中的平均总消费水平之上, 把嫉妒引入资产定价模型. Mehra 和 Sah(2002)建立了主观贴现因子内生决定的理论框架等. 此外, 递归效用函数①也被广泛地应用于资产定价, 这些研究工作主要集中在如下几个方面: 研究股票溢价之谜和无风险利率之谜(Mehra and Prescott, 1985; Stracca, 2004; Thaler, 1987; Shiller, 1987; Weil, 1989; Lee et al., 1991)、资产定价模型(Smith, 2001; Duffie and Epstein, 1992)、最优消费和最优投资组合(Schroder and Skiadas, 1999; Dumas et al., 2000)等. 陈彦斌和周业安(2004)则构建了第一类行为资产定价理论的一般均衡框架.

第一种行为资产定价模型研究框架可以被描述为: 对投资者的限制从单纯的预算约束扩展到效用函数本身所包含的行为约束, 这就使金融学的研究更贴近投资者的真实状态, 从而使资产定价建立在投资者的有限理性基础上(陈彦斌和周业安, 2004). 但该理论的基本分析框架是建立在一般均衡模型基础上的, 与传统理论相比, 只是对市场投资者的理性施加了某种限制. 从本质上讲, 这些研究是对随机贴现因子的进一步挖掘, 对以资产定价理论为核心的金融学的深入发展,

① 递归效用函数(recursive utility function), 也称递归偏好(recursive preference)、广义等弹性偏好(generalized isoelastic preference)、随机微分效用(stochastic differential utility)和非期望效用函数(non-expected utility function).

其巨大优越性在于保持随机贴现因子模型的形式不变，仍然兼容 CAPM 和均值-方差资产组合选择模型等金融学经典理论，从而保证了理论发展的延续性，并且保持整个金融学的框架不变. 但缺点也很明显，这些行为资产定价模型只是传统资产定价理论的延伸，并没有基于行为金融理论核心理论(前景理论和有限套利理论等)，建立相应的创新性分析范式和核心模型.

另一种行为资产定价模型研究思路则直接从投资者行为的心理基础出发，研究投资者心理对资产价格的决定，进而影响金融市场的均衡. 主要包括四个代表性模型，即 BSV(Barberis, Shleifer, Vishny)模型(Barberis et al., 1998)、DHS(Daniel, Hirshleifer, Subrahmanyam)模型(Daniel et al., 1998)、HS(Hong, Stein)模型(Hong and Stein, 1999)及 BHS(Barberis, Huang, Stantos)模型(Barberis et al., 2001). 这些文献的作者的最新研究成果就代表了该方向的研究前沿. 其余相似研究大体上可按此归类.

BSV 模型是 Barberis 等(1998)提出的，他们假定投资者在进行投资决策时存在两种偏差：其一是代表性偏差，其二是保守性偏差. 前者造成投资者对新信息反应过度，后者则造成对新信息反应不足. 此外，还具体假设投资者关于收益状况存在两种预期模式：回复模式和趋势模式. 不同模式之间的转换遵循贝叶斯法则，即投资者能够理性地从实践中、从前期学习中选择模式. BSV 模型从投资者心理偏差出发，解释了投资者的决策模式是如何导致证券市场价格变化偏离有效市场假说的. 然而，李心丹(2004)认为，直接假设一种有偏预期的具体模式是存在问题的，因为股票市场中投资者对未来的预期的心理过程是十分复杂的；此外，预期模式的转换也不一定遵循贝叶斯法则.

DHS 模型由 Daniel 等(1998)提出，该模型将投资者分为无信息的投资者(不知情交易者)和有信息的投资者(知情交易者)两类，前者不存在心理偏差，后者存在两种心理偏差——过度自信和有偏的自我归因. 过度自信导致有信息的投资者夸大自己对股票价值判断的个人信号的准确性，造成投资者对私人信息过度反应；有偏的自我归因使当事件与投资者的行动一致时，投资者将其归结为自己水平高；而当事件与投资者的行动不一致时，投资者将其归结为外在噪声. 因此，归因偏差一方面导致短期的惯性和长期的反转，另一方面助长过度自信. 此外，该模型还认为不知情交易者对价格的决定作用较小，证券价格主要由风险中性的知情交易者确定.

HS 模型由 Hong 和 Stein(1999)提出. 与 BSV 模型、DHS 模型的不同之处在于，HS 模型是基于交易者相互作用角度的关于资产市场中反应不足(即惯性交易)和过度反应的一个统一理论模型(Hong and Stein, 1999; Bloomfield et al., 2000; Poteshman, 2001; Daniel et al., 1998; Daniel et al., 2001). 该模型将交易者分为两类：信息挖掘者和惯性交易者，这两类交易者都是有限理性的. 信息挖掘者根据他们获得的关于未来价值的私人信息进行交易，忽视当前和过去价格的信息. 惯性交易者则完全依赖于股票过去的价格变化进行交易. 此外，模型还假设私人信息在信息挖掘者之间逐步扩散，正是这个假设导致，最初只有信息挖掘者时，价格对新信息反应缓慢，存在反应不足；然后，惯性交易者加入，试图利用信息挖掘者引起的反应不足进行套利，这样又导致价格对新信息的过度反应. 模型认为正是信息挖掘者对私人信息反应不足现象的存在为惯性交易者提供了进入市场并获利的机会，附带的就是另一个极端现象：过度反应的产生.

BHS 模型是 Barberis 等(2001)提出的. 与前面三个模型不同, BHS 模型没有将有偏的预期引入模型中，而是从资产定价的另一个方面，即投资者的风险态度的角度来考虑问题. 在传统的基于消费的定价模型中，Barberis 等(2001)引入前景理论所揭示的"损失厌恶"(Barberis and Huang, 2001; Ng and Sadeghi, 2005; Tversky and Kahneman, 1991; Thaler et al., 1997)和关于偏好的"私房钱效应"，从而产生了一个随前期收益状况而变化的风险厌恶，价格升高后投资者风险厌恶程度降低，价格被进一步推高；价格降低后投资者风险厌恶程度升高，价格被进一步打压. 这个模型可解释市场方面的三个偏差现象：过度波动现象、股权溢价之谜和收益可预测性.

上述模型又分两类：一类是引入有偏预期(BSV 模型, HS 模型, DHS 模型)以解释截面市场中的偏差现象，其解决的核心问题是解释短期的惯性现象和长期的反转现象(Hong and Stein, 1999; Bloomfield et al., 2000; Poteshman, 2001; Daniel et al., 1998; Daniel et al., 2001)；另一类引入动态的风险厌恶(Barberis and Huang, 2001; Ng and Sadeghi, 2005; Tversky and Kahneman, 1991; Thaler et al., 1997)以解释市场累积收益中的偏差现象(BHS 模型)，如股权溢价和过度波动现象. 但这两类模型只能说是将心理和行为因素引入金融学模型中的某一方面的具体结果，用于解释某一方面现象(李心丹, 2004). 鉴于目前对该问题的认识和数学求解方面存在的困难，尚未有一个全面的、可以求解的行为金融学模型，能够将截面市场中的偏差现象和累积收益市场中的偏差现象统一起来进行解释.

关于行为资产定价理论及模型的进一步研究，可从纵向、横向及综合等几个方面进行.

(1)从加深投资者的心理和行为过程的方面研究，形成统一的投资者心理和行为的模式，并充分利用其他学科研究成果，应用规范的金融学研究方法进行深入研究(李心丹, 2004). 由于现实人的心理是复杂多变的，没有一种标准方法或模式可以判断不同情况下哪一种心理偏见是最重要的. 这也正是行为金融学建立统一框架的难点所在. 目前，前景理论已成为行为金融前期统一框架的一个雏形，因此有望在该理论基础上建立统一的行为资产定价及组合理论体系(孙亘, 2004).

(2) 从证券市场的非线性动力过程的角度来研究 (Shively, 2003), 由于人的决策行为所形成的市场不再是线性的, 一个变量的变化引起的其他变量的变化不成相应的比例, 从非线性的范式来研究行为金融学的问题, 或许可能构造出真正比有效市场假说中的理性预期投资者更加合理的投资者行为模型 (李心丹, 2004).

(3) 综合纵向及横向, 即从系统角度来研究: 将投资者行为的研究结果与资产选择及定价结合起来, 将人的心理因素、决策行为属性等非线性的因素引入模型中, 采用系统的方法来确定受非线性因素影响的资产价格. 这就是本书的基本研究思路.

1.4 本书的研究框架

行为金融学并不试图完全推翻以往的理论, 它只是在开拓金融学的研究思路和方法, 以求完善和修正金融理论, 使其更加可信、有效 (李心丹, 2004; 陈彦斌和周业安, 2004; 孙亘, 2004). 本书也赞同这种观点, 并以此规范研究内容及研究方法、思路等.

1.4.1 研究方法及思路

本书将以系统科学为指导, 以系统论为研究方法论, 以数理统计、随机过程、人工智能技术、数值仿真技术等为工具, 利用行为金融学、传统金融学、现代心理学、认知学、社会学、行为科学、系统科学及其他相关学科的研究成果, 来研究行为资产定价问题.

在系统科学的指导下, 本书首先提出一种基于系统论的行为资产定价理论; 其次, 在该理论的指导下, 建立起基于系统论的行为资产定价模型框架, 并具体地建立几个资产定价模型; 最后, 对模型进行理论分析、数值仿真、实际应用, 以及与同类模型做比较研究, 以检验或论证本书的模型与理论的有效性及先进性.

值得一提的是, 本书是建立在质疑投资者理性和有效市场假说的基础上的, 因此, 研究范式不同于以投资者理性和有效市场假说为基石的传统金融资产定价理论及模型.

1.4.2 篇章安排

本书的总体结构可用图 1.2 来描述. 全书分四篇, 共 12 章, 各部分内容安排如下.

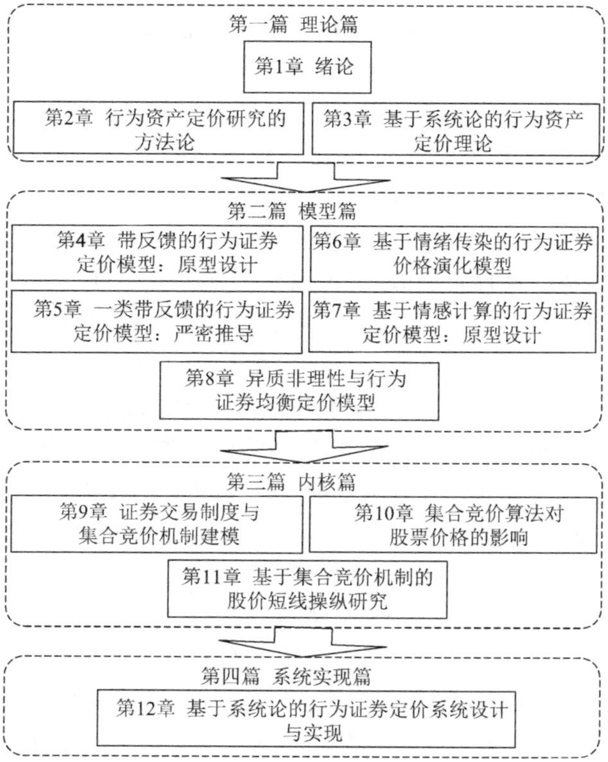

图 1.2　篇章结构

第一篇，理论篇，由三章组成，分别为绪论、行为资产定价研究的方法论及基于系统论的行为资产定价理论. 其中，第 1 章绪论部分阐述了基于系统论的行为资产定价研究的写作背景、研究意义等，对行为资产定价理论及模型的历史文献及最新进展进行了综述，重点分析了当前行为定价理论的主要研究成果的优点与不足，从而引出本书的研究方法及思路；第 2 章在系统科学指导下，提出了统一金融资产定价研究的方法论——系统论，并具体阐述了如何应用系统科学思维和方法来研究行为资产定价；第 3 章则结合哲学、系统科学、心理学、认知学、社会学及经济学、金融学等学科，提炼出基于系统论的行为资产定价理论的核心观点.

第二篇，模型篇，共五章. 在基于系统论的行为资产定价理论框架下，构建两大类行为资产定价模型. 第一大类模型包括四个具体模型，它们分别是：①通过深入研究证券价格异常现象的形成机制，结合随机波动率价格模型、反馈控制论及证券基本面分析等，建立的一类带反馈和跳-扩散的证券定价模型. ②通过市场微观结构假设和严密的数学推导，获得一类新颖的带反馈的随机波动率资产价格模型. ③通过借鉴 SIRS 型传染病模型的建模思想，融入交易者自适应进出市场的机制，建立的基于情绪传染的自适应变主体股市演化（stock market dynamics with adaptively varied multi-agents and sentiment contagion, SMD-AVMA-SC)模型. ④通过吸收和借鉴行为金融学、金融心理学、证券投资心理学、证券投资分析理论等, 引入投资者群体的人工心理与情感计算模块, 建立基于人工心理与情感计算的证券定价模型. 第二大类模型, 即异质非理性证券系统均衡定价模型. 该模型采用目前行为金融学研究惯常的做法, 即通过较为真实的投资者假设——投资者关于资产价格的先验信息、关于价格信号的理解及自信水平都是异质的, 并将三类非理性投资者(过度自信、保守及中性)融入同一模型中.

第三篇, 内核篇, 共三章. 首先, 构建出集合竞价机制的数学模型, 设计实现算法; 其次, 从算法本身出发分析现有文献关于集合竞价机制的优良性质的根源, 并以数值仿真给予验证; 再次, 从集合竞价机制及其数学模型入手, 借鉴杠杆平衡原理, 将集合竞价机制下的股价涨跌问题转化为带活动支点的数字杠杆平衡问题, 提出数字杠杆平衡原理, 并运用于证券市场流行的股价趋势理论评价和分析, 以及股价操纵机理的解释; 最后, 研究操盘手采用单一账号拉抬及双账号对敲策略实现短线操纵股价的条件, 计算操纵成本及效率, 并基于短线操纵股价的前提假设条件, 提出优化设计集合竞价机制的建议.

第四篇, 系统实现篇, 共一章. 基于中国股市普遍存在的现象"操盘庄家通过公开媒介传播有利于自身的资信信息, 并配合个股盘面操纵, 影响中小投资者的决策行为", 以及中国股市投资者结构的实际数据, 运用前文提出的带反馈的证券定价理论和模型, 设计并实现一套行为证券定价系统, 客观再现证券市场零和博弈下的股票价格涨跌过程, 并揭示深层次原因.

从内容安排不难看出, 系统科学及其方法论在本书中的重要性. 它主要体现在以下几个方面(详见 2.3 节): ①本书应用系统科学来指导金融资产定价研究(详见 2.3 节), 认为金融资产定价问题是一个复杂系统, 要从整体上, 从系统与各组成要素(证券本身、投资者、证券市场、信息等)之间、要素与要素之间、系统与环境(宏观政治、经济环境)之间, 以及此系统与彼系统之间的相互关联和相互作用中, 来把握资产定价研究. ②在系统科学指导下, 提出了基于系统论的行为资产定价理论(详见第 3 章), 并在该理论指导下建立相应的定价模型, 即第 4~第 8 章内容. ③本书大量应用系统科学的基本原则(如整体性原则、相关性原则、综合性原则等)和基本方法(如结构方法、功能方法、反馈法、信息方法等)开展行为资产定价模型研究.

1.4.3 主要创新

现有的金融资产定价研究范式, 无论是传统主流金融资产定价研究范式, 还是当前的行为资产定价研究范式, 都割裂了研究对象(周宾凰等, 2002), 因而不能从整体上把握金融资产定价系统的运行规律, 所提出的理论及模型均不同程度地存在其自身难以克服的重大缺陷.

本书采用系统科学的方法论来研究行为金融资产定价问题, 将金融资产定价问题视为一个系统, 首次提出了基于系统论的行为资产定价理论; 并在该理论的指导下, 建立了基于系统论的行为资产定价模型框架及五个具体的定价模型. 这些模型既是对传统金融资产定价理论及模型的合理内核的继承, 又是对当前行为资产定价研究的延拓.

第 2 章　行为资产定价研究的方法论

用显微镜观察星空和用望远镜观察微生物，只能得出“星体和微生物根本不存在”的结论.

——孔德周

任何科学研究都必须使用某种具体的工具、方法、指导思想或者思维方式的一种或全部，它们被统称为研究手段(孔德周，2005)．研究手段在科学研究中具有极其重要的作用，甚至在某些领域的研究中起着决定性的作用．使用不同的研究手段，对同一事物研究会得出不同的认识．在系统科学的指导下，孙有发(2006)、孙有发和邓飞其(2006, 2007)、孙有发等(2007)较早提出了采用系统科学的方法来研究金融资产定价问题．刘超和刘丽(2012)指出系统金融理论是未来金融理论研究范式的演化方向之一．系统科学方法论也是本书开展所有研究的方法依据.

2.1　引　　言

众所周知，社会科学研究具有涉及因素众多、地域宽广、时间跨度大、表象复杂、规律隐蔽等特性，这使社会科学与自然科学在研究方法上又有很大区别．行为金融学是社会科学的一个重要分支，涉及经济学、金融学、心理学、社会学、认知科学、决策学等学科．现实金融问题又涉及非常多的变量与不确定因素，而且变量之间的(非线性)关系又非常复杂，其中对于某些关系人们甚至还没有清晰的认识．研究如此庞杂的行为金融问题，没有正确的方法论是行不通的.

然而，在现有金融学研究中，研究者们普遍忽视了科学的方法论问题．传统主流金融学着眼于客观的市场状况(周宾凰等，2002)，在投资者理性和有效市场假说的理想假设下，参照数学研究的范式，推导出一系列在形式上很“完美”的结论．现有行为金融学研究则在投资者有限理性和套利限制假设的基础上，专注于研究“人性”，即投资者心理与行为；不同的研究者往往依据特定的心理假设①建

① 例如，对于“反应过度”和“反应不足”这两种相互关联现象的解释：Barberis 等(1998)引入代表性和保守性来解释；Daniel 等（1998）则引入过度自信和自我归因来解释；Hong 和 Stein(1999)则从趋势交易者和套利者的相互作用机制来解释．对于一个现象在一个学科内出现了多种完全不同的解释，到底哪种心理因素占主导地位，各影响因素相互之间的关系是什么，传导机制如何，依然没有好的解释.

立特定的理论和模型(姜波克和薛斐, 2004). 不难看出, 无论传统主流金融学研究, 还是现有的行为金融学研究, 都割裂了研究对象——金融系统, 从而不能从整体上把握金融系统的运行规律.

系统观对金融学研究是不可或缺的. 现实金融市场是由众多投资者参与的市场, 投资者的人性, 即理性与非理性的统一(何颖, 2003), 并非一个同质的、理性投资者所能代表的, 因而投资者的"人性"就必然成为金融系统不可剥离的组成要素. 传统主流金融学正是通过投资者理性假设, 生硬地割裂了投资者的"人性". 然而, 对投资者"人性"的强调, 又不应成为忽略金融系统其他要素(如市场客观状况、环境等)的理由. 事实上, 正是由于缺乏综合的、整体的思维方法, 金融学理论研究中至今仍然是观点林立、各种观点互不相让却又缺乏各自强有力的论证.

金融学研究方法的突破, 无疑对整个金融学的发展起着至关重要的作用. 不幸的是, 传统金融学的线性研究范式, 是传统理性主义哲学思辨的产物[①], 具有鲜明的时代禁锢性(汪丁丁, 1998; 张建伟和胡乐明, 2005a, 2005b).

首先, 从主流经济学中"理性"的含义到理性人假设具体内容, 不难看到西方理性主义哲学的影子. 传统经济学中的"理性经济人", 是工具主义意义上的理性者, 他们具有有序偏好、完备信息和精确的计算能力, 能够利用掌握的信息来预估将来行为所产生的各种可能性, 能够完成最佳的满足自己偏好的决策, 最大化自己的期望效用. 汪丁丁(1998)认为: 经济学"理性"的第一个含义是"人的自利性"假设, 这是一个工具主义的假设; 经济学"理性"的第二个含义是"极大化原则"(也可以表示为"极小化原则"), 这使经济学家可以建立理性行为的数学描述; 经济学"理性"的第三个含义, 是每一个人的自利行为与群体内其他人的自利行为之间的一致性假设. 虽然这种理性人假设一直作为主流经济学的核心假设被学习和应用, 但是针对上述假设的争论和质疑从来就没有中断过. 阿马蒂亚·森认为, 人们的偏好、目的、价值观和动机制约着选择的一致性. 事实上, 即使撇开信息不完美、计算能力不足这些原因, 文化为人类赋予了千差万别的价值观或者说偏好、意识形态、伦理道德与行为规则也会导致选择无法保持内部的一致. 从亚当·斯密的双重人性(自利性和利他性)假设, 到现代主流经济学的工具主义立场, 这一转折(通过"极大化"原则)实质是造成数学工具在经济学中被广泛应用的可能. 西方哲学恰好也主要来源于希腊的数学和几何的逻辑思维, 并机械地认为像数学和几何一样就可从已知的知识推出未知的结论.

其次, 在西方哲学发展史中, 作为主流的理性主义哲学, 先后经历了古希腊罗马时期的客观理性, 近代哲学的认知理性、主观理性、工具理性及黑格尔的绝对理性等形式. 尽管各个历史时期理性表现形式不同, 但有一点是相同的: 它们都把理性置于高于一切的位置. 近代理性主义哲学自身发展的内在缺陷的本质在于: 理性离开了人性, 割裂了人的完整性; 人的存在被抽象化为理性的化身, 消弭了人的鲜活性. 当哲学家用这样的理性去建构关于人与世界的哲学体系时, 这种哲学就成了与现实生活相分离的形而上学的思辨理性哲学. 经济理性主义的主张"经济理论的基本假设不必受到现实检验, 从基本假设导出的各种命题可以不是对现代世界的正确描述, 只要有预测能力就行(弗莱德曼语)"就是这种思辨理性哲学最鲜明的体现.当预测现实成为检验理论有效性的唯一要求时, 理论假设可以完全脱离现实, 换句话说, 可以做出(与现实相比)非常"强"的理论假设, 只要它有预测能力, 由此推之, 从太阳黑子的周期波动来建立预测经济周期的理论模型就是合理的了. 遗憾的是, 现有的行为金融学研究又缺乏统一的、有效的研究手段(李心丹, 2004; 饶育蕾和张轮, 2005; 姜波克和薛斐, 2004). 正因为如此, 行为金融学家尽管已经总结出一长串认知偏差(Daniel et al., 2002; Tvede, 2002; Avery and Chevalier, 1999; Ng and Sadeghi, 2005; Loomes and Sugden, 1982; Barberis et al., 2001) (详见 3.3 节), 或套利限制的一些特征(Shleifer and Vishny , 1997; Pontiff, 1996; Ofek et al., 2004), 但这些分散的研究成果还是难以解释金融市场上普遍存在的大多数现象.

随着现代信息技术的飞速发展和广泛应用, 人与人、物与物、人与物之间的联系日益紧密和丰富, 这使现实金融市场正日益成为复杂巨系统. 对现代金融问题研究, 已不能再如同传统金融学研究的那样——通过苛刻假设来简化系统, 而必须将金融市场作为复杂系统来研究①.

具有启发意义的是, 建立在"对主流金融学基本假设进行一种革命式的检讨和前提性的反思"的基础上的行为金融学, 把"人"重新放入研究的视野(李心丹, 2004). 因此, 从方法论意义上讲, 这看到了系统论的影子.

在方法论上, 众所周知, 系统科学作为综合的、普遍性的基础学科(高隆昌, 2005), 横跨自然科学和社会科学两大领域, 在哲学、社会科学和自然科学之间架起了相互贯通的桥梁. 它的出现, 不仅进一步深化了人们对现实世界的认识, 而且以其特有的新颖思路, 改变了人们的思维方式, 为科学研究提供了崭新的方法(高隆昌, 2005; 高志亮和李忠良, 2004; 汪应洛, 2003; 苗东升, 1998; 钱学森等, 1988; 许国志等, 2000).

在这种背景下, 我们于 2004 年提出统一金融资产定价研究的方法论——系统论, 然后在系统科学的指导下, 于 2006 年正式提出了行为资产定价理论, 并建立了基于系统论的行为资产定价框架模型及若干个具体的定价模型.

2.2　系统科学及系统科学思维

2.2.1　系统、系统科学与系统论

系统的定义, 仅常见的就有很多种(高隆昌, 2005; 高志亮和李忠良, 2004; 汪

应洛, 2003; 苗东升, 1998; 钱学森等, 1988; 许国志等, 2000), 但总的来说大同小异. 只要弄清其中一个定义, 其他说法也就容易明白. 因此, 这里仅列举其中一个定义. 一般地, 系统是具有特定功能的、相互间具有联系的许多要素所构成的一个整体(汪应洛, 2003).

贝塔朗菲是最早使用系统科学这个概念的学者之一, 他将系统科学定义为"关于'系统'的科学". 克勒进一步表述为: "系统科学"指的是关于系统的具有普遍意义的现象, 处理的是系统问题(许国志等, 2000). 我国学者钱学森认为, 从系统的角度观察客观世界所建立起来的科学知识体系, 就是系统科学. 进一步地, 有学者把研究的问题和所使用的概念、原理、方法是否具有系统意义, 作为区分系统科学与其他科学的重要依据.

系统科学至今已经历了以下几个时期: ①20 世纪三四十年代的系统认识论时期(概念形成时期), 代表性事件是一般系统论诞生; ②20 世纪 40~60 年代的系统论(或者优化论)时期, 其共同特点在于实用方法的研究, 如信息论、控制论、运筹学、博弈论、排队论等; ③20 世纪六七十年代的系统学时期(动力系统时期), 此时期主要成就是诞生了动力系统论、耗散系统论、协同论、突变论和分形论等; ④20 世纪 80 年代以来的系统学原理(方法论时期), 探索复杂性是该时期的核心问题.

根据钱学森对科学层次的归化, 系统科学包括以下几个层次内容, 即根本原理、基本原理、理论基础、应用基础及应用技术, 如图 2.1 所示.

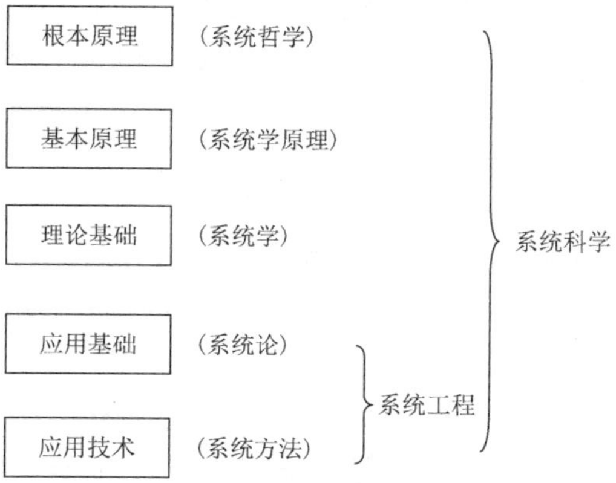

图 2.1　系统科学层次

把"系统方法"和"系统论"统称为"系统工程", 这是系统科学既有内容中的主体. 特别地, "系统论"在过去可以说是系统科学的代表, 主要学科是"老三论": 系统论、控制论、信息论. 尽管后来发展了"新三论"等, 仍然可以用"系统论"作为系统科学在"应用基础"层次的代名词(高隆昌, 2005).

本书即是基于系统科学的"应用基础"层次来研究行为资产定价理论及模型的.

2.2.2　系统科学思维

系统科学理论发展的一个最直接的结果是人类思维方式的转变：从线性思维方式转向非线性思维方式、从简单系统思维方式转向复杂系统思维方式、从决定思维方式转向或然思维方式、从单向思维方式转为多向思维方式、从一维的单目标思维方式转向多维的多目标思维方式、从静态思维方式转向动态思维方式等.

系统科学理论的另一个特点是许多思想具有方法论意义. 系统科学思维包括反馈控制、功能模拟、黑箱辨识及思维的信息加工等(高志亮和李忠良, 2004；汪应洛, 2003；苗东升, 1998；钱学森等, 1988；许国志等, 2000).

1. 反馈控制

反馈控制是控制论的核心思想和方法. “控制”是指针对一个有组织的系统(或称控制对象)，根据内部和外部的各种变化进行调整，使系统保持某种特定的状态或实现某一目标. 应用反馈思维去分析、处理系统控制问题的思维方法，叫反馈控制法. 作为系统科学思维方法之一的反馈控制法，其核心思想是利用系统给定信息和反馈信息的差异来解决系统确定性与不确定性之间的矛盾. 任何一个控制系统都是处在一个千变万化、错综复杂的环境之中的，在与环境的相互作用中，控制系统的稳定性受到来自环境的干扰和破坏. 一般来说，人们很难通过直接获取扰动信息来控制或消除系统的干扰影响，因为干扰因素很多且难以确定. 但是反馈控制法可以绕过这一困难，它仅依据控制系统输出量偏离规定值(或者系统目标偏差值)的信息，就可以调节和控制系统. 反馈控制法的思维方法已经在自然科学、生命科学和社会科学等领域得到广泛应用.

在应用反馈控制法时，需要具体情况具体分析，从不同角度、不同意义上认识反馈控制系统的复杂情况和特点，选择不同的反馈控制方式(如正反馈、负反馈；前反馈；单环反馈、多环反馈；主反馈、局部反馈等方式).

2. 功能模拟

功能模拟的核心思想是从机器是否能代替人类的思维和行为这一问题开始的. 从理论上讲，功能模拟方法是一种以机器、生物和社会中所存在的功能相似性为基础，通过创造一个新的、可操作的系统去模拟原型的功能和行为的方法. 功能模拟是模拟方法的一种比较高级的发展形式，它不是追求模型与原型之间物理过程或几何结构的相似性，而是以两者在功能或行为方面的相似性为依据，着眼于从功能上描述和模仿原型对外界的反映形式.

功能模拟法比传统模拟法的优越之处在于：第一，它不再模拟原型的某些形象和数量关系，而是通过模型来模拟原型的某些功能和行为；第二，它仅以模型与原型之间的功能和行为的相似性为基础, 反映的是原型的整体功能和系统行为; 第三, 可以应用“黑箱”理论来研究系统的运行情况和动态规律, 而不必完全了解系统内部结构、要素组成, 也不必追求模型结构与原型完全一致.

3. 黑箱辨识

黑箱辨识是人们在尚未了解系统内部结构和变化规律的情况下, 通过系统的输入与输出来考察系统的整体功能或推测系统内部整体结构的一种方法. 从认识论角度来看, 黑箱辨识是以我们对研究对象的内在特点和规律一无所知作为出发点, 对研究对象的认识从黑箱走向灰箱再到白箱的过程.

黑箱辨识方法的局限性在于, 从系统外部功能到内部结构的认识只是一个或然的猜测, 因为系统外在功能可以对应多种结构. 因此, 这就需要用辩证的思维方法来认识黑箱辨识方法, 不能绝对地、僵化地应用黑箱辨识方法.

4. 思维的信息加工

用信息论的方法来研究思维的过程、形式和内容, 是现代系统科学的一大特点, 也是一个新视角, 它极大地推动了人工智能的发展. 思维的本质是一个信息加工和处理的过程. 信息进入人的大脑经过两次变换: 一次是由外界的自然信息经由感觉器官转换成神经信息; 另一次是神经信息传到高级中枢之后, 被加工成特定符号(语言、文字、公式、数据、图形等), 即思维信息. 从自然信息到神经信息是大脑的神经过程, 这次信息变换的神经机理是现代科学家正在研究的重点, 许多问题等待解决. 从神经信息变换为思维信息是大脑的信息化过程, 这次信息变换的大脑机理是思维科学研究的重点.

思维的信息加工方法的本质是应用信息的观点, 把研究对象的运动抽象为信息, 以及信息变换的过程, 是通过对信息的获取、传输、加工和处理这一过程的研究来揭示对象的性质和规律的一种方法. 思维的信息加工方法始终将研究对象看作是一个信息的流动和变换的整体, 从系统各部分之间的信息联系、系统与环境之间的信息联系来综合考察研究对象. 思维的信息加工方法已成为现代科学探索事物的复杂性必不可少的方法.

2.2.3　系统科学思维的基本原则

系统科学思维的基本原则, 是根据系统的性质和运行规律制定的, 是我们应用系统科学方法时必须遵守的规则, 包括整体性原则、相关性原则、综合性原则、目的性原则、层次性原则和历时性原则等(高志亮和李忠良, 2004; 汪应洛, 2003; 苗东升, 1998; 钱学森等, 1988; 许国志等, 2000).

1. 整体性原则

系统是各个要素相互作用的整体. 系统的性质, 不是由某些要素独立决定的, 而是整体与部分、部分与部分、系统与环境相互作用的统一性表现. 人们在应用系统科学方法时, 必须坚持这一原则, 从系统、要素、环境的相互关系中, 把握系统的整体性.

2. 相关性原则

相关性是系统诸要素之间的相互作用, 具有一种异常的特性, 即关联性. 这种特性说明, 系统各部分之间的联系是不可分割的. 整体与部分的关系, 有两种不同的性质, 一是加和性, 二是非加和性. 当系统各部分之间具有线性关系, 此时整体与部分之间的关系具有加和性. 一般说来, 要素之间都存在相互作用, 而且当这种相互作用对某种研究成为不可忽略的影响因素的时候, 整体与部分之间的关系, 就不再具有加和性, 此时系统内部各要素的性质和行为, 不同于孤立状态下的性质和行为. 可见, 若系统诸要素之间的相互作用存在着非线性关系, 系统的整体与部分之间就存在非加和性. 因此, 应用系统科学方法研究系统的整体性质时, 必须揭示和遵循这种非线性关系、非加和性. 这就是相关性原则.

3. 综合性原则

整体性和相关性使系统的性质趋于最大的综合, 任何系统又成为更高层次系统的子系统, 更高层次的系统又成为其他系统的子系统, 从而形成了复杂巨系统. 系统的这种性质, 使系统思维成为整体、综合的思维. 传统的分析方法, 一般是把整体分解为部分, 一旦了解部分的性质, 再把它们加和, 这就是整体的性质. 系统的整体性和相关性, 使传统的分析方法失去了效用, 而要求采取“综合—分析—再综合”的方法. 这就是综合性原则.

4. 目的性原则

一切系统的进化, 是从无序走向有序, 而且以达到平衡为目标. 这种有序和方向性, 说明系统具有目的性. 任何系统都有自己的目的, 通过反馈、调节加以实现. 目的是行为的向导, 是行为最终所要达到的结果. 系统的目的性, 为认识系统的思维活动规定了一个方向.

5. 层次性原则

当我们把一个极其复杂的研究对象称为系统时, 组成这个系统的内部要素便是这个系统的子系统, 这些子系统的相互联系和相互作用, 构成了一个有机的整体，使它具有特定的结构，具有特定功能. 就子系统来说，它又可包含自己的子系统，成为相对独立的系统，依次类推，可以不断细分下去. 这表明系统是具有多种等级、层次、结构和功能的有机整体. 从相反方向看，每一个相对独立的系统又可成为更大系统的子系统，从而使每一个系统都处于多级层次的复杂联系之中. 系统的这种层次性，使系统性质只有通过分析这些多层关系才能被认识. 因此，系统科学方法的层次性原则要求，在研究系统的性质和行为时，首先必须确定系统的层次等级，其次分析系统在直接联系的层次等级上的性质和行为，最后将分析的结果加以综合，获得整体的认识.

6. 历时性原则

系统的历时性原则就是系统的状态随着时间变化的性质，又叫作系统的动态性. 一般来说，一切系统都是动态系统，它的状态变量是时间函数. 系统状态之所以能够随着时间变化，一方面是因为内部结构的变化、系统的要素在系统内部的位置分布等随时间变动；另一方面是因为系统与外部环境进行物质、能量、信息的交换，并随时间变化，这是由系统的开放性决定的. 任何开放系统，都具有历时性. 系统的历时性原则，要求我们在研究系统的性质和行为时，必须把握系统状态随时间的变化. 这就是系统科学方法的历时性原则.

2.2.4　系统科学思维的作用和意义

系统科学的产生就是一场思维方式的革命，在探索、研究系统的过程中，系统科学是探索非线性复杂系统的新思维. 系统科学思维方式就是用系统的观点认识自然、认识社会，用系统的要素、结构、功能、环境、信息和联系等概念来研究客观世界，探索那些过去很难研究的非线性复杂系统，系统科学理论的出现是一次思维方式的变革. 系统科学思维不仅为现代科学中学科的交叉、渗透和融合提供了工具与方法，而且为探索非线性复杂系统提供了新的思维方法.

实践证明，系统科学不仅是现代科学发展的重大理论成果，而且是具有明显的方法论性质和功能的学科，不仅变革了近代科学 400 多年所形成的形而上学的机械论的思维方式，而且提供了与现代科学发展相适应、相吻合的思维方式，即用系统的观点认识世界，用系统的方法解释世界(高志亮和李忠良, 2004).

2.2.5　系统科学方法论

由于系统科学包括基础理论、应用科学和工程技术三个不同的层次，系统科学方法同样存在三个层次的结构：系统科学的一般方法、系统科学的特殊方法及系统工程方法(高志亮和李忠良, 2004).

1. 系统科学的一般方法

从系统观点出发，探讨整体与要素、要素与要素、整体与外部环境之间的相互联系，并应用系统、信息、熵、控制、反馈、稳态、功能、结构、涨落等范畴，刻画系统的性质及其进化，都是研究系统的一般方法. 这些方法包括结构方法(分为形式结构方法、空间结构方法、空间-时间结构方法)、功能方法(包括功能分析方法、黑箱分析方法、功能模拟方法)、自组织系统方法(包括状态空间方法、非平衡系统方法、序参量方法、超循环方法)等，可以应用于一切领域的系统研究，因此，它是系统科学的一般方法.

2. 系统科学的特殊方法

系统科学的各个分支学科，如控制论、信息论、博弈论、决策论等，既研究具体领域的系统，又有横断学科的性质，它的基本原理可以成为较普遍的科学方法，它的普遍性又仅次于系统科学的一般方法，因而被称为系统科学的特殊方法.

3. 系统工程方法

系统工程方法的基本思想是把工程方法引入组织管理，用概率、统计、运筹、模拟等方法，对组织和管理的对象进行分析，建立系统模型，运用最优化的方法，求得系统的最佳结果. 系统工程方法主要有系统分析、网络分析、分解、协调等.

2.3 系统科学在行为资产定价中的具体应用

正如前面所说，系统科学为探索非线性复杂系统提供了新的思维方法. 系统科学思维的基本原则和基本方法对金融系统研究有普遍的指导意义. 下面从基本原则和基本方法两个层次来阐述系统科学在当前行为资产定价研究中的具体应用.

2.3.1 对系统科学思维的基本原则的应用

系统科学思维的基本规则，包括整体性原则、相关性原则、综合性原则、目的性原则、层次性原则和历时性原则等. 这些原则给我们的启示有三个方面.

1. 研究证券定价问题时，要将证券定价研究当作一个系统来研究

从证券定价系统的组成要素(如证券本身、投资者、交易市场、信息等)、各要素(或者子系统)之间、证券定价系统与环境(政治、经济等宏观环境)之间等的复杂

关系中，把握证券价格. 而不能像传统主流金融学那样，为了达到“形式上”的完美，而任意地简化要素及要素之间的关系，如假设投资者理性、市场有效率等.

整体性原则也体现在行为资产定价研究的范式中. 按照传统经济学的假设，市场应该是完美无缺的，长期来看，股票价格反映其真实价值. 而实际上，无论是中国股市还是外国股市，价格的波动范围都远远超过传统经济学的预测，股票市场波动印证的并不是事件本身，而是人们对事件的反应，是数以万计的人对这些事件将会如何影响他们的未来的认识. 行为金融学界因此提出了“行为范式”. 然而，不论是传统金融理论还是现有的行为金融理论，都有失之偏颇之处. 传统金融理论着眼于客观的市场状况，忽略了“人性”；行为金融学则专注于个体行为而忽略市场的客观条件(周宾凰等，2002). 本书应用系统思维认为，行为金融学的研究范式应该是“理性范式”与“行为范式”的有机统一. Barberis 和 Thaler(2003)曾经指出：一种新的、可以包容两者(传统金融和行为金融)的理论，或许将结束“理性范式”与“行为范式”的争论. Hirshleifer(2001)也认为，随着时间的推移，纯粹的理性范式将被范围广泛得多的心理范式所取代；在新范式中，完全理性只是一个特例. 本书将在第 3 章给出具体的系统研究范式的理论及模型.

2. 研究证券定价问题时，必须考虑证券定价系统中的各子系统

例如，与证券有关的信息会作用于(异质非理性、而非同质理性的)投资者，投资者处理信息时会产生各种认知偏差(这正是行为金融学所强调的)，该偏差又导致证券定价偏差(包含在订单价格中)，证券交易子系统又客观地将这种偏差转化为成交价格，最后成交价格作为新的信息又被反馈给该投资者. 可见，证券定价各子系统之间的联系，是不可分割的，而且这些联系中又以非线性关系最为普遍. 因此，在研究证券定价问题时，必须揭示和遵循这种非线性、非加和性等本质特性，而并非像传统主流金融学那样采用线性思维.

3. 研究证券定价问题时，应把证券定价系统视为动态的开放系统

例如，当前掌握信息技术的证券投资者与几百年前的证券投资者是不同的，投资者的心理与行为也会随着证券市场的发展不断进化. 此外，市场本身、市场环境、开放的金融市场与其他系统的联系等都在动态变化中. 因此，对证券定价的研究也必须与时俱进.

2.3.2 对系统科学思维的基本方法的应用

1. 结构方法

系统科学的结构方法，是根据系统科学的基本原理，研究要素之间的相互联

系和相互作用的形式，并应用形式化和数学工具，给出系统结构定量模型的科学方法，包括形式结构方法、空间结构方法、时间结构方法、空间-时间结构法等，其中形式结构方法在本书应用比较广.

由于系统要素之间的联系和作用是通过交换信息来实现的，要素之间必定存在反馈作用. 通过反馈作用，要素之间就产生了互为关联的关系. 要素之间的加和性和非加和性、反馈作用及因果关系等，就构成了形式结构的内容. 例如，在行为资产定价系统中，证券市场大环境及与证券相关的信息、投资者心理因素等都会作用于证券价格，在某种程度上它们对价格的影响具有加和性. 然而，这些要素之间又是相互影响的：市场大环境中弥漫着各种各样的信息，信息影响投资者情绪，情绪影响决策，决策影响证券价格，价格又散发出新的信息，从而使各要素之间形成长链反馈(当然现实情况比这还要复杂得多). 这就使证券定价系统各要素对价格的影响又不完全遵循加和性. 本书第 3 章就是应用系统科学的结构方法提出了基于系统论的行为资产定价理论，然后在后续几章研究了具体的定价模型.

2. 功能方法

系统不仅具有结构，还具有功能. 结构反映系统内部要素之间的联系，功能则反映系统与外部环境之间的关系，表达为系统的活动和行为. 功能方法就是在与要素、结构、环境之间的相互关系中，把握系统的能力和行为的研究方法，包括功能分析方法、功能模拟方法和黑箱分析方法. 功能分析方法又包括要素-功能分析、结构-功能分析及环境-功能分析等方法.

传统金融学观点认为，投资者是同质且理性的，因此市场上只有一个代表性的投资者. 这种假设与现实背离程度之深，显而易见. 功能分析方法认为，系统要素性质(数量及质量)对系统的整体性能有重要影响. 对证券定价系统而言，投资者作为能动性主体要素，其整体素质、群体心理及行为对证券价格的影响非常大，从而不能被任意忽略. 本书在第 3 章详细地阐述了投资者的心理与行为对资产价格的影响(见 3.3 节)，并在第 7 章建立了一个刻画投资者群体情绪的人工心理与情感计算模型. 后者采用的方法就是黑箱分析方法. 第 6 章则从证券系统主体要素——异质非理性投资者角度，专门研究了资产的均衡定价模型. 从整体来看，第 4 章到第 8 章建立的定价模型又是功能模拟方法的具体应用.

3. 其他方法

系统科学中的其他方法，如反馈控制、博弈论、决策论等，都在本书有具体的应用.

2.4　小　结

在现有金融学研究中, 研究者普遍地忽视了科学的方法论问题. 本章在系统科学的指导下, 首次提出了统一金融资产定价研究的方法论——系统论, 并具体阐述了如何应用系统科学思维和方法来研究行为资产定价. 系统科学的方法论是本书开展所有研究的方法依据.

第 3 章　基于系统论的行为资产定价理论

根本就不存在所谓证券价值的最终答案这样一种东西，一打专家可能有12个不同的结论. 如果过了一会儿，条件稍有变化，再给他们一个定价的机会，他们立刻就会改变自己的预测. 市场价值与资产负债表和损益表仅有部分关系，市场价值主要由以下因素决定：人性的希望与恐惧，贪婪，野心，上帝的行动，金融应力与应变，天气，新的发现，时尚及无数的因素，不可能无遗漏地一一罗列出来的东西.

——Gerald Leob

金融资产定价理论的研究，是金融经济学的核心内容. 证券价格到底如何决定，是经久不衰的研究课题. 在系统科学方法论指导下，我们较早于 2006 年正式提出了基于系统论的行为资产定价理论(孙有发, 2006; 孙有发和邓飞其, 2006; 孙有发和邓飞其, 2007; 孙有发等, 2007). 该理论是本书的重要组成部分，是开展基于系统论的行为资产定价模型研究的主要理论基础.

3.1　引　　言

在动态运行的市场中，证券价格取决于所有投资者的预期(包括正确的和错误的). 著名经济学家凯恩斯曾经用选美比赛来比喻股票市场. 他认为，在选美比赛中，人们不是选出他认为应该获胜的选手，而是选出他认为大多数人会选的选手. 1997 年，《金融时报》举办了一个能反映证券市场上投资者决策过程的猜数字比赛[①](由经济学家理查德・泰勒主持). 结果表明，在决策时人们会犯错误，这

① 所有参赛者被要求独立从 1~100 选择一个数; 如果选定的数最接近所有参赛者选出数的平均数的 2/3，这个参赛者就是优胜者. 竞赛的关键在于猜测他人如何思考. 例如，组中一些人会判断平均数有可能是 50，所以这些人会猜 50 的 2/3——33. 其他的人可能预料到先前的那些人会由于这个原因猜测 33，所以他们就会猜 33 的 2/3——22. 同样地，其他的人也会预料到先前的人可能会选 22，所以他们会选 22 的 2/3——15…… 如果将这个游戏继续玩下去的话，大家会渐渐地学会使用这种推理别人的推理的迭代方法，最后他们会不约而同地选择 1 这个数字. 选择 1 意味着这个游戏达到了纳什均衡. 这种结果的达到是由于每个人都根据其他人的行动不断地改变着自己的行动，直到他们不能从这种改变中获得任何好处为止. 然而，即使让受过良好教育的群体参加比赛，最终获胜的数也不会是 1，因为不同的人对他人不断变化推理的预料的程度是不同的，一些人为了扩大得奖的机会，会选择在诸如 33、22、15 之类普通猜测的上下浮动一点点，另一些人则可能做其他随机猜测. 事实上，在《金融时报》举行的竞赛中，最终获胜的选择是 13.

些错误又会影响他人决策，以至于汇聚成"错误的"最终决定．我们也设计了一个游戏：就"1+1=?"要求所有参与者独立地填写自己认为的最合适的答案，并愿意为此设定赌金①．游戏结果表明，当个体面临压力，如外在约束、规则，内在的贪婪、欲望等，会表现出非理性一面，如同"1+1=?"的最后结果却不是 2 一样．游戏的结论是：局部理性决策不能驱使全局最终决策在压力规则下也是理性的．现实股市同理：即使在完全理性假设下的某些投资者能"正确"计算出股票的价格，但在市场上他可能错了，因为最终价格由所有参与者决定，而其他参与者不一定都同样理性．当然，现实证券价格的决定过程比这些竞赛还要复杂得多．投资者在异质信息条件下做出不同的预测和投资决策，集体形成市场价格；而价格所包含的信息，又影响投资者对未来的预测及决策．这样每个投资者根据市场状态变化及学习成功者的经验，不断地形成新规则，并验证与修改旧规则，从而投资者的预测规则整体上与市场是协同进化的．在进化过程中，投资者的聚集、分化、对信息的非线性反应方式造就了整个证券市场宏观层面上的复杂性(刘文财，2003)．因此，金融资产价格行为既非完全确定，又非完全随机，或者说处于两极之间(刘文财，2003)．

证券价格行为的复杂性又决定了定价理论及模型的非平凡性．当大量的投资者被假定在没有摩擦的证券市场中，决策互相独立、具有理性预期、对未曾预期到的信息反应及时、一致，股票价格被认为是服从几何布朗运动时，不难看出有效市场假说的直接推论——"随机游走"价格模型的实质：学者们为了解释看似布朗运动的股价序列，忽略了市场中可能有规律的成分，实质上是过于简化了价格模型；从数学处理的角度来看这种处理方式，它实质上为随机分析、鞅等理论在金融经济学领域的广泛应用提供便利②．事实上，传统金融定价理论及模型仅着眼于分析客观的市场状况，而忽略了投资者行为、心理与价格之间的关系，这正是传统金融学的疏漏之处，也是建立在质疑理性投资者和有效市场假说的基础上

① 决胜规则：最靠近全体参与者给出的答案的平均值的那个参与者得到全部赌金，其余参与者尽失赌金；如果获胜者有多个，则按照他们设置的赌金比例分配赢回的赌金(此意味着如果大家答案一致，则无输赢)．我们独立做此实验 100 次，结果是："1+1=? "的最后答案平均值等于 2 的次数为 0.

② 假定股票价格遵循几何布朗运动，股票的收益率和波动率为常数，Black 和 Scholes (1973)利用无套利假设和随机分析中的伊藤(Ito)公式证明了股票期权价格可被表示成股票价格 S_t 和时间 t 的函数 $F(t,S_t)$，并且得到了 $F(t,S_t)$ 满足的偏微分方程及它的显式解，即 B-S 公式. B-S 公式的出现不仅在金融界引起了一次"革命"，而且在数学上对随机分析、随机控制、非线性分析、偏微分方程、数值分析、数理统计等许多方面也带来了巨大的推动力，从而金融经济学也引起了数学家的极大兴趣．此后，Harrison 和 Kreps(1979)的研究成果又使随机分析中的鞅测度的概念与金融市场的无套利概念联系起来，从而使随机分析中半鞅的随机积分理论在金融衍生证券定价理论中有了用武之地.

的行为金融学与传统金融学形成的根本对立之处.

然而, 不论是传统金融定价理论还是现有的行为金融定价理论, 都有偏颇之处. 传统金融定价理论着眼于客观的市场状况, 而忽略了"人性", 现有的行为金融定价理论则专注于个体行为而忽略市场的客观条件(周宾凰等, 2002). 本书试图整合二者, 提出基于系统论的行为资产定价理论.

本章其余内容安排如下: 3.2 节概述传统金融理论的资产价格决定过程, 详细剖析其隐含的基本假定, 以暴露传统金融资产定价理论的硬伤; 3.3 节根据行为金融的逻辑研究思路, 详细地分析资产定价发生偏差的投资者的心理与行为原因; 3.4 节是证券市场的一个模拟实现, 以验证证券价格机制中投资者行为与心理因素的不可或缺性; 在前面三节研究的基础上, 3.5 节提炼出基于系统论的行为资产定价理论的核心观点; 3.6 节应用该理论解释几种典型的真实股票价格过程及著名的股市波动之谜; 最后是小结.

3.2 传统金融理论的资产价格决定过程

传统金融理论认为投资者的最优选择决定了资产价格. 下面以两期模型为例, 概括一下传统金融理论中的资产定价过程(李心丹, 2004).

决策和交易发生在时期0, 不确定性仅体现在时期1的证券未来收益性上. 首先, 假设存在一个描述时期 1 的未定状态的集合(或称自然状态空间) Ω, 所有 n 种证券的收益 $\boldsymbol{r}=\boldsymbol{r}(\omega)\equiv\left(r_1(\omega),r_2(\omega),\cdots,r_n(\omega)\right)$ 是定义在 Ω 上的随机向量, 当 $\omega\in\Omega$ 确定后, $\boldsymbol{r}(\omega)$ 取值也确定. 其次, 个体能够观察到与自然状态 ω 相关的信号(私人信号) I. 再次, 假定个体总拥有一个关于信号与状态的联合分布的先验概率, 个体根据观测到的信号并利用贝叶斯法则形成自己的后验概率分布 $P(\omega|I)$. 最后, 假设个体关于确定性财富的效用函数形式为 $u(\cdot)$. 个体持有证券组合 $\boldsymbol{x}=(x_1,x_2,\cdots,x_n)$, 即拥有一份定义在 Ω 上的未定财富 $W(\omega)=\sum_{i=1}^{n}x_ir_i(\omega)$. 这份财富给他带来一种未定效用 $u\left(W(\omega)\right)$. 那么, 此不确定性条件下个体的理性行为是在一定预算约束和私人信息 $I=y$ 下, 选择适当的 $\boldsymbol{x}$, 使下列期望效用最大化:

$$\max_{x} E\left\{u\left(W(\omega)\right)\middle|I=y\right\}=\int_{\Omega}u\left(W(\omega)\right)\mathrm{d}P\left(\omega|y\right) \tag{3.1}$$

进而导出对每个证券的需求函数. 个体需求按一定的交易制度被汇总为证券市场的总供求关系, 决定证券在市场均衡时的价格. 图 3.1 描述了上述过程(李心丹, 2004).

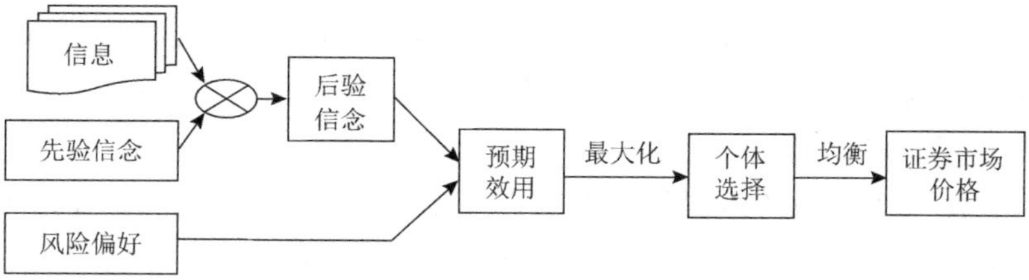

图 3.1　传统金融理论的资产价格决定过程

在图 3.1 中，几乎每一环节都需要借助于一些公理性假设. 这些假设成立与否直接影响到最终结论的适用性. 这些假设包括以下几个方面.

(1) 关于偏好. 传统金融理论假设投资者对任意证券的偏好是理性的且存在唯一的效用函数. 这就要求偏好关系满足完备性、传递性、独立性、确认性、替代性、连续性及简约性等条件.

(2) 关于后验信念. 传统金融理论假设人们在信念修正过程中依照贝叶斯法则进行.

(3) 关于预期效用理论. 独立性公理对于预期效用模型来说，是赖以成立的最重要的一条假定.

(4) 风险厌恶假设. 无论是 Markowitz 得到均值-方差模型，还是 Sharpe、Lintner、Mossin 将均值-方差模型进一步发展到 CAPM，他们都无一例外地假设：在证券投资中所有投资者都是风险厌恶型.

(5) 有效市场假说，即价格反映了所有可能得到的信息. 它包括两层意思：当影响资产价格的消息在市场中公布时，价格应该迅速、正确地反映信息；当不存在关于基础价值的信息时，价格不会改变.

不难看出，传统金融理论的资产价格决定过程充满苛刻的、严重偏离实际情况的各种假定.

3.3　产生资产定价偏差的心理与行为分析

行为金融学把金融投资决策活动看成一个心理过程，认为现实中的投资行为是一种有意识的经济行为，受人们心理意识的调节和控制(郭怀英，2002). 这就赋予金融投资行为以人类心理的特征. 下面，我们分别从认知心理学、社会心理学、决策学等角度，分析资产定价发生偏差的原因，以论述现实投资者的心理及行为对资产价格的决定确实有重要影响，从而不能任意地被忽略或简化.

3.3.1　从认知心理学角度分析

在认知心理学看来，投资决策行为是一个系统的信息处理过程：各种外在的经济变量形成了投资者的信息源，投资者在心里计量风险和收益并进行决策．信息处理过程分为四个环节：信息获取、加工、输出及反馈，其中任一环节发生偏差，都可能导致认知偏差的产生．

图 3.2 是一个模拟的人对信息的认识过程：整个图是从控制论系统的信息分析观点，按照人类认识器官的功能，而不是按照它的真实的物理结构设计的（许国志等，2000）．

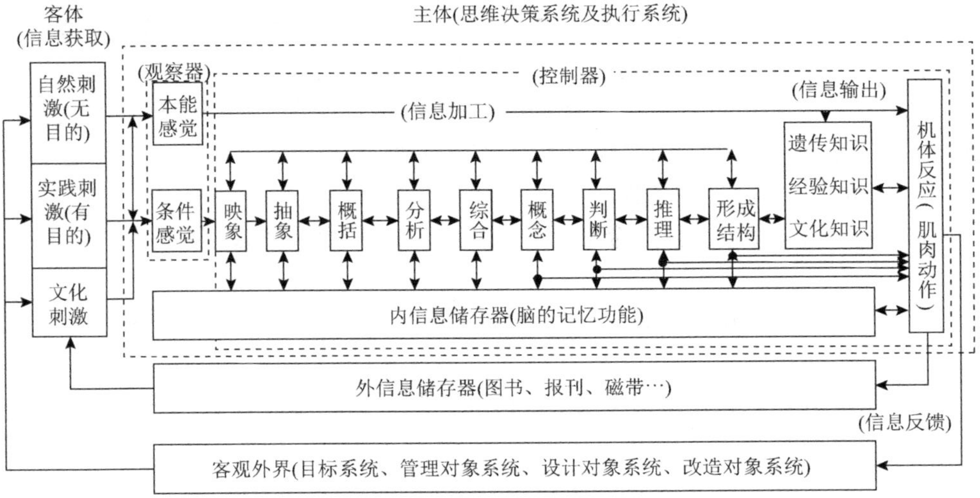

图 3.2　人对信息的认识过程

在投资决策过程中，人自身条件及能力的客观限制导致人在认知过程中不得不简化信息处理，从而产生认知过程的偏差（表 3.1）．

表 3.1　认知过程的偏差

认知阶段	偏差分类
信息获取	与记忆相关（如易记性）的偏差；与环境相关（如易得性）的偏差、次序效应
信息加工	启发式偏差，如代表性、惯用性、锚定和调整等；与情绪、情感等相关的偏差，如心境、自我控制等；与信息表达方式相关的偏差，如框架依赖等；对新信息态度方面，如反应过度、反应不足、保守、隔离效应等
信息输出	乐观主义、一厢情愿、过度自信
信息反馈	后见之明、自我归因、损失厌恶、后悔厌恶、推卸责任、确认偏差、认知失调

当然，表 3.1 中列举的一些认知偏差并不能概括所有的认知特征．另外，各阶段所列举的偏差可能同时发生，而且可能在不同阶段中持续发生．限于本书撰写需要，下面只介绍部分偏差内容．

在信息加工阶段，个体的认知偏差可分为：反应过度、反应不足、保守及隔离效应(Hong and Stein, 1999; Bloomfield et al., 2000; Poteshman, 2001; Daniel et al., 1998; Daniel et al., 2001). “反应过度”描述的是投资者在信息理解和反应上出现非理性偏差, 从而产生对信息权衡过重、行为过激的现象. Kahneman 和 Tversky(1979, 1992)的研究表明: 个体投资者预测的直觉性使他们对一些醒目的信息(如近期信息)过分重视, 而轻视不醒目的信息(如以往信息). “保守主义”指人们思想一般存在着惯性, 不愿意改变个人原有信念, 因此新的信念对原有信念的修正往往不足. “隔离效应”俗称不自信效应, 指个人在决策时总要等到信息披露后才做出决策, 即使将要披露的信息对决策没有太大关系, 或者即使不知道该信息不影响做相同的决策.

在信息输出阶段, 常见的认知偏差有: 一厢情愿(或如意算盘)及过度自信(Hirshleifer and Luo, 2001; Barber and Odean, 2001; Daniel et al., 2001)等. “一厢情愿”指的是人们如果喜欢某种结果, 就往往感到事件正按照自己的意愿进行, 从而在很多场合下对自己的能力及未来的预期表现过于乐观. “过度自信”指人们经常过于相信自己判断的正确性, 这种信念甚至不能通过学习来进行修正. 心理学研究表明, 各行各业的专家尤其会表现出过度自信特征.

在信息反馈阶段, 重要的认知偏差有: 损失厌恶(Barberis and Huang, 2001; Klapper et al., 2005; Ng and Sadeghi, 2005; Barberis and Shleifer, 2003; Tversky and Kahneman, 1991; Odean, 1998)和后悔厌恶(Loomes and Sugden, 1982)等. 趋利避害是人类行为的主要动机之一. 在经济活动中人类首先考虑如何避免损失, 其次才是获取收益. 这就是“损失厌恶”. 它表明, 人们在决策过程中, 其内心对利害的权衡是不均衡的, 赋予“避害”的权重要远大于“趋利”的权重. Shefrin(2002)指出, 后悔对于个人来说, 不仅是一种损失, 还是一种自认为必须要对损失负责的感受. 因此后悔带来的痛苦比损失带来的痛苦还要大. 这种心理特征被称为“后悔厌恶”. 于是, 为了在未来避免决策失误带来的后悔痛苦, 人们往往采取推卸责任的方式, 如委托他人代理投资决策、“随大流”、效仿多数投资者行为决策等(Bannerjee, 1992; Shiller, 1995; Bikhchandani and Sharma, 2000).

3.3.2 从社会心理学角度分析

金融市场是由投资者群体参与的市场. 群体行为具有冲动性、极端性和服从性等特点(郭怀英, 2002). 冲动性是指心理群体行为在外界某一强烈刺激的激发下迅速向相反方向逆转. 这种高度不稳定性必然导致心理群体行为行动方向的极度不确定性. 这在股市上, 通常表现为证券价格的激烈波动. 极端性是指心理群体的发展经常超乎人们的预期, 并导致市场循环周期的不规则性. 这种特征通常导致证券市场上很难出现固定波长的周期现象. 这一点正是数学家难以理解而金融实践家又给予特别关注的市场规律. 服从性是指证券市场对“权威”的崇拜, 以及导致人们在投资概念上的统一性与投资行为的一致性, 从而破坏市场行为的完备性. 因此投资者的群体行为特性是产生资产定价偏差的重要原因之一.

在一个群体中, 人们最容易受到群体感情的影响, 倾向于放弃自己的偏好和判断, 忽略自身获得的信息而采取与群体行为相近的行为. 现实生活中的"流行"就是一个很好的例证. 最常见的与群体相关的认知偏差方式有: 源自社会性共同因素(文化、地域、价值观念等)认知的系统偏差(Bikhchandani et al., 1992); 在认知上追随大众的选择和判断而忽略自身已有信息的"信息瀑布"现象; 从情感上彼此模仿、相互传染的"羊群行为"(Bannerjee, 1992; Shiller, 1995; Bikhchandani and Sharma, 2000)等.

造成这些偏差的根本原因, 可能是人类生存的本能反应. 心理学大量实验研究已经证实, 在面临高度不确定的条件下, 个体的知觉和判断易受到外界因素(如他人的认知与判断)的影响, 表现出避害求生的本能反应. 这是人类从低等动物长期逐渐演化成高等动物的结果, 具有相对稳定性的特征. 其他原因, 如信息不对称因素、信息处理能力因素等, 或多或少都衍生于人类生存的本能行为因素.

3.3.3　从决策学角度分析

决策与偏好是紧密相联的, 共同构成了人类一切经济行为的起点. 行为金融学利用心理学的研究成果, 发现传统主流金融关于决策偏好的假设与现实严重不符. 我们将这些差异列于表 3.2 中.

表 3.2　不确定条件下关于决策偏好的理论假设与现实的差异

传统金融理论的假设	心理学研究发现(Stracca, 2004; Tvede, 2002; 李心丹, 2004)
偏好与环境无关	与问题表示方式相关、框架依赖等
偏好与历史无关	原赋效应、处置效应、锚定效应、沉没成本效应、私房钱效应等
偏好是一致的	偏好反转、时间偏好等
偏好仅与结果相关	与不确定源相关、模糊厌恶等
风险厌恶	风险态度与情境相关, 可能也会表现出风险喜好, 并且存在心理账户等
期望效用函数	价值函数、权重函数(非线性概率函数)

(1) 原赋效应表示个人一旦拥有了某物品, 那么他对该项物品价值的评价要比他未拥有它之前大为提高. 心理学实验表明, 一种情况下个人拥有某物品, 然后剥夺其对该物品的所有权; 另一种情况是个人事先没有原赋, 但他人给予他该项物品. 两种情况下他对该物品做出的评价不同, 且对第一种情况的评价比第二种情况要高.

(2) 处置效应. Shefrin 和 Statman (1985) 认为投资人为了避免后悔, 会倾向于继续持有实际上已经损失了的股票(认为投机总比稳亏好), 而且急于套现价格已经上涨的股票(常见的"见好就收"赌徒行为).

(3) 锚定效应, 即人们在判断和评估中, 往往先假定一个最容易获得的信息作为估计的初始值或基准(称为"锚点"), 目标价值以锚点为基础, 结合其他信息进行调整. 心理学家把这种参考点的不同引起的暂时的反应不足和决策偏差称为"锚定效应".

(4) 沉没成本效应. 西方经济学中的"沉没成本"是指过去的决策结果引起并已经实际支付的成本. 传统理论认为沉没成本是与决策无关的因素, 但事实上, 个人在做决策时是很可能受到沉没成本影响的. Arkes 和 Blumer (1985) 认为个人做决策时将沉没成本考虑进来的原因, 主要在于个人通常不愿意接受先前所投入的成本白白浪费掉的事实. 这一点与"损失厌恶"有相通之处.

(5) 私房钱效应. Thaler 和 Johnson (1990) 进一步研究了前次收益和损失对当前决策的影响. 他们发现, 在某些情况下, 利得会增加个人参加赌局的意愿. 这种现象被称为私房钱效应.

李心丹 (2004) 将以上三个角度的影响因素, 即投资者在不确定条件下决策的心理和行为列在同一图中(图 3.3). 由于金融系统是现实人参与的系统, 现实人又是集理性与非理性于一体的(何颖, 2003), 从而金融系统中的投资者, 既非完全理性, 也非纯粹非理性, 而是理性与非理性的融合体[①]. 因此, 投资者对某一事件的决策, 既非完全理性, 也非一开始就放弃自己的认知, 放弃对信息和环境等不确定因素的理性思考, 以至于直接在偏差心理的支配下进行非理性选择, 如图 3.3 上半部分所示; 而是按照下半部分的步骤执行.

---

① 坚持这种观点并不孤独. 以 Kahneman 和 Tversky (1979, 1992)、Thaler (1987, 1993)、Shleifer (2000)、Shiller (2000) 等为代表的行为经济学家基于现代心理学的启示, 分别对传统经济学中的"经济人"的无限理性、无限自控力和无限自私自利等三个假设进行了修正, 提出了既非完全理性, 又不完全自私的"现实人"假定, 认为每一个现实的决策行为人都不是完整意义上的理性人, 他们的决策行为不仅受到自身固有的认知偏差的影响, 还会受到外部环境的干扰. 行为经济学对非理性的理解, 并非是指纯粹非理性, 而是指不完全理性, 行为经济学仍然承认经济人理性在传统解释范围内的有效性, 所不同的是把它视为一种特例, 即认为, 理性要与理性之外的其余部分结合起来, 才能构成人类行为的整体. 所以 Kahneman (2003) 指出自己的工作并非否认人的理性, 而是更科学、更客观地对人的认知过程加以研究, 以期达到对人的行为的科学认识, 是一种更高理性的表现. 总之, 这些对经济学理性的重新审视和概括, 事实上相当于将抽象的"理性人"还原为真实人.

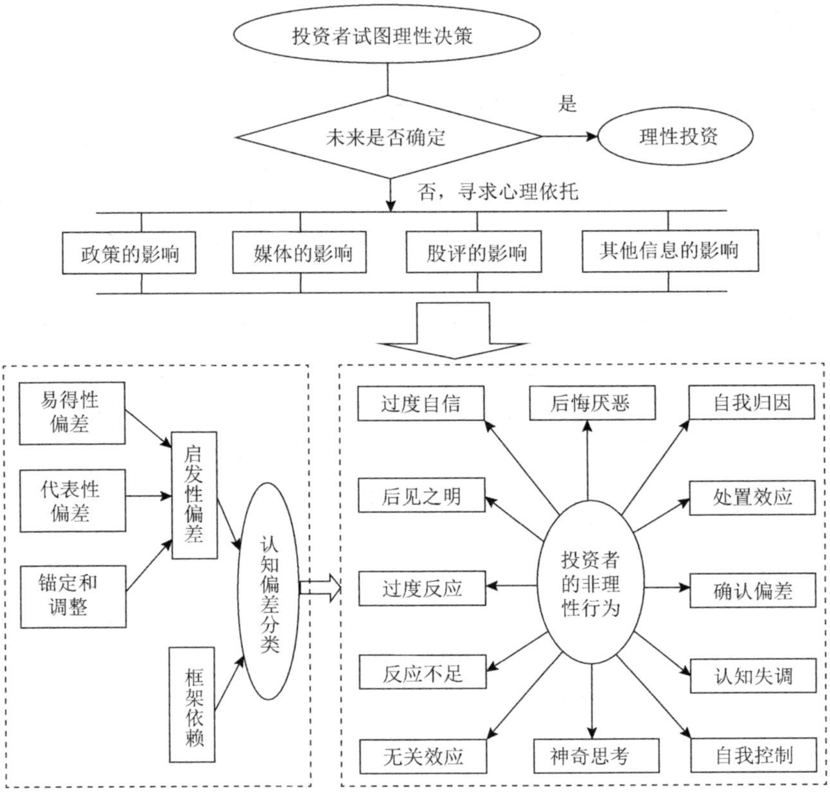

图 3.3　投资者决策时的心理及行为

首先，在主观上，投资者通常先按照自己的理性偏好(但不一定有序)对事件进行编辑处理，以理性计算的方式展望事件的未来前景，当他认为展望事件的结果会出现较高概率时，就会在选择过程中贯彻效用最大化原则. 例如，投资者会在比较成本与收益的前提下对投资品种做可行性分析，在买卖某公司的股票时，会在分析政策面等的基础上对该公司的行业性质、前景等进行基本面分析，并考虑该股票与同类股票的当前价差、上升或下跌空间及机构大户的操作情况.

其次，在客观上，由于现实中存在着信息和环境的复杂性，当这些复杂性足以让投资者怀疑或否定自己对事件未来前景的预期时，投资者通常就不像主流经济学所设定的基本假设那样采取选择，而是会按照行为经济学所阐述的代表性法则、易得性法则、锚定法则、确定偏差、框架依赖等进行非理性选择. 例如，上述购买股票的投资者在听信朋友劝说或受到报刊媒体等影响后，极有可能否定自己经过数日研究的决策而义无反顾地买入朋友推荐的股票.

综上所述，现实投资者的心理及行为对资产价格的决定确实有重要影响，不能任意被忽略或简化.

下面用 Matlab 语言对证券市场进行一个简单模拟实现，来进一步阐释这个道理。

3.4　证券市场的一个模拟实现

证券市场是一个信息不对称的市场，证券价格是投资者群体行为的结果. 市场投资者根据其掌握的私人信息(或参考、模仿其他投资者)做出交易决策，向证券市场提交订单(含证券价格及数量的买卖单). 我国证券经营机构接受投资者的有效委托后，按时间优先的原则进行申报竞价. 不同的证券市场采用不同的竞价交易机制.

本书用 Matlab 语言实现集合竞价交易机制的主程序伪代码(由于连续竞价机制实现代码基本类似，故在此不做介绍)如下.

oriprice=XX; %%假定某股票某时刻的价格

excessrate=XX; %%设置涨跌幅限制

information=XX; %%模拟随机发生的未来信息

[outputprice,volume]=funstockexchange (oriprice,excessrate,information) %% 输入的是上次成交价、涨跌幅限制、随机信息、输出成交价及成交量

funstockexchange 是主要功能函数，即竞价交易机制的实现函数，它本身要调用很多子函数，包括投资者的订单产生函数(如价格、数量、买或卖或暂不参与)，以及成交价格、成交量产生函数等

{investornum=XXXX; %%投资者数量，在每次执行前设置或设置为随机非负整数

orishares=XXXX; %%投资者初始股票数，在每次执行前设置

askandbidprice=funaskandbidprice (investornum,oriprice,excessrate,information); %%投资者要价或出价

buyorsell=funbuyorsell (information,investornum); %%投资者买或卖或不参与

buyorsellshares=funbuyorsellshares (investornum,orishares,buyorsell,information); %%投资者买或卖数量，本函数不允许卖空、超卖等

[outputprice,volume]=funoutputprice (investornum,oriprice,orishares,askandbidprice, buyorsell,buyorsellshares); %%输出成交价格、成交量}

实际仿真时，假设某股票某时刻的成交价格为 10 元，股票涨跌幅限制为 10%，市场信息随机产生，假定市场上投资者初始股票数为大于 0 的随机整数，而且投资者拥有的总股数为该股票总流通量，投资者的订单由随机信息控制生成.

图 3.4 (a) 和图 3.4 (b)，是分别假设参与该股票的投资者总人数为 1000 和 10 000，随机独立运行两次仿真竞价交易系统后输出的 1000 个日收益率时间序

列图；图 3.4(c)和图 3.4(d)是与图 3.4(a)和图 3.4(b)相对应的日收益率分布图；由该图我们可直观对比日收益率分布[即图 3.4(c)和图 3.4(d)中所指的“原始分布”]与正态分布(二者拥有相同的均值和方差)的形状差异. 两次仿真产生的价格序列的收益率分布统计值列于表 3.3 中.

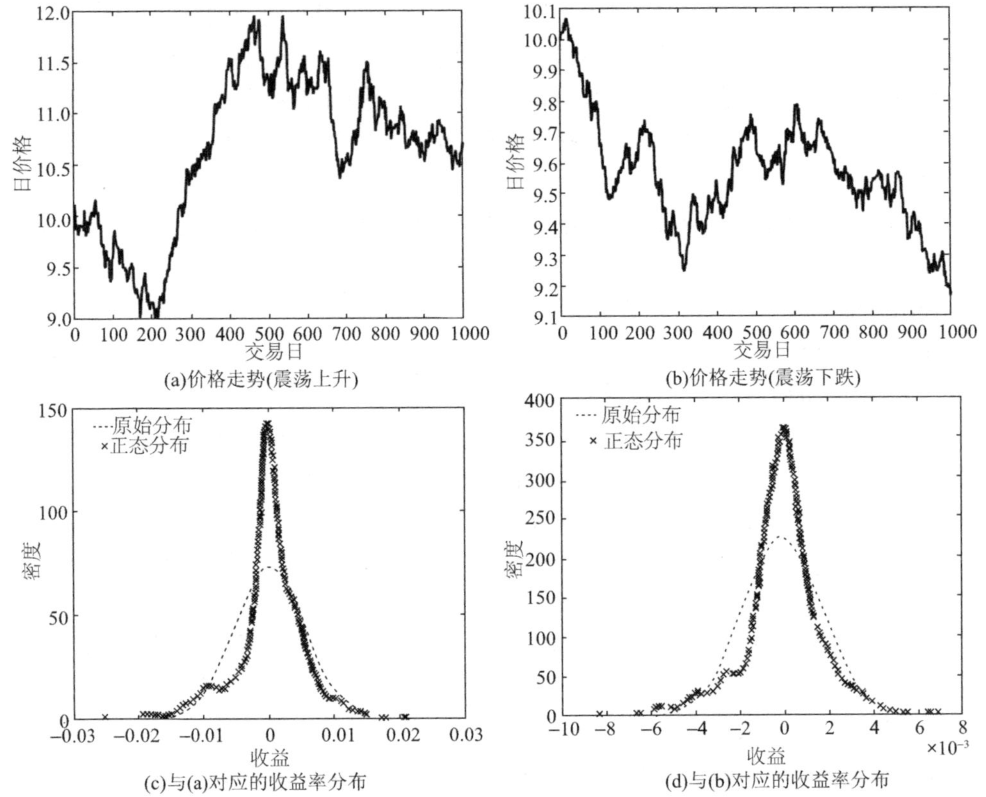

图 3.4　仿真的集合竞价序列及收益率分布图

图 3.4 显示的价格曲线和收益率分布与现实证券价格及收益率分布较为相似, 从表 3.3 反映的不同投资者人数参与的仿真股票的收益率分布统计特性也可明显看出：仿真的股票收益率分布具有“有偏、肥尾及弱超峰”性质. 我们又重复做了 100 次这样的仿真实验, 收益率分布全部具有上述统计特性. 此结论说明, 在竞价交易机制下, 即使假设投资者随机交易, 股票收益率分布统计特性仍然是非正态的.

表 3.3　不同投资者人数参与的仿真股票的收益率分布统计特性

投资于某股票的总人数/人	均值	方差	偏度	峰度
1 000	$1.245\,6\times10^{-4}$	$3.133\,2\times10^{-5}$	−0.276 6	5.652 9
10 000	$-9.131\,2\times10^{-5}$	$2.908\,3\times10^{-5}$	−0.639 2	5.719 0

注意到表 3.3 中仿真输出的 1000 个交易日的收益率方差为$\times 10^{-5}$数量级. 而现实证券市场上股票的收益率方差, 如罗牛山股份 1000 个交易日(2014 年 5 月 27 日~2018 年 7 月 13 日)的收益率方差为 0.0011, 千方科技股份(2013 年 4 月 18 日~2018 年 7 月 13 日)的收益率方差为 0.0016(不一一列举). 不难看出, 现实股票的收益率方差是要比仿真输出值大一个或几个数量级的.

同样是在竞价交易机制下产生的价格序列, 仿真的收益率方差却比现实证券的收益率方差小. 原因何在? 本书认为, 这是由仿真代码设计的投资者订单(价格、数量及买、卖等)是随机生成的(随机交易)造成的. 现实股票市场的订单决策要比这复杂得多, 绝对非随机生成(本书在 3.6 节通过投资者心理与行为分析, 以及真实证券价格涨跌过程, 解释了为什么股票订单非随机生成).

这个金融实验结果正好说明, 仅假设投资者随机交易, 不会产生如同现实证券价格一样的复杂行为, 更不会导致现实证券价格的过度波动等异象. 由 3.3 节知, 投资者心理及行为因素对投资决策有重大影响, 因此, 有理由认为, 投资者心理及行为因素对证券价格的决定意义是不能被忽略的. 换句话说, 传统主流金融学所强调的客观市场状况(如有效市场假说、理性投资者、随机交易假设等)并不是决定证券价格的全部因素.

3.5　行为资产定价理论：一个系统论的视角

经过第 2 章及 3.2~3.4 节的准备, 本节在系统科学的指导下, 提炼出基于系统论的行为资产定价理论的核心观点, 并阐述具体的定价机理.

3.5.1　理论观点

概括起来, 基于系统论的行为资产(以证券为例)定价理论有如下几个核心观点.

(1) 要将证券定价作为一个系统来研究——从整体上(而不是割裂为某个子系统, 如同目前的主流金融学和行为金融学那样), 从证券定价系统的组成要素(如证券本身、投资者、交易市场、信息等)、各组成要素(子系统)之间、证券定价系统与环境(政治、经济等宏观环境)之间等的复杂关系中来研究定价问题.

(2) 在研究证券定价问题时, 必须考虑各子系统(如证券子系统、投资者子系统、交易市场子系统、信息子系统等)的关联性. 例如, 与证券有关的信息会作用于(异质非理性而非同质理性的)投资者, 投资者处理信息时会产生各种认知偏差(这正是行为金融学所强调的), 该偏差又导致证券定价偏差(包含在订单价格中), 证券交易子系统客观地将这些偏差转移到成交价格中, 最后带偏差的成交价格作为新的信息又会反馈给该投资者. 此外, 证券价格各子系统之间的关联,又以非线性关系最为普遍，因此，在研究证券定价问题时，必须遵循这种非线性、非加和性等本质特性.

(3) 在研究证券定价问题时，还应视证券定价系统为动态的、开放的系统. 例如，当前掌握信息技术的证券投资者与几百年前的证券投资者是不同的，他们的心理与行为也会随着证券市场发展不断进化. 此外，市场本身、市场环境、开放的金融市场与其他系统的联系等都在动态变化中，因此，对证券定价理论与模型的研究也必须与时俱进.

(4) 证券定价问题是复杂系统问题，应该在系统科学的指导下进行研究. 系统科学一方面为研究提供了科学方法论；另一方面为定量研究提供了可行技术（如大数据、人工智能等）.

(5) 证券定价模型，既要建立在对证券定价系统全面的、客观的认识基础上，又要注意在"简化科学"与"科学的简化"之间取得均衡. 尽管投资者理性及有效市场假说为主流金融学带来"牛顿物理学式"的古典美，但只能起参照作用. 事实上，任何过于简化的模型，都必然会失去客观性，也容易导致似是而非甚至错误的结论.

(6) 研究证券定价问题时，应充分利用经济学、金融学、心理学、认知学、社会学、系统科学、物理学、数学等学科的研究成果，还应注意吸收和借鉴现有关于证券价格行为的新理论、新假说或模型的合理元素，在系统科学的指导下，建立最贴近现实证券价格行为的定价模型.

3.5.2　行为资产定价机理

前面我们定性地给出了基于系统论的行为资产定价理论的几个核心观点. 本节在这些观点的指导下，应用系统科学的方法论，详细阐述行为资产定价的机理.

由 3.3 节知，行为金融学基于心理学原理，把金融投资决策活动看成一个心理过程（包括认知过程、情绪过程及意志过程）（饶育蕾和张轮，2005）. 而认知过程往往会产生系统性的认知偏差；情绪过程又可能会导致系统性或非系统性的情绪偏差；意志过程则既可能受到认知偏差的影响，又可能受到情绪偏差的影响. 这些个体偏差加上金融市场上存在的群体偏差或羊群效应，可能导致投资活动的决策偏差. 投资决策偏差又会导致资产价格偏离内在价值，导致资产定价偏差. 而资产定价偏差往往会产生一种锚定效应或框架效应等，反过来影响投资者对资产价值的判断，进一步产生认知偏差和情绪偏差，这就形成一种反馈机制.

行为金融学大师 Shiller（2000）在研究 1929 年和 1987 年世界两次股市大震荡后，也认为股市中存在着催化因素、反馈环、放大机制、连锁反应等. 现实证券市场中普遍存在正反馈交易现象，有力地支持了证券定价过程中反馈机制的存在性; 而普遍存在于证券市场的机构投资者的股价操纵行为(徐龙炳, 2005)更是强化了上述反馈过程. 因此, 投资者的心理与行为, 以及以此为中介和承载的反馈机制, 对证券定价的意义是不允许被忽略的.

3.4 节通过金融实验再次说明, 传统主流金融学所强调的客观市场状况(如有效市场假说、理性投资者、随机交易假设等)不是决定证券价格的全部影响因素.

因此, 综合前文, 可将证券价格形成机制概括为如下的基于系统论的行为资产定价原理图, 如图 3.5 所示.

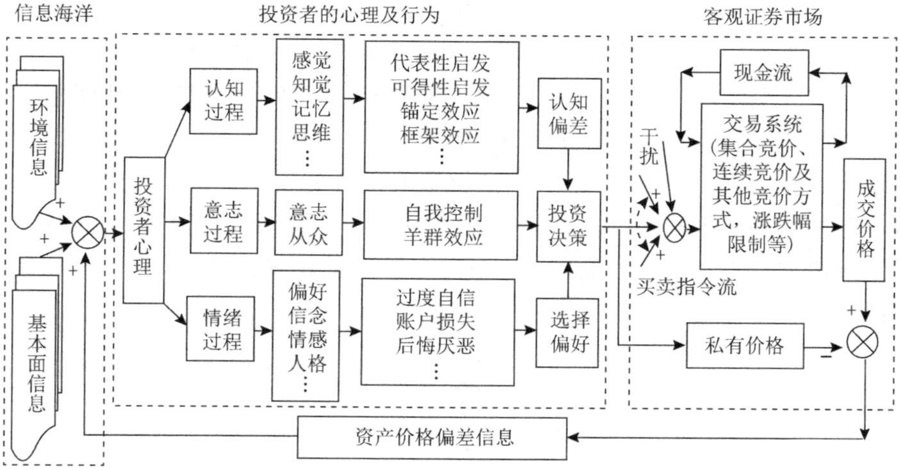

图 3.5　基于系统论的行为资产定价原理图(以证券为例)

图 3.5 中的"信息海洋", 指的是影响该证券价格的一切信息的集合, 不仅包括传统金融学中所理解的、与证券相关的基本面信息等, 还包括环境信息(如宏观政治、经济信息等); 部分投资者可能获得的内幕信息也在此集合中. 信息海洋中的信息既包括真实的信息, 也包括隐含某种目的的虚假信息. 此外, 图 3.5 中的"投资者的心理及行为"是一个自组织系统. 投资者的心理及行为相互非线性相关, 从而形成一个个微小的涨落, 通过相关作用可能形成宏观整体的"巨涨落", 使系统由不稳定状态进入一个新的稳定状态, 并开始下一次涨落周期. 投资者心理及行为的这种自组织现象, 驱动着证券价格永无止境地(但非纯粹随机地)波动. 图 3.5 所示的"干扰"指的是未经投资者心理及行为决定, 生成的不可预料的买卖指令流, 如随机噪声订单流、市场操纵行为产生的突发订单流等. 最后, 图 3.5 所示的"私有价格"指的是投资者在做买卖决策时所依据的证券价格(如委托买卖证券的价格)或价值.

图 3.5 与一般文献常见的证券定价原理图相比, 至少有四个方面不同: 首先, 整个图是建立在系统科学方法论基础上的, 它既包括客观证券市场状况(这是传

统主流金融学的资产定价理论的着眼点)，又包括投资者的“人性”(现有行为金融学的资产定价理论的关注点)，证券投资者作为系统主体要素被强调和突出；其次，图 3.5 中包含有现实证券系统中处处可见的反馈环节，这恰好是现有资产定价模型所忽略的；再次，图 3.5 中所示的信息海洋不仅包括与证券相关的基本面信息，也包括环境信息，还包括部分投资者可能获得的内幕信息，此外这些信息同时包括真实的和虚假的信息，这样处理就把现实中内幕交易或通过散布虚假信息进行的股价操纵等行为包括在原理图中；最后，图 3.5 中所示的“干扰”，包括随机噪声订单流，以及由市场操纵行为产生的突发买卖指令流等.

显然，图 3.5 所示的定价原理图，原则上保障了本书提出的证券定价理论及模型建立在更现实的层面上. 相比之下，传统金融资产定价理论及其模型仅着眼于客观的市场状况，在过于理想(苛刻)的假设下，简化了图 3.5 中的大部分部件，从而遭遇到理论和实践界的尖锐质疑；而现有的行为资产定价模型过分专注于投资者心理和行为，几乎“掉进了‘现实’这个过于纷繁复杂的泥潭中”. 本书提出的基于系统论的行为资产定价理论，则萃取了二者的精髓，弥补了各自的缺陷. 这是系统科学的功劳.

3.6 应　　用

下面应用基于系统论的行为资产定价理论，解释现实证券市场上典型的股价涨跌过程，着重分析伴随价格涨跌过程中投资者的心理与行为，以及证券系统中其他主体(如证券分析师、媒体、银行、经纪人等)的行为.

尽管真实股票价格的涨跌周期各不同，但都可以被描述.

股价开始上涨，投资者认为自己早就知道它会上涨. 一股强烈的后悔感油然而生，于是股价稍微下跌，就迫不及待地做多(Tvede, 2002). 股价的持续上涨引起了技术分析师的注意，他根据图形走势发出买进建议. 随着股价的进一步上涨，代表性效应开始占据投资者的头脑. 他们自然而然地认为，现在的趋势具有典型意义，它将延续下去. 这时他们想更多买进. 当股票持续上涨一段时间后，越来越多的投资者尝到了赚钱的甜头. 很多人愿意把赚到(甚至更多)的钱再投回该股票. 随着股价的稳步上涨，上市公司也将从中受益：融资变得容易. 新融到的资金又投向商品和服务业，其他公司的股票也跟着上涨. 于是，经济基本面开始支持这种金融趋势(Soros, 2003). 当然，所有这些不会逃过媒体和证券分析师的眼光，媒体专注报道大众心态，证券分析师的加入使股价上涨似乎更加合理(Shleifer and Mullainathan, 2005). 在强大的群体压力下，证券分析师及代理人无一例外地发出买进建议，而卖出的声音越来越少，股市成交量直线放大. 连带获利的还包括银行和券商，于是，他们热情鼓励客户买进更多的股份(Dugar and Nathan, 1995). 投资者在证券市场赚到钱后，将有更多的钱投向市场，股价在金融流动性的推动下进一步上涨. 当进入市场的资金不足以持续推升股价时，警告信号根本无法引起人们的重视. 错误的舆论导向给大众留下错误的印象，即大多数投资者同意股价将继续上涨的看法. 当大多数最有经验的投资者开始看空时，股价泡沫的最后阶段来临了. 但是，很难确定准确的转折点，由于股价有时可能继续上扬，这就产生了最后的爆发——价格疯狂上涨——大顶即将出现.

对于下跌过程，仅需根据上涨过程进行逆改写就几乎可描述出，在此不再赘述. 本书借用图 3.6 来概括全部的分析过程(Tvede, 2002).

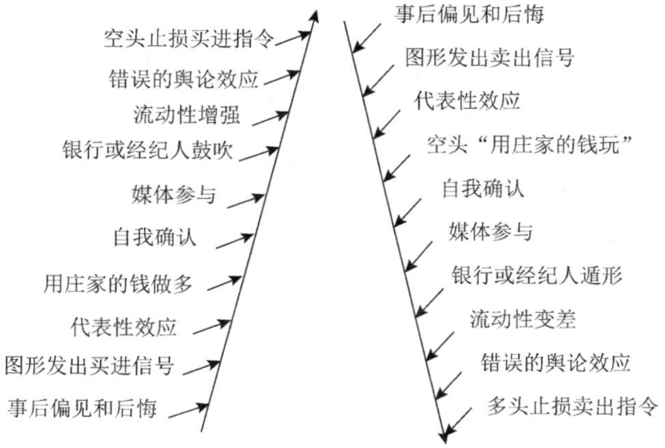

图 3.6　证券价格涨跌过程(Tvede, 2002)

不难看出，图 3.6 描述的涨跌过程，交织了投资者行为心理与股票价格的正反馈作用，从而产生强烈的内在动力，使价格疯狂上涨或下跌，其程度远远超过任何一种理性经济理论可以接受的范围.

表 3.4 概括了伴随股价涨跌过程的投资者行为模式及相应心理现象(Tvede, 2002).

表 3.4　市场表现和对应的投资者行为及心理现象

市场表现	投资者行为	最有可能的心理现象
上升形态	当价格回落到以前的卖出价格时买回	自我防御、后悔理论
市场遵循趋势线和其他技术指标，当违反趋势时市场反应强烈	有意识地根据趋势线和其他技术指标交易	事后聪明、奇幻思维
市场上涨时成交量放大，而下跌时成交量萎缩	上涨时落袋为安，下跌时不敢止损	预期理论、确定性效应、自我防御态度、精神隔离(心理账户)、认知失调、自负
市场上涨时投资踊跃	投资者成功经验传递	自我实现、社会攀比

续表

市场表现	投资者行为	最有可能的心理现象
新闻评价推波助澜	记者和分析师也随波逐流	适应态度、认知失调、同化误差、选择性暴露、选择性理解、验证性偏见、参照效应
趋势开始自我反馈	人们相信趋势会延续	代表性效应、后悔理论、精神隔离、验证性偏见
忽略坏消息	人们不注意留心坏消息，或者不相信它	劝导效应、自我劝导、代表性效应、认知失调、选择性暴露、选择性理解
股价出现旗形、三角形或跳空缺口	趋势因某种原因暂时中断，但是买盘逐渐积聚，一旦形成突破，买盘会更加强劲	行为主义、自我防御态度

应用基于系统论的行为资产定价理论，我们同样不难解释著名的“股市波动之谜”，即相对于短期实际利率、消费、红利的波动而言，实际股票回报的波动太大．事实上，图 3.5 所示的基于系统论的行为资产定价原理图直观地指出，短期实际利率、消费、红利(图 3.5 的右上角)只是影响资产价格的部分因素，投资者的心理及行为因素，还有来自证券系统的各种经常性的干扰因素(如突发重大事件、内幕交易等)对股票价格的决定都有重要影响．

当然，本章建立的理论还可以解释更多其他金融市场异常现象．只不过，如果是涉及经济统计量方面的金融市场异常现象，则需要依据上述定价理论构建相应的数学模型，才能给予精确解释．

3.7　小　　结

本章结合系统科学、认知心理学、社会心理学、决策学、行为金融学及实验经济学等，提出了基于系统论的行为资产定价理论，并应用该理论解释了真实的股票价格涨跌过程．该理论是本书开展行为资产定价理论与模型研究的主要理论基础．

第二篇　模　型　篇

一个客观有效的股票定价模型，离不开证券市场现实基础．国内外关于股票价格行为与定价理论的研究表明：对股票价格行为的认识，总体上经历了从股票价格随机游走(布朗运动)到有偏随机游走(分形布朗运动)，再到多重分形与协同市场等过程；对股票定价理论的研究，则处于宏观的统计模型、微观市场结构理论、行为金融学、金融物理学，以及试图沟通微观与宏观的实验金融学等并存状态．基于认识论、系统论、反馈控制论及博弈论等理论，研究学者们推动着股票定价模型从开环走上闭环历程，并取得一定的研究成果．

本篇在前文给出的基于系统论的行为资产定价理论框架下，构建了两大类行为资产定价模型．

第一大类模型包括四个具体模型，它们分别是：①通过深入研究证券价格异常现象的形成机制，结合随机波动率价格模型、反馈控制论及证券基本面分析等，建立的一类带反馈和跳-扩散的证券定价模型．②通过市场微观结构假设和严密的数学推导，获得的一类新颖的带反馈的随机波动率资产价格模型．③通过借鉴 SIRS 型传染病模型的建模思想，并融入交易者自适应进出市场的机制，建立的 SMD-AVMA-SC 模型．④通过吸收和借鉴行为金融学、金融心理学、证券投资心理学、证券投资分析理论等，引入投资者群体的人工心理与情感计算模块，建立的基于人工心理与情感计算的证券定价模型．

第二大类模型，即异质非理性证券系统均衡定价模型．该模型采用目前行为金融学研究惯常的做法，即通过较为真实的投资者假设——投资者关于资产价格的先验信息、关于价格信号的理解及自信水平都是异质的，将三类非理性投资者(过度自信、保守及中性)融入同一模型中．

第 4 章　带反馈的行为证券定价模型：原型设计

崩盘通常以暴涨为前导，而暴涨都以崩盘收尾，一再重复.

——安德烈 • 科斯托兰尼

前文提出的基于系统论的行为资产定价理论，理论上可解释很多证券价格异常现象，如股价暴涨暴跌现象、股市波动之谜等. 然而，若要进一步定量地解释并预测这些异常行为，则需要建立具体的价格模型.

本章从认识论、系统论、反馈控制论及博弈论等角度对股票价格行为进行再认识，在基于系统论的行为资产定价理论的指导下，提出将反馈机制融入开环的随机波动率股票定价模型中，逐步深入地研究带反馈的随机波动率股票定价模型，并给出典型模型的设计过程和数值仿真实验，取得了预期效果. 研究表明，一个客观、有效的股票定价模型，应该包含反馈机制；带反馈的随机波动率股票定价模型，贴近现实股票价格行为内在决定机制，能从机理上解释证券市场众多异常现象，如无任何基本面支持的暴涨暴跌、严重偏离基本面的股价长期盘整、长期泡沫、股市突然崩溃等，可为探索新兴证券市场运行不稳定问题提供新模型.

4.1　引　　言

随着理论研究和实证的深入，人们对证券市场的认识有了极大的提高，并逐渐认识到证券价格行为具有以下特征：①价格序列非随机游走性(Lo and MacKinlay, 1988; Cutler et al., 1989; Saunders, 1993)；②收益率分布的尖峰、胖尾、序列长记忆及波动的 ARCH 效应(刘文财，2003)；③股价预测的可行性(Ou and Penman, 1989; Barber et al., 2001; McMillan, 2003)等. 但目前这些对证券价格的认识远远不够，还有许多异象的机理需进一步研究，如股价的自我实现、自增强效应、股价暴涨暴跌及泡沫现象(Daniel et al., 1998; Daniel et al., 2001; Flood and Hodrick, 1986; Calverley, 2004; Froot and Obstfeld, 1991)等. 现有噪声理论模型(de Long et al., 1990a, 1990b; de Long et al., 1991; Shleifer and Summers, 1990)从逻辑上较好地解释了上述价格异常现象. 例如，文献(de Long et al., 1990b; de Long et al., 1991; Shleifer 和 Summers, 1990)将预测噪声交易者需求的套利者与正反馈交易策略结合起来，建立了正反馈投资策略模型，分析了理性投机者的加入如何使市场变得更加不稳定；认为市场中的套利者对正反馈投资者进行利用时，会加剧股票价格对价值的偏离程度. 然而, 这些模型只是理论原型, 未能用于定量解释或预测现实证券价格行为. 因此, 有必要进一步研究现实证券价格的产生机理, 以建立起可量化的证券定价模型.

基于系统论的行为资产定价理论认为, 证券定价机制中存在反馈. 然而, "反馈"这个在控制领域如此重要而又普遍的概念被应用到金融学研究中(Nofsinger and Sias, 1999; Alvarez-Ramirez et al., 2003; Mizuno et al., 2004; Hommes et al., 2005; Brock et al., 2005; Hommes, 2006; Lux, 2009; Hommes, 2013）的历史并不长. 事实上, 直到 2000 年, 经济物理学家 Alvarez-Ramirez 和 Suarez 在国际经济物理大会上才正式提出了要将反馈引入金融研究领域. 他们认为, 作为系统及控制理论的主要概念, 反馈同样将会是理解金融市场演化机制的有用概念.

4.1.1 金融市场的反馈效应与机制研究综述

现实世界中反馈效应无处不在, 金融市场也不例外. 大量证据表明: 国内外金融市场普遍存在价格正反馈效应. de Long 等(1990a)指出, 正反馈交易是资产价格泡沫化的重要原因. Koutmos(1997)在美国股票市场、Laopodis(2005)在美国外汇市场, 找到了正反馈交易证据. Salm 和 Schuppli(2010)调研了全球 32 个主要的成熟和新兴证券市场, 发现存在正反馈交易行为, 而且这些行为在股市危机时刻更明显. Hou 和 Li(2014)发现中国股票指数期货市场, 不仅自身存在显著的正反馈交易行为, 还强化了标的现货市场的正反馈交易. Hommes(2013)认为股价的"自我实现"就是一种正反馈效应. Borland(2016)指出, 期权市场与标的市场之间存在互反馈关系.

在国内, 张恩众(2009)利用上海证券综合指数(简称上证指数)日收益率数据[自上海证券交易所(简称上证)成立日至 2007 年 10 月 17 日], 按照牛市、熊市分段建模的方法, 对上海股票市场的正反馈交易行为进行了实证检验. 李雪娜(2008)研究了我国证券投资基金正反馈交易行为的存在性、正反馈交易行为对基金业绩的影响、基金正反馈交易行为对市场的影响, 发现: 整体证券投资基金对不同股票采取不同强度的正反馈交易行为; 在熊市的正反馈交易行为比牛市时更为强烈; 正反馈交易行为会显著增强股票收益动量, 降低股票市场的效率. 王灵芝和吴忠(2013)基于日内分笔交易数据, 通过向量自回归(vector autoregression, VAR)模型分析, 实证了中国股市投资者在不同程度上都采用正反馈交易策略. 田树喜等(2016)利用 VAR 模型和 ARCH 系列模型, 对 2015 年沪深 300 现货指数及期货指数之间的联动关系进行了计量检验, 研究结果表明: 正反馈交易行情下, 沪深 300 指数现货市场与期货市场之间形成了风险溢出和波动积聚的联动反应, 并在流动性约束的条件下不断循环和加剧, 最终引发了股指断崖式下跌的"瀑布效应".

除了价格反馈效应，金融市场上还广泛存在波动反馈效应. French 等(1987)较早考察了 S&P(Standard and Poor's, 标准普尔)综合指数(1928~1984 年)日数据，发现股市风险升水与收益波动率呈正相关关系(后人称之为"波动反馈效应"). Campbell 和 Hentschel(1992)应用 QGARCH 模型检验了美国股票收益(1926~1988 年)的月度和日数据，发现在收益高波动率期间，波动反馈效应较明显. Wu(2001)考察了美国股票价值加权指数(1926 年 1 月~1997 年 12 月)，发现美国股市存在显著的波动反馈效应. Barucci 等(2003)考察了 DEM-USD 汇率(1992 年 10 月~1993 年 9 月)及国际商业机器公司(International Business Machines Corporation, IBM)股价(1999 年 1 月~12 月)，计算出具体的波动反馈率数值.

在国内，游宗君等(2010)发现中国股市存在显著的波动反馈效应. 王春峰等(2016)采用中证800指数样本股的面板数据，建立动态面板VAR模型，研究结果表明我国证券市场同时存在杠杆效应和波动反馈效应，且杠杆效应更具主导地位.

金融市场中的反馈效应的形成机制有很多种，根据现有文献，可大致归为两大类: 一是来自系统内部要素驱动的反馈(含自激励反馈). 上文提到的大部分股价正反馈效应、收益率波动反馈效应，归属于此类反馈. 算法交易策略、上市公司基本面等要素与股价之间，会形成正反馈效应(Osler and Savaser, 2011; Peng and Röell, 2014; Benhabib et al., 2016); 投资者的心理与行为(Shleifer, 2000; Hirshleifer, 2001; Barberis and Thaler, 2003; Kahneman, 2003; 李心丹, 2004; 饶育蕾和张轮, 2005; 杨春鹏和吴冲锋, 2005)等也是导致正反馈效应的重要因素. 二是来自系统外部(如关联市场、外部环境等)要素驱动的反馈，如期权市场的风险对冲交易对标的证券价格的影响(Conrad, 1989; Frey and Stremme, 1997; Detemple and Jorion, 1990; Ni et al., 2005; Ni et al., 2008; Guéant and Pu, 2015)、宏观经济环境变化(Elliott et al., 2011; Engle et al., 2013; Benhabib et al., 2016)等.

上述文献调研表明: 金融市场上的反馈效应普遍存在，其影响之大，不容忽视; 反馈动因不仅来自系统内部，也来自系统外部. 这表明，研究带反馈的资产定价模型，具有坚实的客观事实依据.

4.1.2　带反馈的资产定价模型研究综述

Alvarez-Ramirez 等(2003)研究了交易策略与市场动力系统之间的反馈效应，并将交易策略视为反馈控制器，得到有益结论. 但在文中，他们并没有严格给出反馈函数的形式，只是认为该反馈函数应该反映交易者对当前信息及自适应学习过程的反应. Mizuno 等(2004)将自调节(即基本参数由其自身轨线的移动平均调制)效应引入金融市场，构建一种自回归定价模型，认为交易者的投资策略是建立在加权的历史价格上的，从而形成反馈; 正是反馈导致了价格变化的扩散系数减小,以及存在明显的价格趋势. Hirshleifer 等(2006)则研究股价与现金流之间存在反馈的资产均衡定价，在给定条件下得出非理性投资者可能取得高于理性知情投资者的异常收益的结论.

Hommes(2006)等通过构建动态资产定价的交易策略形成实验也发现，投资者会根据自己对价格预测的结果(反馈信息)自适应地调节交易策略. Hommes(2006)认为，经济动态系统本质上是一个期望反馈系统，金融市场就是一个非线性自适应演化系统，资产价格是众多异质 Agent 相互接触和反馈的结果，投资者异质性、自适应学习及投资主体交互等是股市内生波动集聚性的原因. 围绕此类观点，国际上 Agent-based 计算实验金融领域的著名学者 Lux、Hommes、Lebaron、Chiarella、Hsieh、Brock 等及其追随者，构建了一大批关于资产价格的动态演化系统(一般为内含反馈机制的确定性系统). 该类研究数量众多，但核心思想较统一，即通过对复杂经济系统中有限理性个体的异质性预期行为建模，构建资产价格的非线性动力学系统，然后讨论系统的分岔、混沌、多重均衡等特性，解释金融市场各种复杂线性、不寻常波动或难以预料的市场转型等. 早期重要成果基本收录进 *Handbook of Computational Economics Vol.2*: *Agent-Based Computational Economics*(LeBaron 2006)中；自 2005 年起，国际知名出版商 Springer 每年出版一部关于 Agent-Based 的社会经济系统研究成果集. 该方面综述性工作，也见 Hommes(2006)、Chiarella 等 (2009)、Lux (2009)、Westerhoff(2009). 直到今天，基于 Agent 的资产定价模型(内含反馈机制)仍然是国际金融领域活跃的主题(Biondo et al., 2015; Biondo et al., 2016).

在国内，以天津大学张维教授等为代表的计算实验金融团队，在基于 Agent 的带反馈的资产定价模型研究及应用上有相当丰富的成果. Zhang 等(2006)考虑了含 BSV 投资者和理性投资者的市场模型，在模型中两类投资者对未来资产价格的预期(通过订单需求)均与未来资产价格形成反馈环. Zhang 等(2010)研究了含三类投资者(理性投资者、噪声交易者及正反馈交易者)的资产价格模型，发现正反馈交易者的理性投机行为破坏市场稳定. Liu 等(2014)构建了交易者类型转换对资产价格的影响模型，不知情交易者转换为知情交易者的比例与市场波动构成正反馈关系. Jin 等(2016)研究了上市公司注册微博公众账号前后的股价收益率、交易量及波动的变化情况，发现上市公司发布微博信息有助于提升市场效率，这归功于微博信息(通过大众投资者交易行为)与股价建立的反馈渠道效应.

国内其他学术团队关于带反馈的资产定价模型研究与应用成果还有：张晓蓉等(2005)建立了一个理性与非理性混合的正反馈模型，较好地刻画了资产价格泡沫生灭过程. 孙有发等(2011a)借鉴 SIRS 型传染病模型的建模思想，融入交易者自适应进出市场的机制，建立了 SMD-AVMA-SC 模型，研究发现：在同一核心演化机制下，股市情绪传染与自适应机制内生地驱动股价呈现基本面价值稳定均衡、局部收敛与发散等不同形态. 张晟嘉(2012)构建了基于投资者非理性情绪的反馈交易模型，重点考察了投资者情绪如何在反馈作用下影响资产价格波动，并通过实证研究发现：市场中情绪的波动与股市波动存在双向因果关系，即情绪可以影响股票收益的波动，而股票收益的波动也会反过来影响投资者情绪. 方勇(2013)研究了投资者的反馈型交易策略和学习机制对资产价格演化路径的影响. 彭叠峰等(2015)针对我国股市投资者非理性及股价暴涨暴跌的基本事实，构建了基于注意力传染机制的股市动量与反转模型，发现注意力传染机制会诱导无经验的正反馈交易者进入市场，从而导致收益反转，等等.

带反馈的资产定价模型的一个重要优点是：很容易模拟出现实股价泡沫生灭过程、收益率分布的超峰肥尾、波动聚集等现象. 然而，到目前为止，带反馈的随机波动率价格模型的研究成果并不多见.

本章收录了作者过去十年间(2006~2016 年)发表的多篇学术成果(孙有发，2006；孙有发和邓飞其，2006, 2007；孙有发等，2007；Sun et al., 2008). 这些成果，均在基于系统论的行为资产定价理论的指导下，结合了随机波动率价格模型、反馈控制论及证券基本面分析，构建出了新颖的证券定价模型：带反馈和跳-扩散的证券定价模型(Protter, 2001; Yan and Liu, 2003). 该类模型的优点是既吸收了随机波动率价格模型的精髓，又融入了行为金融理论中关于证券投资者与证券价格之间的行为交互，同时为融入证券基本面分析提供了接口.

4.2　模型原理

4.2.1　股票价格行为的反身性

从宏观角度来分析，影响证券价格的因素包括：①宏观经济形势与政策因素[如经济增长与经济周期、通货膨胀、利率水平、币值(汇率)水平、货币政策、财政政策等]；②行业因素(如行业周期、其他因素等)；③公司因素(如公司的财务状况、公司的盈利能力、股息水平与股息政策、公司资产价值、公司的管理水平、市场占有率、新产品开发能力、公司的行业性质等)；④市场技术因素；⑤社会心理因素；⑥市场效率因素(如信息披露是否全面、准确，通信条件是否先进及投资专业化程度等)；⑦政治因素(国内外的政治形势、政治活动、政局变化、国家机构和领导人的更迭、执政党的更替、国家政治经济政策与法律的公布或改变、国家或地区间的战争和军事行为等)；等等.

从系统角度来看，所有这些因素又可划分为三类：第一类为投资者，如机构(个体)投资者、共同基金及经纪人等；第二类为资产，如债券、股票、期货及期权等；第三类为中介或环境，如证券交易所制度、宏观经济金融政策及全球政治、经济环境等. 在如此众多的因素中, 投资者是决定股票价格的关键因素, 因为证券市场是人参与的市场, 投资决策也是人而非机器制定的决策, 而所有的决策(订单)最终就决定了证券价格. 又因为信息是影响投资者心理和行为的重要因素, 所以证券市场的相关信息及投资者的心理和行为就成为影响股票价格波动的最重要因素.

为建立一个清晰的数学定价模型, 本章在基于系统论的行为资产定价理论的指导下, 将现实证券定价系统简化为图 4.1 所示的"人与证券市场和谐共处"结构图.

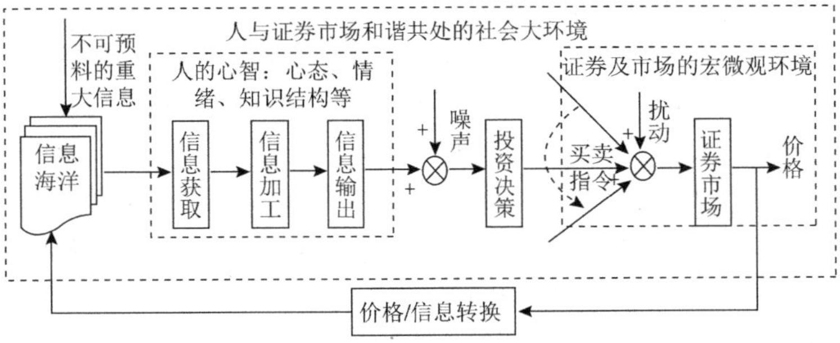

图 4.1　证券定价模型原理图

图 4.1 与第 3 章的证券定价原理图(图 3.5)相比, 做了以下三个方面简化: 首先, 将信息海洋的组成部分简化为两部分, 即不可预料的重大信息(作为环境信息的替代)及证券价格所传递的信息(由某种价格转换为信息的函数完成, 以此替代原价格偏差所传递的信息); 其次, 将原图"干扰"分拆为随机噪声干扰及市场操纵引起的扰动; 最后, 投资者的心理及行为过程简化为信息处理模型, 即人的心智模型, 以此表达信息处理需要的不仅包括知识结构, 而且应该包括人的心态、情绪等.

4.2.2　复杂投资决策网络中的多层反馈

刘继云和李红(2007)认为, 在证券投资市场中, 个体投资者高密度的接触促使其产生激烈的互动, 同时受情感的控制, 产生"隧道现象", 造成众多个体投资者的心理经互动后达到思想观念和感情一致的同化融合状态, 并通过暗示、模仿、感染等途径加速投资决策行为的传播和扩散, 直到形成特定的群体投资行为模式. 这种群体投资行为模型, 往往能够影响证券市场的走势. 此外, 有研究表明, 机构之间的激烈博弈也是导致股票价格走势异常复杂的重要因素之一(Yeung, 1999; Seydel, 2009; Lux and Marchesi, 1999; Zhu et al., 2009; 刘洁和郭海华, 2005; 陈彦斌, 2005; 钱学森等, 1988; 石建勋, 2007; 孙德轩, 2007).

由此可见, 一个客观有效的股票定价模型, 必须要考虑股票市场中大众投资者的投资决策行为之间的反馈关联(见图 4.2 中粗箭头).

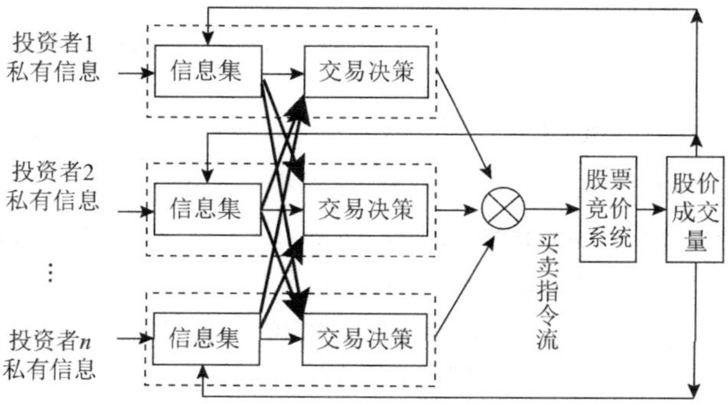

图 4.2　投资决策行为之间的反馈关联

4.3　定价原型建立

4.3.1　原型 M1: 市场仅有一个代表性投资者的情形

假设经济体中不确定性用滤波概率空间$\left(\Omega,\mathcal{F},\boldsymbol{F},\mathcal{P}\right)$来表示. 在该空间上定义二维标准布朗运动$Z=\left(Z_1,Z_2\right)^{\mathrm{T}}$(为简化研究, 假设二者相互独立). 以$\boldsymbol{F}^Z$指代$Z$在客观概率测度$\mathcal{P}$上生成的增广滤波; $\mathcal{H}$表示独立于$\boldsymbol{F}^Z$的一个域, 则完备的信息滤波为$\boldsymbol{F}=\mathcal{H}\times\mathcal{F}^Z$, 则证券价格过程$S(t)$可表示为下面随机微分方程的解:

$$\mathrm{d}S(t)/S(t)=\mu(S(t),t)\mathrm{d}t+\sigma_1(S(t),t)\mathrm{d}Z_1(t)+\sigma_2(S(t),t)\mathrm{d}Z_2(t)+I(t)\mathrm{d}\pi(t)+\mathrm{d}N(t) \tag{4.1}$$

其中, 漂移系数$\mu(S,t)$为资产价格的布朗运动部分的瞬时条件期望收益率, 假设它有界、$\boldsymbol{F}=\left\{\mathcal{F}_t \middle| t\in\mathcal{T}\right\}$循序可测, 且$\mu(0)$为$\mathcal{H}$-可测量; 扩散系数$\sigma_1(S,t)$和$\sigma_2(S,t)$非零、有界且$\boldsymbol{F}=\left\{\mathcal{F}_t \middle| t\in\mathcal{T}\right\}$-循序可测; $I(t)$为重大信息到来引起股票价格跳跃的相对跳跃幅度, 假设$I(t)=\rho_1\overline{I}(t)$, 其中$\rho_1$为单位强度信息驱动价格跳跃相对量, $\overline{I}(t)$为信息强度的一种度量; $\pi(t)$为参数为λ的 Poisson(泊松)过程, 该项设计反映了“股票价格的相对跳跃幅度与引起跳跃的信息相对重要程度有关”这个事实; 有界量$N(t)$为证券价格与市场投资者之间的交互项, 该项至少与交易量、证券价格变化过程等因素有关; 这里仅假设(对该项的更详细研究, 安排在第 7 章):

$$\mathrm{d}N(t)=\rho_2(S(\tau),\mathrm{Volume}(\tau)\big|\tau\leqslant t)g\left(\mathrm{d}S(t),S(t)\right) \tag{4.2}$$

其中, 非理性(情绪)因子$\rho_2(S(\tau),\mathrm{Volume}(\tau)\big|\tau\leqslant t)>0$有界; $S(\tau)$和$\mathrm{Volume}(\tau)$分别为历史股价及交易量; 鉴于现实投资者情绪对股价涨跌幅度比较敏感(陆静等, 2017), 假设:

$$g\left(\mathrm{d}S(t),S(t)\right)\equiv\left(\mathrm{e}^{|\mathrm{d}S(t)/S(t)|}-1\right)\left(\mathrm{d}S(t)/S(t)\right) \tag{4.3}$$

最后，还假设漂移系数 $\mu(S,t)$、扩散系数 $\sigma_1(S,t)$ 与 $\sigma_2(S,t)$，以及相对跳跃幅度 $I(t)$ 与 $N(t)$ 满足随机微分方程(4.1)的解存在条件(Rozkosz and Slominski, 1997; Laopodis, 2005; Salm and Schuppli, 2010; Hou and Li, 2014; Borland, 2016; 李心丹, 2004; 钱学森等, 1988; 邓国和, 2004; 吴让泉和陈增敬, 1994).

现实证券市场普遍存在价格涨跌限幅制度，且现实证券价格应受到经济基本面因素等硬约束，因此，从模型的实际背景出发，证券价格 $S(t)$ 除了满足随机微分方程(4.1)外，还应受 $|\mathrm{d}S(t)/S(t)|\leqslant\delta$ 及 $0\leqslant S_{\min}\leqslant S(t)\leqslant S_{\max}<\infty$ 约束，其中 δ 为股票价格涨跌限幅率，$S_{\min}$ 及 $S_{\max}$ 为该股票价格的最小下界和最大上界. 模型(4.1)及这里的约束条件，符合已有的对客观证券价格行为的认识，即证券价格行为既非完全随机发生，也非完全确定，而是介于两者之间.

将式(4.2)代入式(4.1)并离散化，则在 $[t,t+\Delta t]$ 短时间内证券价格服从下面过程:

$$\begin{aligned}\frac{S(t+\Delta t)-S(t)}{S(t)}&=\mu(S(t),t)\Delta t+\sigma_1(S(t),t)\varepsilon\sqrt{\Delta t}\\&\quad+\sigma_2(S(t),t)\varepsilon\sqrt{\Delta t}+I(t)\Delta\pi(t)+\Delta N(t)\end{aligned} \tag{4.4}$$

其中，$\varepsilon\sim N(0,1)$.

式(4.4)的经济含义明确，它刻画了证券价格变化过程包括的五个部分.

(1) 趋势项 $\mu(S(t),t)\Delta t$，反映股价受宏观经济发展中长期的确定性因素，以及该证券的基本面因素等影响而形成的确定性趋势.

(2) 短期不确定项 $\sigma_1(S(t),t)\varepsilon\sqrt{\Delta t}$，反映股价受到短期随机因素(如市场心理、资金流动、股市事件等)影响.

(3) 中长期不确定项 $\sigma_2(S(t),t)\varepsilon\sqrt{\Delta t}$，反映股价受到中长期的(非)周期 SV 因素(如经济体要素中的季节波动因素、循环波动因素等)影响.

(4) 不可预料的重大新信息驱动股价变化的影响项 $I(t)\Delta\pi(t)$.

(5) 证券投资者与证券之间的反馈项 $\Delta N(t)$，刻画投资者对证券价格变化的未来预期本身(所包含的信息)对证券价格产生的影响. 这种作用与反作用循环往复，周而复始，导致证券价格行为的自增强效应.

显然，模型(4.1)有机结合了随机波动率价格模型、反馈理论与证券基本面分析，形式上表现为带漂移的随机波动率(stochastic volatility, SV)模型叠加信息驱动价格波动项与价格所隐含信息的反馈项.

由式(4.2)及假设(4.3)知，$\mathrm{d}N(t)$ 完全继承了 $\mathrm{d}S(t)/S(t)$ 的符号，从而为证券价格过程引进了正反馈. 当证券价格上涨时，即 $\Delta S(t)/S(t)>0$，$\mathrm{e}^{|\Delta S(t)/S(t)|}-1>0$，

则 $\Delta N(t)>0$，从而由式(4.4)表示的证券收益率，大于去除该式右边 $\Delta N(t)$ 项后的传统证券收益率；而当证券价格下跌时，$\Delta S(t)/S(t)<0$，$\mathrm{e}^{|\Delta S(t)/S(t)|}-1>0$，则 $\Delta N(t)<0$，从而由式(4.4)表示的证券收益率，小于去除 $\Delta N(t)$ 项后的传统证券收益率. 考虑到证券价格还会受到硬约束，这意味着式(4.4)能较好地刻画证券市场上的一个普遍现象：价格开始缓慢上涨→上涨加速→价格升到阻力位→迅速下跌→价格跌到支撑位→(新一轮涨跌循环)(Tvede, 2002; Flood and Hodrick, 1986). 这从下面的数值仿真可以更清楚地看出.

心理学研究表明，投资者对于一连串利空或者利好消息往往会反应过度，而对于公司盈利公告之类的某个孤立的、零星的信息往往会反应不足(Tvede, 2002; Flood and Hodrick, 1986; Hong and Stein, 1999; Bloomfield et al., 2000; Poteshman, 2001; Daniel et al., 1998; Daniel et al., 2001). 我们建立的模型实际上同时包含了反应过度和反应不足. 这主要体现在式(4.4)的后两项：当投资者对某信息存在过度反应时，模型中由模糊随机方法估计出的信息能量的绝对值大，相应的价格反馈效应也强，即反应过度，表现为价格上涨(或下跌)的加速度大；而当投资者对某信息反应不足时，信息能量的绝对值很小，反馈效应也弱，即反应不足，表现为价格上涨(或下跌)缓慢.

由于模型(4.1)中存在正反馈项，从整体演化过程来看，其解(即证券价格)是不会如同自然科学中某些系统那样稳定到某个固定位置的. 事实上，现实证券价格总处于波动中. 然而，模型(4.1)输出的价格又不会飙升到无穷大，或跌到负值，因为模型(4.1)中存在价格涨跌幅限制，即 $|\mathrm{d}S(t)/S(t)|\leqslant\delta$，以及价格波动限制 $0\leqslant S_{\min}\leqslant S(t)\leqslant S_{\max}<\infty$. 事实上，现实证券价格除了受到价格涨跌幅限制外，还受到客观资源限制(如有限资金投入等)及证券内在价值的限制，因此，证券历史上的确没有出现过价格为 ∞ 或负的情况. 即使发生于 1636 年荷兰的郁金香泡沫事件(Tvede, 2002)，其价格也还是有限的.

应用模型预测 $S(t+\Delta t)$ 时，采用的公式是 $S(t+\Delta t)=S(t)+\Delta S(t+\Delta t)$，并重复预测若干次，从而得到 $S(t+\Delta t)$ 的一个区间，它表示股价在 $t+\Delta t$ 时刻的可能变化范围. 实际应用时，模型最终输出的价格取区间中值，或依据真实行情从价格波动区间里取定某个恰当值.

4.3.2　原型 M2：市场包含两个代表性投资者群的情形

Lakonishok 等(1992)研究发现投资者结构及其关联关系是股票定价不可缺少的要素(Lakonishok et al., 1992). 因此，在图 4.1 和图 4.2 的基础上，Sun 等(2008)考虑了两类代表性投资者：机构投资者及散户，给出了非有效市场、投资者有限理性假设下的股票价格机理图，如图 4.3 所示.

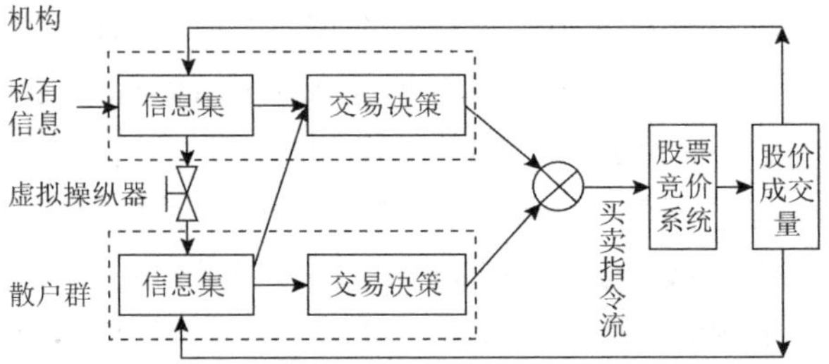

图 4.3　含两类投资者群的非有效市场股票价格机理图

图 4.3 从微观机理上反映股票市场普遍发生的通过“信息操纵”达到操纵股价的现象(Aggarwal and Wu, 2003; 陆蓉和陈小琳, 2009). 图 4.3 中“虚拟操纵器”功能包括操控股市内幕消息公布的数量和时间, 以及编造、传播虚假和错误信息等. 股价操纵者占有信息优势在图 4.3 中有两层含义: 在大概率意义上, 机构不仅掌握大盘走势和个股内幕消息等私有信息, 而且可通过某些途径(如网络调查、股票论坛等), 应用大数据相关技术, 测评出他人(如散户)关于个股的平均信息.

通过与原型 M1 类似的假设, 根据图 4.3, 股票价格过程 $p(t)$ 可表示为下面随机微分方程的解:

$$
\begin{aligned}
\frac{\mathrm{d}p(t)}{p(t)} &= \mu(p(t),t)\mathrm{d}t + \sigma_1(p(t),t)\mathrm{d}Z_1(t) + \sigma_2(p(t),t)\mathrm{d}Z_2(t) \\
&\quad + \mathrm{d}B_{\mathrm{D\,II}}\left(\begin{matrix} c_0(t),\gamma,\lambda(t), \\ I_{\mathrm{jg}}(t), I_{\mathrm{sh}}(t) \end{matrix} \left| \begin{matrix} \{I_{\mathrm{jg}}(t')\}_{t'<t}, \{I_{\mathrm{sh}}(t')\}_{t'<t}, \\ \{p(t')\}_{t'<t}, \{V(t')\}_{t'<t}, \\ \{\mathrm{Index}(t')\}_{t'<t} \end{matrix} \right. \right) \\
&\quad + \mathrm{d}F_{\mathrm{sh}}\left(I_{\mathrm{sh}}(t) \left| \begin{matrix} \{I_{\mathrm{sh}}(t')\}_{t'<t}, \{p(t')\}_{t'<t}, \\ \{V(t')\}_{t'<t}, \{\mathrm{Index}(t')\}_{t'<t} \end{matrix} \right. \right)
\end{aligned} \tag{4.5}
$$

其中, ①第 1～3 项含义与式(4.1)相同; ②第 4 项用于表征代表性机构投资者的交易决策引起的股价波动率, 并根据何基报和鲁直(2006)及邵道明(2005)的研究成果假设机构投资者的交易决策是依据平均持股成本 $c_0(t)$ 、盈利目标 γ 、持股比例 $\lambda(t)$ 、自身多空决策信息序列 $\{I_{\mathrm{jg}}(t)\}$ 、散户平均的多空决策信息 $\{I_{\mathrm{sh}}(t)\}$ 、历史股价 $\{p(t')\}_{t'<t}$ 、成交量 $\{V(t')\}_{t'<t}$ 、大盘走势 $\{\mathrm{Index}(t')\}_{t'<t}$ 等因素做出的, 此项设计反映了“机构投资者占有资金和信息优势(知己知彼), 因此有能力也有动机(盈利目标)利用此优势操纵股价”的现实; ③第 5 项用于表征散户群依据自身多空决策信息序列 $\{I_{\mathrm{sh}}(t)\}$ 、历史股价 $\{p(t')\}_{t'<t}$ 、成交量 $\{V(t')\}_{t'<t}$ 及大盘走势 $\{\mathrm{Index}(t')\}_{t'<t}$ 等因素做出的交易决策引起的股价波动率, 该项设计反映了“散户投资者不仅无资金、无信息优势, 其决策依赖的信息、股价及成交量还受到机构投资者操纵”的现实.

第 4 项和第 5 项微分式联合起来则解释了基于信息的股价操纵机理: 机构投资者通过操纵股票信息, 使其自身的交易决策与散户群的交易决策关联起来. 在数学上, 该设计思想表现为式(4.5)中存在两类反馈: 第 4 项与第 5 项之间存在局部反馈及整式上的全局反馈. 在不同情形下, 两类反馈可被操控成正反馈或负反馈, 从而式(4.5)为解释现实股票价格既存在"无任何基本面支持的暴涨暴跌"、又存在"严重偏离基本面的庄家操控股价长期盘整"等现象奠定模型基础.

为方便引用, 简称考虑了两个代表性投资者群的带反馈的随机波动率股票定价模型(stochastic volatility stock pricing model with feedback, SVSPM-F)为原型 M2.

4.3.3　原型 M3: 市场包含多个代表性投资者的情形

近年来机构投资者队伍正逐渐壮大, 已成为影响沪深股市股价走势的主要力量. 因此, 代表性机构投资者与散户投资者、代表性机构投资者自身之间的复杂博弈关系, 对研究股票定价模型具有极其重要的意义.

在我们前期研究的基础上, 本书进一步考虑证券市场包含三类代表性投资者群: 机构投资者 1(如合格境内机构投资者, QDII[①])、机构投资者 2(如合格境外机构投资者, QFII[②])及散户(INDI[③]). 在图 4.2 和图 4.3 的基础上, 本书构建了如图 4.4 所示的非有效市场、多类投资者群有限理性假设下的股票价格行为机理图.

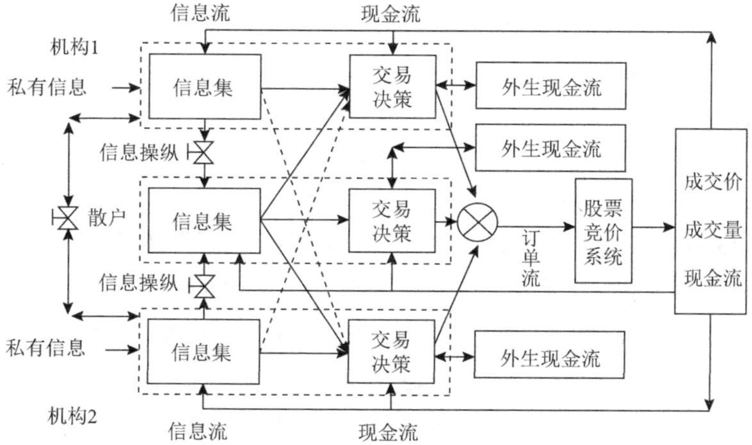

图 4.4　含三类代表性投资者群的非有效市场股票价格行为机理图

通过与原型 M1 和原型 M2 类似的假设, 本书将股票价格过程 $p(t)$ 表示为下面随机微分方程的解:

① QDII(qualified domestic institutional investor)表示合格境内机构投资者.

② QFII(qualified foreign institutional investor)表示合格境外机构投资者.

③ INDI(individual investor)表示个人投资者.

$$
\begin{aligned}
\frac{\mathrm{d}p(t)}{p(t)} =\ & \mu(p(t),t)\mathrm{d}t+\sigma_1(p(t),t)\mathrm{d}Z_1(t)+\sigma_2(p(t),t)\mathrm{d}Z_2(t) \\
& +\mathrm{d}B_{\mathrm{QDII}}\left(\begin{matrix} c_{\mathrm{QDII}}(t),C_{\mathrm{QDII}}(t), \\ \gamma_{\mathrm{QDII}},\lambda_{\mathrm{QDII}}(t), \\ I_{\mathrm{QDII}}(t),I_{\mathrm{QFII}}(t), \\ I_{\mathrm{INDI}}(t) \end{matrix}\left| \begin{matrix} \{I_{\mathrm{QDII}}(t')\}_{t'<t},\{I_{\mathrm{QFII}}(t')\}_{t'<t}, \\ \{I_{\mathrm{INDI}}(t')\}_{t'<t},\{p(t')\}_{t'<t}, \\ \{V(t')\}_{t'<t},\{\mathrm{Index}(t')\}_{t'<t} \end{matrix}\right.\right) \\
& +\mathrm{d}B_{\mathrm{QFII}}\left(\begin{matrix} c_{\mathrm{QFII}}(t),C_{\mathrm{QFII}}(t), \\ \gamma_{\mathrm{QFII}},\lambda_{\mathrm{QFII}}(t), \\ I_{\mathrm{QFII}}(t),I_{\mathrm{QDII}}(t), \\ I_{\mathrm{INDI}}(t) \end{matrix}\left| \begin{matrix} \{I_{\mathrm{QDII}}(t')\}_{t'<t},\{I_{\mathrm{QFII}}(t')\}_{t'<t}, \\ \{I_{\mathrm{INDI}}(t')\}_{t'<t},\{p(t')\}_{t'<t}, \\ \{V(t')\}_{t'<t},\{\mathrm{Index}(t')\}_{t'<t} \end{matrix}\right.\right) \\
& +\mathrm{d}F_{\mathrm{INDI}}\left(I_{\mathrm{INDI}}(t)\left| \begin{matrix} \{I_{\mathrm{INDI}}(t')\}_{t'<t},\{p(t')\}_{t'<t}, \\ \{V(t')\}_{t'<t},\{\mathrm{Index}(t')\}_{t'<t} \end{matrix}\right.\right)
\end{aligned}
\tag{4.6}
$$

其中, ①式(4.6)前 3 项意义同原型 M1; ②第 4 和第 5 项用于表征两个代表性机构投资者(QDII 及 QFII)的交易决策引起的股价波动率, 并根据何基报和鲁直(2006)及邵道明(2005)的研究成果假设机构投资者的交易决策是依据平均持股成本 $c_{.}(t)$(式中下标 . 表示 QDII 或 QFII, 其他 . 含义相同)、现金存量 $C_{.}(t)$、盈利目标 $\gamma_{.}$、持股比例 $\lambda_{.}(t)$、自身多空决策信息序列 $\{I_{.}(t)\}$、散户多空决策信息 $\{I_{\mathrm{INDI}}(t)\}$、历史股价 $\{p(t')\}_{t'<t}$、成交量 $\{V(t')\}_{t'<t}$、大盘走势 $\{\mathrm{Index}(t')\}_{t'<t}$ 等因素做出的; 设计思想同原型 M2 式(4.5)的第 4 项; ③第 6 项含义同原型 M2 的第 5 项.

为方便引用, 本书考虑了多个代表性投资者群的带反馈的随机波动率股票定价模型(SVSPM-F)为原型 M3.

原型 M3 包容了原型 M1 和原型 M2 的全部特点,可描述三类代表性投资者群之间复杂的博弈情形: $\{\mathrm{QDII};\mathrm{QFII};\mathrm{INDI}\}$; $\{(\mathrm{QDII},\mathrm{QFII},\mathrm{INDI})\}$; $\{(\mathrm{QDII},\mathrm{QFII});\mathrm{INDI}\}$; $\{(\mathrm{QDII},\mathrm{INDI});\mathrm{QFII}\}$ 和 $\{(\mathrm{QFII},\mathrm{INDI});\mathrm{QDII}\}$. 例如, 某一类机构投资者可单独或者联合其他类型投资者, 通过操纵股票信息使其自身的交易决策与其他投资者群的交易决策间接关联起来(图 4.4). 正是由于现实市场中这种隐性关联错综复杂, 股票价格行为"怪异难懂". 在原型 M3 中, 这些复杂隐性关联关系被设计为多层次的反馈机制: 式(4.6)右边后三个微分项之间的局部反馈及整式上的全局反馈, 在不同博弈情形下, 可被人为地操纵成正反馈或负反馈.

正是由于原型 M3 可同时兼具局部或(和)全局的正反馈及负反馈, 原型 M3 很容易解释现实股票价格长期泡沫、价格回复及价格在不同水平上跳变等现象(Hommes et al., 2012), 为探索新兴股票市场运行不稳定问题奠定模型基础.

4.4　定价原型的数值仿真

4.4.1　原型 M1 仿真价格行为的复杂性

式(4.1)中的参数设置为: 假设自然测度下某证券在牛市、熊市与平衡市的年化期望收益分别为 14%、−14%与 0.04%; 假设短期波动率和长期波动率分别为 0.2 和 0.1; 重大信息的年平均发生次数为 6, 信息当量系数 $\rho_1 = 0.001$; 假设随机信息强度的对数 $\ln \overline{I}(t) \sim N(\mu_J, \sigma_J^2)$, 并取 $\mu_J = 0.2$, $\sigma_J = 0.1$;系数 ρ_2 的原本设计是与证券的交投活跃程度有关, 由于这里仅为虚拟仿真, 简单取 $\rho_2 = 10$. 关于式(4.1)中 $\rho_2(S(\tau), \text{Volume}(\tau) | \tau \leqslant t)$ 及反馈系数的设计, 将在第 7 章详细介绍.

此外, 该证券价格还受 $\kappa_{\min} S(t) \leqslant S(t) \leqslant \kappa_{\max} S(t)$ 约束, 本仿真假设 $\kappa_{\min} = 0.01$, $\kappa_{\max} = 30$. 取初始时刻证券价格 $S(0) = 10$ 元, 仿真时区为 $[0, T]$, 其中 $T = 1$ 年, 时间间隔取 $\Delta t = 1/240$ 年.

为聚焦重大信息及投资者与证券价格的交互反馈项对证券价格变化的影响, 仿真时特别比较如下几个简化版模型.

(1) 传统随机波动率价格模型, 记模型 M1.0, 它刻画了证券价格受宏观经济发展的中长期确定性因素、证券基本面等因素影响及随机噪声干扰的过程, 即在式(4.4)的基础上去除信息及反馈项后的模型

$$\frac{S(t+\Delta t) - S(t)}{S(t)} = \mu(S(t), t)\Delta t + \sigma_1(S(t), t)\varepsilon\sqrt{\Delta t} + \sigma_2(S(t), t)\varepsilon\sqrt{\Delta t} \tag{4.7}$$

(2) 修正的随机波动率价格模型, 记模型 M1.1, 即在模型 M1.0 的基础上融入了重大信息对证券价格的影响后的模型

$$\frac{S(t+\Delta t) - S(t)}{S(t)} = \mu(S(t), t)\Delta t + \sigma_1(S(t), t)\varepsilon\sqrt{\Delta t} + \sigma_2(S(t), t)\varepsilon\sqrt{\Delta t} + I(t)\Delta\pi(t) \tag{4.8}$$

(3) 修正的证券定价模型, 记模型 M1.2, 即在式(4.4)的基础上只去除信息项后的模型

$$\frac{S(t+\Delta t) - S(t)}{S(t)} = \mu(S(t), t)\Delta t + \sigma_1(S(t), t)\varepsilon\sqrt{\Delta t} + \sigma_2(S(t), t)\varepsilon\sqrt{\Delta t} + \Delta N(t) \tag{4.9}$$

(4) 记式(4.4)为模型 M1.3.

比较模型 M1.3 与模型 M1.0、模型 M1.1、模型 M1.2 产生的价格时间序列, 主要考察重大信息及投资者与证券价格的交互反馈项对证券价格变化的影响. 图 4.5 展示了模型 M1.0~模型 M1.3 在牛市、熊市和平衡市三种典型市场环境下的复杂走势.

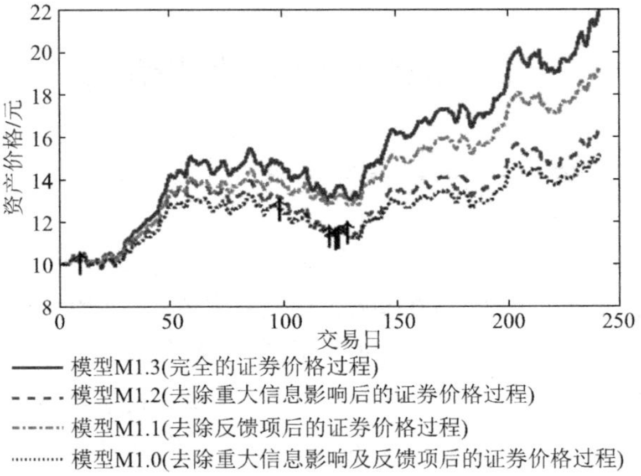

(a) 牛市价格序列

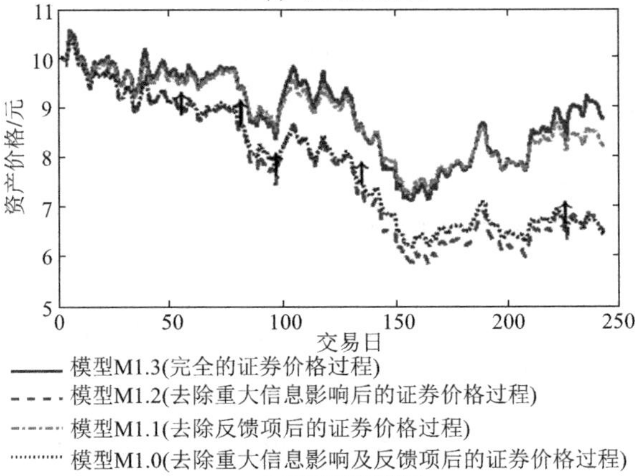

(b)熊市价格序列

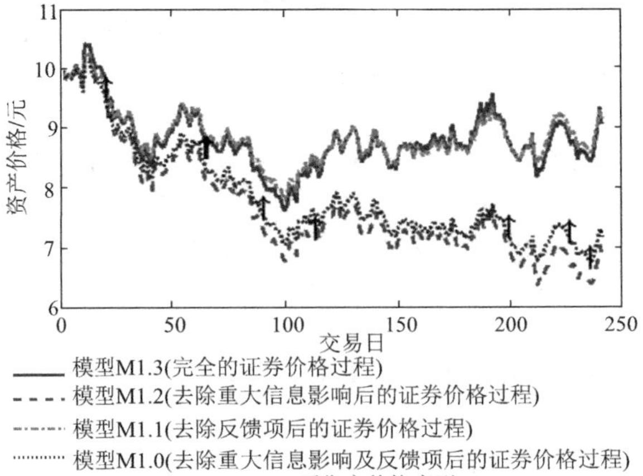

(c) 平衡市价格序列

图 4.5　模型 M1.3、模型 M1.2、模型 M1.1 及模型 M1.0 输出的价格序列对照图

图 4.5(a)显示，当模型 M1.0 所反映的证券价格受宏观经济发展的中长期确

定性因素、证券基本面等因素影响而呈现长期增长趋势时，模型 M1.1~模型 M1.3 都能反映这种利好态势；不同的是，模型 M1.3 输出的价格会以某种加速形式上升．此外，图 4.5(a) 显示本次仿真有四次重大事件(正跳)发生，模型 M1.1 和模型 M1.3 均考虑了重大信息对股价的影响，因而在数值上它们输出的价格水平比不考虑重大信息影响的模型 M1.0 和模型 M1.2 要高得多．

图 4.5(b) 显示，当模型 M1.0 所反映的证券价格受宏观经济发展的中长期确定性因素、证券基本面等因素影响而呈现长期下跌趋势时，模型 M1.3 对此变化同样相当敏感，表现为价格以某种加速形式下跌；图 4.5(b) 的仿真结果，同样显著地展示了重大信息对证券价格的影响．

在平衡市，模型 M1.0~模型 M1.3 输出的价格行为均表现为在某个位置震荡，但震荡幅度不同．图 4.5(c) 显示，在仿真初期阶段，正面消息刺激下的股价，模型 M1.3 和模型 M1.1 输出价格变化幅度却比模型 M1.2 与模型 M1.0 要大得多；而模型 M1.3 的增幅又比模型 M1.1 大，这是由于模型 M1.3 中的正反馈机制起到放大作用．

总体而言，与模型 M1.0~模型 M1.2 输出的价格序列相比较，模型 M1.3 产生的价格过程更能反映总体为牛市、熊市，或受偶然负面因素影响的证券价格非理性行为．

图 4.6 显示的是由模型 M1.3 数值仿真产生的证券收益率分布图，并用有偏 T (skewed-T) 概率密度函数来拟合．

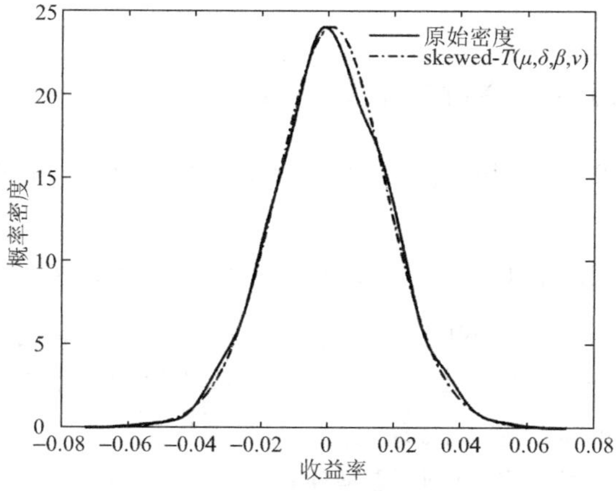

图 4.6　证券收益概率密度

记有偏 T (skewed-T) 概率密度函数为 skewed - $T(\mu,\delta,\beta,v)$，其密度函数形式为

$$f(z;\mu,\delta,\beta,\nu)=\frac{2^{\frac{1-\nu}{2}}\beta^{\frac{\nu+1}{2}}\delta^{\nu}}{\sqrt{\pi}}\frac{K_{\frac{\nu+1}{2}}\left(\beta\sqrt{\delta^2+(z-\mu)^2}\right)}{\Gamma(\nu/2)\left(\sqrt{\delta^2+(z-\mu)^2}\right)^{\frac{\nu+1}{2}}}\mathrm{e}^{\beta(z-\mu)} \tag{4.10}$$

其中，$K_{\lambda}(\cdot)$ 为修正的第三类 Bessel 函数. 用极大似然方法估计得到参数 $(\mu^*,\delta^*,\beta^*,\nu^*)=(9.7241\times10^{-5}, 0.0977, 3.8510, 35.0269)$. 收益率分布统计特性见表 4.1.

表 4.1　证券收益率分布统计特性

统计特性	均值	方差	偏度	峰度
原始分布	0.0012	2.8896×10^{-4}	0.0081	3.0946
拟合分布	0.0012	2.8899×10^{-4}	−0.2012	3.2206

表 4.1 的统计结果说明，模型 M1.3 生成的价格序列具有“有偏、肥尾及超峰”的收益率分布特征. 事实上，表 4.1 中显示的收益率分布统计数据与真实股票收益率分布统计值在数量上也是一致的. 例如，2004 年 12 月 2 日~2005 年 11 月 11 日齐鲁石化的收益率分布统计：均值为-3.0148×10^{-4}，方差为 7.9284×10^{-4}，偏度为 0.0719，峰度为 5.2420；同时段的上海机场股份收益率分布统计：均值为-7.6565×10^{-5}，方差为2.8941×10^{-4}，偏度为0.9545，峰度为6.2306；不一一列举. 这种(收益率分布统计特征)吻合绝非偶然，它再次说明：模型M1.3确实贴近现实证券价格的行为内在决定模式.

4.4.2　原型 M3 仿真价格行为的复杂性

下面以定价原型 M3 中 $\{(\mathrm{QDII},\mathrm{QFII});\mathrm{INDI}\}$ 情形为例，详细介绍具体定价模型的设计过程.

情形 $\{(\mathrm{QDII},\mathrm{QFII});\mathrm{INDI}\}$ 意味着合格境内机构投资者 QDII 与合格境外机构投资者 QFII 联盟对抗散户 INDI 投资者群. 因此，此情形也可被看成是市场上有两个代表性投资者群，只不过此时联盟体 (QDII,QFII) 被看作机构投资者，而 INDI 代表散户，从而也可基于原型 M2 框架来设计.

为设计一个具体的定价模型，需要进一步设定一些特定情景. 假设机构联盟体提前挖掘到某上市公司的重大利好内幕消息，并打算据此操纵股价以获取超额利润. 一般来说，机构联盟体最可能采取的策略是(邵道明,2005；Vo，2008)：首先，通过制造并散布虚假利空消息，并打压股价，实现低成本建仓；其次，实施盘整震仓，清洗浮筹，等待拉升时机；再次，逐渐释放利好消息，吸引跟风盘，诱导散户“抬轿”；最后，在到达预期盈利水平时，开始稳健派发.

假设该机构联盟体成功地实施了上述策略, 并假设在股价操纵期间, 机构联盟体与散户占用的市场信息量 $I_{\text{QDII,QFII}}(t)$ 、$I_{\text{INDI}}(t)$ 随时间变化可由图 4.7 表示, 则在带反馈的随机波动率股票定价原型 M2 的框架下, 本书可设计出如下具体的定价模型. 在这里要强调的是, 下面给出的定价模型的具体形式并非唯一.

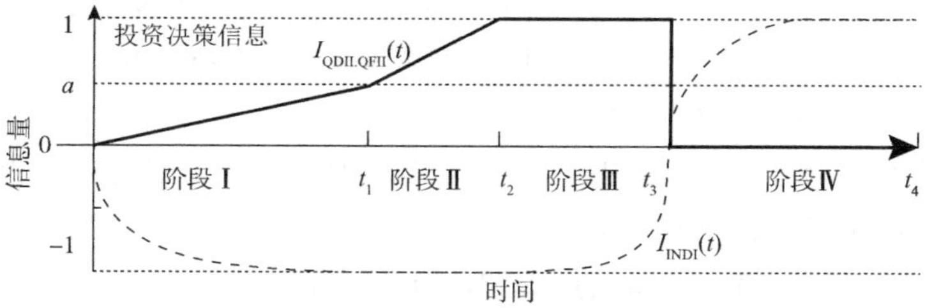

图 4.7　一种信息操纵模式($a>0$)

根据图 4.7 的信息操纵模式, 本书分别设计出每个阶段各类型投资者分别占有的信息量时间函数; 然后根据基于信息的股价操纵策略, 设计出各阶段的定价模型.

1. 阶段 I: 模型 M3-I

在这个阶段, 机构投资者通过制造、散布虚假利空消息, 并打压股价, 实现低成本建仓. 根据图 4.7 阶段 I 所示的信息操纵模式, 本书可设计出机构联盟体 (QDII, QFII) 和 INDI 各自占有的信息量时间函数:

$$\begin{cases} I_{\text{QDII,QFII}}(t) = at/t_1, \\ I_{\text{INDI}}(t) = \left(1-2I_{\text{QFII}}(t)\right)^{\kappa_{11}\frac{\gamma_{\text{QDII,QFII}}}{\lambda_{\text{QDII,QFII}}(t_0)}} - 1, \quad t\in[0,t_1) \end{cases} \tag{4.11}$$

其中, a 为机构联盟体停止大规模建仓、开始清洗浮筹的信息阈值; κ_{11} 为阶段 I 的机构逆向操纵信息的强度. 式 (4.11) 表明, 机构联盟体的初始持股比例 $\lambda_{\text{QDII,QFII}}(t_0)$ 越小, 盈利目标 $\gamma_{\text{QDII,QFII}}$ 越大, 则其逆向操纵信息的强度越大.

基于定价原型 M3, 以及此阶段机构联盟体执行的股价操纵策略, 本书可设计如下股票价格模型:

$$\begin{aligned} \frac{\mathrm{d}p(t)}{p(t)} &= \mu(p(t),t)\mathrm{d}t + \sigma_1(p(t),t)\mathrm{d}Z_1(t) + \sigma_2(p(t),t)\mathrm{d}Z_2(t) + (-1)\cdot\kappa_{21}\cdot\lambda_{\text{QDII,QFII}}(t) \\ &\quad \cdot\left(1+\gamma_{\text{QDII,QFII}} - p(t)/c_0(t)\right)\cdot\left(1-I_{\text{INDI}}(t)/I_{\text{QDII,QFII}}(t)\right)\cdot\left|\mathrm{d}p(t)/p(t)\right| \\ &\quad + \kappa_{31}\cdot\left(1-\lambda_{\text{QDII,QFII}}(t)\right)\cdot\mathrm{d}p(t)/p(t) \end{aligned} \tag{4.12}$$

其中，κ_{21} 和 κ_{31} 分别为机构联盟体和散户投资决策引起的价格波动调节系数.

式(4.12)前 3 项形式简单，含义明确.

式(4.12)第 4 项是机构联盟体的交易决策引起的股价波动，其设计依据是以下几个方面.

(1)直觉上，在阶段 I，机构联盟体的交易策略总是打压股价，无论当前的股价是涨还是跌；此外，机构联盟体对股价的影响力逐渐增强. 因此，式(4.12)中该项包含 $(-1)\cdot\lambda_{\mathrm{QDII,QFII}}(t)\cdot\left|\mathrm{d}p(t)/p(t)\right|$.

(2)当前的盈利水平越远离目标，则机构联盟体打压动机越强. 因此，式(4.12)中包含 $1+\gamma_{\mathrm{QDII,QFII}}(t)-p(t)/c_0(t)$.

(3)机构联盟体与散户之间的信息差异越大，则机构联盟体打压强度越大. 因此，式(4.12)中包含 $1-I_{\mathrm{INDI}}(t)/I_{\mathrm{QDII,QFII}}(t)$.

式(4.12)第 5 项是机构联盟体 $(\mathrm{QDII,QFII})$ 的交易决策引起的股价波动，其设计依据是：在阶段 I，散户是价格的接受者，其投资决策所依据的信息受机构联盟体逆向操纵过，且持股比例在逐渐降低，从而其对股价的影响越来越小.

2. 阶段 II：模型 M3-II

在这个阶段，机构一方面彻底地逆向操纵信息，另一方面实施震仓、清洗浮筹，等待拉升时机. 根据图 4.7 阶段 II 所示的信息操纵模式，本书可设计出机构联盟体 $(\mathrm{QDII,QFII})$ 和散户 INDI 各自占有的信息量时间函数：

$$\begin{cases} I_{\mathrm{QDII,QFII}}(t)=a+(1-a)\dfrac{t-t_1}{t_2-t_1}, & t\in[t_1,t_2) \\ I_{\mathrm{INDI}}(t)=-1, & t\in[t_1,t_2) \end{cases} \tag{4.13}$$

其中，a 为机构联盟体停止大规模建仓、开始清洗浮筹的信息阈值.

基于定价原型 M3 及此阶段机构联盟体执行的股价操纵策略，本书可设计如下股票价格模型：

$$\begin{aligned} \frac{\mathrm{d}p(t)}{p(t)} &= \mu(p(t),t)\mathrm{d}t+\sigma_1(p(t),t)\mathrm{d}Z_1(t)+\sigma_2(p(t),t)\mathrm{d}Z_2(t) \\ &\quad +\kappa_{22}\cdot\lambda_{\mathrm{QDII,QFII}}(t)\cdot\left(1+\gamma_{\mathrm{QDII,QFII}}-\frac{p(t)}{c_0(t)}\right)\cdot\left(1-\frac{I_{\mathrm{INDI}}(t)}{I_{\mathrm{QDII,QFII}}(t)}\right)\cdot\frac{\mathrm{d}p(t)}{p(t)} \\ &\quad +\kappa_{32}\cdot\left(1-\lambda_{\mathrm{QDII,QFII}}(t)\right)\cdot\frac{\mathrm{d}p(t)}{p(t)} \end{aligned} \tag{4.14}$$

其中，κ_{22} 和 κ_{32} 分别为机构联盟体和散户投资决策引起的价格波动调节系数.

式(4.14)第 4 项的设计依据与式(4.12)中第 4 项有点类似, 不同之处在于: 机构联盟体在盘整震仓阶段, 不再刻意打压股价, 而是依势清洗浮筹, 因而机构联盟体引起的股价波动项中包含 $\lambda_{\text{QDII,QFII}}(t)\cdot \mathrm{d}p(t)/p(t)$.

式(4.14)第 5 项的设计思想与式(4.12)中第 5 项类似.

3. 阶段Ⅲ: 模型 M3-III

在此阶段, 机构联盟体已经收集到足够多筹码, 预期不会再有更多利好消息, 因此决定逐渐释放利好消息, 以吸引跟风盘, 诱导散户协助拉升股价(俗称“抬轿”). 根据图 4.7 阶段 III 所示的信息操纵模式, 本书可设计出机构联盟体 (QDII, QFII) 和散户 INDI 各自占有的信息量时间函数:

$$\begin{cases} I_{\text{QDII,QFII}}(t)=1, & t\in[t_2,t_3) \\ I_{\text{INDI}}(t)=\left(\dfrac{t-t_2}{t_3-t_2}\right)^{\kappa_{13}\frac{\gamma_{\text{QDII,QFII}}}{\lambda_{\text{QDII,QFII}}(t_2)}}-1, & t\in[t_2,t_3) \end{cases} \tag{4.15}$$

其中, κ_{13} 为阶段III的机构联盟体操纵信息的强度. 式(4.15)表明, 机构联盟体释放利好消息的速度由 $\gamma_{\text{QDII,QFII}}/\lambda_{\text{QDII,QFII}}(t_2)$ 控制.

基于定价原型 M3, 以及此阶段机构联盟体执行的股价操纵策略, 本书可设计如下股票价格模型:

$$\begin{aligned} \frac{\mathrm{d}p(t)}{p(t)} &= \mu(p(t),t)\mathrm{d}t+\sigma_1(p(t),t)\mathrm{d}Z_1(t)+\sigma_2(p(t),t)\mathrm{d}Z_2(t) \\ &\quad +\kappa_{23}\cdot\lambda_{\text{QDII,QFII}}(t)\cdot\left|\mathrm{d}p(t)/p(t)\right| \\ &\quad +\kappa_{33}\cdot\left|\mathrm{d}I_{\text{INDI}}(t)/\mathrm{d}t\right|\cdot\left(1-\lambda_{\text{QDII,QFII}}(t)\right)\cdot\left|\mathrm{d}p(t)/p(t)\right| \end{aligned} \tag{4.16}$$

其中, κ_{23} 和 κ_{33} 分别为机构联盟体和散户投资决策引起的价格波动调节系数.

式(4.16)第 4 项是机构联盟体的交易决策引起的股价波动, 其设计依据是: 直觉上, 在阶段III, 机构联盟体的交易策略总是在拉升股价, 无论股价是涨还是跌; 且机构联盟体持股比例越大, 其对股价波动的影响就越大.

式(4.16)第 5 项的设计依据是: 在阶段III, 散户被机构投资者成功地诱导为“轿夫”, 因而其交易决策引起的波动项中包含 $\left|\mathrm{d}I_{\text{QDII,QFII}}(t)/\mathrm{d}t\right|\cdot\left|\mathrm{d}p(t)/p(t)\right|$.

4. 阶段Ⅳ: 模型 M3-IV

在此阶段, 上市公司公布了利好消息, 并且短时间内该上市公司不会再有其他利好消息; 股价经过拉升后, 基本达到机构联盟体预期盈利水平. 机构联盟体开始派发筹码，并不遗余力地正向操纵此公开利好消息，以诱使更多的散户高位接盘，并尽可能地掩盖出逃痕迹. 根据图 4.7 阶段 IV 所示的信息操纵模式，本书可设计出机构联盟体$(\mathrm{QDII},\mathrm{QFII})$和散户 INDI 各自占有的信息量时间函数;

$$\begin{cases} I_{\mathrm{QDII,QFII}}(t)=0, & t\in[t_3,t_4) \\ I_{\mathrm{INDI}}(t)=\left(\dfrac{t-t_3}{t_4-t_3}\right)^{\kappa_{14}\frac{\gamma_{\mathrm{QFII}}}{\lambda_{\mathrm{QFII}}(t_3)}}, & t\in[t_3,t_4) \end{cases} \tag{4.17}$$

其中，κ_{14}为阶段Ⅳ的机构联盟体操纵信息的强度. 式(4.17)表明，机构联盟体正向操纵利好消息的速度由$\dfrac{\gamma_{\mathrm{QDII,QFII}}}{\lambda_{\mathrm{QDII,QFII}}(t_3)}$控制.

基于定价原型 M3，以及此阶段机构联盟体执行的股价操纵策略，本书可设计如下股票价格模型:

$$\begin{aligned} \frac{\mathrm{d}p(t)}{p(t)}&=\mu(p(t),t)\mathrm{d}t+\sigma_1(p(t),t)\mathrm{d}Z_1(t)+\sigma_2(p(t),t)\mathrm{d}Z_2(t) \\ &\quad+\kappa_{24}\cdot\lambda_{\mathrm{QDII,QFII}}(t)\cdot\mathrm{d}p(t)/p(t) \\ &\quad+\mathrm{sign}\left(\mathrm{d}I_{\mathrm{INDI}}(t)/\mathrm{d}t\right)\cdot\kappa_{34}\cdot\left(1-\lambda_{\mathrm{QDII,QFII}}(t)\right)\cdot\left|\mathrm{d}p(t)/p(t)\right| \end{aligned} \tag{4.18}$$

其中，κ_{24}和κ_{34}分别为机构联盟体和散户投资决策引起的价格波动调节系数.

式(4.18)第 4 项的设计依据与式(4.16)第 4 项有点类似，不同之处在于：机构联盟体在派发阶段，不再坚定拉升股价，仅维持股价不出现大幅下跌，目的是掩盖出逃痕迹，因而机构联盟体的交易决策引起的股价波动项中包含$\lambda_{\mathrm{QDII,QFII}}(t)\cdot\mathrm{d}p(t)/p(t)$.

式(4.18)第 5 项的设计依据是：散户被成功地诱导为高股价的坚定维护者，而且其影响力越来越大.

下面介绍模型具体的数值仿真. 假设某股票的期望收益为每年 14%；短期波动率和长期波动率分别为$\sigma_1=0.5$和$\sigma_2=0.2$. 在仿真中，设定$t_1=70$; $t_2=100$; $t_3=120$; $\gamma=2$; $\kappa_{11}=0.02$; $\kappa_{13}=1$; $\kappa_{14}=0.01$; $\kappa_{21}=0.04$; $\kappa_{22}=0.2$; $\kappa_{23}=0.1$; $\kappa_{24}=0.01$; $\kappa_{31}=0.04$; $\kappa_{32}=0.2$; $\kappa_{33}=0.1$; $\kappa_{34}=0.01$; $\lambda_{\mathrm{QDII,QFII}}(0)=0.01$; $\lambda_{\mathrm{QDII,QFII}}(t_1)=0.4$; $\lambda_{\mathrm{QDII,QFII}}(t_2)=\lambda_{\mathrm{QDII,QFII}}(t_3)=0.5$; $\lambda_{\mathrm{QDII,QFII}}(t_4)=0.01$. 当$t\in[0,t_3]$，$\lambda_{\mathrm{QDII,QFII}}(t)$趋势同$I_{\mathrm{jg}}(t)$; $t\in[t_3,t_4]$, $\lambda_{\mathrm{QDII,QFII}}(t)$由$\lambda_{\mathrm{QDII,QFII}}(t_3)$线性地下降到$\lambda_{\mathrm{QDII,QFII}}(t_4)$. 另外，假设该股票价格还受$\kappa_{\min}p(t)\leqslant p(t)\leqslant\kappa_{\max}p(t)$约束，并取$\kappa_{\min}=0.1,\kappa_{\max}=3$. 由于不涉及具体的交易数据，仿真时没有考虑模型中机构投资者的平均持股成本与其盈利目

标的差异项. 假设初始时刻该股票价格 $p(0)=10$元, 仿真时长为 150 个交易日, 仿真结果见图 4.8.

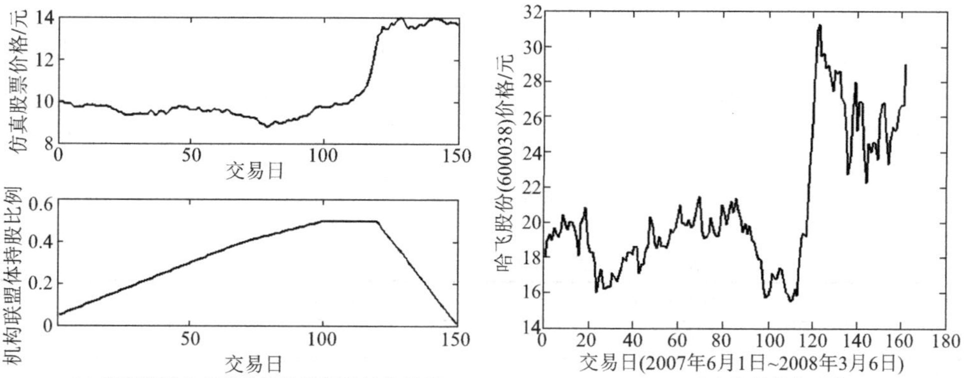

(a) 仿真的股价走势及机构联盟体持股比例　　(b) 哈飞股份价格走势

图 4.8　股票价格走势

图 4.8(a)显示, 在阶段 1(第 1~70 个交易日), 尽管股价不断下挫, 机构联盟体的持股比例却在策略性地快速增长, 这表明机构联盟体成功地实施了信息逆向操纵, 打压了股价, 并接收到散户的股本; 在阶段 2(第 71~100 个交易日), 机构联盟体通过实施盘整、震仓, 持续地消灭了浮筹, 持股比例进一步上升到一个顶点值; 在阶段 3(第 101~120 个交易日), 股票价格迅速被拉升, 而此时机构联盟体的持股比例基本不变化; 在最后一个阶段 (第 121~150 个交易日), 机构联盟体的持股比例快速下降, 而股票价格却没有大幅下跌. 不难看出, 图 4.8(b)显示的股价走势与机构联盟体的操纵策略是高度吻合的.

仿真股票的收益率分布统计特性如表 4.2 所示. 显见, 该仿真股票具有与真实股票收益率分布相同的统计特性.

表 4.2　仿真股票的收益率分布统计特性

统计量	均值	方差	偏度	峰度
收益率	0.0026	1.3035×10^{-4}	0.8703	7.2038

图 4.8 和表 4.2 充分表明, 上述设计的带反馈的随机波动率股票定价模型 SVSPM-F(2.1+2.2+2.3+2.4), 即式(4.11)~式(4.18), 较好地刻画了现实股票价格行为内在机制; 设计的思路是可行的和成功的. 事实上, 图 4.8 所示的股价走势, 在我国证券市场较为普遍, 如图 4.8(b)所示的哈飞股份在 2007 年 6 月 1 日~2008 年 3 月 6 日的股价走势. 不难看出, 仿真股价走势与真实股价走势具有高度相似性.

4.5 应　　用

下面以最简单的定价模型 M1.3 为例，检验模型是否能够预测真实证券价格序列.对齐鲁石化股票在 2005 年 8 月 29 日后的 5 个交易日(跨周)进行独立重复预测 20 次，结果见表 4.3. 模型中相关参数设计原则：$\mu \propto E(R_{\text{original}})/\Delta t, \sigma \propto \text{Var}(R_{\text{original}})/\sqrt{\Delta t}$，其中 R_{original} 为原始收益率.

表 4.3　模型 M1.3 预测齐鲁石化股票价格

时间(2005 年)	预测价格/元			真实价格/元			绝对误差
	最高	最低	建议	最高	最低	收盘	
8 月 30 日	6.90	6.47	6.67	6.77	6.64	6.69	0.3737%
8 月 31 日	6.73	6.63	6.67	6.76	6.65	6.75	1.1674%
9 月 1 日	6.95	6.59	6.78	6.88	6.68	6.86	1.1676%
9 月 2 日	7.16	6.60	6.89	6.92	6.73	6.87	0.2693%
9 月 5 日	6.94	6.84	6.89	6.87	6.75	6.84	0.7339%
						平均绝对误差	0.7424%

注：绝对误差$=\dfrac{|\text{建议价格}-\text{收盘价格}|}{\text{收盘价格}}$

此次预测 5 个交易日价格方差分别为：1.5386×10^{-6}, 4.9649×10^{-6}, 3.7100×10^{-6}, 4.6668×10^{-6} 及 3.7032×10^{-6}. 由此可见，模型 M1.3 预测股价的鲁棒性很好.

限于研究目标，这里并不做基本面分析，因此只以输出平均值作为收盘价的预测值. 当然，在实际应用时，模型输出的收盘价格若能依据真实股票行情从输出的价格波动区间里取定，这样得到的预测结果会比目前的要更好.

同样，我们用模型 M1.3 预测广钢股份股票 2005 年 9 月 9 日后第一个交易日价格. 结果为：该价格落入区间[2.10, 2.24]，软件的建议价格为 2.1499. 实际查询到交易日 9 月 12 日开盘价为 2.13，最高价为 2.16，最低价为 2.13，收盘价为 2.15. 模型 M1.3 预测绝对误差为 0.001%.

为检验模型 M1.3 的普适性，再从分析家数据库里依代码顺序选取多只上证 A 股来测试. 限于时间和精力，我们仅选取前 50 只股票来做实验. 预测时段统一取为 2005 年 11 月 7 日~11 日(一周交易). 预测结果如表 4.4 所示.

表 4.4　模型 M1.3 的普适性检验

代码	股票名称(或曾用名)	预测一周股价的结果：绝对误差		
		最大	最小	中位数
600000	浦发银行	1.66%	0.66%	0.89%

续表

代码	股票名称（或曾用名）	预测一周股价的结果：绝对误差		
		最大	最小	中位数
600001	邯郸钢铁	3.06%	0.48%	0.58%
600002	齐鲁石化	2.41%	0.37%	0.80%
600003	东北高速	2.94%	0.23%	0.60%
600004	白云机场	1.35%	0.21%	0.92%
600005	武钢股份	2.33%	1.10%	1.71%
600006	东风汽车	2.53%	0.60%	1.72%
600007	中国国贸	2.65%	0.19%	1.22%
600008	首创股份	2.31%	0.17%	1.20%
600009	上海机场	2.31%	0.37%	1.13%
600010	钢联股份	1.67%	0.00%	1.42%
600011	华能国际	1.23%	0.14%	0.69%
600012	皖通高速	3.75%	0.04%	0.87%
600015	华夏银行	1.18%	0.00%	0.24%
600016	民生银行	2.24%	0.08%	0.76%
600018	上港集箱	2.04%	0.07%	0.66%
600019	宝钢股份	1.61%	0.17%	0.30%
600020	中原高速	2.45%	0.04%	1.04%
600021	上海电力	2.09%	0.40%	1.40%
600022	济南钢铁	1.44%	0.36%	0.74%
600026	中海发展	3.26%	0.02%	1.55%
600028	中国石化	1.74%	0.21%	0.70%
600029	南方航空	4.26%	0.12%	1.86%
600030	中信证券	1.86%	0.27%	1.07%
600031	三一重工	3.03%	0.34%	1.45%
600033	福建高速	2.79%	0.15%	0.73%
600035	楚天高速	3.66%	0.47%	1.38%
600036	招商银行	3.29%	0.12%	0.81%
600037	歌华有线	1.63%	0.28%	0.62%
600038	哈飞股份	3.20%	0.17%	1.11%
600039	四川路桥	3.77%	0.67%	1.47%
600050	中国联通	1.27%	0.14%	1.16%
600051	宁波联合	4.08%	0.24%	0.91%

续表

代码	股票名称（或曾用名）	预测一周股价的结果：绝对误差		
		最大	最小	中位数
600052	浙江广厦	1.88%	0.66%	1.42%
600053	*ST 江纸	4.96%	0.65%	2.68%
600054	黄山旅游	1.55%	0.05%	0.67%
600055	万东医疗	4.79%	0.49%	0.84%
600056	中技贸易	5.78%	1.25%	3.05%
600057	夏新电子	2.38%	0.05%	0.78%
600058	五矿发展	3.76%	0.12%	1.38%
600059	古越龙山	3.66%	0.00%	1.05%
600060	海信电器	1.59%	0.20%	1.26%
600061	中纺投资	5.07%	0.26%	1.62%
600062	双鹤药业	5.83%	0.77%	1.07%
600063	皖维高新	3.60%	0.44%	1.33%
600064	南京高科	5.83%	0.07%	0.57%
600065	大庆联谊	5.50%	0.10%	0.37%
600066	宇通客车	1.40%	0.02%	0.63%
600067	冠城大通	4.87%	0.08%	0.37%
600068	葛洲坝	3.06%	0.05%	0.66%
平均绝对误差		2.93%	0.28%	1.07%

从表 4.4 最后三列可看出：模型 M1.3 的所有预测中，最好的预测为准确预测，如 600010 钢联股份及 600015 华夏银行等；最差的预测是 600062 双鹤药业及 600064 南京高科，最大绝对误差达到 5.83%. 总体来看（表 4.4 的最后一行），模型 M1.3 预测一周内 50 只股票价格的最大绝对误差平均值为 2.93%，最小绝对误差平均值为 0.28%，绝对误差中位数的平均值为 1.07%，其中最后一项反映模型的预测股价平均误差.

为便于比较，下面罗列（2002~2006 年）部分证券短期预测的研究报告. 王珏等（2004）用 GARCH 模型预测上证指数 2003 年 10 月 8 日~14 日 5 个交易日收盘价的绝对误差分别为 0.40%、0.16%、2.73%、2.42%及 1.61%. 夏景明等（2004）采用灰色神经网络模型预测方法预测 2004 年 3 月 12 日深圳成分指数收盘价误差为 0.08%，预测 2004 年 3 月 12 日的首钢股份（000959）收盘价的误差为 0.06%. 刘洁和郭海华（2005）基于无偏灰色-马氏链组合模型预测 2003 年 12 月 24 日~26 日的股价指数的相对准确率为 98. 95 %、99. 34 % 和 99. 51 %. 丛春霞和季秀芳(2000)采用灰色预测方法预测 1998 年 11 月周指数, 残差率分别为 2.00%、3.70%、−5.10%和−1.35%等. 李东等(2003)基于新维灰色马尔可夫模型预测第 149 期上证指数, 其平均绝对误差为 5.42%等. Wang Y F(2002)应用模糊灰色专家系统预测台湾证券市场某个股的价格(时线)的误差率为 1.46%; 该文作者又基于模糊粗糙集的专家系统预测个股价格涨跌程度(Wang Y F, 2003), 其准确率为 93%. Mariani 和 Liu (2006)通过分析股指暴跌间隙、标度及特征量等关系, 预测证券指数暴跌临界时间, 但精度很低. Kim 等(2006)采用基于遗传算法的多类机器学习模型预测韩国股指波动趋势(bear①, edged-down②, edged-up③, bull④), 其报告的精确度最高为 86%. Kim 和 Han(2000)采用基于混合人工智能技术(遗传算法和神经网络)模型预测韩国股指涨跌的最高精度仅为 67.4%. 而 Red'ko 等(2005)在 *Neural Networks* 杂志上提出了先进的自适应代理(投资者)学习进化模型, 然而从其报告来看, 该模型暂时未用于真实股价预测. 当然, 可能还有更多或更好的类似研究, 在此不一一列举⑤. 不难得出结论, 就短期预测股价和指数精度而言, 模型 M1.3 至少要相当或优于近期国内外先进的证券短期预测模型.

尽管模型 M1.3 取得了令人满意的预测精度, 但上面的比较仍然不公平, 因为我们的模型预测的是股价, 而列举的文献大多预测的是证券指数. 与个股相比, 证券指数受随机干扰因素及人为因素(或统称为噪声干扰)的影响作用要小得多, 因而较容易预测. 换句话说, 能够精确预测证券指数的模型不一定能同样精确地预测个股价格.

值得一提的是, 还存在一些措施可以改进模型 M1.3 的预测精度. 由于研究经费有限等原因, 我们并没有对每只股票做基本面分析. 重大信息到来引起股票价格跳跃的相对跳跃幅度, 我们也仅依据历史价格波动趋势模糊随机估计出. 如果能利用基本面分析或者联合文献(Mariani and Liu, 2006; Kim et al., 2006; Kim and Han, 2000; Red'ko et al., 2005; Leigh et al., 2002)预测股价(或股指)波动幅度的方法来确定一个相对较好的值, 一定会改善模型 M1.3 的预测精度. 此外, 模型 M1.3 中关于反馈项的设计是比较粗糙的(这个我们将安排在第 7 章详细研究), 从后面的研究结果来看, 该反馈项的更合理设计对提高模型预测精度具有很大帮助.

---

① 表示熊市.

② 表示单边下跌.

③ 表示单边上涨.

④ 表示牛市.

⑤ 其中有些研究, 出于技术保密或其他条件限制, 我们目前无法获取到, 从而可能产生遗漏. 在缺乏充分可比性的前提下, 本章暂时没有与它们做比较. 今后我们将尽力弥补这点缺憾.

除了具有良好的预测精度外，模型 M1.3 的普适性也比上面列举的预测模型要广. 首先，基于特征抽取和机器学习(如神经网络、支持向量机等)的预测模型方法本身存在诸多问题，其中有些甚至是致命的，如模型预测性能完全依赖于学习历史数据而忽略未来不可测的事件对股价的影响问题、历史数据富含噪声问题、矛盾样本学习问题、证券价格序列内在运行模式非时间一致性问题，以及特征空间难以代表原始证券市场空间问题等，导致该类模型基本上都失效(Wang, 2003). 其次，现有的灰色预测也只适合于时间短、数据量少、波动不大的证券市场(李东等, 2003). 再次，基于马尔可夫链的模型仅适用于平稳过程预测，而现实证券价格显然为非平稳过程. 最后，模型 M1.3 的理论基础是基于系统论的行为资产定价理论，它主要应用系统科学中描述系统的方法(结构-功能分析方法等)，为证券定价系统建立模型，用数学模型直接描述证券价格的决定过程，因此，它不存在上面所述的诸多问题.

最后，模型 M1.3 运行速度快. 以上每次预测在 CPU2.60GHz、256mbyte 内存台式机上运行，均在 10 秒内完成，完全可以实现在线预测.

4.6　小　　结

本章在系统论的行为资产定价理论指导下，结合随机波动率价格模型、反馈理论及证券基本面分析，首次提出带反馈和跳-扩散的证券定价模型. 理论分析、数值仿真及实际应用结果表明：与传统随机波动率定价模型相比，新模型可更好地刻画现实证券价格的复杂行为；与现有股价(或股指)短期预测模型相比，新模型具有同等或更优的预测精度；此外，新模型还具有良好的预测鲁棒性、普适性及高效性等特点. 由此可见，现实证券价格行为模型，应该建立在对证券定价系统全面的、客观的认识基础上. 任何过于简化的模型，必然失去客观性，也容易导致似是而非、甚至错误的结论.

本章建立的模型是对随机波动率定价模型，以及当前行为资产定价模型进行的一种合理的、有益的拓宽. 然而，模型中重大(基本面)信息对股票价格造成的变化率的更准确刻画，需要进一步依赖证券基本面分析或联合预测股价(或股指)波动幅度的相关技术(Mariani and Liu, 2006; Kim et al., 2006; Kim and Han, 2000; Red'ko et al., 2005; Leigh et al., 2002). 此外，对模型中反馈项的有意义的构造，如融入更多的证券消费心理学、认知学等研究成果，同样是本书进一步研究的重要方向.

下面基于作者学识与能力范围，对带反馈的随机波动率股票定价模型进行展望，希望起到抛砖引玉作用.

股票定价是个有结构的问题, 此已成为研究者的共识. 因此, 研究多类代表性投资者群的交易决策与市场信息、股价之间存在多层隐性关联时的股票价格波动模型, 将会是带反馈的随机波动率股票定价模型研究前沿的趋势之一. 然而, 这类模型在具体设计上存在诸多难题, 如代表性投资者群的动态交易决策网络如何建模, 代表性投资者群的交易决策多层反馈项如何设计等. 要解决上述难题, 系统动力学、复杂网络理论、博弈理论、行为金融学及实验金融等可能必须同时发挥作用.

第 5 章　一类带反馈的行为证券定价模型：严密推导

凡事力求尽可能简洁，但不能简略.

——阿尔伯特·爱因斯坦

第 4 章构建的带反馈的行为证券定价模型，只是人为地将反馈机制引入随机波动率模型中，以在某种程度上模拟出市场中的反馈功能，并没有严格的物理基础和数学论证. 本章则通过基于现实的市场微观结构假设和严密的数学推导，获得一类新颖的带反馈的随机波动率行为资产定价模型，并揭示出该类模型的通宏洞微机理.

5.1　引　言

随机波动率模型是迄今为止与现实资产价格行为最相符的理论模型之一，目前已成为复杂金融产品定价的事实标准(de facto standard)模型(Grzelak et al., 2011). 常见的连续时间 SV(stochastic volatility, 随机波动率)模型有: Heston 模型、CEV(constant elasticity of variance, 常方差弹性)模型、SABR(stochastic alpha beta rho)模型、3/2 模型及 Chen 氏模型等. 在标准 Heston 模型基础上, Sun 等(2015, 2017)、Sun (2015)研究了带跳的 double Heston 模型、带双跳的 Heston 模型的应用性能. 代表性的离散型 SV 模型有: 自回归 SV 模型、非对称 SV 模型、门限自回归 SV 模型、马氏切换 SV 模型、带长记忆的 SV 模型等.

尽管这些随机波动率模型已经在实际市场上有广泛的应用，但它们始终绕不开一个基本问题: 这些模型的严格物理基础在哪里？事实上，这些被广泛研究的主流的随机波动率模型，大多是创作者们精巧设计的成果，部分为模拟现实中的某些机理，更主要为迎合数学上可解析的计算要求；而后来者也是直接引用这些模型开展研究，基本不关心模型的实际物理意义或微观机理(Wang, 2015).

本章试图通过现实的市场微观结构假设和严密的数学推导，尝试回答这个问题，并解构出随机波动率模型的通宏洞微机理，严格推导出一类新颖的带反馈的随机波动率行为资产定价模型. 这种研究思路，与国际上的结构化随机波动率模型的相关研究较为接近(Pruna et al., 2016).

通过对带反馈的随机波动率模型的数值仿真，考察这些“非刻意设计”的随机波动率模型在标准的资产定价方面的性能(如刻画股票价格行为的能力)，以及在金融衍生品定价应用方面的性能. 通过研究这些基于现实的市场微观结构假设推导出来的模型, 尝试给出中国股市健康发展的建议.

最后, 好的模型需要有良好的可计算性与之匹配. Heston 模型之所以被广泛运用于国际金融实践中, 并不仅因为其拥有良好的刻画市场能力, 还因为 Heston 模型具有 close-form(闭式)的特征函数, 这使应用基于 Fourier 变换的期权解析定价方法成为可能(Duffie et al., 2000). 因此, 本章也将探讨非主流随机波动率模型下的期权解析定价的可能性问题.

5.2　带反馈的随机波动率模型及其通宏洞微机理

5.2.1　市场假设

1. 关于市场微观结构

假设市场上有 $N(N\in\mathbb{Z}^+)$ 个投资者, 且这些投资者在考察期内的数量基本保持不变; 假设在 $t_k(k=1,2,\cdots)$ 时刻, 理性投资者(rational investor)有 N_k^R 个, 有限理性(bounded-rational)和非理性(irrational)投资者合计为 N_k^I 个; 假设有限理性和非理性投资者合计占比为 χ_k , 即 $\chi_k = N_k^I / N$.

假设在 t_{k+1} 时刻, χ_{k+1} 仅有三种取值状态 $\left\{\chi_k+\frac{1}{N};\ \chi_k;\ \chi_k-\frac{1}{N}\right\}$, 三种取值状态分别对应三种情形: ①一个理性投资者转变为有限理性(或非理性)投资者; ②一个有限理性(或非理性)投资者转变为理性投资者; ③投资者类型不发生任何变化.

对于第①种情形, 参考 Alfarano 等(2008), 假设转变概率为

$$P\left(\chi_{k+1}=\chi+\frac{1}{N}\middle|\chi_k=\chi\right)=N(1-\chi)\left(ba+\frac{c^2}{2}N\chi\right)\frac{1}{n}+o\left(\frac{1}{n}\right) \tag{5.1}$$

其中, a 为投资者结构趋于稳定时有限理性(或非理性)投资者占比; b 为投资者结构趋于稳定的速度; c 为羊群效应程度, 以概括理性投资者转变为有限理性(或非理性)投资者的两种途径: 其一, 数量为 $N(1-\chi)$ 的理性投资者独立决策的结果, 用 $ba\frac{1}{n}$ 表示在 $\frac{1}{n}$ 时间段里的转变概率; 其二, 羊群效应的结果, 用 $\frac{c^2}{2}N\chi\frac{1}{n}$ 表示在 $\frac{1}{n}$ 时间段, 有限理性(或非理性)投资者 $N\chi$ 总体释放出来的羊群效应的感化概率.

对于第②种情形, 假设转变概率为

$$P\left(\chi_{k+1}=\chi-\frac{1}{N}\middle|\chi_k=\chi\right)=N\chi\left(b(1-a)+\frac{c^2}{2}N(1-\chi)\right)\frac{1}{n}+o\left(\frac{1}{n}\right) \tag{5.2}$$

以概括有限理性(或非理性)投资者转变为理性投资者的两种途径：其一，有限理性投资者 $N\chi$ 独立决策的后果，用 $b(1-a)$ 表示转变概率；其二，受理性投资者 $N(1-\chi)$ 的影响带来的羊群行为效应，用 $\frac{c^2}{2}N(1-\chi)$ 表示.

对于第③种情形，假设 $P(\chi_{k+1}=\chi|\chi_k=\chi)$ 概率取适当值，以使概率空间完备.

2. 关于投资者需求

假设所有投资者在 t_{k+1} 时刻的超额需求函数，在形式上统一表达为(Farkas et al., 2015)

$$\mathrm{e}_{j,k+1}^{i}(p)=\frac{\hat{S}_{j,k+1}^{i}-p}{S_k}+\varepsilon_{j,k}^{i}$$

其中，$\hat{S}_{j,k+1}^{i}$ 为 t_k 时刻第 $i(i=1,2,\cdots,N)$ 个投资者对资产价格 S 在 t_{k+1} 时刻的预期值；由于第 i 个投资者，可能是理性投资者(R)，也可能是有限理性(或非理性)投资者(统一简计为 I)，为对此有所区分，用下标 j 表示，其中 $j=R$ 或 I，二者取其一；p 为 t_{k+1} 期的资产均衡价格；假设投资者超额需求的随机变化部分，$\varepsilon_{j,k}^{i}$ 服从一个正态分布，即 $N\left(0,N\sigma^2/n\right)$；其中 $n=1/\left(t_{k+1}-t_k\right)$ 为单位时间的分段数.

进一步地，假设理性投资者与有限理性(或非理性)投资者对 t_{k+1} 时刻的资产未来收益有如下两组预期形式：

$$\text{case1}:\begin{cases}\dfrac{\hat{S}_{R,k+1}^{i}-S_k}{S_k}=\mu_k\dfrac{1}{n}, & i=1,2,\cdots,N_K^R\\[2ex] \dfrac{\hat{S}_{R,k+1}^{i}-S_k}{S_k}=\mu_k\dfrac{1}{n}+\gamma\left(\dfrac{p-S_k}{S_k}-\mu_k\dfrac{1}{n}\right), & i=1,2,\cdots,N_K^I\end{cases} \tag{5.3}$$

及

$$\text{case2}:\begin{cases}\dfrac{\hat{S}_{R,k+1}^{i}-S_k}{S_k}=\mu_k\dfrac{1}{n}, & i=1,2,\cdots,N_K^R\\[2ex] \dfrac{\hat{S}_{R,k+1}^{i}-S_k}{S_k}=\mu_k\dfrac{1}{n}+\gamma\left(\dfrac{S_k-S_{k-1}}{S_{k-1}}-\mu_k\dfrac{1}{n}\right), & i=1,2,\cdots,N_K^I\end{cases} \tag{5.4}$$

其中，γ 为非理性(情绪)程度，$\gamma \in [0,1]$；μ_k 为理性投资者预期的年化收益率.

评注 1：case2 与 case1 的差别在于，有限理性和非理性投资者对资产收益的预期稍微不同，主要体现在非理性情绪项；对于 case1，收益预期中的情绪因素项为 $\gamma[(p-S_k)/S_k-\mu_k/n]$；而对于 case2，该项为 $\gamma[(S_k-S_{k-1})/S_{k-1}-\mu_k/n]$. 鉴于任何投资者在 t_k 时刻，无法读取 t_{k+1} 时刻的价格信息 p，但很容易获得已发生的市场公开信息 S_k 与 S_{k-1}. 因此，从操作层面，资产收益预测假设 case2 比 case1 更具有现实意义.

直觉上，可把 case1 中的有限理性投资者看作"对未来资产价值增长有非理性预期"的基本面分析者；而把 case2 中有限理性投资者理解为"习惯性地基于历史价格增长做非理性外推"的趋势交易者. 对于 case2 来说，当 $\gamma=0$ 时，投资者为完全理性；当 $\gamma=1$ 时，投资者为完全趋势交易者.

5.2.2 模型推导

1. 资产价格方程

根据市场出清条件 $\sum_{i=1}^{N} \mathrm{e}_{j,k+1}^{i}(p)=0$，可得

$$\sum_{i=1}^{N_k^R}\left(\frac{\hat{S}_{R,k+1}^{i}-p}{S_k}+\varepsilon_{j,k}^{i}\right)+\left(\sum_{i=1}^{N_k^I}\frac{\hat{S}_{I,k+1}^{i}-p}{S_k}+\varepsilon_{I,k}^{i}\right)=0 \tag{5.5}$$

将 case1，即式(5.3)代入出清式(5.5)，并整理得

$$\frac{p-S_k}{S_k}=\mu_k\frac{1}{n}+\frac{1}{1-\chi_k\gamma}\frac{1}{N}\left(\sum_{i=1}^{N_k^R}\varepsilon_{R,k}^{i}+\sum_{i=1}^{N_k^I}\varepsilon_{I,k}^{i}\right) \tag{5.6}$$

令

$$\frac{\sigma}{\sqrt{n}}\varepsilon_{k+1}=\frac{1}{N}\left(\sum_{i=1}^{N_k^R}\varepsilon_{R,k}^{i}+\sum_{i=1}^{N_k^I}\varepsilon_{I,k}^{i}\right) \tag{5.7}$$

则有 $E(\varepsilon_{k+1})=0,\ \mathrm{Var}(\varepsilon_{k+1})=\dfrac{n}{\sigma^2}\dfrac{1}{N^2}\left(N_k^R\varepsilon_{R,k}^{i}+N_k^I\varepsilon_{I,k}^{i}\right)=1$.

从而式(5.6)可化简为

$$\frac{p-S_k}{S_k}=\mu_k\frac{1}{n}+\frac{1}{1-\chi_k\gamma}\frac{\sigma}{\sqrt{n}}\varepsilon_{k+1} \tag{5.8}$$

写成连续形式，即

$$\frac{\mathrm{d}S_t}{S_t}=\mu_t\mathrm{d}t+\frac{1}{1-\chi_k\gamma}\sigma\mathrm{d}W_t^S \tag{5.9}$$

若将投资者预期形式case2，即式(5.4)及式(5.7)代入出清式(5.5)，并整理得

$$\frac{p-S_k}{S_k}=(1-\chi_k\gamma)\mu_k\frac{1}{n}+\frac{\sigma}{\sqrt{n}}\varepsilon_{k+1}+\gamma\chi_k\frac{S_k-S_{k-1}}{S_{k-1}} \tag{5.10}$$

写成连续形式，即

$$\frac{\mathrm{d}S_t}{S_t}=(1-\chi_k\gamma)\mu_t\mathrm{d}t+\sigma\mathrm{d}W_t^S+\gamma\chi_k\frac{\mathrm{d}S_{t^-}}{S_{t^-}} \tag{5.11}$$

评注 2：尽管投资者预期case1与case2仅有形式上的细微差异，但二者导出的资产价格方程有天壤之别.

(1) 由case1导出的资产价格收益过程式(5.9)，由两部分组成：①漂移项，即投资者的理性预期部分 $\mu_t\mathrm{d}t$；②非常系数的扩散项 $\frac{\sigma}{1-\chi_k\gamma}\mathrm{d}W_t^S$，其中，投资者非理性情绪仅对扩散项的系数有影响，$\gamma$ 越大，资产价格收益过程的波动性就越强.

(2) 由case2导出的资产价格收益过程式(5.11)，由三部分组成：漂移项 $(1-\chi_k\gamma)\mu_t\mathrm{d}t$（反映了未来趋势）、扩散项 $\sigma\mathrm{d}W_t^S$（反映了随机因素的影响）及自激励反馈项 $\gamma\chi_k\frac{\mathrm{d}S_{t^-}}{S_{t^-}}$（反映了历史的惯性）. 注意到：式(5.11)中，投资者非理性情绪不再影响扩散项系数，但影响投资者的收益预期项 $(1-\gamma\chi_t)\mu_t\mathrm{d}t$，且自激励反馈项系数也包含了投资者的非理性情绪. 因此，式(5.11)可刻画出这样一个事实——有限理性(或非理性)投资者中的非理性成分越多、非理性情绪越严重，由这些投资者驱动的资产价格收益过程将表现出“长期趋势微弱、但短期暴涨暴跌明显”的特征.

2. 有限理性和非理性投资者占比方程

依据市场微观结构中关于投资者类型转变假设，本书可严格推导出资产价格过程式(5.9)和式(5.11)中的 χ_t（有限理性投资者占比）方程，步骤如下.

步骤 1：首先，由投资者类型转变概率式(5.1)和式(5.2)，计算出 $\chi_{k+1}-\chi_k$ 的各阶条件矩如下.

$$E(\chi_{k+1}-\chi_k \mid \chi_k=\chi)=b(a-\chi)\frac{1}{n}+\frac{1}{N}o\left(\frac{1}{n}\right) \tag{5.12}$$

$$E((\chi_{k+1}-\chi_k)^2 \mid \chi_k=\chi)=\left[\frac{(1-\chi)ba+\chi b(1-a)}{N}+c^2(1-\chi)\chi\right]\frac{1}{n}+\frac{1}{N^2}o\left(\frac{1}{n}\right) \tag{5.13}$$

$$E((\chi_{k+1}-\chi_k)^j \mid \chi_k=\chi)=\frac{1}{N^j}o\left(\frac{1}{n}\right), j>2 \tag{5.14}$$

步骤 2: 依据条件矩, 对 $\chi_{k+1}-\chi_k$ 进行采样.

$$\begin{aligned}\chi_{k+1}&=\chi_0+\sum_{i=0}^{k}(\chi_{i+1}-\chi_i)\\&\approx \chi_0+\sum_{i=0}^{k}\left[b(a-\chi_i)\frac{1}{n}+\xi_{i+1}\sqrt{(\frac{(1-\chi)ba+\chi b(1-a)}{N}+c^2(1-\chi)\chi)\frac{1}{n}}\right]\end{aligned} \tag{5.15}$$

其中, $E(\xi_{i+1})=0$; $\mathrm{Var}(\xi_{i+1})=1$

步骤 3: 对 χ_{k+1} 求极限:

$$\lim_{N\to\infty,n\to\infty}\chi_{k+1}=\chi_0+\int_0^t b(a-\chi_S)\mathrm{d}s+c\int_0^t\sqrt{(1-\chi_S)\chi_S}\,\mathrm{d}W_S^{\chi} \tag{5.16}$$

不难发现, 连续时间下的有限理性和非理性投资者占比方程, 是一个均值回复的随机波动过程, 但又区别于标准的 CIR(Cox-Ingersoll-Ross) 过程.

3. 随机波动率模型解构

把有限理性和非理性投资者占比方程(5.16)与资产价格过程组合起来, 可分别形成如下两组随机波动率资产价格模型:

$$\text{SVM}^{①}1:\begin{cases}\dfrac{\mathrm{d}S_t}{S_t}=\mu_t\mathrm{d}t+\dfrac{1}{(1-\gamma\chi_t)}\sigma\mathrm{d}W_t^S\\ \mathrm{d}\chi_t=b(a-\chi_t)\mathrm{d}t+c\sqrt{(1-\chi_t)\chi_t}\,\mathrm{d}W_t^{\chi}\end{cases} \tag{5.17}$$

$$\text{SVM2}:\begin{cases}\dfrac{\mathrm{d}S_t}{S_t}=(1-\gamma\chi_t)\mu_t\mathrm{d}t+\sigma\mathrm{d}W_t^S+\gamma\chi_t\dfrac{\mathrm{d}S_{t^-}}{S_{t^-}}\\ \mathrm{d}\chi_t=b(a-\chi_t)\mathrm{d}t+c\sqrt{(1-\chi_t)\chi_t}\,\mathrm{d}W_t^{\chi}\end{cases} \tag{5.18}$$

① 全称是 stochastic volatility model, 表示随机波动率模型.

式中，两个标准维纳过程 $\mathrm{d}W_t^S$ 和 $\mathrm{d}W_t^\chi$ 具有关联关系 $\left\langle \mathrm{d}W_t^S, \mathrm{d}W_t^\chi \right\rangle = \rho_t \mathrm{d}t$.

不难看出，本章由市场微观结构假设推导出来的模型(5.17)和模型(5.18)，不同于现有金融数学中流行的随机波动率模型(包括 Heston 模型、CEV 模型、SABR 模型、3/2 模型及 Chen 氏模型)中的任何一种.

模型(5.17)和模型(5.18)，具有如下三个鲜明的特征.

(1)两个模型均具有类似于标准 Heston 随机波动率模型的结构特征，资产价格随机过程受制于另外一个随机过程，即有限理性和非理性投资者在投资者总体中的比例.

(2)模型(5.17)中的资产价格波动项被随机放大了，放大系数为 $1/(1-\gamma\chi_t) \geqslant 1$ (注意到 $\gamma \in [0,1]$，$\chi_t \in [0,1]$).

为便于考察此放大系数对资产价格过程的影响，并充分考虑可比性，这里构造一个伪 Heston 模型:

$$\text{伪Heston}:\begin{cases} \dfrac{\mathrm{d}S_t}{S_t} = \mu_t \mathrm{d}t + \sigma\sqrt{\chi_t}\,\mathrm{d}W_t^S \\ \mathrm{d}\chi_t = b(a-\chi_t)\mathrm{d}t + c\sqrt{\chi_t}\,\mathrm{d}W_t^\chi \end{cases} \tag{5.19}$$

比较前文构造的模型(5.17)与这里的伪 Heston 模型(5.19)的仿真路径差别. 注意到，伪 Heston 模型(5.19)中的价格波动系数大多数时候是被缩小了(因为 $\chi_t \leqslant 1$，则波动系数 $\sigma\sqrt{\chi_t} \leqslant \sigma$).

图5.1(a)显示，在相同参数作用下 伪Heston模型(5.19)输出的有限理性和非理性投资者的占比过程 χ_t 的波动性，要远大于模型(5.17)，这很容易从两个模型中 χ_t 过程的波动系数的大小关系 $c\sqrt{\chi_t} \leqslant c\sqrt{(1-\chi_t)\chi_t}$ 得到解释. 尽管如此，伪 Heston 模型(5.19)输出的资产价格过程 S_t 的波动性，却小于模型(5.17)，这就要归功于后者价格过程中波动项的放大系数. 这个仿真结果表明，本章推导出来的随机波动率模型(5.17)比伪 Heston 模型(5.19)更具有现实性①，具体体现在：市场

① 注意：这里并不与标准的 Heston 模型

$$\text{Heston}:\begin{cases} \dfrac{\mathrm{d}S_t}{S_t} = \mu_t \mathrm{d}t + \sqrt{\chi_t}\,\mathrm{d}W_t^S \\ \mathrm{d}\chi_t = b(a-\chi_t)\mathrm{d}t + c\sqrt{\chi_t}\,\mathrm{d}W_t^\chi \end{cases}$$

做比较，是因为在相同参数作用下，两个模型不具可比性. 在 Heston 模型中，χ_t 是方差过程，反映的是价格的波动性，而不具备本章模型中的“有限理性和非理性投资者的占比过程”的含义.

中的有限理性和非理性投资者比例无须大范围变化，就可驱动资产价格大幅度波动，即能较好地刻画“真实市场上的投资者类型在短期内具有相对刚性，但资产价格可以变化很大”的事实.

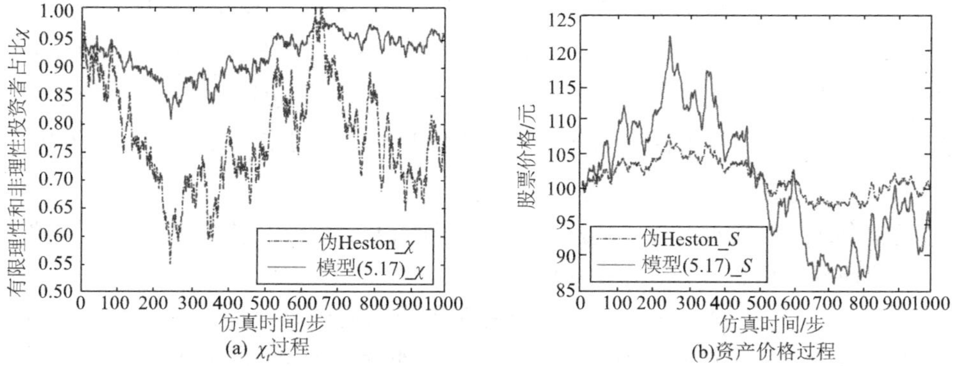

图 5.1　随机波动率模型(5.17)与伪 Heston 模型(5.19)的仿真对比

(3) 模型(5.18)中的资产价格过程包含一个自激励反馈项 $\gamma\chi_t\,\mathrm{d}S_{t^-}/S_{t^-}$（或者说内生跳项），该项特别有助于准确刻画散户投资者占绝对比重的中国股票市场上内生的“暴涨暴跌”现象. 正是基于此重要特征，模型(5.18)被称为“带反馈的随机波动率模型”.

图 5.2 显示的是模型(5.18)仿真得到的两条路径. 仿真时，模型(5.18)中的参数分别取下文 5.3 节中的“参数集 1”和“参数集 2”.

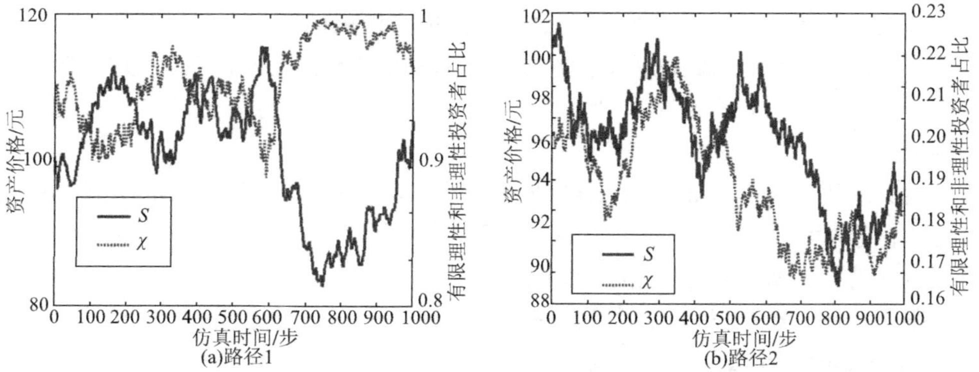

图 5.2　带反馈的随机波动率模型路径仿真

不难看出，图 5.2 所示的两例资产价格行为均存在明显的暴涨暴跌特征. 此外，图 5.2(a)和图 5.2(b)所示的有限理性和非理性投资者占比过程均表现出明显的均值回复特征. 不同的是，图 5.2(a)资产价格涨跌与有限理性和非理性投资者占比的变化呈现出紧密的负相关关系；而图 5.2(b)所示的资产价格行为在仿真期间，与有限理性和非理性投资者占比之间，似乎看不出有一致性的正相关或负相关关系，而是表现出“时而正、时而负”的关联性. 这是因为图 5.2(a)是“参数集 1”驱动的仿真结果，两个随机过程的关联系数被设置为 $\rho_t=-0.9$；而图 5.2(b)是用“参数集 2”驱动的仿真结果，$\rho_t=-0.2$. 另外，图 5.2(a)中的有限理性和非理性投资者占比波动性，明显比图 5.2(b)的要大，这同样可从具体的参数值设置上得到解释：对于模型(5.18)来说，χ_t 过程的波动系数为 $\xi_t\leqslant c\sqrt{(1-\chi_t)\chi_t}$，均值 $\bar{\xi}$ 可由 $c\sqrt{(1-a)a}$ 来估计；对于图 5.2(a)，$\bar{\xi}\approx 0.1090$；而对于图 5.2(b)，$\bar{\xi}\approx 0.0357$. 很明显，二者存在数量级的差别.

模型(5.17)和模型(5.18)的严格数学推导过程，揭示出金融市场上随机波动率模型的通宏洞微机理(Weil, 1989).

(1)理性与有限理性和非理性投资者关于资产的未来收益预期中的理性成分，是随机波动率模型中漂移项存在的物理原因，如 SVM1 中的 $\mu_t\mathrm{d}t$ 和 SVM2 中的 $(1-\gamma\chi_t)\mu_t\mathrm{d}t$.

(2)有限理性和非理性投资者关于资产的未来收益预期中的非理性情绪成分，则决定了随机波动率模型中的扩散项系数及自激励反馈项，如 SVM1 中的 $\sigma\mathrm{d}W_t^S/(1-\gamma\chi_t)$ 和 SVM2 中的 $\gamma\chi_t\,\mathrm{d}S_{t^-}/S_{t^-}$.

5.3　带反馈的随机波动率模型下的期权定价

前文从市场微观机理出发、由数学严格推导出来的随机波动率模型(5.17)和模型(5.18)，与现有文献中流行的随机波动率模型相比，显得有点“另类”，但具有较强的现实性. 本节研究这些“另类”随机波动率模型在金融衍生品定价方面的应用性能.

首先应用 Monte Carlo 方法对“另类”随机波动率模型下的欧式和美式期权进行定价，考察“另类”随机波动率模型应用于金融衍生品定价的基本性能；然后分析模型中特征参数对期权价格的影响.

限于篇幅，本章仅以具有代表性的带反馈的随机波动率模型(5.18)为例，应用 Monte Carlo 方法分别对该模型下的标准欧式和美式期权进行定价. 关于具体的期权定价原理和方法描述，请参考经典文献 Seydel (2009)，这里不赘述.

5.3.1　Monte Carlo 路径仿真格式

为简便数值仿真，假定在考察期内 $[0,T]$，投资者对资产收益的理性预期 u_t 不随时间变化，即为常数 u；此外，假设模型(5.18)中关联系数也不随时间变化，

为常数 ρ.

给定 $t_k(k\geqslant 0)$ 时刻随机波动率模型(5.18)中的资产价格和有限理性投资者占比采样值，$\hat{S}_k$ 和 $\hat{\chi}_k$，对 t_{k+1} 时刻的 $\hat{S}_{k+1}$ 和 $\hat{\chi}_{k+1}$ 的采样，可分别用如下 Euler 格式：

$$\hat{S}_{k+1}=\hat{S}_k\cdot\left[1+(1-\gamma\hat{\chi}_k)u\Delta t+\sigma\sqrt{\Delta t}\cdot Z_1+\gamma\hat{\chi}_k\frac{\hat{S}_k-\hat{S}_{k-1}}{\hat{S}_{k-1}}\right] \tag{5.20}$$

$$\hat{\chi}_{k+1}=\hat{\chi}_k+b(a-\hat{\chi}_k)\Delta t+c\sqrt{(1-\hat{\chi}_k)\hat{\chi}_k}\sqrt{\Delta t}Z_2 \tag{5.21}$$

其中，$\Delta t=t_{k+1}-t_k$；Z_1 和 Z_2 均为标准维纳过程，且关联系数为 ρ.

为使资产价格路径仿真顺利进行，在采样过程中，需应用截断方式或其他办法，确保 $\hat{\chi}_{k+1}\in[0,1]$；此外，还要确保 $\hat{S}_{k+1}$ 的非负性. 为此，可应用 Itô 引理，推导出 $\mathrm{d}\ln S_t$ 的微分方程，然后对 $\ln\hat{S}_{k+1}$ 进行采样. 本章应用后面这种方法.

5.3.2　数值结果

仿真时，假设资产价格初值 $S_0=100$；期权敲定价 K 分别取 90、95、100、105、110；无风险利率 $r=0.03$，红利流 $q=0.0$；期权到期 $T=1$ 年. 模型(5.18)中各参变量取值如下：

"参数集 1"：$\chi_0=0.93;a=0.95;b=0.6;c=0.5;\sigma=0.1;\rho=-0.9;\gamma=0.7$.

"参数集 2"：$\chi_0=0.2;a=0.15;b=2;c=0.1;\sigma=0.1;\rho=-0.2;\gamma=0.1$.

"参数集 1"反映的是有限理性和非理性投资者在总体投资者中占绝对优势比例的市场(如中国股票市场)：在该市场中，投资者的非理性情绪 γ 很高，羊群效应 c 显著. "参数集 2"反映的是相对较为成熟的股票市场：理性投资者在市场上占绝对优势，因而市场中非理性情绪程度较低；而且一旦市场因某种随机因素扰动而失稳，其恢复稳定的速度较快(由参数 b 控制).

其他仿真控制变量设置：路径数为 $2^5\times 4^{10}$ 条；每条路径的仿真步数为 1000.

本章应用 Monte Carlo 数值仿真方法，分别计算出不同敲定价下的欧式和美式期权价格，列于表 5.1 中. 从数值上看，表 5.1 中美式期权的价格均高于对应的欧式期权价格，这在直观上是合理的. 由于到目前为止，在模型(5.18)下并没有一个可信赖的期权参考定价，表 5.1 也就无法给出定价精确度. 但我们还可以通过模型(5.18)诱导出来的隐波动面形状来进一步佐证表 5.1 的合理性.

表 5.1　不同敲定价下欧式和美式期权价格对比

参数集	敲定价	90	95	100	105	110
参数集 1	欧式期权	6.0142	7.9939	10.3098	12.9583	15.9238

续表

参数集	敲定价	90	95	100	105	110
参数集 1	美式期权	6.0681	8.0375	10.3254	13.0582	16.0447
参数集 2	欧式期权	0.3980	1.1544	2.6661	5.0802	8.3695
	美式期权	0.4016	1.2682	2.8109	5.4959	9.9980

将期权的敲定价范围扩充为$[90,140]$. 由 Monte Carlo 数值仿真方法计算出相应的标准欧式期权价格, 再将此价格转译为标准 B-S 模型下的隐含波动值, 并做于图 5.3 中, 从而得到了带反馈的随机波动率模型(5.18)下欧式期权的隐含波动曲线.

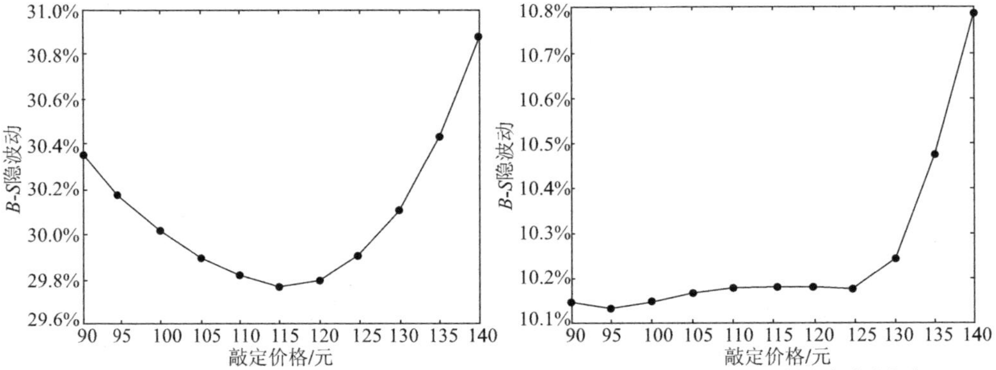

(a) 参数集1驱动的隐含波动曲线　　(b) 参数集2驱动的隐含波动曲线

图 5.3　带反馈的随机波动率模型下欧式期权的隐含波动曲线

图 5.3 显示, 无论是“参数集 1”, 还是“参数集 2”, 均能驱使带反馈的随机波动率模型(5.18)下的标准欧式期权蕴含出带“假笑”的隐含波动面, 这表明模型(5.18)能较好地刻画出标的资产收益统计分布中的“尖峰厚尾”及“有偏”特征. 此外, 图 5.3 还显示, 由“参数集 1”驱动的隐含波动面的水平值, 高于“参数集 2”, 这同样很容易从参数集具体设置的比较中得到解释.

5.3.3　期权价格影响分析

为考察带反馈的随机波动率模型(5.18)中“具有现实意义的参数”的动态变化对期权价格的影响, 我们设计如下的实验方案: 分别以 3.2 节中“参数集 1”和“参数集 2”为基准, 每次实验只变化感兴趣的某个参数, 而保持剩余参数值不变化.

在成熟度高、较为理性的市场环境(以“参数集 2”为代表)下, 本书考察模型特征参数如何影响期权价格变化, 这样的情景测试具有如下特殊意义.

(1) a 在$[0.1,1.0]$变动, 而保持其余参数不变化, 即假使存在某种未知原因,它会导致有限理性和非理性投资者在市场中的占比, 由刚开始的少数逐渐增加为绝对多数, 则期权市场价格将如何变化?

(2) b 在 $[0.1,4.0]$ 变动, 而保持"参数集 2"中其余参数不变化, 即假使市场恢复投资者结构长期均衡的速度, 由快速转向慢速, 则期权市场价格将如何变化?

(3) c 在 $[0.1,2.0]$ 变动, 而保持"参数集 2"中其余参数不变化, 即允许市场上的羊群效应保持在大范围变化, 其对投资者类型的转变影响是双向的, 则期权市场价格将如何变化?

(4) γ 在 $[0.1,0.9]$ 变动, 而保持其余参数不变化, 即如果仅占少数比例的有限理性和非理性投资者的情绪程度在大范围变化, 则期权市场价格将如何变化?

同理, 不难理解"参数集 1"下的各种测试情景的现实意义.

通过对比图 5.4 和图 5.5, 我们可以很清晰地看到带反馈的随机波动率模型中的特征参数是如何影响到期权价格的.

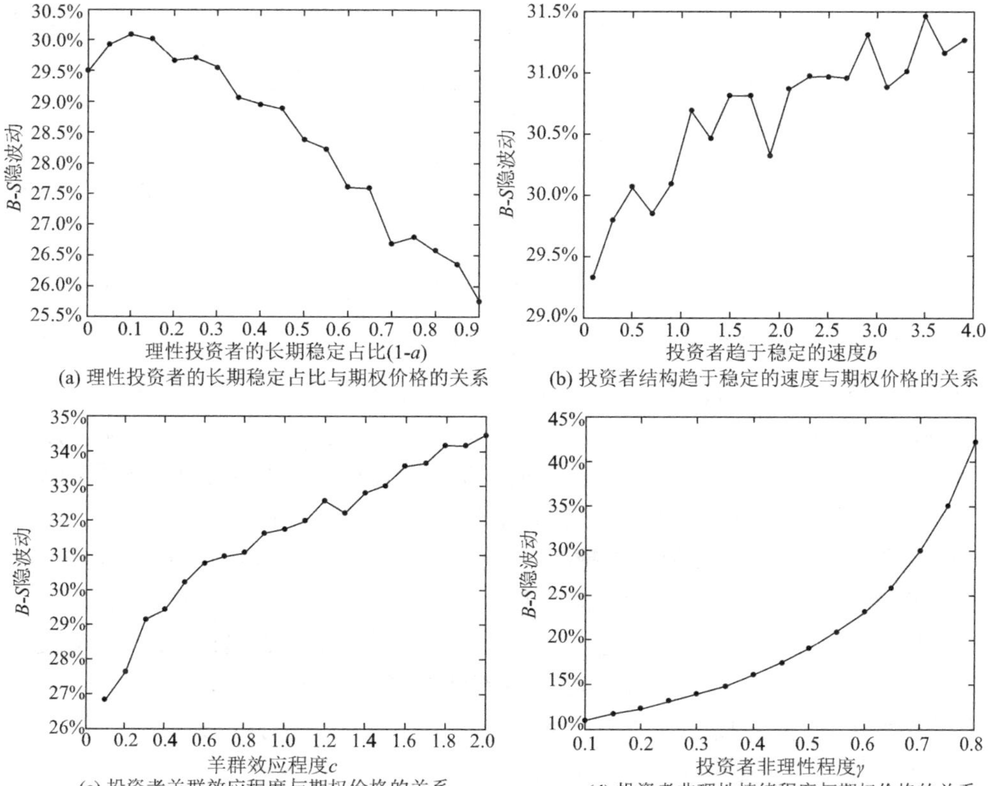

(a) 理性投资者的长期稳定占比与期权价格的关系

(b) 投资者结构趋于稳定的速度与期权价格的关系

(c) 投资者羊群效应程度与期权价格的关系

(d) 投资者非理性情绪程度与期权价格的关系

图 5.4　带反馈的随机波动率模型中特征参数对期权价格的影响: 配置"参数集 1"

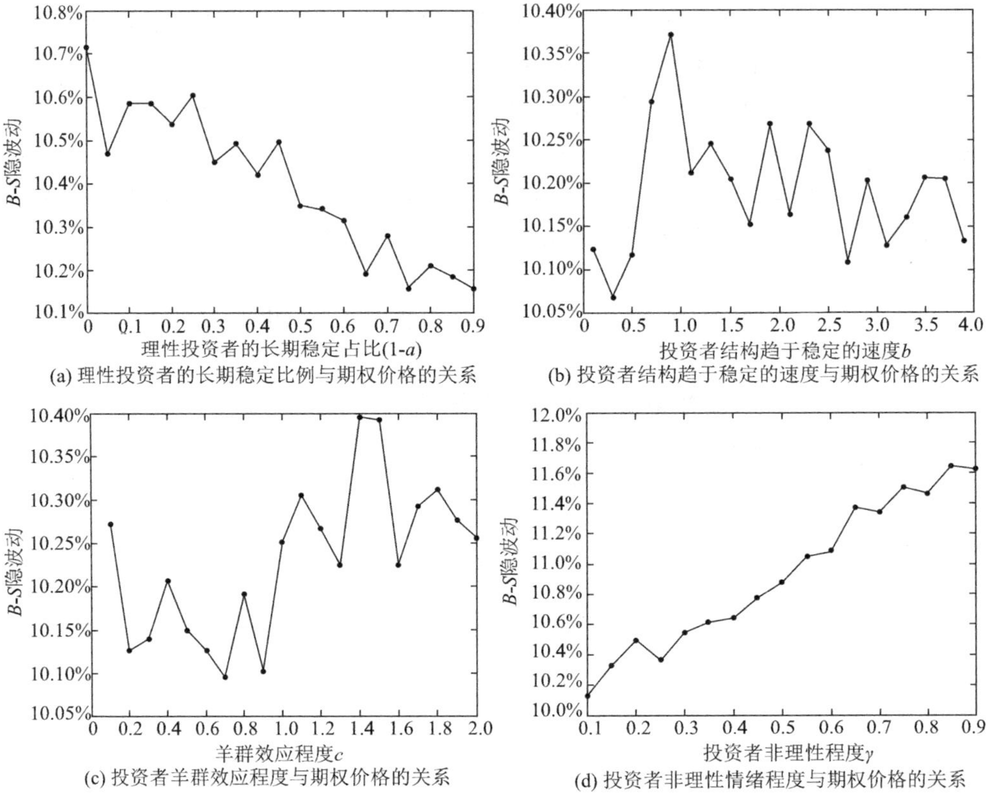

(a) 理性投资者的长期稳定比例与期权价格的关系　(b) 投资者结构趋于稳定的速度与期权价格的关系

(c) 投资者羊群效应程度与期权价格的关系　(d) 投资者非理性情绪程度与期权价格的关系

图 5.5　带反馈的随机波动率模型中特征参数对期权价格的影响：配置“参数集 2”

概括地说，市场中理性投资者的长期稳定占比 $(1-a)$ 越高，期权价格越低(图 5.4(a)和图 5.5(a))；市场中有限理性和非理性投资者的情绪程度越严重，期权价格越高(图 5.4(d)和图 5.5(d))；这种相关关系，不受市场成熟度的影响. 而投资者结构调整速度和投资者羊群效应对期权价格的影响，因市场成熟度不同而不在不成熟市场上，投资者结构回复长期均衡的速度越快(图 5.4(b))，投资者的羊群效应越严重(图 5.4(c))，期权价格越高；对于成熟市场，投资者结构回复长期均衡的速度(图 5.5(b))及投资者的羊群效应(图 5.5(c))，均起到稳定期权价格的作用.

不同市场，相同因素作用完全相反的原因在于：在不成熟市场，非理性是吸引子，股市投资者结构调整和羊群效应都朝向了非理性这一面；而在成熟市场，理性是吸引子，因而投资者结构调整顺畅和羊群效应加速了市场回归理性. 这点又可直接从数学角度分析模型(5.18)得出.

5.3.4　启示

以上研究带给我们的启示是：股市要能长期健康、稳定运行，加大培育市场中的理性投资者, 增多其数量[模型中的 $(1-a)$ 占比增大], 提升其质量(模型中的非理性情绪 γ 减小), 是股市监管工作的核心和方向. 市场中投资者的羊群效应并不可怕, 关键在于引导. 投资者争相效仿"理性", 对于促进股市的健康发展, 还是相当有积极意义的.

5.4 "另类"随机波动率模型下期权解析定价的探讨

本节采用著名的 Fourier-Cosine 期权定价方法(Wang, 2015; Sun et al., 2015; 王国成, 2015), 探讨"另类"随机波动率模型下期权解析定价方法的可能性及其障碍所在. 为简化公式推导, 且不失一般性, 这里以本章推导出来的模型(5.17)为例.

做变量替换, $x_t=\ln S_t$, 应用 Itô 引理到 $\ln S_t$, 可得新的随机波动率模型:

$$\text{SVM1}:\begin{cases}\mathrm{d}x_t=\left(\mu_t-\dfrac{\sigma^2}{2(1-\gamma\chi_t)^2}\right)\mathrm{d}t+\dfrac{1}{1-\gamma\chi_t}\sigma\mathrm{d}W_t^S\\ \mathrm{d}\chi_t=b(a-\chi_t)\mathrm{d}t+c\sqrt{(1-\chi_t)\chi_t}\mathrm{d}W_t^\chi\end{cases}\tag{5.22}$$

其中, 记 $x_0=\ln(S(0)/K)$; $y=\ln(S(T)/K)$; $v(x_0,\chi_0,t_0;T)$ 为期权价格; $V(y,T)$ 为到期支付, $\tau=T-t_0$ 为期权到期, 则基于 Fourier-Cosine 公式的欧式期权价格可表达为

$$\hat{V}(x_0,\chi_0,t_0;T)=\mathrm{e}^{-r\tau}\sum_{k=0}^{N-1}{}'\,\Re\left[\phi\left(\frac{k\pi}{B-A};x_0\right)\exp\left(-i\frac{ak\pi}{B-A}\right)\right]U_k\tag{5.23}$$

其中, $\hat{V}(x_0,\chi_0,t_0;T)$ 为期权价格的解析逼近值:

$$U_k=\frac{2}{B-A}\int_A^B V(T,y,\chi_0)\cos\left(k\pi\frac{y-A}{B-A}\right)\mathrm{d}y\tag{5.24}$$

其中, U_k 为 $V(T,y,\chi_0)$ 的 Fourier-Cosine 系数; 记号 $\phi(\omega;x_0)$ [其中 $\omega=k\pi/(B-A)$]为随机变量 y 的条件特征函数 $\phi_X(\omega,T;t_0,x_0,\chi_0)$ 的缩写; 积分区间 $[A,B]$, 为资产价格转移密度函数 $\varpi(y\,|\,x_0)$ 作 Fourier-Cosine 展开式时的截断区间; 符号 $\sum'$ 为在求和时, 对第一项只取其一半; $\Re$ 为取实部.

用 Fourier-Cosine 公式为期权定价的关键, 在于有效计算出特征函数 $\phi_X(\omega,T;t_0,x_0,\chi_0)$. 应用 Feynman-Kac 定理到随机波动率方程(5.22), 知 $\phi_X(\omega,T;t_0,x_0,\chi_0)$ 是下面偏微分方程的解:

$$\begin{aligned} G_\tau &= \frac{1}{2}c^2\chi_t(1-\chi_t)G_{\chi\chi} + b(a-\chi_t)G_\chi + \rho\sigma c\frac{\sqrt{(1-\chi_t)\chi_t}}{1-\gamma\chi_t}G_{x\chi} \\ &\quad + \left[\mu - \frac{\sigma^2}{2(1-\gamma\chi_t)^2}\right]G_x + \frac{1}{2}\frac{\sigma^2}{(1-\gamma\chi_t)^2}G_{xx} \end{aligned} \tag{5.25}$$

式(5.25)是一个(状态依赖的)时变系数偏微分方程. 对于解此类方程, 据现有的偏微分方程解析求解方法工具书, 找不到有效方法.

为简化求解的方程(5.25), 本书猜测其解 $G(\tau,x,\chi;\omega)$ 可分解为两项(状态分离)相乘形式, 即

$$G(\tau,x,\chi;\omega) = \mathrm{e}^{C(\tau,\omega)+i\omega x}f(\tau,\chi;\omega) \tag{5.26}$$

带初值条件: $G(0,o,\chi;\omega)=1$.

再将式(5.26)代入方程(5.25)中, 得

$$\begin{aligned} f_\tau &= \frac{1}{2}c^2\chi_t(1-\chi_t)f_{\chi\chi} + \left[b(a-\chi_t) + (i\omega)\rho\sigma c\frac{\sqrt{(1-\chi_t)\chi_t}}{1-\gamma\chi_t}\right]f_\chi \\ &\quad + \left[(i\omega)\mu - (i\omega)\frac{\sigma^2}{2(1-\gamma\chi_t)^2} + (i\omega)^2\frac{1}{2}\frac{\sigma^2}{(1-\gamma\chi_t)^2} - \frac{\partial C}{\partial \tau}\right]f \end{aligned} \tag{5.27}$$

带初值条件: $f(0,\chi;\omega)=1$.

注意到, 当 $\gamma=0$, 非理性投资者消失, 市场全部为理性投资者, 此时资产价格过程(5.17)简化为标准的几何布朗运动过程, 其特征函数表达式为

$$\exp\left[(i\omega)\left(\mu-\frac{\sigma^2}{2}\right)+\frac{1}{2}(i\omega)^2\sigma^2\right]\tau+(i\omega)x$$

由于此时 $f=1$, 因此可很容易得到

$$C(\tau,\omega) = \left[(i\omega)\left(\mu-\frac{\sigma^2}{2}\right)+\frac{1}{2}(i\omega)^2\sigma^2\right]\tau \tag{5.28}$$

将 $C(\tau,\omega)$ 代入方程(5.25), 化简得

$$\begin{aligned} f_\tau &= \frac{1}{2}c^2\chi_t(1-\chi_t)f_{\chi\chi} + \left[b(a-\chi_t) + (i\omega)\rho\sigma c\frac{\sqrt{(1-\chi_t)\chi_t}}{1-\gamma\chi_t}\right]f_\chi \\ &\quad + \frac{\sigma^2}{2}\left[\frac{1}{(1-\gamma\chi_t)^2}-1\right](-i\omega-\omega^2)f \end{aligned} \tag{5.29}$$

带初值条件: $f(0,\chi;\omega)=1$.

注意到，与式(5.25)相比，式(5.29)确实简化了不少，但遗憾的是，它仍然是一个(状态依赖的)时变系数偏微分方程. 到目前为止，从现有的偏微分方程解析方法工具书中还没有找到有效的解决办法.

至此，获取“另类”随机波动率模型(5.17)的特征函数解析式的企图，遭遇到求解偏微分方程(5.29)这个障碍. 虽然Alfarano等(2008)试图用解析逼近的方法来求解方程(5.29)，但算法异常复杂，且未给出逼近精度，尚不能算是成功排除了此障碍.

在此，本章提出一个公开问题：如何求偏微分方程(5.29)的解析解?

5.5　小　　结

通过简单的市场假设和严格的数学推导，本章获得了一类新的资产价格模型：带反馈的随机波动率模型. Monte Carlo 数值仿真表明，这些“另类”随机波动率模型具有良好的应用性能：一是能准确地刻画真实的市场资产价格行为特征；二是在期权定价上也有卓越的应用表现，能较好地捕捉到期权的隐波动面的“假笑”特征.

模型参数(如市场中理性投资者的长期稳定占比、市场中有限理性和非理性投资者的情绪程度、投资者结构回复长期均衡的速度及投资者羊群效应)的动态变化对期权市场价格的影响表明：股市要能长期健康、稳定运行，加大培育市场中的理性投资者，增多其数量，提升其质量，是股市监管工作的核心.

鉴于新提出的随机波动率模型具有良好的市场应用前景，本章认为，突破技术障碍，寻求这类模型的特征函数解析式，具有重要价值. 如果成功，资产价格模型将迎来一个更“接地气”的新成员.

最后，本章新提出的模型还有较大的拓展空间. 在带反馈的随机波动率模型(5.18)的基础上，可进一步考虑非一致性的有限理性预期，即将 $\hat{S}^i_{I,k+1}=S_k+(1-\gamma)S_k\mu_k\dfrac{1}{n}+\gamma(S_k-S_{k-1})$ 中非理性(情绪)因子 γ 修改为 γ_k，即

$$\hat{S}^i_{I,k+1}=S_k+(1-\gamma_k)S_k\mu_k\frac{1}{n}+\gamma_k(S_k-S_{k-1}) \tag{5.30}$$

其中，

$$\gamma_k=\begin{cases} f_{\text{big}}(\cdot), \dfrac{S_k-S_{k-1}}{S_{k-1}}-\mu_k\dfrac{1}{n}\geqslant 0 \\ f_{\text{small}}(\cdot), 0\leqslant\dfrac{S_k-S_{k-1}}{S_{k-1}}\leqslant\mu_k\dfrac{1}{n} \\ f_{\text{veryneg}}(\cdot), \dfrac{S_k-S_{k-1}}{S_{k-1}}\leqslant 0 \end{cases} \tag{5.31}$$

从而得到带自适应反馈的随机波动率模型:

$$\begin{cases}\dfrac{\mathrm{d}S_t}{S_t}=(1-\gamma_t\chi_t)\mu_t\mathrm{d}t+\sigma\mathrm{d}W_t+\gamma_t\chi_t\dfrac{\mathrm{d}S_{t^-}}{S_{t^-}}\\ \mathrm{d}\chi_t=b(a-\chi_t)\mathrm{d}t+c\sqrt{(1-\chi_t)\chi_t}\mathrm{d}W_t^{\chi}\end{cases} \tag{5.32}$$

其中,

$$\gamma_k=\begin{cases}f_{\text{big}}(\cdot),\dfrac{\mathrm{d}S_{t^-}}{S_{t^-}}-\mu_k\dfrac{1}{n}\geqslant 0\\ f_{\text{small}}(\cdot),0\leqslant\dfrac{\mathrm{d}S_{t^-}}{S_{t^-}}\leqslant\mu_k\dfrac{1}{n}\\ f_{\text{veryneg}}(\cdot),\dfrac{\mathrm{d}S_{t^-}}{S_{t^-}}\leqslant 0\end{cases} \tag{5.33}$$

其中, $f_X(\cdot)$ 为适当设计的情绪函数.

此外, 还可进一步考虑多种有限理性投资者情形(如基本面分析和技术面分析的合体)、历史波动性对有限理性预期的影响, 以及重大信息(事件)对资产价格带来的非对称性冲击效应等, 我们将得到“非对称的、同时带外生跳与自激励跳及反馈”的随机波动资产价格模型. 这些特征将有助于全面刻画现实金融市场上资产价格的“暴涨暴跌”、“波动聚集”和收益统计分布中的“尖峰肥尾”现象等.

第6章　基于情绪传染的行为证券价格演化模型

经济学的一个标准假设是，人的行为是理性的．拥有大众心理学的学位可能比拥有经济学的学位更有助于理解金融市场行为．

——Gordon Peper

投资者信念传染、投资思想体系演化及其对市场的影响，是当前金融（包括行为金融）研究领域的热点问题之一．借鉴 SIRS 型传染病模型的建模思想，并融入交易者自适应进出市场的机制，建立SMD-AVMA-SC模型．对模型进行理论和数值仿真分析，发现：①在同一核心演化机制下，股市情绪传染与自适应机制内生地驱动股价呈现基本面价值稳定均衡、局部收敛与发散等不同形态；②股市情绪极值点与股价极值点不同步．

6.1　引　　言

自Lux和Marchesi（1999）等在*Nature*上发表了基于投资信念传染的随机多主体投机行为模型，成功地解释股市的标度和临界行为以来，关于投资者的信念传染、投资思想体系的演化及其对市场的影响研究，已成为当前金融（包括行为金融）领域研究热点问题之一（Hirshleifer and Teoh, 2009）、Hommes 和 Wagener（2009）、Gaunersdorfer等（2008）、Boswijk等（2007）、Lebaron（2006）研究了包含两类投资者（基本面投资者和技术面投资者）的自适应信念市场．在该市场中，投资者交易策略会依据其自身的适应度值进行调整．Hommes 等的研究发现：信念自适应市场存在吸引子和分岔现象；投资者异质性、自适应学习及投资主体交互等是股市内生波动集聚性的原因．Lux （2009）及其以前发表的系列论文（Lux and Marchesi, 1999, 2000），研究了包含基本面投资者、乐观派及悲观派技术面投资者的股市演化系统．该系统考虑了投资者随机交互引起信念传染，成功地解释市场中多种特征性事实，如收益率的幂律分布及波动聚集性等．国内学者于同奎和曹国华（2009）在 Lux 的研究基础上，为多主体股市演化系统引入交易者“新进-退出”机制，使模型在不同参数设置下可呈现出基本面价值稳定均衡、两个并存的非基本面价值稳定均衡、周期和混沌等多种市场形态．

然而，上述研究（Lux and Marchesi, 1999, 2000; Lux, 2009；于同奎和曹国华，2009）存在共同缺陷，首先，在推导关于市场情绪的微分方程时，它们均采取在情绪均值处做泰勒展开的处理方法，仅取一阶精度，丢弃更高阶项. 其次，上述研究都将交易主体类型之间的转变概率及情绪跳转概率设计为某指数函数，物理意义不是十分明显. 再次，关于市场主体总量，无论是Hommes还是Lux的研究，均将其假设为常量(Lux and Marchesi , 1999, 2000; Lux, 2009; Hommes and Wagener, 2009)，即忽视投资者自由进出交易市场对股价的影响. 于同奎和曹国华(2009)虽允许交易主体以某概率退出市场，但同时假设有相同数目的新交易者进入市场，其实质是维持交易主体总量不变.

本章在上述研究的基础上，通过重新设计转变概率函数，并借鉴SIRS型传染病模型的研究成果(孙有发等，2010)，建立起完整的基于情绪传染的变主体股市演化(stock market dynamics with varied multi-agents and sentiment contagion, SMD-VMA-SC)模型；进一步地，摒弃交易主体进出市场概率为常数的假设，并设计此概率为与近期股价走势有关的自适应函数，然后在前一模型的基础上建立起SMD-AVMA-SC 模型.

本章对建立的模型进行定性和定量研究，发现：①在同一核心演化机制下，股市情绪传染与自适应机制内生地驱动股价呈现基本面价值稳定均衡、局部收敛与发散等不同形态；②股市情绪极值点与股价极值点不同步.

6.2　变主体股市演化模型

6.2.1　交易主体构成

设t时刻市场中参与同一只股票的交易主体有$N(t)$个，其中基础面分析者数目为$n_f(t)$，本书技术分析者数目为$n_c(t)$；本书根据所持市场观点将技术分析者分为乐观派和悲观派，其数目分别为$n_+(t)$和$n_-(t)$，即$n_c(t)=n_+(t)+n_-(t)$. 为使行文简洁，这里用变量N、n_f、n_c、n_+、n_-，分别指代$N(t)$、$n_f(t)$、$n_c(t)$、$n_+(t)$、$n_-(t)$.

值得一提的是，下文还有大量变量，由于只需通过上下文就容易判别出它们是时间t的函数，同样出于行文简洁的目的，我们忽略这些时间变量中的自变量(t)的书写.

6.2.2　交易主体情绪传染行为假设

假设交易主体在市场上随机相遇，则三类交易主体随机接触，存在六种可能的情绪传染情形. 下面关于交易主体的情绪传染行为假设，主要参考了文献(Lux and Marchesi, 1999, 2000; Lux and Marchesi, 2000；于同奎和曹国华, 2009).

1. 技术分析交易者在乐观派和悲观派之间的跳转概率

技术分析交易者由悲观派转变为乐观派(或相反)的概率 π_{+-} (或 π_{-+})为

$$\pi_{+-} = (v_1/2)\left(1+\tanh(U_1)\right) \tag{6.1}$$

$$\pi_{-+} = (v_1/2)\left(1+\tanh(-U_1)\right) \tag{6.2}$$

其中,

$$\tanh(u) = (\mathrm{e}^u - \mathrm{e}^{-u})/(\mathrm{e}^u + \mathrm{e}^{-u}) \tag{6.3}$$

$$U_1 = \alpha_1 x + \alpha_2 p'/v_1 \tag{6.4}$$

其中, $x=(n_+ - n_-)/n_c$ 为市场情绪; $p'=\mathrm{d}p/\mathrm{d}t$ 为价格变化趋势; v_1 为交易者调整市场观点的频率; α_1 和 α_2 分别测度交易者看待市场中占多数派意见的重要性及测度股价趋势在未来股价变化期望中所占的重要程度, 即羊群效应和价格追踪对交易者市场观点影响的强度, 该参数刻画了交易者模仿学习倾向和价格追踪倾向. 式(6.4)中价格追踪项之所以除以 v_1, Lux 和 Marchesi (2000) 解释为: 投资者必须考虑在信念修正期间价格发生的平均变化值.

值得一提的是, 式(6.1)和式(6.2)的设计, 既继承了 Lux 和 Marchesi (1999)、Lux (2009)、于同奎和曹国华(2009)及 Lux (2009)等文献中相关量设计的经济含义, 又保证了交易者情绪跳变概率的物理意义. 关于后者的解释如下: 众所周知, S 型函数(如对数 sigmoid 函数、正切 sigmoid 函数等)具有连续、单调递增及饱和性等特点, 常被用作神经网络研究中神经元的核函数, 是检验大脑如何工作的一般理论. 因而采用 S 型函数来拟合人脑对信息的判决概率分布, 具有较好的物理基础. 正切 sigmoid 函数将输入空间 $(-\infty,+\infty)$ 映射到输出空间 $(-1,1)$, 在数学上其又等价于 tanh 函数, 即 $\tan(x/2)=\tan\mathrm{sigmoid}(x)$, 从而复合函数 $\frac{1}{2}(1+\tan(x))$ 可将输入空间 $(-\infty,+\infty)$ 的输入映射到输出空间 $(0,1)$, 用 tanh 函数替代指数函数作为交易者的情绪跳转函数, 将使交易者情绪跳转概率及交易主体类型转变概率具有较好的物理意义.

2. 交易者在技术分析和基础分析策略之间的跳转

假设市场主体随机相遇, 比较彼此策略的获利能力, 据此以一定的概率进行策略转移. 技术分析交易者的瞬时超额利润率为 $|(r+p')/p-R|$, 其中 r 为名义股利, R 为无风险投资回报率. 假设基础分析交易者使用长期期望资产价格 p_f 计算真实红利, 假设 $R=r/p_f$, 从而基础分析交易者的瞬时预期超额利润率为

$s\left|(p-p_f)/p\right|$，s 为折扣率（$0\leqslant s\leqslant 1$）；如此设计，是因为考虑到股价回复到基本面价值需要时间且存在不确定性(Lux, 2009; 于同奎和曹国华, 2009)．不同类型市场主体交易策略转变的概率设计为

$$\pi_{+f}=(v_2/2)\left(1+\tanh(U_{2,1})\right) \tag{6.5}$$

$$\pi_{f+}=(v_2/2)\left(1+\tanh(-U_{2,1})\right) \tag{6.6}$$

$$\pi_{-f}=(v_2/2)\left(1+\tanh(U_{2,2})\right) \tag{6.7}$$

$$\pi_{f-}=(v_2/2)\left(1+\tanh(-U_{2,2})\right) \tag{6.8}$$

其中，

$$U_{2,1}=\alpha_3\ \underbrace{[(r+\tfrac{1}{v_2}p')/p-R}_{\text{乐观派技术分析交易者超额利润}}\ -\ \underbrace{s\left|(p-p_f)/p\right|]}_{\text{基础分析交易者超额利润}} \tag{6.9}$$

$$U_{2,2}=\alpha_3\ \underbrace{[R-(r+\tfrac{1}{v_2}p')/p}_{\text{悲观派技术分析交易者超额利润}}\ -\ \underbrace{s\left|(p-p_f)/p\right|]}_{\text{基础分析交易者超额利润}} \tag{6.10}$$

其中，π_{+f} 为基础分析交易者转变为乐观派技术分析交易者的概率；其余符号 π_{-f}、π_{f+} 及 π_{f-} 含义与之类似；v_2 为交易者调整市场观点的频率；α_3 为利润差异引发策略转移的强度，被定义为交易者策略转移倾向．

3．“进入-退出”机制安排

假设市场主体中每个个体均以常概率 $a_1(a_1\in[0,1])$ 退出市场；同时，有 Na_2（N为交易主体总量；$a_2\in[0,1]$ 为常数）个新交易者进入市场．新进交易者中基本面分析交易者占比为$b(b\in[0,1])$，新进技术分析交易者的市场观点(悲观和乐观)分布与原市场一致．

注：本章的“进入-退出”机制与于同奎和曹国华(2009)的不同，表现为下面三点：①于同奎和曹国华(2009)只允许基本面分析交易者退出市场，本章则允许所有类型投资者都可进入和退出市场；②于同奎和曹国华(2009)假设进入和退出市场的人数相同，本章则没有此限定；③于同奎和曹国华(2009)假设基本面分析交易者先退出市场，然后有相同人数的混合投资者进入市场，本章则假设投资者进入和退出市场是同时发生的，并没有先后顺序．不难看出，本章的假设比于同奎和曹国华(2009)更接近现实．Lux(2009)、Lux 和 Marchesi(2000)研究的 $a_2=a_1$ 情形，是本章内容的一个特例．

根据“进入-退出”机制假设，市场交易主体各成分瞬时变化可由图 6.1 描述．

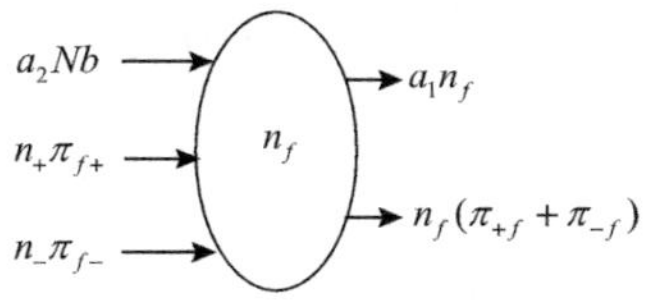

(a) 基础分析交易者人数瞬时变化

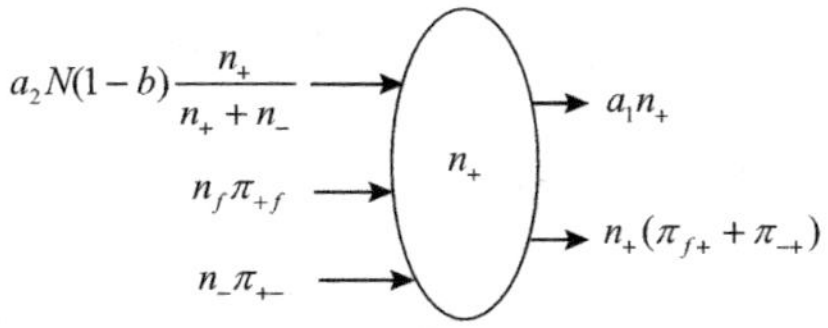

(b) 乐观派技术分析交易者人数瞬时变化

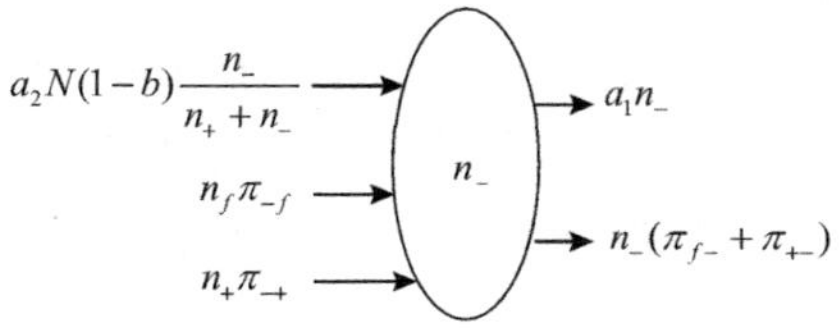

(c) 悲观派技术分析交易者人数瞬时变化

图 6.1　市场主体成分瞬时变化图

6.2.3 演化模型构建

假设技术分析交易者超额需求 $\mathrm{ED}_c=(n_+-n_-)t_c$，$t_c$ 为单位时间平均交易量；假设基础分析交易者超额需求 $\mathrm{ED}_f=n_f\gamma(p_f-p)$，$\gamma$ 为基础分析交易者对股价偏离其基本面预期值的反应强度，则总超额需求 $\mathrm{ED}=\mathrm{ED}_c+\mathrm{ED}_f$．假设造市商以 β 的反应强度线性调整市场价格变化率，即

$$\frac{\mathrm{d}p}{\mathrm{d}t}=\beta[(n_+-n_-)t_c+n_f\gamma(p_f-p)] \tag{6.11}$$

根据平均场理论及孙有发等(2011b)的观点，本书可建立关于交易主体成分的微分方程；再联合式(6.11)，就得到 SMD-VMA-SC 模型：

$$\begin{cases}\dfrac{\mathrm{d}n_f}{\mathrm{d}t}=(a_2Nb-a_1n_f)+[n_+\pi_{f+}+n_-\pi_{f-}-n_f(\pi_{+f}+\pi_{-f})]\\[2mm]\dfrac{\mathrm{d}n_+}{\mathrm{d}t}=\left(a_2N(1-b)\dfrac{n_+}{n_++n_-}-a_1n_+\right)+[n_f\pi_{+f}+n_-\pi_{+-}-n_+(\pi_{f+}+\pi_{-+})]\\[2mm]\dfrac{\mathrm{d}n_-}{\mathrm{d}t}=\left(a_2N(1-b)\dfrac{n_-}{n_++n_-}-a_1n_-\right)+[n_f\pi_{-f}+n_+\pi_{-+}-n_-(\pi_{f-}+\pi_{+-})]\\[2mm]\dfrac{\mathrm{d}p}{\mathrm{d}t}=\beta[(n_+-n_-)t_c+n_f\gamma(p_f-p)]\end{cases} \tag{6.12}$$

其中，π_{+-}、π_{-+}、π_{+f}、π_{-f}、π_{f+} 及 π_{f-} 见式(6.1)~式(6.8)．

值得一提的是，由于演化模型(6.12)右边各项 π_{+-}、π_{-+}、π_{+f}、π_{-f}、π_{f+} 及 π_{f-} 中均含 $\tanh\left(f(\mathrm{d}p/\mathrm{d}t)\right)$ 的高阶非线性项，演化模型(6.12)并非于同奎和曹国华

(2009)所说的常微分方程，而是非线性程度相当高的复杂微分方程.

6.2.4 演化模型改进

在 SMD-VMA-SC 模型中，假设市场主体退出概率 a_1 及进入概率 a_2 均为常数. 然而，现实股市中，如果近期股价持续上涨(或者上涨次数较下跌次数多)，这会吸引更多投资者进入市场；相反，如果近期股市不景气(或者下跌次数较上涨次数多)，则投资主体退出的概率要增大. 这表明投资主体进出市场概率具有一定的自适应性. 因此，本书重新设计投资主体进出市场概率，具体如下:

$$a_1(t) = a_1(t-1)\left(1 - \chi \nu_3 \varepsilon_t\right) \tag{6.13}$$

$$a_2(t) = a_2(t-1)\left(1 + \chi \nu_3 \varepsilon_t\right) \tag{6.14}$$

其中,

$$\chi = \operatorname{sign}\left[\sum_{\tau=t-1}^{t-m} \operatorname{sign}(p_\tau - p_{\tau-1})\right] \tag{6.15}$$

$\nu_3(>0)$ 为进出市场概率调节系数 $\varepsilon_t \sim N(0,1)$，$\operatorname{sign}(\cdot)$ 为符号函数.

容易看出，$\operatorname{sign}(p_\tau - p_{\tau-1})$ 反映了与上次股价相比，当前股价是涨还是跌；χ 记录了在连续 m 个交易日中股价是涨的次数多，还是跌的次数多；整个概率函数则表示投资者依据最近多个交易日的股价涨跌情况，修正自己进出市场的概率.

为与模型(6.12)中常数概率变量 a_1、a_2 相区别，同时不增加新变量名称，本章用 $a_{1,t}$、$a_{2,t}$ 分别指代该概率式中的 $a_1(t)$、$a_2(t)$.

本书将重新设计的进出概率，代入 SMD-VMA-SC 模型，得到 SMD-AVMA-SC 模型:

$$\begin{cases} \dfrac{\mathrm{d}n_f}{\mathrm{d}t} = (a_{2,t}Nb - a_{1,t}n_f) + [n_+\pi_{f+} + n_-\pi_{f-} - n_f(\pi_{+f} + \pi_{-f})] \\ \dfrac{\mathrm{d}n_+}{\mathrm{d}t} = \left[a_{2,t}N(1-b)\dfrac{n_+}{n_+ + n_-} - a_{1,t}n_+\right] + [n_f\pi_{+f} + n_-\pi_{+-} - n_+(\pi_{f+} + \pi_{-+})] \\ \dfrac{\mathrm{d}n_-}{\mathrm{d}t} = \left[a_{2,t}N(1-b)\dfrac{n_-}{n_+ + n_-} - a_{1,t}n_-\right] + [n_f\pi_{-f} + n_+\pi_{-+} - n_-(\pi_{f-} + \pi_{+-})] \\ \dfrac{\mathrm{d}p}{\mathrm{d}t} = \beta[(n_+ - n_-)t_c + n_f\gamma(p_f - p)] \end{cases} \tag{6.16}$$

其中，仅 b、t_c、β、γ、p_f 为常量；其余均为时间函数的变量.

6.3 模型分析

如果能够解出模型(6.12)和模型(6.16)的解轨迹，则对于分析模型的稳态及动态性质，将是十分有帮助的.

然而，由于模型(6.12)和模型(6.16)右边各项π_{+-}、π_{-+}、π_{+f}、π_{-f}、π_{f+}及π_{f-}中均含$\tanh\left(f(\mathrm{d}p/\mathrm{d}t)\right)$的高阶非线性项，并非带常系数的 SIRS 型传染病模型，限于当前技术水平，本书无法应用 Acedo 等(2010)的方法去求得模型的精确解.

此外，当前同类研究主要关心股市情绪、市场理性成分与股票价格的关系(Lux, 2009; 于同奎和曹国华, 2009). 为此，本书对模型(6.12)进行如下改造.

令基本面分析交易者占交易主体的比例为$y = n_f/N$，模型(6.12)可改造为关于市场交易主体总量的独立演化方程(6.17)，以及关于市场情绪x、理性投资者成分y、股票价格p的微分方程(6.18)

$$\mathrm{d}N/\mathrm{d}t = (a_2 - a_1)N \tag{6.17}$$

$$\begin{cases} \dfrac{\mathrm{d}x}{\mathrm{d}t} = (1-x)\left(\dfrac{y}{1-y}\pi_{+f} + \pi_{+-}\right) - (1+x)\left(\dfrac{y}{1-y}\pi_{-f} + \pi_{-+}\right) + \dfrac{1}{2}(1-x^2)(\pi_{f-} - \pi_{f+}) \\ \dfrac{\mathrm{d}y}{\mathrm{d}t} = a_2(b-y) + \dfrac{1}{2}(1+x)(1-y)\pi_{f+} + \dfrac{1}{2}(1-x)(1-y)\pi_{f-} - y(\pi_{+f} + \pi_{-f}) \\ \dfrac{\mathrm{d}p}{\mathrm{d}t} = N\beta[x(1-y)t_c + y\gamma(p_f - p)] \end{cases} \tag{6.18}$$

由式(6.17)知，当$a_2 > a_1$时，$\lim\limits_{t\to\infty} N = \infty$；当$a_2 = a_1$时，$\lim\limits_{t\to\infty} N = N_0$(初始交易主体数量)；当$a_2 < a_1$时，$\lim\limits_{t\to\infty} N = 0$，根据式(6.18)的第 3 个方程知此时$\mathrm{d}p/\mathrm{d}t = 0$，这意味着只要退出市场概率$a_1$大于进入市场概率$a_2$，股价一定收敛到某个值，但此时市场已经瓦解，股价没有意义.

遗憾的是，到目前为止，现实证券市场并没有表现出这三种情形中的任何一种，原因在于现实证券市场中投资者退出市场概率a_1与进入市场概率a_2并没有一致性的大小关系.

注意到模型(6.16)中的$a_{1,t}$和$a_{2,t}$均设计为与近期股价走势有关的一个自适应概率函数，不同时刻$a_{1,t} \geqslant a_{2,t}$和$a_{1,t} < a_{2,t}$均可能出现，从而模型(6.16)中的交易主体总量既不会趋于无穷大，也不会趋于无穷小，而是自适应地随着股价走势演化. 这意味着改进后的自适应变主体股市演化模型(6.16)比模型(6.12)更贴近现实.

6.3.1　均衡点的稳态分析

令 $\mathrm{d}x/\mathrm{d}t=0, \mathrm{d}y/\mathrm{d}t=0$, $\mathrm{d}p/\mathrm{d}t=0$，得模型(6.18)的唯一非退化均衡点:

$$(x^*, y^*, p^*)=\left(0, \frac{2a_2 b+v_2}{2a_2+3v_2}, p_f\right) \tag{6.19}$$

下面根据状态变量的实际意义，在 $\Omega=\{N\geqslant 0, -1\leqslant x\leqslant 1, 0\leqslant y\leqslant 1, p\geqslant 0\}$ 域内讨论模型(6.12)[或模型(6.18)]的均衡点稳定性. 模型(6.18)是非线性微分方程，因此，本书采用的方法是：通过分析雅可比矩阵负定性，来判断模型(6.18)在均衡点局部的渐近收敛性.

令微分系统(6.18)的雅可比矩阵 $J=(J_{ij})_{3\times 3}$，有

$$\begin{aligned} J_{11}=&\left[\frac{(1-x)y}{1-y}+\frac{1-x^2}{2}\right]\frac{\mathrm{d}\pi_{+f}}{\mathrm{d}x}+2\frac{\mathrm{d}\pi_{+-}}{\mathrm{d}x}-\left[\frac{(1+x)y}{1-y}+\frac{1-x^2}{2}\right]\frac{\mathrm{d}\pi_{-f}}{\mathrm{d}x}\\ &-\left(\frac{y}{1-y}\pi_{+f}+\pi_{+-}\right)-\left(\frac{y}{1-y}\pi_{-f}+\pi_{-+}\right)-x(\pi_{f-}-\pi_{f+}) \end{aligned} \tag{6.20}$$

$$\begin{aligned} J_{12}=&\left[\frac{(1-x)y}{1-y}+\frac{1-x^2}{2}\right]\frac{\mathrm{d}\pi_{+f}}{\mathrm{d}y}+2\frac{\mathrm{d}\pi_{+-}}{\mathrm{d}y}-\left[\frac{(1+x)y}{1-y}+\frac{1-x^2}{2}\right]\frac{\mathrm{d}\pi_{-f}}{\mathrm{d}y}\\ &+\left[(1-x)\pi_{+f}-(1+x)\pi_{-f}\right]\frac{1}{(1-y)^2} \end{aligned} \tag{6.21}$$

$$J_{13}=\left[\frac{(1-x)y}{1-y}+\frac{1-x^2}{2}\right]\frac{\mathrm{d}\pi_{+f}}{\mathrm{d}p}+2\frac{\mathrm{d}\pi_{+-}}{\mathrm{d}p}-\left[\frac{(1+x)y}{1-y}+\frac{1-x^2}{2}\right]\frac{\mathrm{d}\pi_{-f}}{\mathrm{d}p} \tag{6.22}$$

$$\begin{aligned} J_{21}=&\left[\frac{1}{2}(1+x)(1-y)+y\right]\frac{\mathrm{d}\pi_{f+}}{\mathrm{d}x}+\left[\frac{1}{2}(1-x)\cdot(1-y)+y\right]\frac{\mathrm{d}\pi_{f-}}{\mathrm{d}x}\\ &+\frac{1}{2}(1-y)\pi_{f+}-\frac{1}{2}(1-y)\pi_{f-} \end{aligned} \tag{6.23}$$

$$\begin{aligned} J_{22}=&\left[\frac{1}{2}(1+x)(1-y)+y\right]\frac{\mathrm{d}\pi_{f+}}{\mathrm{d}y}+\left[\frac{1}{2}(1-x)\cdot(1-y)+y\right]\frac{\mathrm{d}\pi_{f-}}{\mathrm{d}y}-a_2\\ &-\frac{1}{2}(1+x)\pi_{f+}-\frac{1}{2}(1-x)\pi_{f-}-(\pi_{+f}+\pi_{-f}) \end{aligned} \tag{6.24}$$

$$J_{23}=\left[\frac{1}{2}(1+x)(1-y)+y\right]\frac{\mathrm{d}\pi_{f+}}{\mathrm{d}p}+\left[\frac{1}{2}(1-x)\cdot(1-y)+y\right]\frac{\mathrm{d}\pi_{f-}}{\mathrm{d}p} \tag{6.25}$$

$$J_{31} = N\beta(1-y)t_c \tag{6.26}$$

$$J_{32} = N\beta\gamma(p_f - p) \tag{6.27}$$

$$J_{33} = -N\beta y\gamma \tag{6.28}$$

式中,

$$\frac{\mathrm{d}\pi_{+-}}{\mathrm{d}x} = -\frac{\mathrm{d}\pi_{-+}}{\mathrm{d}x} = \frac{1}{(\cosh U_1)^2}\frac{v_1}{2}[\alpha_1 + \alpha_2 N\beta(1-y)t_c/v_1] \tag{6.29}$$

$$\frac{\mathrm{d}\pi_{+-}}{\mathrm{d}y} = -\frac{\mathrm{d}\pi_{-+}}{\mathrm{d}y} = \frac{1}{(\cosh U_1)^2}\frac{\alpha_2\beta N}{2}[-xt_c + \gamma(p_f - p)] \tag{6.30}$$

$$\frac{\mathrm{d}\pi_{+-}}{\mathrm{d}p} = -\frac{\mathrm{d}\pi_{-+}}{\mathrm{d}p} = -\frac{1}{(\cosh U_1)^2}\frac{\alpha_2\beta\gamma N}{2}y \tag{6.31}$$

$$\frac{\mathrm{d}\pi_{+f}}{\mathrm{d}x} = -\frac{\mathrm{d}\pi_{f+}}{\mathrm{d}x} = \frac{1}{(\cosh U_{2,1})^2}\alpha_3\beta t_c N\frac{(1-y)}{2p} \tag{6.32}$$

$$\frac{\mathrm{d}\pi_{+f}}{\mathrm{d}y} = -\frac{\mathrm{d}\pi_{f+}}{\mathrm{d}y} = \frac{1}{(\cosh U_{2,1})^2}\alpha_3\beta\gamma N\frac{(p_f - p)}{2p} \tag{6.33}$$

$$\frac{\mathrm{d}\pi_{+f}}{\mathrm{d}p} = -\frac{\mathrm{d}\pi_{f+}}{\mathrm{d}p} = -\frac{v_2\alpha_3 p_f}{2(\cosh U_{2,1})^2 p^2}\cdot\begin{cases}[N\beta y\gamma/v_2 + s], & p \geqslant p_f\\ [N\beta y\gamma/v_2 - s], & p < p_f\end{cases} \tag{6.34}$$

$$\frac{\mathrm{d}\pi_{-f}}{\mathrm{d}x} = -\frac{\mathrm{d}\pi_{f-}}{\mathrm{d}x} = -\frac{1}{(\cosh U_{2,2})^2}\alpha_3\beta t_c N\frac{(1-y)}{2p} \tag{6.35}$$

$$\frac{\mathrm{d}\pi_{-f}}{\mathrm{d}y} = -\frac{\mathrm{d}\pi_{f-}}{\mathrm{d}y} = -\frac{1}{(\cosh U_{2,2})^2}\alpha_3\beta\gamma N\frac{(p_f - p)}{2p} \tag{6.36}$$

$$\frac{\mathrm{d}\pi_{-f}}{\mathrm{d}p} = -\frac{\mathrm{d}\pi_{f-}}{\mathrm{d}p} = \frac{v_2\alpha_3 p_f}{2(\cosh U_{2,2})^2 p^2}\cdot\begin{cases}[N\beta y\gamma/v_2 - s], & p \geqslant p_f\\ [N\beta y\gamma/v_2 + s], & p < p_f\end{cases} \tag{6.37}$$

模型(6.18)在均衡点处近似线性化为

$$\left(\frac{\mathrm{d}x}{\mathrm{d}t} \quad \frac{\mathrm{d}y}{\mathrm{d}t} \quad \frac{\mathrm{d}p}{\mathrm{d}t}\right)^{\mathrm{T}} \approx \bar{J}\left(x - x^* \quad y - y^* \quad p - p^*\right)^{\mathrm{T}} \tag{6.38}$$

其中，上标 T 为转置,

$$\overline{J}=J\Big|_{(x^*,y^*,p^*)}=\begin{bmatrix}\overline{J}_{11} & 0 & \overline{J}_{13}\\ 0 & -a_2-\frac{3}{2}v_2 & \overline{J}_{23}\\ N\beta(1-y^*)t_c & 0 & -N\beta y^*\gamma\end{bmatrix} \tag{6.39}$$

$$\overline{J}_{11}=-\left(\frac{y^*}{1-y^*}v_2+v\right)_1+\frac{1+y^*}{2p_f}\alpha_3\beta t_c N+\alpha_1 v_1+\alpha_2 N\beta(1-y^*)t_c \tag{6.40}$$

$$\overline{J}_{13}=-\left(\frac{1}{2p_f}\frac{1+y^*}{1-y^*}\alpha_3-\alpha_2\right)\beta\gamma y^* N \tag{6.41}$$

$$\overline{J}_{23}=\begin{cases}(1+y^*)\alpha_3 v_2 s/(2p_f),\ p\geqslant p_f\\ -(1+y^*)\alpha_3 v_2 s/(2p_f),\ p<p_f\end{cases} \tag{6.42}$$

显然，$\overline{J}_{22}=-a_2-\frac{3}{2}v_2<0$ 是 $\overline{J}$ 的其中一个特征值. 若令元素 $\overline{J}_{22}$ 的余子式为

$$A_{22}=\begin{bmatrix}\overline{J}_{11} & \overline{J}_{13}\\ N\beta(1-y^*)t_c & -N\beta y^*\gamma\end{bmatrix} \tag{6.43}$$

则模型(6.18)在均衡点 (x^*,y^*,p^*) 局部渐近收敛的条件是 $\mathrm{tr}(A_{22})<0$ 和 $\det(A_{22})>0$.

将 $\mathrm{tr}(A_{22})<0$ 和 $\det(A_{22})>0$ 展开并化简，得

$$\begin{cases}-\left(\frac{y^*}{1-y^*}v_2+v_1\right)+\alpha_1 v_1+\left[\frac{1+y^*}{2p_f}\alpha_3 t_c+\alpha_2(1-y^*)t_c-y^*\gamma\right]\beta N<0\\ -\left(\frac{y^*}{1-y^*}v_2+v_1\right)+\alpha_1 v_1+2\alpha_2(1-y^*)\cdot t_c\beta N<0\end{cases} \tag{6.44}$$

其中，$y^*=\frac{2a_2b+v_2}{2a_2+3v_2}$.

结合市场交易主体总量的演化方程(6.17)，进一步讨论式(6.44).

(1) 当 $a_2>a_1$ 时，$\lim\limits_{t\to\infty}N=\infty$，式(6.44)的第二个不等式不会成立，从而模型(6.18)在均衡点 (x^*,y^*,p^*) 局部不收敛.

(2) 当 $a_2<a_1$ 时，$\lim\limits_{t\to\infty}N=0$，式(6.44)两个不等式简化为同一不等式

$$-\frac{2a_2b+v_2}{2a_2(1-b)+2v_2}v_2-v_1+\alpha_1 v_1<0 \tag{6.45}$$

(3) 当 $a_2=a_1$ 时，$\lim\limits_{t\to\infty}N=N_0$，式(6.44)中 $N=N_0$. 若

$$\gamma \leqslant \frac{\alpha_3[a_2(1+b)+2v_2]}{2a_2b+v_2}\frac{t_c}{p_f}-2t_c\frac{\alpha_2[a_2(1-b)+v_2]}{2a_2b+v_2} \tag{6.46}$$

式(6.44)等价于

$$\begin{aligned}&\left\{\alpha_3[a_2\cdot(1+b)+2v_2]\frac{t_c}{p_f}+2\alpha_2[a_2(1-b)+v_2]t_c-\gamma(2a_2b+v_2)\right\}\frac{\beta N_0}{2a_2+3v_2}\\&-\frac{2a_2b+v_2}{2a_2(1-b)+2v_2}v_2-v_1+\alpha_1v_1<0\end{aligned} \tag{6.47}$$

否则，等价于

$$-\frac{2a_2b+v_2}{2a_2(1-b)+2v_2}v_2-v_1+\alpha_1v_1+2\alpha_2t_c\frac{2a_2(1-b)+2v_2}{2a_2+3v_2}\beta N_0<0 \tag{6.48}$$

综上所述，模型(6.18)在均衡点(x^*,y^*,p^*)局部渐近收敛的条件是：$a_2<a_1$和式(6.45)，以及$a_2=a_1$与式(6.47)或式(6.48)．注意到式(6.47)和式(6.48)中含有交易主体总量初始值，这意味着当$a_2=a_1$时，模型(6.18)在均衡点(x^*,y^*,p^*)局部渐近收敛的条件是与交易主体总量初始值相关的.

6.3.2　股市情绪与股票价格的异步性

由模型(6.18)的第三个微分方程知，满足$\mathrm{d}p/\mathrm{d}t=0$且$p^*\neq p_f$及$x^*\neq 0,y^*\neq 0$的极值解为

$$p^*=p_f+x(1-y)t_c/(y\gamma) \tag{6.49}$$

从而有

$$U_1=\alpha_1x \tag{6.50}$$

$$U_{2,1}=\alpha_3\left[r/p^*-R-s\left|(p^*-p_f)/p^*\right|\right] \tag{6.51}$$

$$U_{2,2}=\alpha_3\left[R-r/p^*-s\left|(p^*-p_f)/p^*\right|\right] \tag{6.52}$$

将它们代入模型(6.18)的第一个微分方程中，可推得$\mathrm{d}x/\mathrm{d}t\neq 0$．这表明：除了某些状态（$x^*=0,p^*=p_f$及任意的$y>0$）外，由模型(6.18)决定的股市情绪与股票价格不可能同时达到极值点.

6.4 数 值 仿 真

6.4.1 SMD-VMA-SC 模型的均衡点收敛性仿真

由于含四个状态变量的 SMD-VMA-SC 模型[式(6.12)]已被改造为关于市场交易主体总量的独立演化方程(6.17)，以及关于市场情绪、理性投资者成分和股票价格的微分动力系统(6.18)；由方程(6.17)可直接得到市场交易主体总量的显式解 $N(t)=N_0\mathrm{e}^{(a_2-a_1)(t-t_0)}$. 因此，下文只需对系统(6.18)进行数值仿真即可.

数值仿真时，除非特别指出，各参变量取值如下：$N_0=1000$，$x_0=0.1$，$y_0=0.2$，$p_0=p_f=100$；$a_1=0.01$，$a_2=0.009$，$b=0.3$，$\alpha_1=0.1$，$\alpha_2=0.5$，$\alpha_3=0.2$；$v_1=0.05$，$v_2=0.02$；$r=0.2$，$R=r/p_f$，$s=0.75$，$t_c=0.025$，$\gamma=0.01$，$\beta=0.05$ 及仿真时长 $T=2000$ 步.

取 $a_1=0.01>a_2=0.009$，将参数组代入式(6.45)左边 $=-0.0547<0$，满足均衡点渐近收敛条件，图 6.2(a)正好显示微分系统(6.18)收敛于均衡点 $(0,0.3256,100)$. 改变初始状态点 N_0,x_0,y_0 及 p_0 值，微分系统(6.18)在均衡点的收敛性不变.

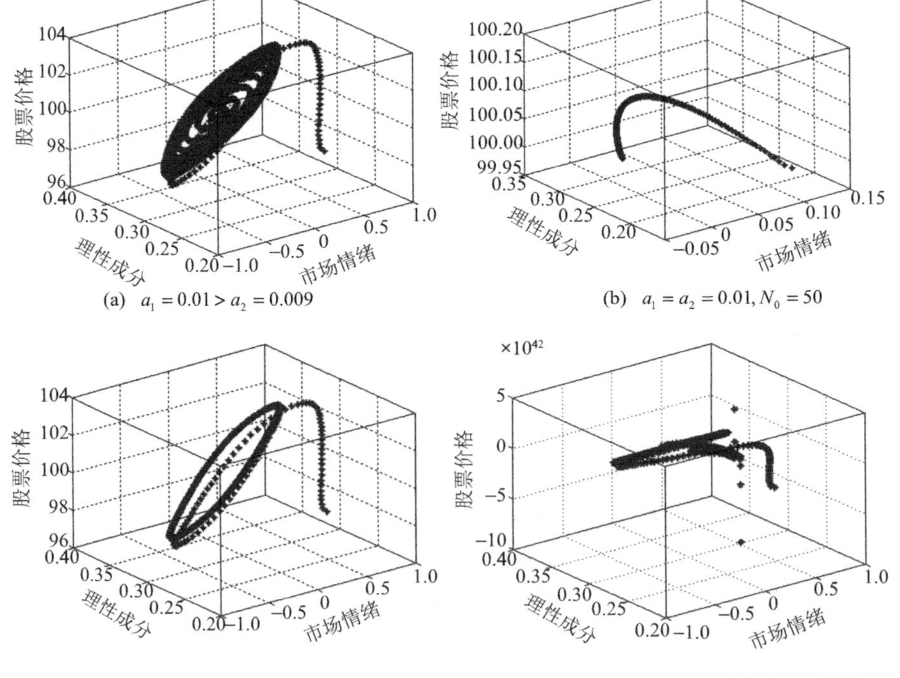

(a) $a_1=0.01>a_2=0.009$　　(b) $a_1=a_2=0.01, N_0=50$

(c) $a_1=a_2=0.01, N_0=1000$　　(d) $a_1=0.01<a_2=0.011, N_0=1000$

图 6.2　均衡点的收敛性

取 $a_1 = a_2 = 0.01$, $N_0 = 50$, 将参数组代入式(6.44): 第一式的左边 $= -0.0416 < 0$; 第二式的左边 $= -0.0124 < 0$, 满足均衡点渐近收敛条件, 图 6.2(b)显示微分系统(6.18)收敛于均衡点(0,0.3250,100). 变更 N_0 值, 如取 $N_0 = 1000$, 式(6.44)第一式的左边 $= 0.2064 > 0$; 第二式的左边 $0.7891 > 0$, 式(6.44)得不到满足, 微分系统(6.18)在均衡点处不收敛, 如图 6.2(c)所示.

若取 $a_1 = 0.01 < a_2 = 0.011$, 将参数组代入式(6.44): 第一式的左边 $= 0.2071 > 0$; 第二式的左边 $= 0.7899 > 0$, 不满足均衡点渐近收敛条件, 图 6.2(d)显示微分系统(6.18)在均衡点处不收敛.

注意到图 6.2(d)仿真股票价格出现负且数量级达到 10^{42}. 这表明模型(6.12)尚有待改进. 当然, 要确保模型输出的股价有实质意义也很容易: 只需在模型(6.12)的基础上, 给股价波幅添加一个涨跌停限制, 并设置股价非负限制即可.

上述关于均衡点的收敛性仿真结果, 验证了前文的理论分析结论.

6.4.2　股市情绪与股票价格的异步性仿真

本书任意选取某次系统演化的前 200 步仿真结果. 图 6.3 显示, 股票价格到达第一个局部极大点时, 市场情绪已经领先于股票价格越过其极值点; 同样地, 股市情绪也领先于股票价格达到低谷. 这表明, 股市情绪与股票价格的极值点不同步. 此仿真结果与前文的定性分析结论完全一致.

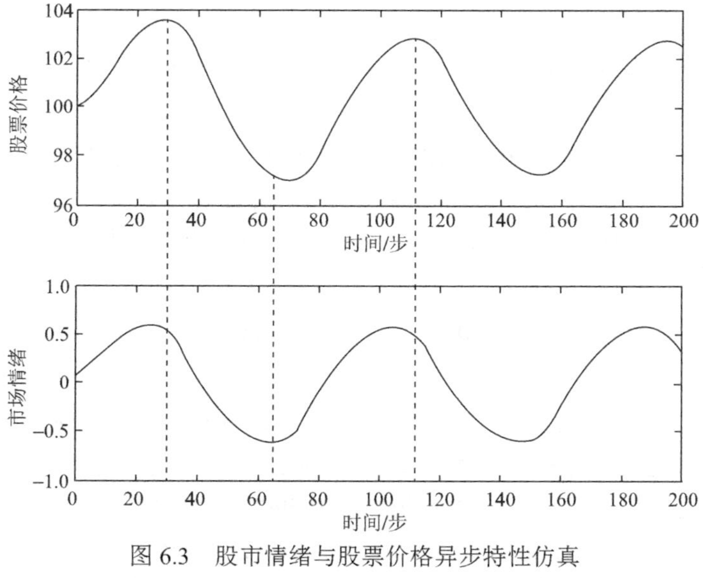

图 6.3　股市情绪与股票价格异步特性仿真

6.4.3　SMD-AVMA-SC 模型的仿真

为便于比较, 本书对模型 SMD-AVMA-SC 进行仿真, 除了进出市场概率参数设置不同外，其余参数与SMD-AVMA-SC模型的取值完全相同. 本仿真设定进出市场概率公式中参数值 $m=5$，$v_3=0.01$.

图 6.4 是本书任意选取的一次仿真结果. 图 6.4(a)显示交易主体参照近期股价走势自适应地进出市场、系统内生的概率值. 由 100 日移动平均线可看出，在前800个交易日内，交易主体退出市场的概率大于外围投资者进入市场的概率；中间约 500 个交易日投资者进退市场的概率大致均衡；之后逐渐发生逆转. 与此相对应，股票价格及市场情绪出现先收敛后发散的现象，见图 6.4(b).

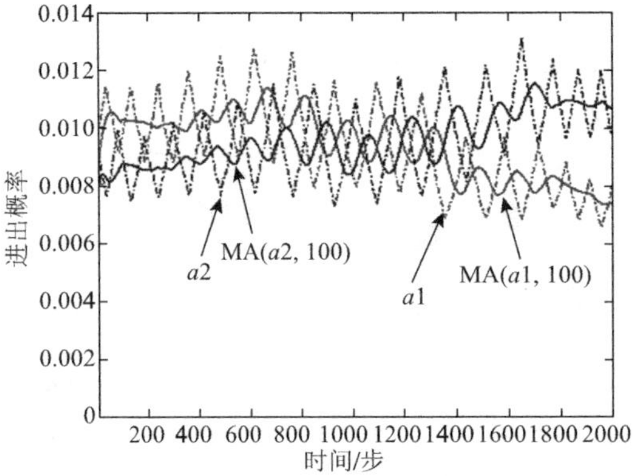

(a) 交易主体进出概率演化

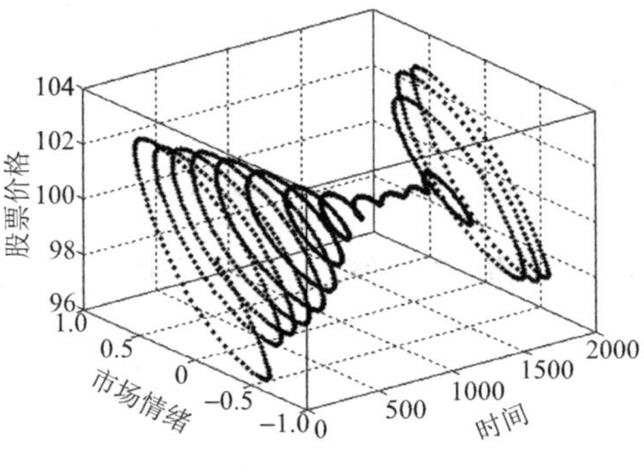

(b) 市场情绪与股票价格演化图

图 6.4　多主体自适应股市演化系统行为仿真

图 6.4 仿真结果表明，由自适应变主体股市演化模型(6.16)决定的股票价格行为，即使在同一组参数设定下，也可呈现出基本面价值稳定均衡、局部收敛与发散等形态.

而模型(6.12)必须要在不同的参数设置下才能呈现出类似的解形式. 显然，模型(6.16)比模型(6.12)更能解释在同一核心动力机制下股市如何呈现出复杂的市场形态，从而更贴近现实中的股票价格复杂行为机制.

6.5　小　　结

本章建立的SMD-AVMA-SC模型，可较好地解释在同一核心动力机制下股票价格如何呈现出基本面价值稳定均衡、局部收敛与发散等复杂形态. 股市情绪传染与自适应机制，使模型更贴近现实中的股票价格复杂行为机制. 研究还发现股市情绪极值点与股票价格极值点不同步. 未来研究包括：应用非线性动力系统相关理论，去分析演化模型式(6.12)和式(6.16)的周期解存在条件、混沌发生条件等；当然，也可将股价涨跌停限制、影响股价波动及股市情绪传染的其他因素加入模型中，以建立更为客观的股市演化模型.

第 7 章　基于情感计算的行为证券定价模型: 原型设计

影响证券市场最重要的单个因素就是人的心理.

——Gerald M. Loeb

投资者的情绪波动对于理解资产价格的波动有着重要的意义, 因而在研究资产定价时必须要加以考虑. 正如基于系统论的行为资产定价理论(见 3.5 节)指出, 任何过于简化的模型(如主流的金融资产定价模型), 必然失去客观性, 也容易导致似是而非甚至错误的结论. 然而, 如何精确度量投资者的情绪波动对股价造成的影响, 是金融界, 也是整个科学界的公开难题. 这个未解难题或许是至今行为金融学都没有建立起统一的基于投资者心理及行为的资产定价模型的原因之一.

本章吸收和借鉴行为金融学、金融心理学、证券投资心理学、证券投资分析理论(如道氏理论等)及相关的技术分析指标等研究成果, 在第 4 章研究的基础上, 通过引入投资者群体的人工心理与情感计算模块, 尝试建立一类基于人工心理与情感计算的证券定价模型.

本章的内容是作者的博士学位论文(2006 年)中的一章, 现在看来其在技术上是比较粗浅的, 但蕴含的思想是深刻的; 该方向至今仍然是大热门. 随着人工智能的重新兴起, 作者相信基于情感计算的行为证券定价模型会受到人们更多的关注.

7.1　引　　言

由前面章节知, 除了基本面因素、市场随机因素及突发重大事件外, 投资者群体的心理和行为也是影响股票价格波动的最重要因素之一, 因为金融市场是由投资者群体参与的市场, 证券价格是由投资者群体(而不是机器)决定的价格; 股票订单也是先经过投资者心智决策后, 再提交给竞价交易系统的. 因此, 一个好的资产定价模型, 必须建立在对投资者群体心理与行为对证券市场影响的定量研究的基础上. 然而, 如何度量群体行为对市场的影响的问题, 到目前为止, 尚未有很好的解决办法.

所幸的是, 人工心理与情感计算(Picard, 1997; 王宏等, 2004; 李佳源, 2012; 杨永健等, 2017)目前在国际上方兴未艾, 它对人的心理、情感、情感产生及影响情感因素等方面进行计算机模拟和数理方法度量, 研究怎样通过抽取生物现象中的基本动力规则来理解情感与心理, 并且在计算机上重建这些现象, 使它们成为一种新的实验方式和受操纵的物理表现手段，从而辅助现实系统的分析与研究. 人工心理与情感计算在管理学、经济学、市场学等方面已经有一定的理论探讨和实际应用，可望为行为金融学的研究提供科学计算工具（饶育蕾和张轮，2005）.

本章即在这种背景下，将刻画投资者群体的人工心理与情感计算模块引入第4章的定价模型中，建立基于人工心理与情感计算的证券定价模型. 然而，我们研究投资者群体的人工心理及情感的方法，并不同于标准心理学或实验心理学那样直接研究证券市场的个人或某个群体的心理或行为；也不主观地赋予投资者个体心理状态某种概率及状态转移矩阵，从而计算出情感熵（王宏等，2004）；也不同于（陈彦斌，2005）那样采用风险规避系数、跨期替代弹性和主观贴现因子来描述情绪波动；而是通过研究投资者群体的心理与情感状态、投资决策行为及证券价格行为特征之间的关系（Tvede, 2002; Avery and Chevalier, 1999），建立起基于投资者心理与情感外化指标（如大盘指标、个股指标等）的证券价格波动子模型，然后在系统研究范式指导下，将它嵌入资产定价模型中.

事实上，证券投资技术分析中已有部分指标试图反映投资者的情绪，如情绪指标（BRAR）、能量指标（CR）、心理线（psychological line, PSY），等等（张行端，2002）. 这些指标有助于我们理解投资者群体的心理及决策行为与证券价格特征之间的关系，因为现实的证券投资决策（买或卖）部分地依据这些技术指标分析得出. 此外，行为金融学、金融心理学、证券投资心理学、证券投资分析理论中关于投资者心理及行为理论的分析，都有助于我们建立起关于投资者群体的人工心理与情感计算模型.

7.2　行为金融学中的人工心理与情感计算模型

7.2.1　模型原理

人工心理就是利用信息科学技术，对人的心理活动（特别是人的情感、意志、性格、创造等）进行计算机模拟和实现（Picard, 1997; Tao and Tan, 2005; Mehra and Sah, 2002; Kahn, 2015; Atkinson and Campos, 2016; Wang Y F, 2002, 2003）. 情感计算是与情感相关、来源于情感或能够对情感施加影响的计算（Picard, 1997）. 情感研究的最终目标是建立具有情感的智能决策系统，使计算机能更像人类那样思考问题. 在人工心理与情感计算中，情感机理是情感计算研究的基础，情感机理的研究主要是指情感状态判断及其与生理和行为之间的关系，涉及心理学、生理学、认知科学等，为情感计算提供理论基础. 任何一种情感状态都可能会伴随几种生理或行为特征的变化，而某些生理或行为特征也可能起因于数种情感状态.

因此，确定情感状态与生理或行为特征之间的对应关系是情感计算理论的一个基本前提. 例如, 投资者的情绪处于亢奋状态时, 激动水平较高, 有强烈的情绪表现和明显的情感行为, 证券市场的交投就活跃, 从而导致价格的激烈波动(Shiller, 1990).

行为金融学中的人工心理与情感计算在解决金融实践问题中的作用与地位, 可由图 7.1 描述. 图 7.1 将传统金融理论的理性范式与行为金融理论的行为范式融合在一起, 我们称之为系统范式. 它蕴涵的思想是系统整体优化思想. 它正好体现了目前国际上较流行的说法, 即行为金融学并不试图完全推翻以往的理论, 它只是在开拓金融学的研究思路和方法, 以求完善和修正金融理论, 使其更加可信、有效(李心丹, 2004). 客观上, 它把人重新放入研究的视野, 把现代认知心理学的信息加工理论及技术(人工心理与情感计算技术)带入了金融学研究.

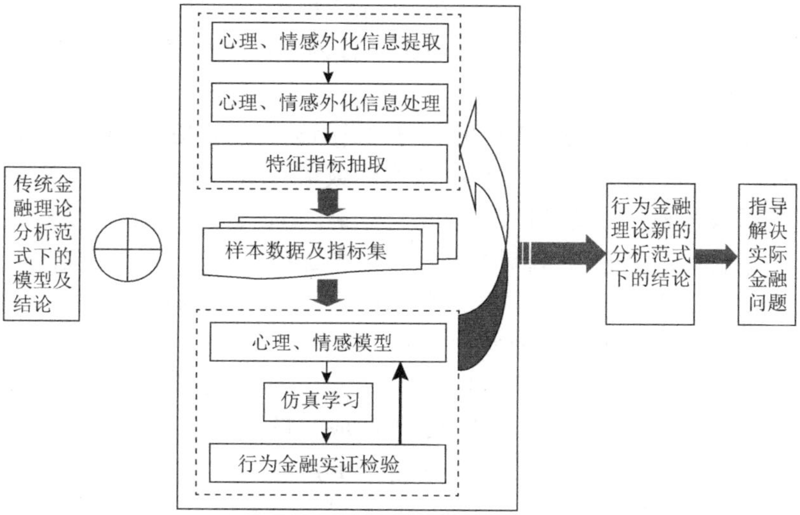

图 7.1　人工心理与情感计算模块在行为金融学研究中的作用

7.2.2　模型建立

图 7.1 指出, 建立人工心理与情感计算模型的前提是, 要建立有关人工心理与情感计算的指标体系.

1. 指标体系的建立

一般来说, 建立一个客观、合理的指标体系, 要采取以下几步.

(1) 首先建立指标体系要遵循几个原则: ①完备性原则. 完备性是指影响客体效能的所有指标均应在指标集中, 指标集应具有广泛性、综合性和通用性等特性. ②非相容性原则. 这里排除相容性并不等于排除相关性, 因为某些指标虽不完全相容，但也不完全独立；而且，指标体系中相关性的存在是被允许的——从不同角度反映客体的特性. ③简捷性原则. 指标不是多多益善，在满足完全性原则的前提下，应尽量减少指标的个数. 这样可以避免混乱，理清头绪，抓住关键，同时减少工作量，也符合现实人决策思维过程. ④客观性原则. 指标选择要坚持实事求是的态度. ⑤灵敏性原则. 当系统的指标参数变化时，系统的性能应相应地发生明显的变化. ⑥一致性原则. 各指标应与分析的目标相一致，所分析的指标间应不相互矛盾.

(2) 要对初始指标体系进行处理. 将所能设立的指标和能获得的数据指标都列出来，根据实际需要对指标处理. 若能全面反映客体属性，则确定指标体系；否则，补充新的指标. 对指标处理，包括删除影响甚微的指标、合并同类指标等. 采用的方法有相关分析法、交叉影响分析法或粗糙集属性约简方法等.

(3) 根据上述原则和方法，具体地建立行为资产定价模型中的人工心理与情感计算的指标体系.

注意到，证券交易所的股市行情表由大盘指标和个股指标两部分组成. 大盘指标主要有：①开盘指数，②收盘指数，③涨跌数量，④涨跌幅度，⑤最高指数，⑥最低指数，⑦成交金额，⑧成交股数，⑨市价总额；等等. 个股指标主要有：①股票代码，②开盘价，③收盘价，④涨跌数量，⑤涨跌幅度，⑥最高价，⑦最低价，⑧成交股数，⑨市盈率；等等. 从这些指标可以看出，它们要么与价格有关，要么与交易量有关，除此之外，不再与其他变量有关.

影响市场的所有因素都是通过投资者的交易行为来产生作用的，而投资者的交易行为的最终结果是成交量和价格，因此成交量与价格及其相互关系是整个市场行为的真实体现(Lee and Swaminathan, 2000).

根据上面指标体系建立的原则与方法，我们为投资者群体的人工心理与情感计算模型选取的指标有开盘价、最高价、最低价、收盘价及成交量. 针对个股，金融市场投资者的心理与情绪都通过这些指标直接外化出来，其余指标由于与这些指标的相关程度非常高而被排除；同时，我们没有选取大盘指标，因为这些指标可以被分解为趋势因素和干扰因素，体现在定价总模型中.

2. 人工心理与情感计算模型

行为金融学研究的人工心理与情感计算模型的具体形式，与构建模型目的有关. 例如，研究资产定价、人工心理与情感计算模型形式应和行为资产定价总模型的形式密切相关(或匹配). 下面以 $N(t)$ 表示人工心理与情感计算模型输出. 根据上文，此 $N(t)$ 与原始证券数据(开盘价、最高价、最低价、收盘价及成交量等)有关. 在具体给出 $N(t)$ 的表达式之前，我们先定义几个概念.

(1) 价格变化率. 某一时刻证券价格的变化率反映了该证券在该时刻价格 $S(t)$ 的变动趋势和大小, 因此证券价格变化率是价格运动指标. 如果用 $v(t)=\left(S(t)-S(t-\Delta t)\right)/\Delta t$ 来表示对证券价格提取的时刻 t 的价格微分, 则称 $v(t)$ 是该证券价格在时刻 t 的变化率. 从某种意义上说, 价格变化率 $v(t)$ 是证券在时刻 t 的每日(或每时)单位损益额. 若 $v(t)>0$, 表示该证券在时刻 t 时有金额为 $v(t)$ 的收益; 若 $v(t)<0$, 表示该证券在时刻 t 有金额为 $v(t)$ 的损失. 以

$$\overline{v}(t)=\frac{1}{t_2-t_1}\int_{t_1}^{t_2} v(t)\mathrm{d}t \tag{7.1}$$

表示某种证券在时间段 $[t_1,t_2]$ 的平均损益额, 即平均变化率.

(2) 价格波动方向. 称某时刻 t 的证券价格变化率 $v(t)$ 的符号为价格波动方向, 并规定: 当 $v(t)>0$ 为正, 记为+1; 当 $v(t)<0$ 为负, 记为−1; 当 $v(t)=0$, 记为 0, 或称价格无波动.

(3) 价格波动能量①. 由经济学的均衡理论可知, 证券的价格运动取决于证券市场供求关系的变动, 而证券市场供求关系的变化是通过证券价格与交易量的关联变动来反映的(Lee and Swaminathan, 2000).量价关系的内在规律性也是市场运动变化的基本规律, 具体到个股而言, 量价关系既可反映主力的行为, 也可以反映跟风盘的冷热程度, 即投资者的心理及情绪.

鉴于此, 本章仿照物理学中能量概念, 定义某时刻价格波动能量为

$$\text{价格波动能量}=\frac{1}{2}\times\text{价格变化方向}\times\text{成交量}\times\left(\text{价格变化率}\right)^2 \tag{7.2}$$

(4) 情绪波动能量. 按照奥地利著名精神病学家、心理学领域的新学派——精神分析学的创始人弗洛伊德的观点, 人类所有的心理活动, 不论是思想还是行动, 都需要能量. 因此, 他称"导致心态与情感变化的内在或外在的物质或信息刺激的能量总称"为情绪波动能量.

值得一提的是, 当前经济金融界研究投资者情绪的方法及观点完全不同于弗洛伊德. 例如, Mehra 和 Sah (2002) 定义情绪波动(mood fluctuation)为投资者的偏好结构参数(主观贴现因子和风险规避系数)的变动; 采用研究方法主要有封闭式基金折扣方法和问卷调查方法等.

本章在弗洛伊德的原始观点指引下, 定义投资者的情绪波动能量. 按照弗洛

---

① 本概念及价格变化率的提出, 受启发于同在参加 2005 年第二届风险管理国际研讨会暨第三届金融系统工程国际学术研讨会的现任华南师范大学经济与管理学院教授屠新曙博士交流的论文《能量型风险度量方法》. 在此对屠教授本人表示感谢.

伊德的观点，投资者的情绪波动能量，指的是导致证券市场上投资者群体的心态与情感变化的、与股票相关的信息总能量．如果再依据高隆昌(2005)、黎鸣(2005)等的观点——整个客观世界的一切皆归于“能量”这一基本构成，只不过表现为不同层次、不同形式、不同结构(如物质能、信息能等)，则投资者的情绪波动能量可进一步被定义为股市投资者在精神场中处理与股票相关的信息时所耗的总能量．因此，投资者的情绪波动能量实质是由信息能量转化而来．

由弗洛伊德的观点及高隆昌(2005)的信息能理论知，情绪波动能量源于信息能，情感状态的变化过程可看作物质与非物质能重新分配的过程．投资者的心态与情绪随股市波动而变化，为此已经提供了一个较好的例证：当价格持续上涨，人们的心态普遍乐观，情绪高亢，股票成交量显著放大；当价格持续跌落时，人们的心态又普遍悲观，情绪低迷，股市一蹶不振；而在平衡市时，投资者情绪、证券价格及成交量均比前两种情形更稳定．换句话说，以投资者的心态与情感波动为表现形式的能量，会转化为驱动成交量变化及股价运动的能量，从而导致了更激烈的量价关系．

事实上，由 3.6 节的分析已经知道，现实非理性股价过程(如暴涨暴跌)，部分是投资者心理与情绪波动过程造成的．结合高隆昌(2005)的精神场理论及行为金融学，这个过程可简化地被理解为：全体(或部分)投资者收到某种(或某些)信息，经过自身(或他人[①])的思考(经由不均匀或异质精神场处理)后产生精神场能，此能又驱动着某种更为激进的投资策略的执行，从而进一步推动股价波动．至于信息能总体转换为最终的效果能(这里指驱动价格变化的能)的效率，则取决于信息在多大程度上被不均匀分布的精神场(不同类型投资者)接收并被激励、放大．

尽管要准确刻画上述过程，目前存在诸多实质性困难，但探索投资者情绪波动如何定量作用于股票价格的理论价值及现实意义是深远的．因此，本章尝试定义信息能与物质能之间的其中一种转换函数关系，即由投资者心理和情绪波动导致价格变化的相对跳跃幅度，其公式为：非理性情绪因子×价格波动能量×单位情绪价格因子．

若用 $\mathrm{d}N(t)$ 表示由投资者心理和情绪波动导致价格跳跃的相对变化率；用 $\theta\left(\mathrm{d}S(t), S(t)\right)$ 表示非理性情绪因子，即价格波动中由情绪波动激励的份额，这个 $\theta\left(\mathrm{d}S(t), S(t)\right)$ 是时变的，不同价格状态下取值不同；再用 $\chi\left(S(t)\right)$ 表示单位情绪价格因子，即单位情绪能量驱动价格变化量，它也是一个时变量，不同价格状态下取值不同，则 $\mathrm{d}N(t)$ 可写成

① 这种情况，即某些投资者并不独立决策，而是根据群体中其他投资者的决策或建议来调整自己的投资行为．这就是普遍存在于股票市场上的“羊群行为”．

$$\mathrm{d}N(t)=\frac{1}{2}\times\theta\big(\mathrm{d}S(t),S(t)\big)\times\chi\big(S(t)\big)\times\mathrm{sign}\big(v(t)\big)\times \mathrm{VL}_t\times v^2(t) \tag{7.3}$$

或者概括为一般数学模式

$$\mathrm{d}N(t)=\theta\big(\mathrm{d}S(t),S(t)\big)\times\chi\big(S(t)\big)\times E(v_t,\mathrm{VL}_t) \tag{7.4}$$

其中

$$E(v_t,\mathrm{VL}_t)=\frac{1}{2}\times\mathrm{sign}\big(v(t)\big)\times\mathrm{VL}_t\times v^2(t) \tag{7.5}$$

为客观价格波动能; VL_t 为 t 时刻某股票成交量; $\theta\big(\mathrm{d}S(t),S(t)\big)$ 为非理性情绪因子; $\chi\big(S(t)\big)$ 为单位情绪价格因子.

式(7.3)或式(7.4)的关键在于确定 $\theta\big(\mathrm{d}S(t),S(t)\big)$ 及 $\chi\big(S(t)\big)$ 的表达式.下面吸收和借鉴行为金融学、金融心理学、证券投资心理学、证券投资分析理论(如道氏理论等)及相关的技术分析指标等的研究成果, 赋予它们具体的表达式.

(1) 非理性情绪因子 $\theta\big(\mathrm{d}S(t),S(t)\big)$. 本书根据证券市场相关法规(施光耀, 2000), 投资者心理和行为与股票价格变化的关系(吴冲锋等, 2002; Daniel et al., 2001; Prast and Vor, 2005; Tvede, 2002; Barberis et al., 1998; Avery and Chevalier, 1999; Barberis and Huang, 2001; Ng and Sadeghi, 2005; Barberis and Shleifer, 2003; Neal and Wheatley, 1998), 以及关于我国股市泡沫成分研究文献等,设计如下的 $\theta\big(\mathrm{d}S(t),S(t)\big)$ 表达式

$$\theta\big(\mathrm{d}S(t),S(t)|\zeta_0\big):=\kappa_0\times\begin{cases}\zeta\kappa_1\big[\tanh\big(\omega(\zeta-\zeta_0)\big)+1\big], & 当\zeta\leqslant\zeta_0\\ \zeta\big[\kappa_2\tanh\big(\omega(\zeta-\zeta_0)\big)+1\big], & 当\zeta>\zeta_0\end{cases} \tag{7.6}$$

其中, $\zeta=|\mathrm{d}S(t)/S(t)|$ 为价格绝对涨跌幅率; 阈值 ζ_0 为相对常数(即对同一只股票 ζ_0 为常数, 不同股票 ζ_0 值不同); ω 为扩展系数; κ_0 为规则化系数; κ_1 和 κ_2 为非一致性系数, 并定义如下:

$$\begin{gathered}\kappa_1=\left(e^{\zeta_0}-1\right)\Big/\zeta_0^2\\ \kappa_2=\left(e^{\zeta_0}-1\right)^2\Big/\zeta_0^2\\ \kappa_0=1\Big/\Big\{\kappa_2\tanh\Big[\omega\Big(|\mathrm{d}S(t)/S(t)|_{\max}-\zeta_0\Big)\Big]+1\Big\}\\ \tanh(x)=\frac{e^x-e^{-x}}{e^x+e^{-x}}\end{gathered} \tag{7.7}$$

如此复杂地定义 $\theta\big(\mathrm{d}S(t),S(t)\big)$, 目的是使: 当股票价格绝对涨跌幅率 $\zeta=$

$|dS(t)/S(t)|$ 远低于某个阈值 ζ_0 时，价格波动主要受经济基本面等稳定性因素的影响，此时投资者非理性情绪因子 $\theta << 1$；而一旦价格绝对涨跌幅率超过 ζ_0 或接近股价的涨跌停板幅度 $\zeta_{\max}$ 时(施光耀, 2000)，θ 将趋向某个极值 $\theta_{\max}$，即认为此时价格波动大部分源于投资者心态及情感波动.

图 7.2 是非理性情绪因子 $\theta(dS(t), S(t))$ 函数的一个数值仿真. 仿真时各参数设置如下：相对常数阈值 $\zeta_0 = 0.07$ (实际模型中，最佳 ζ_0 值可以通过遗传算法搜索到，也可采用专家咨询或实证方法得到)，涨跌幅阈值 $\zeta_{\max} = 0.1$，扩展系数 $\omega = 10/\zeta_{\max}$ (使 $\tanh(\cdot)$ 函数值域能扩充到 $[-1,1]$)，假设某证券价格绝对涨跌幅率 $0 \leqslant |dS(t)/S(t)| \leqslant 0.1$，则可计算出非一致性系数和规则化系数($\kappa_1 = 14.7976$，$\kappa_2 = 1.0729$，$\kappa_0 = 0.4836$).

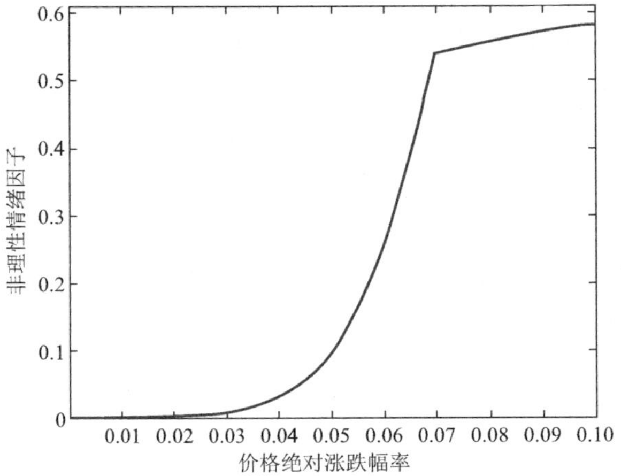

图 7.2　价格绝对涨跌幅率与非理性情绪因子的关系

从图 7.2 中可以看出，当股票价格绝对涨跌幅率远低于涨跌停板规定的波幅率 10%时，非理性情绪因子尽管非线性增大，但取值非常小. 它反映这样一个事实：当价格波动很小(价格平稳运行)时，投资者情绪波动也不大. 而当价格波动率接近设定的阈值 ζ_0 时，非理性情绪因子迅速增大；当接近涨跌幅阈值时，非理性情绪因子就异常大(具体多大取决于不同状态下股价的泡沫率).

通过调整涨跌幅阈值 $\zeta_{\max}$、相对常数阈值 ζ_0，以及非一致性系数和规则化系数，式(7.6)可以描述不同证券市场上不同股票的价格绝对涨跌幅率与非理性情绪因子的关系.

(2) 单位情绪价格因子 $\chi(S(t))$. 本质上，$\chi(S(t))$ 是信息这种脱离了载体的属性作用于投资者精神场后产生的单位精神场能，再作用于股价后产生的价格变化量. 本章定义 $\chi(S(t))$ 为相对情绪价格常系数 $\chi(S(t)) = \chi_0$，即它与股票平均收益率有关，不同的股票 χ_0 是不同的.

7.2.3 数值仿真

为说明上面定义的人工心理与情感计算模型确实能够反映证券市场多数投资者心理及情绪, 下面对模型进行数值仿真. 以齐鲁石化(2005 年 1 月 11 日~11 月 10 日)股票为例(图 7.3).

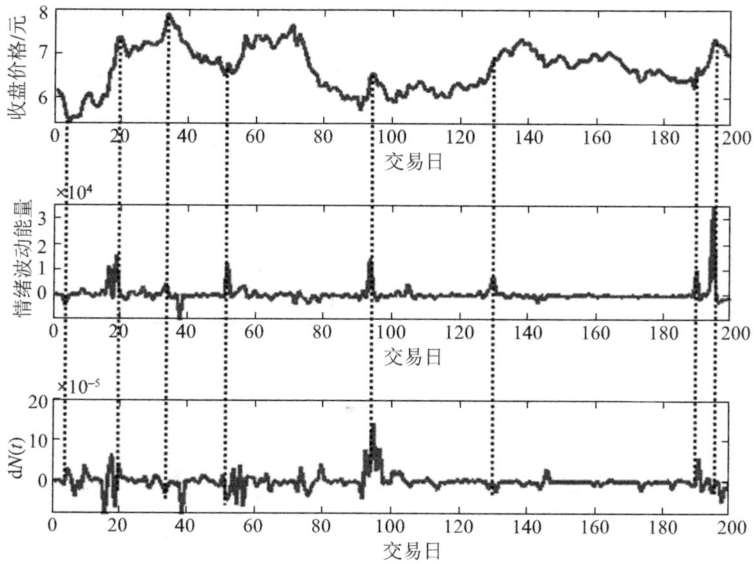

图 7.3 齐鲁石化(2005 年 1 月 11 日~11 月 10 日)股份收盘价格(复盘数据)、情绪波动能量及情绪波动驱动价格变化率对照图

为便于说明问题, 我们将收盘价格、情绪波动能量及情绪波动驱动价格变化率画在同一图中; 并以该股票的前 50 个交易日的价格行为为例, 详细分析人工情绪波动能量、情绪波动驱动价格变化率、股票价格、投资者心理及情绪与投资行为之间的关系.

图 7.3 表明, 第四个交易日处的情绪波动能量为负, 情绪波动驱动价格变化率也为负. 对照图 7.3 最上方图的价格线, 此时的收盘价格处于下跌最低位. 第 5~15 个交易日内多数时间的情绪波动能量相对较为平稳, 此时段上涨趋势的这种代表性效应开始占据投资者的头脑(Tvede, 2002), 他们自然而然地认为, 现在的趋势具有典型意义, 将延续下去. 而在第 16~20 个交易日期间, 投资者情绪波动能量及情绪波动驱动价格变化率较明显; 此时价格正处于一个局部小峰顶部. 在后续交易日, 股价震荡向上; 接下来, 股价遭遇到相当大的投资者情绪波动能量出现掉头向下走势. 当下一个巨大正情绪波动能量发生时(第 50 个交易日附近), 股价再次反弹. 图 7.3 展示, 后续交易区间的情绪波动能量和情绪波动

驱动价格变化率，均具有良好的情绪捕捉能力. 上述分析表明：本章定义的人工心理与情感计算模型确实能够捕捉到证券市场多数投资者的心理及情绪激烈波动的状态.

为避免巧合嫌疑，下面再随机选取四只股票(限于篇幅)，并画出各自的收盘价格、情绪波动能量及情绪波动驱动价格变化率对照图，如图 7.4 所示.

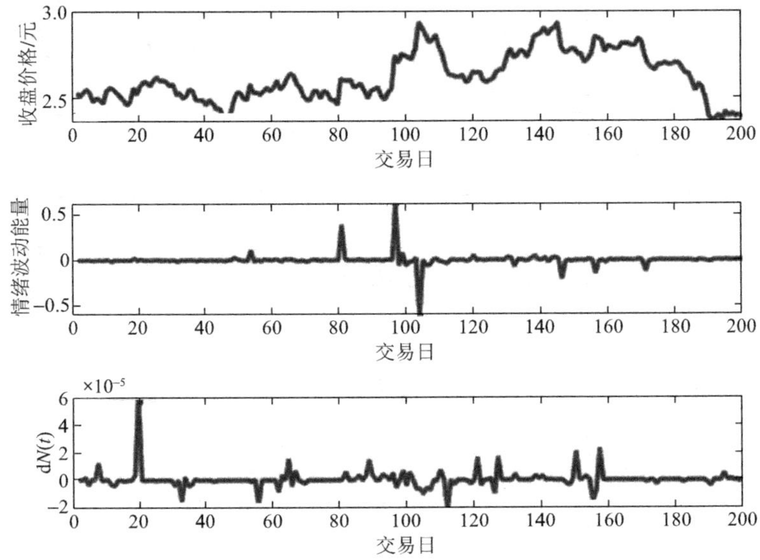

(a) 邯郸钢铁(2005年1月8日~11月10日)

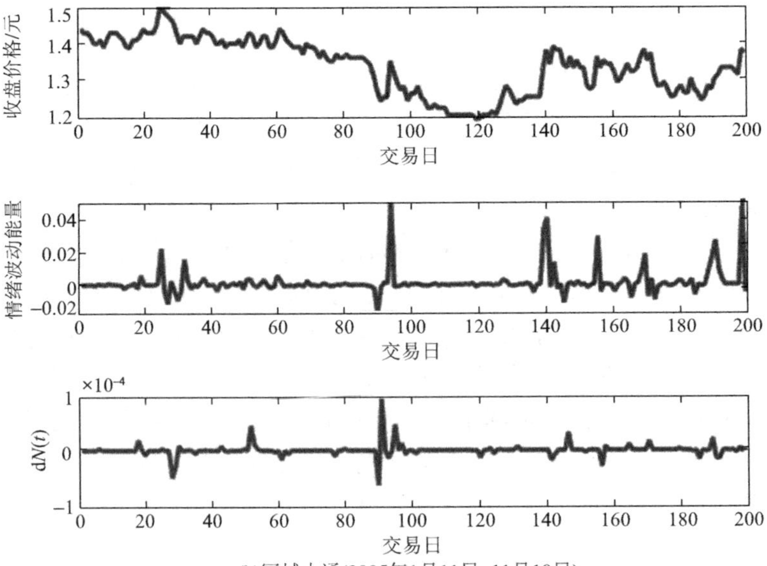

(b)冠城大通(2005年1月11日~11月10日)

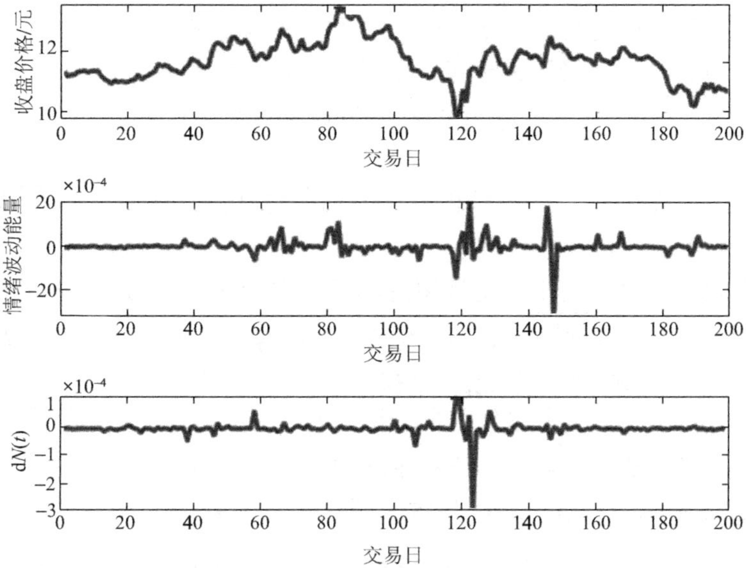

(c)上港集箱(2004年12月1日~2005年11月10日)

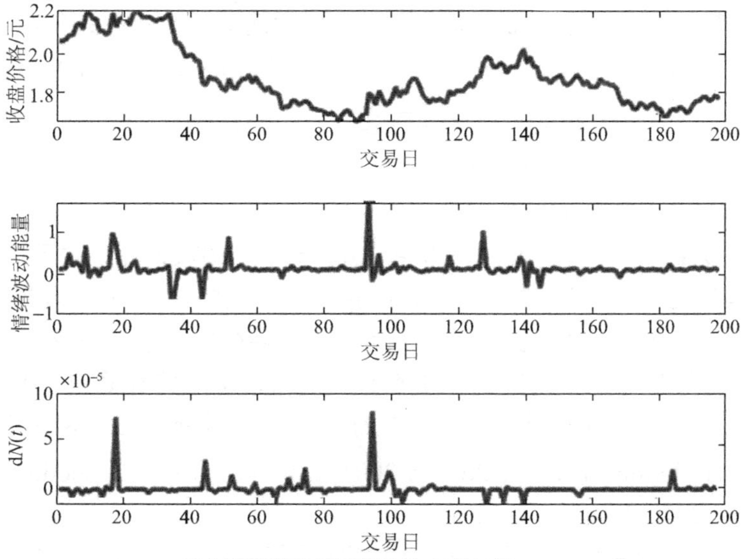

(d)中国联通(2005年1月11日~11月10日)

图 7.4　随机选取四只股票的收盘价格(复权数据)、情绪波动能量及情绪波动驱动价格变化率对照图

从图 7.4 展示出的人工情绪波动能量、情绪波动驱动价格变化率及股票价格之间的关系, 不难分析出, 本节建立的投资者人工心理与情感计算模块(情绪波动能量及情绪波动驱动价格变化率)能够捕捉到投资者群体的心理和情绪激烈波动之处.

值得注意的是, 本章给出的投资者人工心理与情感计算模型, 是与研究目的相适应的; 不同的研究目的, 应该有不同的心理与情感计算表达式. 当然, 除了前面的基于统计数据和经验的建模方法外, 也可以采用其他方法, 如基于模糊规则等, 自适应地设计投资者的人工心理与情感计算模型.

7.3 基于人工心理与情感计算的证券定价模型

本书假设经济体中的不确定性用滤波概率空间 $(\Omega,\mathcal{F},\boldsymbol{F},\mathcal{P})$ 来表示, 在该空间上定义一维标准布朗运动 W. 以 $\boldsymbol{F}^Z$ 表示由 Z 在客观概率测度 $\mathcal{P}$ 上生成的增广滤波; $\mathcal{H}$ 表示独立于 $\boldsymbol{F}^Z$ 的一个域, 则完备的信息滤波为 $\boldsymbol{F}=\mathcal{H}\times\mathcal{F}^Z$. 假设某资产价格为 $S(t)$, 波动可由三个部分完全概括: 其一是传统金融理论范式下的带漂移的随机波动; 其二是由现实重大信息驱动的股票价格波动; 其三是由投资者心理与情感引起的波动, 则该价格过程可表达为

$$\mathrm{d}S(t)/S(t)=\mu(S(t),t)\mathrm{d}t+\sigma(S(t),t)\mathrm{d}W+I(t)\mathrm{d}\pi(t)+\mathrm{d}N(t) \tag{7.8}$$

其中, 漂移系数 $\mu(S(t),t)$ 为布朗运动部分单位时间的瞬时条件期望收益率, 假设它有界、$\boldsymbol{F}=\{\mathcal{F}_t|t\in\mathcal{T}\}$ 循序可测, 且 $\mu(0)$ 为 $\mathcal{H}$ -可测量; $\sigma(S(t),t)$ 为无重大信息发生时, 股票价格纯粹由标准布朗运动引起的收益率波动率, 假设它非零、有界且 $\boldsymbol{F}=\{\mathcal{F}_t|t\in\mathcal{T}\}$ -循序可测; $I(t)$ 为重大信息到来引起股票价格跳跃的相对跳跃幅度, $I(t)=\rho_I\bar{I}(t)$, 其中 ρ_I 为单位强度信息驱动价格跳跃相对量, $\bar{I}(t)$ 为信息重要程度的一种度量; $\pi(t)$ 为参数为 λ 的 Poisson 过程, 该项设计反映了"股票价格的相对跳跃幅度与引起跳跃的信息相对重要程度有关"这个事实; 有界量 $\mathrm{d}N(t)$ 为 7.2 节设计的证券市场投资者群体的人工心理及情绪波动驱动价格跳跃的相对跳跃幅度, 即证券市场与投资者之间的交互项. 最后, 假设漂移系数 $\mu(S(t),t)$、扩散系数 $\sigma(S(t),t)$ 及相对跳跃幅度 $I(t)$ 与 $N(t)$ 满足随机微分方程 (7.8) 的解存在条件 (Rozkosz and Słomiński, 1997; Protter, 2001; Koutmos, 1997; Laopodis, 2005; Salm and Schuppli, 2010; Hou and Li, 2014).

又由于现实证券市场普遍存在价格涨跌限幅制度, 且现实证券价格应受到经济基本面因素等硬约束, 从模型的实际背景出发, 证券价格 $S(t)$ 除了满足随机微分方程 (7.8) 外, 还应受 $|\mathrm{d}S(t)/S(t)|\leqslant\delta$ 及 $0\leqslant S_{\min}\leqslant S(t)\leqslant S_{\max}<\infty$ 的约束, 其中 δ 为价格涨跌限幅率, $S_{\min}$ 及 $S_{\max}$ 为该证券价格的最小下界和最大上界.

注意到前文设计的人工心理与情感计算项 $\mathrm{d}N(t)$ 中的非理性情绪因子及单位情绪价格因子表达式分别为

$$\theta\left(\mathrm{d}S(t), S(t)\middle|\zeta_0\right) := \kappa_0 \times \begin{cases} \zeta\kappa_1\left[\tanh\left(\omega(\zeta-\zeta_0)\right)+1\right], & \text{当}\zeta \leqslant \zeta_0 \\ \zeta\left[\kappa_2\tanh\left(\omega(\zeta-\zeta_0)\right)+1\right], & \text{当}\zeta > \zeta_0 \end{cases}$$

其中，$\zeta = \left|\mathrm{d}S(t)/S(t)\right|$ 为价格绝对涨跌幅率. 定义 $\varphi\left(S(t)\middle|\zeta_0\right)$ 如下:

$$\varphi\left(S(t)\middle|\zeta_0\right) := \kappa_0 \times \begin{cases} \kappa_1\left\{\tanh\left[\omega(\zeta-\zeta_0)\right]+1\right\}, & \zeta \leqslant \zeta_0 \\ \kappa_2\left\{\tanh\left(\omega(\zeta-\zeta_0)\right)+1\right\}, & \zeta > \zeta_0 \end{cases} \tag{7.9}$$

即 $\theta\left(\mathrm{d}S(t), S(t)\middle|\zeta_0\right) = \varphi\left(S(t)\middle|\zeta_0\right)\times\left|\mathrm{d}S(t)/S(t)\right|$. 将 $\mathrm{d}N(t)$ 代入式(7.8)，立即得带反馈的行为证券定价模型

$$\begin{aligned}\mathrm{d}S(t)/S(t) &= \mu(S(t),t)\mathrm{d}t + \sigma(S(t),t)\mathrm{d}W + I(t)\mathrm{d}\pi(t) \\ &\quad + \chi_0\left[\varphi\left(S(t)\middle|\zeta_0\right)\times E(v_t, \mathrm{VL}_t)\right]\times\left|\mathrm{d}S(t)/S(t)\right|\end{aligned} \tag{7.10}$$

由前面相关定义及式(7.2)知，$E(v_t, \mathrm{VL}_t)$ 与 $\mathrm{d}S(t)/S(t)$ 同号，从而式(7.10)包含有正反馈. 若再将式(7.10)离散化，则在 $[t, t+\Delta t]$ 短时间内证券价格服从下面的过程:

$$\begin{aligned}\frac{\Delta S(t+\Delta t)}{S(t+\Delta t)} &= \mu(S(t),t)\Delta t + \sigma(S(t),t)\varepsilon\sqrt{\Delta t} + I(t)\Delta\pi(t) \\ &\quad + \chi_0\left[\theta\left(S(t)\middle|\zeta_0\right)\times E'(v_t, \mathrm{VL}_t)\right]\frac{\Delta S(t)}{S(t)}\end{aligned} \tag{7.11}$$

其中，$\varepsilon \sim N(0,1)$；$E'(\cdot) = \left|E(\cdot)\right|$；$E(\cdot)$ 的形式见式(7.4).

由于模型(7.10)中存在正反馈项，从整体演化过程来看，模型解(证券价格)是不会如同自然科学中某些系统那样稳定到某个固定位置的. 事实上，现实证券价格总处于波动中. 然而，模型 7.10 输出的价格又不会飙升到无穷大，或跌到负值，因为模型(7.8)中存在价格涨跌幅限制，即 $\left|\mathrm{d}S(t)/S(t)\right| \leqslant \delta$，以及价格波动限制 $0 \leqslant S_{\min} \leqslant S(t) \leqslant S_{\max} < \infty$. 事实上，现实证券价格除了受到价格涨跌幅限制外，还受到客观资源限制(如有限资金投入等)及证券内在价值的限制，因此，证券历史上的确也没有出现过价格为 ∞ 或负的情况，即使发生于 1636 年荷兰的郁金香泡沫事件(Tvede, 2002)中，其价格也还是有限的.

应用模型重复预测 $t+\Delta t$ 时股价若干次，可得 $S(t+\Delta t)$ 的一个波动区间，它表示股价在 $t+\Delta t$ 时刻的可能变化范围. 在实际应用时，模型最终输出价格取区间中值，或依据真实行情从价格波动区间里取定某个恰当值.

7.4 应　　用

模型(7.10)(记为模型 M1.4)是在第 4 章的带反馈和跳-扩散的证券定价模型(记为模型 M1.3)的基础上，通过引入人工心理与情感模块而建成的，它们最大的不同之处就是正反馈项形式，因此，关于模型 M1.4 的基础性研究仿真，请参考第 4 章相关内容，在此不再赘述. 下面检验模型 M1.4 的短期预测性能，并与第 4 章构建的性能最优模型 M1.3 进行比较.

首先，本章对上证 A 股指数和 B 股指数在 2005 年 11 月 10 日后的几个交易日的指数进行预测，结果见表 7.1 和表 7.2.

表 7.1　模型 M1.4 预测上证指数的结果

(a) 上证 A 股指数

时间(2005 年)	预测价格/元			真实价格/元			绝对误差
	最高	最低	建议	最高	最低	收盘	
11 月 10 日	1168.0	1151.4	1153.7	1163.5	1141.6	1143.9	0.8550%
11 月 11 日	1228.9	1044.4	1146.4	1150.2	1133.7	1145.9	0.0463%
11 月 14 日	1151.1	1137.3	1145.8	1145.4	1138.3	1144.2	0.1363%
11 月 15 日	1159.6	1129.7	1140.6	1155.2	1137.8	1143.1	0.2152%
11 月 16 日	1154.0	1132.8	1140.5	1152.4	1130.3	1152.0	0.9957%
						平均绝对误差	0.4497%

(b) 上证 B 股指数

时间(2005 年)	预测价格/元			真实价格/元			绝对误差
	最高	最低	建议	最高	最低	收盘	
11 月 10 日	61.9149	60.3682	61.0845	61.50	60.39	60.56	0.8661%
11 月 11 日	60.8919	60.3884	60.3213	60.95	60.28	60.89	0.9340%
11 月 14 日	61.2015	60.9574	61.0216	60.87	60.50	60.85	0.2820%
11 月 15 日	60.9521	60.6236	60.6185	61.16	60.46	60.67	0.0849%
11 月 16 日	60.9023	60.3261	60.4548	60.71	60.09	60.67	0.3547%
						平均绝对误差	0.5043%

表 7.2　模型 M1.3 预测上证指数的结果

(a) 上证 A 股指数

时间(2005 年)	预测价格/元			真实价格/元			绝对误差
	最高	最低	建议	最高	最低	收盘	
11 月 10 日	1203.1	1126.5	1132.1	1163.5	1141.6	1143.9	1.0333%
11 月 11 日	1197.2	1080.5	1136.1	1150.2	1133.7	1145.9	0.8526%

续表

(a) 上证 A 股指数

时间（2005 年）	预测价格/元			真实价格/元			绝对误差
	最高	最低	建议	最高	最低	收盘	
11 月 14 日	1173.4	1118.3	1148.7	1145.4	1138.3	1144.2	0.3898%
11 月 15 日	1181.4	1087.0	1130.9	1155.2	1137.8	1143.1	1.0638%
11 月 16 日	1152.5	1131.7	1134.2	1152.4	1130.3	1152.0	1.5426%
						平均绝对误差	0.9764%

(b) 上证 B 股指数

时间（2005 年）	预测价格/元			真实价格/元			绝对误差
	最高	最低	建议	最高	最低	收盘	
11 月 10 日	62.4112	61.3884	61.8450	61.50	60.39	60.56	2.1219%
11 月 11 日	62.6935	57.8591	60.0347	60.95	60.28	60.89	1.4047%
11 月 14 日	61.0968	60.6348	60.9518	60.87	60.50	60.85	0.1673%
11 月 15 日	61.0483	60.5509	60.4154	61.16	60.46	60.67	0.4196%
11 月 16 日	61.0716	60.1365	60.3650	60.71	60.09	60.67	0.5027%
						平均绝对误差	0.9232%

比较表 7.1 与表 7.2 最后一列数据，不难得出结论：模型 M1.4 预测同一指数（上证 A 股指数和 B 股指数）的最大绝对误差和平均绝对误差均比模型 M1.3 的要小；此外，从绝对误差数值分布来看，模型 M1.4 的预测性能也比模型 M1.3 更稳定.

其次，比较模型 M1.4 和模型 M1.3 在股价预测方面的性能. 以齐鲁石化（2005 年 11 月 7~11 日）为例，预测结果见表 7.3.

表 7.3　模型 M1.4 和模型 M1.3 预测齐鲁石化股价结果

时间（2005 年）	真实价格	模型 M1.4 预测结果			模型 M1.3 预测结果		
		建议①	方差②	绝对误差	建议	方差	绝对误差
11 月 7 日	7.19	7.24	1.5386×10^{-6}	0.6954%	7.25	8.8698×10^{-6}	0.8345%
11 月 8 日	7.16	7.18	5.0916×10^{-6}	0.2793%	7.19	1.5979×10^{-6}	0.4190%
11 月 9 日	6.99	7.06	3.7100×10^{-6}	1.0014%	7.12	1.9677×10^{-6}	1.8598%
11 月 10 日	6.96	6.98	4.6668×10^{-6}	0.2874%	7.01	4.1511×10^{-6}	0.7184%
11 月 11 日	7.06	7.01	3.7032×10^{-6}	0.7082%	6.95	4.0257×10^{-6}	1.5581%
平均预测性能			3.7420×10^{-6}	0.5943%		4.1224×10^{-6}	1.078%

①应用模型独立预测 10 次，以输出平均值作为最终价格建议. 当然，在实际预测应用时，也可依据真实股票行情从价格波动区间里取定最终输出值

②再重复上述预测过程多次（如 20 次），得到某日股价的 20 个预测值，从而可计算出模型 M1.4 的预测方差. 该方差即反映模型 M1.4 的预测鲁棒性

表 7.3 显示，模型 M1.3 预测齐鲁石化一周股价的最大绝对误差为 1.86%，最小绝对误差为 0.42%，平均误差为 1.08%；模型 M1.4 预测同一股价的最大绝对误差为 1.00%，最小绝对误差为 0.28%，平均误差为 0.59%.

不难得出结论：与第 4 章构建出来的性能最佳模型 M1.3 相比，本章建立的模型 M1.4 在预测股价性能方面有一定程度的提高，具体表现为预测股价的最大绝对误差和平均绝对误差均有减小，短期预测精度也更稳定. 显然，这要归功于本章设计的人工心理与情感计算模块，因为这是模型 M1.4 与模型 M1.3 之间的最大不同之处.

7.5 小　结

本章在第 4 章建立的带反馈的随机波动率证券定价模型的基础上，通过引入投资者的人工心理与情感计算模块，建立了基于人工心理与情感计算的证券定价模型. 实际应用表明，与第 4 章建立的模型相比，本章的模型在预测精度及稳定度方面都有一定改进. 由此可见，投资者的心理与情感计算，对于有效的证券定价模型，确实具有实际意义.

值得一提的是，证券市场投资者群体的人工心理与情感计算，目前是金融界，也是整个科学界的公开难题. 本章给出的投资者人工心理与情感计算模型，只是与研究目的相适应的；不同的研究目的，应该有不同的人工心理与情感计算表达式. 此外，本章也只是基于系统论的行为资产定价理论，搭建的其中一类证券定价模型，而且该模型中的某些具体细节仍然需要做更细致、深入的研究. 例如，设计投资者群体的人工心理与情感计算模型，可能需要进一步吸收和借鉴心理学、认知学、行为金融学、金融心理学、证券投资心理学、证券投资分析理论，以及人工智能技术(如模糊技术、神经网络、支持向量机、人工心理与情感计算技术等)的研究成果. 例如，应用神经网络或支持向量机技术学习投资者情绪波动驱动股票价格变化的复杂非线性模式，这样做可以避免人为地定义转换函数(尽管也可能会失去直观意义).

当然，构建基于系统论的行为资产定价模型，以及股票内在投资价值模型的证券价格预测专家系统，以提高中长期预测精度，也是未来研究的重要方向.

第 8 章　异质非理性与行为证券均衡定价模型

股票市场波动印证的并不是事件本身，而是人们对事件的反应，是数百万人对这些事件将会如何影响他们的未来的认识. 换句话说，股票市场是由人组成的.

——Bernard Baruch

前面四章均为应用系统科学方法、直接对资产价格过程构建模型，本章则在均衡框架下研究异质非理性与行为证券均衡定价模型.

8.1　引　言

传统的资产定价理论通常考虑的是代表性经济人的定价问题，即假设整个经济系统中只有一个投资者而且是理性的. 在均衡条件下，资产的价格完全由消费的贝塔系数确定. 这种假设所导出的结论，在实证分析中遭到了强有力的挑战. 至今，在传统主流金融学领域内，股权溢价之谜、股市波动之谜等还没有一个完美的解释.

为寻求对股价异象的合理解释，经济学家们通常从两个方面对传统的定价理论进行改进：一个是考虑异质投资者的定价问题，用异质投资者代替传统的代表性投资者(Hommes et al., 2005; Brock et al., 2005)；另一个是引进递归效用函数或在传统效用中引入各种行为因素，如消费习惯、追赶时髦、损失厌恶、嫉妒等(Kuznitz, 2001; Dumas et al., 2000).

本章重点关注第一个研究方面，同时兼顾讨论第二个研究方面. 但与传统资产定价理论不同的是，我们研究的经济人，不仅是异质的，而且是非理性的. 此外，为更接近真实市场，我们还假设市场存在多类这样的异质非理性经济人.

事实上，当前金融领域中异质投资者模型十分流行(Hommes, 2005; Brock et al., 2005)，其原因在于传统理性及同质投资者假设的局限性越来越明显：真实投资者对研究的市场既没有完全知识，也没有理性假设中的完全计算能力；对资产的内在价值既没有共同的先验,也没有一致的看法. 简而言之，金融系统中的投资者非理性也非同质. 因此，存于投资者之间的异质信念被认为对研究资产价格行为有重要意义. 有学者认为错误的信念会使均衡价格无效(Shefrin and Statman, 1994)，异质先验信念会导致错误的均衡资产定价(Basak and Croitoru, 2000)，行为金融理论也强调了资产市场中异质信念的重要性(de Long et al., 1991; Shiller, 1984; Black, 1986).

然而, 现有文献中异质投资者模型仍然不能代表金融系统中所有投资者. 原因有三: 其一, 大多数文献仅研究两类投资者(或代理人)模型, 如基本面分析者/技术分析者、乐观主义者/悲观主义者、过度自信者/保守者等. 事实上, 现实金融市场上, 远不止两类投资者, 至少会有其他类型投资者存在, 如既不过度自信也不过分保守投资者, 我们称之为中性投资者, 并以此区别理性投资者. 其二, 两类极端投资者的线性组合并不能创造出中性投资者, 因为投资者行为之间的关系是完全非线性的. 其三, 在某些新兴市场(如中国股票市场), 中性投资者占所有投资者的比重非常高. 这些中性投资者对资产价格的决定作用不能被忽视. 欲研究这些新兴金融市场之谜或股价异象, 也非常有必要对异质非理性投资者重新建模.

尽管金融领域有大量的关于异质信念的资产定价文献(Hommes, 2005; Brock et al., 2005), 但是大多数模型仅涉及个别或少数异质因子. Hommes(2005)、Brock等(2005)对现存的异质投资者模型做了全面调查, 发现一个系统的关于多类异质非理性均衡定价模型研究报告少有, 国内的这方面文献更少见.

由于现实金融系统中的投资者的非理性并非完全同质, 在研究现实交易者行为如何对资产价格产生影响时, 所有非理性交易者并不能笼统地被归为一类. 那么, 他们各自的风险资产最优需求量如何? 怎样影响均衡资产价格的形成? 又怎样影响均衡收益? 本章结合异质投资者模型(Hommes, 2005; Brock et al., 2005)及噪声交易者模型(de Long et al., 1990a, 1990b, 1991; Shleifer and Summers, 1990), 研究多类异质非理性均衡资产定价模型. Wang(2002)的博士学位论文由美国著名经济学家 Douglas Gale 教授指导, 在该论文中作者仅研究了过度自信和保守两类投资者, 投资者模型被拓展为包含第三类非理性投资者的模型, 且允许非理性投资者同时对资产价格先验及信号持异质信念. 为尽量接近真实市场, 本模型允许投资者存在期望异质, 主要是因为投资者对信息(包括价格信号及价格先验)有不同的信任程度. 我们考虑一种启发式的学习过程(Guesnerie, 1992, 1993; Evans and Guesnerie, 1993), 假设所有非理性投资者都基于已有的先验及价格信号来更新自己的信念期望. 为简化问题研究, 本章目前仅研究单阶段交易模型. 市场出清价格由所有投资者的更新后的信念决定. 本章将深入研究诸多异质因子对非理性投资者的最优风险需求、资产均衡价格及均衡收益的影响.

本章研究工作将有助于更好地理解我国证券价格行为. 众所周知, 我国资本市场的历史较短, 市场发育不太完善, 不同投资者之间的投资水平和投资理念差别较大, 又缺乏卖空机制, 从而导致传统金融学中有效市场基础理论的套利机制根本不存在(李心丹, 2004). 此外, 我国投资者行为非理性成分高, 宏观政策环境不确定性大, 所有这一切表明: 在目前中国证券市场不成熟的条件下, 照搬西方传统金融定价理论的一些成果(如资本资产定价理论、套利定价理论等)似乎并无多大意义(李心丹, 2004). 因此, 研究包含多类异质非理性投资者的资产定价问题, 有助于理解我国资本市场, 尤其有助于解释证券定价中的“难解之谜”. 本章得到的某些结论或暗示可应用于稳定我国金融市场, 同时可补充或者拓展异质投资者模型方面的研究.

8.2　异质非理性投资者模型记号与假设

金融市场中, 投资者对风险资产未来价值拥有不同的信息. 这些异质信念源于投资者对资产价格信号及先验有不同的自信水平. 假设所有投资者总数为单位 1, 其中过度自信者占 ψ_1, 他们过度自信于私有信息, 并由 O 指代; 保守者占 ψ_2, 他们过分看重先验信息, 由 C 指代; 其余为中性投资者, 由 N 指代. 市场中有两种资产: 风险资产 X, 价格为 P_0; 无风险基金 B, 收益率为 r. 风险资产总量 $\overline{x}$ 为众所知. 每个投资者初始禀赋为 $(B^i, X^i), i = O, C, N$, $W_0^i = B^i + P_0 X^i$, 并假设拥有外生的常数绝对值风险厌恶（constant absolute risk aversion, CARA）型效用函数 $u(W_1^i) = -\mathrm{e}^{-aW_1^i}$, 各投资者都是自利的, 追求个人效用最大化. 假设消费只发生在时期 1, 市场出清价格由所有投资者的信念决定.

8.2.1　信念结构

风险资产 1 时期的价格 P_1 未知, 市场关于 P_1 的共同先验信息为 $\overline{P}_1$ 满足 $P_1 = \overline{P}_1 + \mu$, 其中 $\mu \sim N(0, 1/\rho_P)$, $\rho_P = 1/\sigma_P^2$. 时期 1 前, 假设所有投资者都收到同一价格信号 s, $s = P_1 + \nu$, $\nu \sim N(0, 1/\rho_s)$, 其中 $\rho_s = 1/\sigma_s^2$ 表示信号精度. 可以认为 μ 表示市场基本扰动, ν 为信号噪声, 并假设二者相互独立, 即 $E\{\mu\nu\} = 0$. 信号真实分布为 $s \sim N(\overline{P}_1, 1/\rho_P + 1/\rho_s)$. 然而, 投资者有各自的信念, 他们对相同的价格信息会有截然不同的解释.

8.2.2　异质非理性投资者

1. 过度自信者

假设投资者 O 以自信水平 $\kappa \geqslant 1$ 高估价格信号精度 $\nu \sim N(0, 1/\rho_O)$, 其中 $\rho_O = \kappa\rho_s$. 事实上 κ 可取任意正实数, 本章只取 $\kappa > 1$ 以保持过度自信字面含义. 过度自信投资者(Wang, 2002)的信念差异可来自投资者过分主观决断的谬误. 在心理学研究有证据表明知情交易者将趋于过度自信. 实证研究也已经表明某些投资者确实存在过度自信(Chuang and Lee, 2006).

2. 保守者

假设投资者 C 过分看重其先验信息(Wang, 2002)，认为公有信息可能出错的概率为 $\varepsilon(0<\varepsilon\leqslant 1)$. 因此，该投资者关于 P_1 的先验即为 $f^C(P_1)=(1-\varepsilon)f(P_1)+\varepsilon f_\varepsilon^C(P_1)$, 其中 $f_\varepsilon^C(P_1)\sim N(P_1^C,1/\rho_\varepsilon)$ 为投资者 C 关于 P_1 的初始信念分布，且 $\rho_\varepsilon=1/\sigma_\varepsilon^2$. 为简单起见，假设 $f_\varepsilon^C(P_1)$ 独立于信号 s，则投资者 C 的先验分布为

$$f^C(P_1)\sim N\left((1-\varepsilon)\overline{P}_1+\varepsilon P_1^C,\frac{(1-\varepsilon)^2}{\rho_P}+\frac{\varepsilon^2}{\rho_\varepsilon}\right) \tag{8.1}$$

简要推导如下:

$$E^C\{P_1\}=E\left\{(1-\varepsilon)P_1+\varepsilon P_1^C\right\}=(1-\varepsilon)\overline{P}_1+\varepsilon P_1^C$$

$$\mathrm{Var}^C\{P_1\}=\mathrm{Var}^C\left\{(1-\varepsilon)P_1+\varepsilon P_1^C\right\}=(1-\varepsilon)^2\mathrm{Var}^C\{P_1\}+\varepsilon^2\mathrm{Var}^C\left\{P_1^C\right\}=\frac{(1-\varepsilon)^2}{\rho_P}+\frac{\varepsilon^2}{\rho_\varepsilon}$$

3. 中性投资者

由前面定义知，投资者 N 一方面会以某个折扣的自信水平 $1<\kappa'\leqslant\kappa$ 估计价格信号精度 $\nu\sim N(0,1/\rho_N)$， $\rho_N=\kappa'\rho_s$；另一方面，他赋予自己的先验信息以权重 $0<\varepsilon'\leqslant\varepsilon\leqslant 1$. 因此，投资者 N 关于 P_1 的分布为 $f^N(P_1)=(1-\varepsilon')f(P_1)+\varepsilon' f_{\varepsilon'}^N(P_1)$ ，其中 $f_{\varepsilon'}^N(P_1)\sim N(P_1^N,1/\rho_{\varepsilon'})$ 为中性投资者关于 P_1 的初始先验分布，且 $\rho_{\varepsilon'}=1/\sigma_{\varepsilon'}^2$. 为简单起见，假设 $f_{\varepsilon'}^N(P_1)$ 独立于信号 s，则投资者 N 关于 P_1 的先验分布为

$$f^N(P_1)\sim N\left((1-\varepsilon')\overline{P}_1+\varepsilon' P_1^N,\frac{(1-\varepsilon')^2}{\rho_P}+\frac{\varepsilon'^2}{\rho_{\varepsilon'}}\right) \tag{8.2}$$

简要推导如下:

$$E^N\{P_1\}=E\left\{(1-\varepsilon')P_1+\varepsilon' P_1^N\right\}=(1-\varepsilon')\overline{P}_1+\varepsilon' P_1^N$$

$$\begin{aligned}\mathrm{Var}^N\{P_1\}&=\mathrm{Var}^N\left\{(1-\varepsilon')P_1+\varepsilon' P_1^N\right\}\\&=(1-\varepsilon')^2\mathrm{Var}^N\{P_1\}+\varepsilon'^2\mathrm{Var}^N\left\{P_1^N\right\}=\frac{(1-\varepsilon')^2}{\rho_P}+\frac{\varepsilon'^2}{\rho_{\varepsilon'}}\end{aligned}$$

本章赋予各类投资者以不同的信念水平 κ_i 、 ε_j 、 ε_k' 及 κ_k'，其中下标分别表示

第 i(j、k) 类过度自信(保守、中性)投资者. 上述模型实际上刻画了现实市场中所有非理性投资者. 为简便起见, 之后, 本章假设市场只有三类非理性投资者. 这种简化假设并不影响本章主要结论. 当然完全可以推广到 $n>3$ 类投资者模型, 只不过计算更为繁杂.

8.2.3　信念更新

由于每个投资者 O、C 及 N 对风险资产未来价格持有不同的先验信息, 当他们收到同一个价格信号 s 时, 每个投资者都形成对资产清偿支付的新预期. 我们将这个更新结果描述为命题 8.1.

命题 8.1　投资者 O、C、N 关于 P_1 的后验信念分布服从如下正态分布.

(1) 对投资者 O,

$$f^O(P_1|s)\sim N\left(\bar{P}_1+\frac{\kappa\rho_s}{\rho_P+\kappa\rho_s}\left(s-\bar{P}_1\right),\frac{1}{\rho_P+\kappa\rho_s}\right) \tag{8.3}$$

(2) 对投资者 C,

$$f^C(P_1|s)\sim N\left(\bar{P}_1+\varepsilon\left(P_1^C-\bar{P}_1\right)+(1-\varepsilon)\frac{\rho_s}{\rho_P+\rho_s}\left(s-\bar{P}_1\right),\frac{(1-\varepsilon)^2}{\rho_P+\rho_s}+\frac{\varepsilon^2}{\rho_\varepsilon}\right) \tag{8.4}$$

(3) 对投资者 N,

$$f^N(P_1|s)\sim N\left(\bar{P}_1+\varepsilon_1'\left(P_1^N-\bar{P}\right)+(1-\varepsilon')\frac{\kappa'\rho_s}{\rho_P+\kappa'\rho_s}\left(s-\bar{P}_1\right),\frac{(1-\varepsilon')^2}{\rho_P+\kappa'\rho_s}+\frac{\varepsilon'^2}{\rho_{\varepsilon'}}\right) \tag{8.5}$$

证明　(1) 对于投资者 O, 有下式成立:

$$\mathrm{Cov}^O\left(P_1,s\right)=E^O\left\{\left(P_1-\bar{P}_1\right)\left(s-\bar{P}_1\right)\right\}=E^O\left\{\mu\left(\mu+\nu\right)\right\}=E^O\left\{\mu\nu\right\}+E^O\left\{\mu^2\right\}=\frac{1}{\rho_P}$$

$$\mathrm{Var}^O\left\{s\right\}=\frac{1}{\rho_P}+\frac{1}{\kappa\rho_s}$$

应用正态关联原理, 可求得投资者 O 在接受价格信号 s 后关于未来价格 P_1 的条件期望及条件方差:

$$E^O\left\{P_1|s\right\}=E^O\left\{P_1\right\}+\frac{\mathrm{Cov}^O\left(P_1,s\right)}{\mathrm{Var}^O\left\{s\right\}}\left(s-E^O\left\{s_1\right\}\right)=\frac{\bar{P}_1\rho_P+s\kappa\rho_s}{\rho_P+\kappa\rho_s}$$

$$\mathrm{Var}^O\left\{P_1|s\right\}=\mathrm{Var}^O\left\{P_1\right\}-\frac{\left\{\mathrm{Cov}^O\left(P_1,s\right)\right\}^2}{\mathrm{Var}^O\left\{s\right\}}=\frac{1}{\rho_P+\kappa\rho_s}$$

再应用贝叶斯法则

$$f^O(P_1|s)=\frac{L^O\left(s|P_1\right)f^O\left(P_1\right)}{\int_\Omega L^O\left(s|P_1'\right)f^O\left(P_1'\right)\mathrm{d}P'} \tag{8.6}$$

可得

$$f^O(P_1|s)\sim N\left(\overline{P}_1+\frac{\kappa\rho_s}{\rho_P+\kappa\rho_s}\left(s-\overline{P}_1\right),\frac{1}{\rho_P+\kappa\rho_s}\right)$$

(2) 对投资者 C，有下式成立:

$$\mathrm{Cov}^C\left(P_1,s\right)=E^C\left\{\left(P_1-\overline{P}_1\right)\left(s-\overline{P}_1\right)\right\}=E^C\left\{\mu\left(\mu+\nu\right)\right\}=E^C\left\{\mu\nu\right\}+E^C\left\{\mu^2\right\}=\frac{1-\varepsilon}{\rho_P}$$

$$\mathrm{Var}^C\left\{s\right\}=\frac{1}{\rho_P}+\frac{1}{\rho_s}$$

从而,

$$E^C\left\{P_1|s\right\}=E^C\left\{P_1\right\}+\frac{\mathrm{Cov}^C\left(P_1,s\right)}{\mathrm{Var}^C\left\{s\right\}}\left(s-E^C\left\{s_1\right\}\right)=\left(1-\varepsilon\right)\frac{\overline{P}_1\rho_P+s\rho_s}{\rho_P+\rho_s}+\varepsilon P_1^C$$

$$\mathrm{Var}^C\left\{P_1|s\right\}=\mathrm{Var}^C\left\{P_1\right\}-\frac{\left\{\mathrm{Cov}^C\left(P_1,s\right)\right\}^2}{\mathrm{Var}^C\left\{s\right\}}=\frac{\left(1-\varepsilon\right)^2}{\rho_P+\rho_s}+\frac{\varepsilon^2}{\rho_\varepsilon}$$

再应用贝叶斯法则可得

$$f^C(P_1|s)\sim N\left(\overline{P}_1+\varepsilon\left(P_1^C-\overline{P}_1\right)+\frac{\left(1-\varepsilon\right)\rho_s}{\rho_P+\rho_s}\left(s-\overline{P}_1\right),\frac{\left(1-\varepsilon\right)^2}{\rho_P+\rho_s}+\frac{\varepsilon^2}{\rho_\varepsilon}\right)$$

(3) 对投资者 N，有下式成立:

$$\mathrm{Cov}^N\left(P_1,s\right)=E^N\left\{\left(P_1-\overline{P}_1\right)\left(s-\overline{P}_1\right)\right\}=E^N\left\{\mu\left(\mu+\nu\right)\right\}=\frac{1-\varepsilon'}{\rho_P}$$

$$\mathrm{Var}^N\left\{s\right\}=\frac{1}{\rho_P}+\frac{1}{\kappa'\rho_s}$$

从而

$$E^N\left\{P_1|s\right\}=E^N\left\{P_1\right\}+\frac{\mathrm{Cov}^N\left(P_1,s\right)}{\mathrm{Var}^N\left\{s\right\}}\left(s-E^N\left\{s_1\right\}\right)=\left(1-\varepsilon'\right)\frac{\bar{P}_1\rho_P+s\kappa'\rho_s}{\rho_P+\kappa'\rho_s}+\varepsilon' P_1^N$$

$$\mathrm{Var}^N\left\{P_1|s\right\}=\mathrm{Var}^N\left\{P_1\right\}-\frac{\left\{\mathrm{Cov}^N\left(P_1,s\right)\right\}^2}{\mathrm{Var}^N\left\{s\right\}}=\frac{\left(1-\varepsilon'\right)^2}{\rho_P+\kappa'\rho_s}+\frac{\varepsilon'^2}{\rho_{\varepsilon'}}$$

再应用贝叶斯法则可得

$$f^N(P_1|s)\sim N\left(\bar{P}_1+\varepsilon'\left(P_1^N-\bar{P}\right)+\left(1-\varepsilon'\right)\frac{\kappa'\rho_s}{\rho_P+\kappa'\rho_s}\left(s-\bar{P}_1\right),\frac{\left(1-\varepsilon'\right)^2}{\rho_P+\kappa'\rho_s}+\frac{\varepsilon'^2}{\rho_{\varepsilon'}}\right)$$

证毕.

不难看出，式(8.3)中投资者 O 的后验信念均值由意义明确的两部分组成：一是 $\bar{P}_1$，代表公共的一致先验信息；二是加权信念修正项 $\left[\kappa\rho_s/\left(\rho_P+\kappa\rho_s\right)\right]\cdot\left(s-\bar{P}_1\right)$，它刻画了价格信号 s 与公共信念 $\bar{P}_1$ 之间的差异驱动的信念修正.

同样，我们可发现在式(8.4)和式(8.5)中，存在类似的意义明确的信念修正项 $\left(s-\bar{P}_1\right)$, $\left(P_1^C-\bar{P}\right)$ 及 $\left(P_1^N-\bar{P}\right)$.

很明显，三类投资者的后验信念都不同于他们各自的先验信息，它们之间更是互不相同的. 从上面分析可看出，正是异质成分(包括信念期望异质和信念水平异质)导致这些差异，从而促进了资产交易.

8.3　均衡及异质影响分析

本节将推导出基于前面市场假设与非理性投资者模型的资产均衡价格及均衡收益，并深入研究诸多异质因子对非理性投资者的最优需求量、资产均衡价格及均衡收益的影响.

8.3.1　最优需求及异质影响分析

根据前文假设，消费只发生在时期 1，且所有投资者均采用 CARA 效用函数 $u(W)=-e^{-aW}$. 我们研究两种情况下的投资者的最优需求量，并比较投资者的最优需求量之间的差异，进而分析异质因子对风险资产最优需求量的影响.

1. 假设市场无卖空限制约束

投资者 $i=O,C,N$ 将最大化期末财富的期望效用 $E^i\left\{u(W_1^i)|s\right\}$，从而可计算投资者的风险资产最优需求量 X^i.

命题 8.2 记 $X^R\equiv[(\bar{P}_1-P_0(1+r))\rho_P+(s-P_0(1+r))\rho_s]/a$ 为理性投资者 R 的最优需求量.

(1) 对投资者 O 而言，其最优需求量为

$$X^{*O}=X^R+(\kappa-1)\big(s-P_0(1+r)\big)\rho_s/a \tag{8.7}$$

(2) 对投资者 C 而言，其最优需求量为

$$X^{*C}=X^{*R}+\frac{1}{a\Gamma_C}\left\{\begin{array}{l}(1-\Gamma_C)\Big[\big(\bar{P}_1-P_0(1+r)\big)\rho_P+\big(s-P_0(1+r)\big)\rho_s\Big]\\ +\varepsilon\Big[(P_1^C-\bar{P}_1)\rho_P+(P_1^C-s)\rho_s\Big]\end{array}\right\} \tag{8.8}$$

其中，$\Gamma_C\equiv 1-2\varepsilon+\varepsilon^2[1+(\rho_P+\rho_s)/\rho_\varepsilon]$.

(3) 对投资者 N 而言，其最优需求量为

$$X^{*N}=X^{*R}+\frac{1}{a\Gamma_N}\left\{\begin{array}{l}\Big[(1-\Gamma_N)\big(\bar{P}_1-P_0(1+r)\big)\rho_P+(\kappa'-\Gamma_N)\big(s-P_0(1+r)\big)\rho_s\Big]\\ +\varepsilon'\Big[(P_1^N-\bar{P}_1)\rho_P+\kappa'(P_1^N-s)\rho_s\Big]\end{array}\right\} \tag{8.9}$$

其中，$\Gamma_N\equiv 1-2\varepsilon'+\varepsilon'^2[1+(\rho_P+\kappa'\rho_s)/\rho_{\varepsilon'}]$.

证明 该命题的证明需要借助一个辅助命题，即若 $x\sim N(\mu,\sigma^2)$，则

$$E\left\{e^{K_2x^2+K_1x+K_0}\right\}=\frac{1}{\sqrt{1-2K_2\sigma^2}}\exp\left(\frac{1}{2\sigma^2}\left[\frac{(\mu+K_1\sigma^2)^2}{1-2K_2\sigma^2}-\mu^2\right]+K_0\right) \tag{8.10}$$

将 $K_2=0,K_1=-a,K_0=0$ 代入式中，得到 $E\left\{-e^{-ax}\right\}=-\exp\left(-a\mu+\frac{1}{2}a^2\sigma^2\right)$.

由各投资者的财富水平

$$W_1^i=B^i(1+r)+P_1X^i=\left(W_0^i-P_0X^i\right)(1+r)+P_1X^i=W_0^i(1+r)+X^i\left[P_1-P_0(1+r)\right],$$
$$i=O,C,N$$

可计算出各自的条件期望及方差

$$E^i\left\{W_1^i|s\right\}=W_0^i(1+r)+X^i\left[E^i\left\{P_1|s\right\}-P_0(1+r)\right]$$

$$\mathrm{Var}^i\left\{W_1^i\middle|s\right\}=X^{i2}\mathrm{Var}^i\left\{P_1\middle|s\right\}$$

再把上式都代入辅助命题中，得

$$\begin{aligned}E^i\left\{u\left(W_1^i\right)\middle|s\right\}&=E^i\left\{-\exp\left(-aW_1^i\right)\middle|s\right\}\\&=-\exp\left(-E^i\left\{W_1^i\middle|s\right\}a+\frac{1}{2}a^2\mathrm{Var}^i\left\{W_1^i\middle|s\right\}\right)\\&=-\exp\left(\frac{1}{2}a^2X^{i2}\mathrm{Var}^i\left\{P_1\middle|s\right\}-aX^i\left[E^i\left\{P_1\middle|s\right\}-P_0(1+r)\right]-aW_0^i(1+r)\right)\end{aligned}$$

由上式的一阶条件，得各投资者的风险资产最优需求量

$$X^{*i}=\frac{1}{a}\frac{E^i\left\{P_1\middle|s\right\}-P_0(1+r)}{\mathrm{Var}^i\left\{P_1\middle|s\right\}},\ i=O,C,N$$

证毕.

考虑到 $X^{*R}=[(\bar{P}_1-P_0(1+r))\rho_P+(s-P_0(1+r))\rho_s]/a$，并整理可得式(8.7)~式(8.9). 命题 8.2 得证.

命题 8.2 描述了非理性投资者对风险资产最优需求量的组成，以及各种价格信念差（$\bar{P}_1-P_0(1+r)$；$s-P_0(1+r)$；$P_1^C-\bar{P}_1$；P_1^C-s；$P_1^N-\bar{P}$；P_1^N-s）对最优需求量的贡献及影响. 不难看出，式(8.7)~式(8.9)表示的三类非理性投资者的最优需求量都由两部分组成：第一部分是 X^{*R}，恰好是完全理性投资者的最优需求；第二部分代表了由价格信念差异(又是由投资者的非理性引起的)驱动的需求量修正. 异质信念水平（$\varepsilon,\kappa,\varepsilon',\kappa',\rho_s,\rho_P,\rho_\varepsilon,\rho_{\varepsilon'},\Gamma_C,\Gamma_N$）充分地作用于权值上，意义明确、直观. 下面以投资者 N 的最优需求量为例，详细分析需求修正项的含义. 该修正项由四个子项组成.

(1) $\left[(1-\Gamma_N)\rho_P/a\Gamma_N\right]\left(\bar{P}_1-P_0(1+r)\right)$，该项表示由公开信念 $\bar{P}_1$ 与 0 时刻价格 P_0 之间的差异驱动的需求变化量. 若 $\bar{P}_1>P_0(1+r)$，即公开信念认为价格会上涨，则该项为正的需求修正.

(2) $\left[(\kappa'-\Gamma_N)\rho_s/a\Gamma_N\right]\left(s-P_0(1+r)\right)$，该项表示由关于公开价格信号 s 与 0 时刻价格 P_0 之间的差异驱动的需求变化量. 若 $s>P_0(1+r)$，即公开价格信号显示价格会上涨，则该项为正的需求修正.

(3) $\left(\varepsilon'\rho_P/a\Gamma_N\right)(P_1^N-\bar{P}_1)$，该项表示由投资者私有价格信号 P_1^N 与公开信念 $\bar{P}_1$ 之间的差异驱动的需求变化量. 若 $P_1^N>\bar{P}_1$，即投资者私下认为未来价格比公开信念还要高，则该项为正的需求修正.

(4) $\left(\varepsilon'\kappa'\rho_s/a\Gamma_N\right)(P_1^N - s)$，该项表示由投资者私有价格信号 P_1^N 与公开价格信号 s 之间的差异驱动的需求变化量. 若 $P_1^N > s$，即投资者私下认为未来价格比公开价格信号还要高, 则该项为正的需求修正.

上面分析可明显看出关于未来价格信念期望（$s, \bar{P}_1, P_1^C, P_1^N$）及信念水平（$\varepsilon, \kappa, \varepsilon', \kappa'$，$\rho_s, \rho_P, \rho_\varepsilon, \rho_{\varepsilon'}, \Gamma_C, \Gamma_N$）对非理性投资者的最优需求量的影响.

注意到, 当 $\varepsilon = \varepsilon' = 0, \kappa = \kappa' = 1, \Gamma_C = \Gamma_N = 1$，各投资者的最优需求量表达式中第二部分全部消失, 从而

$$
\begin{aligned}
X^{*R} &= X^{*O}\big|_{\kappa=1} = X^{*C}\big|_{\varepsilon=0} = X^{*N}\big|_{\kappa'=1,\varepsilon'=0} \\
&= \frac{1}{a}\left[\left(\bar{P}_1 - P_0(1+r)\right)\rho_P + \left(s - P_0(1+r)\right)\rho_s\right]
\end{aligned} \tag{8.11}
$$

事实上, 在前面条件下, 所有非理性投资者都变成理性的投资者了.

2. 假设市场有卖空限制约束

此时投资者 $i = O, C, N$ 必须选择正的需求量 X^i 来最大化期末财富的效用期望 $E^i\left\{u(W_1^i)|s\right\}$，从而此时的最优需求量是下面约束问题的解:

$$
\begin{cases}
\max\limits_{X^i} E^i\left\{u(W_1^i)|s\right\} \\
\text{s.t.}\begin{cases} W_1^i = W_0^i(1+r) + X^i\left[P_1 - P_0(1+r)\right] \\ X^i \geqslant 0,\ i = O, C, N \end{cases}
\end{cases} \tag{8.12}
$$

命题 8.3　记 $X^R \equiv [(\bar{P}_1 - P_0(1+r))\rho_P + (s - P_0(1+r))\rho_s]/a$ 为理性投资者 R 的最优需求量，$\lambda_i \geqslant 0 (i = O, C, N)$ 为对应的卖空约束 Lagrange 乘子, 则投资者 O, C, N 的最优需求量分别如下所述.

(1) 对投资者 O 而言, 其最优需求量为

$$
X^{*O} = X^R + \frac{1}{a}(\kappa - 1)\left(s - P_0(1+r)\right)\rho_s + \frac{\lambda_O\left(\rho_P + \kappa\rho_s\right)}{a^2} \tag{8.13}
$$

(2) 对投资者 C 而言, 其最优需求量为

$$
\begin{aligned}
X^{*C} = X^{*R} &+ \frac{1}{a\Gamma_C}\left\{\begin{array}{l}(1-\Gamma_C)[(\bar{P}_1 - P_0(1+r))\rho_P + (s - P_0(1+r))\rho_s] \\ +\varepsilon[(P_1^C - \bar{P}_1)\rho_P + (P_1^C - s)\rho_s]\end{array}\right\} \\
&+ \frac{\lambda_C\left(\rho_P + \rho_s\right)}{a^2\Gamma_C}
\end{aligned} \tag{8.14}
$$

(3) 对投资者 N 而言，其最优需求量为

$$X^{*N}=X^{*R}+\frac{1}{a\Gamma_N}\left\{\begin{array}{l}[(1-\Gamma_N)(\overline{P}_1-P_0(1+r))\rho_P+(\kappa'-\Gamma_N)\cdot(s-P_0(1+r))\rho_s]\\+\varepsilon'[(P_1^N-\overline{P}_1)\rho_P+\kappa'(P_1^N-s)\rho_s]\end{array}\right\}+\frac{\lambda_N(\rho_P+\kappa'\rho_s)}{a^2\Gamma_N} \tag{8.15}$$

证明　约束优化问题 (8.12) 等价于下面约束优化问题:

$$\max_{X^i}\left\{-\frac{1}{2}a^2X^{i2}\mathrm{Var}^i\{P_1|s\}+aX^i\left[E^i\{P_1|s\}-P_0(1+r)\right]+aW_0^i(1+r)\right\}$$
$$\text{s.t.}\quad X^i\geqslant 0,\ i=O,C,N$$

其对 X^i 的一阶条件得

$$-X^ia^2\mathrm{Var}^i\{P_1\mid s\}+a\left(E^i\{P_1\mid s\}-P_0(1+r)\right)\lambda_i=0$$

其中，$\lambda_i\geqslant 0,\ i=O,C,N$ 为卖空约束的 Lagrange 乘子，由此得

$$X^{*i}=\frac{E^i\{P_1|s\}-P_0(1+r)}{a\mathrm{Var}^i\{P_1|s\}}+\frac{\lambda_i}{a^2\mathrm{Var}^i\{P_1|s\}}$$

证毕.

考虑到 $X^{*R}=[(\overline{P}_1-P_0(1+r))\rho_P+(s-P_0(1+r))\rho_s]/a$，将式 (8.3)~式 (8.5) 代入 X^{*i} 式中并整理，分别得式 (8.13)~式 (8.15).

比较命题 8.2 及命题 8.3 中两组非理性投资者的风险资产最优需求量，不难看出，后者只是比前者对应地多出了一个非负项. 该非负项与 Lagrange 乘子有关. 这说明此需求修正量正是由卖空约束机制引起的.

在无卖空限制约束下，比较非理性投资者的风险资产最优需求量，我们可以得到下列命题.

命题 8.4

(1) 给定 $\kappa>1,\kappa'>1,\Gamma_C<1$ 且 $\Gamma_N<1$，所有非理性投资者 O,C,N 的弹性需求量都比理性投资者的要大.

(2) 非理性投资者与理性投资者之间最优需求量绝对差异关于自信信念水平 κ 及 κ' 递增.

(3) 假设 $(1-\Gamma_C)\left(\overline{P}_1-P_0(1+r)\right)>\varepsilon\left(\overline{P}_1-P_1^C\right)$ 和 $(1-\Gamma_C)\left(s-P_0(1+r)\right)>\varepsilon\left(\overline{P}_1-P_1^C\right)$ 成立，这意味着 $X^{*C}>X^{*R}$. 若 $\overline{P}_1,s>P_0(1+r)$，同时 $\overline{P}_1,s>P_1^C$，投资者 C 与投

资者 R 之间的差异关于保守信念水平 ε 递减；而当 $\overline{P}_1, s < P_0(1+r)$，同时 $\overline{P}_1, s < P_1^C$，该差异又关于 ε 递增.

证明　(1) 对所有类型投资者而言，有

$$\left|\frac{\partial X^{*O}}{\partial P_0}\right| = \frac{(1+r)(\rho_P + \kappa\rho_s)}{a}; \left|\frac{\partial X^{*C}}{\partial P_0}\right| = \frac{(1+r)(\rho_P + \rho_s)}{a\Gamma_C}$$

$$\left|\frac{\partial X^{*N}}{\partial P_0}\right| = \frac{(1+r)(\rho_P + \kappa'\rho_s)}{a\Gamma_N}; \left|\frac{\partial X^{*R}}{\partial P_0}\right| = \frac{(1+r)(\rho_P + \rho_s)}{a}$$

显然，如果 $\kappa > 1, \kappa' > 1, \Gamma_C < 1$ 且 $\Gamma_N < 1$，则

$$\left|\frac{\partial X^{*O}}{\partial P_0}\right| > \left|\frac{\partial X^{*R}}{\partial P_0}\right|, \left|\frac{\partial X^{*C}}{\partial P_0}\right| > \left|\frac{\partial X^{*R}}{\partial P_0}\right|, \left|\frac{\partial X^{*N}}{\partial P_0}\right| > \left|\frac{\partial X^{*R}}{\partial P_0}\right|$$

证毕.

(2) 对非理性投资者 O 而言，

$$\frac{\partial\left(X^{*O} - X^{*R}\right)}{\partial\kappa} = \frac{1}{a}\left[s - P_0(1+r)\right]\rho_s \begin{cases} > 0, & s - P_0(1+r) > 0 \text{ (意味着 } X^{*O} > X^{*R}) \\ \leqslant 0, & s - P_0(1+r) \leqslant 0 \text{ (意味着 } X^{*O} \leqslant X^{*R}) \end{cases}$$

但无论如何，都有 $\dfrac{\partial\left|X^{*O} - X^{*R}\right|}{\partial\kappa} > 0$ 成立.

对非理性投资者 N 而言，

$$\begin{aligned}\left.\frac{\partial\left(X^{*N} - X^{*R}\right)}{\partial\kappa'}\right|_{\varepsilon'=0} &= \frac{1}{a\Gamma_N^2}\left.\begin{Bmatrix} \dfrac{\partial\Gamma_N}{\partial\kappa'}\left[\varepsilon'\left(\overline{P}_1 - P_1^N\right) - \left(\overline{P}_1 - P_0(1+r)\right)\right]\rho_P \\ +\left[\left(s - P_0(1+r)\right) - \varepsilon'\left(s - P_1^N\right)\right]\left(\Gamma_N - \dfrac{\partial\Gamma_N}{\partial\kappa'}\kappa'\right)\rho_s \end{Bmatrix}\right|_{\varepsilon'=0} \\ &= \frac{1}{a}\left[s - P_0(1+r)\right]\rho_s \begin{cases} > 0, & s - P_0(1+r) > 0 \text{ (意味着 } X^{*N} > X^{*R}) \\ \leqslant 0, & s - P_0(1+r) \leqslant 0 \text{ (意味着 } X^{*N} \leqslant X^{*R}) \end{cases}\end{aligned}$$

也有 $\left.\dfrac{\partial\left|X^{*N} - X^{*R}\right|}{\partial\kappa'}\right|_{\varepsilon'=0} > 0$ 成立.

证毕.

(3) 对非理性投资者 C 而言,

$$\frac{\partial\left(X^{*C}-X^{*R}\right)}{\partial\varepsilon}=\frac{1}{a\Gamma_C^2}\left\{\begin{array}{l}\left[\left(\dfrac{\partial\Gamma_C}{\partial\varepsilon}\varepsilon-\Gamma_C\right)\left(\bar{P}_1-P_1^C\right)-\dfrac{\partial\Gamma_C}{\partial\varepsilon}\left(\bar{P}_1-P_0(1+r)\right)\right]\rho_P\\+\left[\left(\dfrac{\partial\Gamma_C}{\partial\varepsilon}\varepsilon-\Gamma_C\right)\left(s-P_1^C\right)-\dfrac{\partial\Gamma_C}{\partial\varepsilon}\left(s-P_0(1+r)\right)\right]\rho_s\end{array}\right\}$$

由 $\Gamma_C\equiv1-2\varepsilon+\varepsilon^2\left(1+\dfrac{\rho_P+\rho_s}{\rho_\varepsilon}\right)>0$ 得 $\dfrac{\partial\Gamma_C}{\partial\varepsilon}=-2+2\varepsilon\left(1+\dfrac{\rho_P+\rho_s}{\rho_\varepsilon}\right)$, 从而 $\Gamma_C-\dfrac{\partial\Gamma_C}{\partial\varepsilon}\varepsilon-1=-\varepsilon^2\cdot\left(1+\dfrac{\rho_P+\rho_s}{\rho_\varepsilon}\right)<0$. 因此, $(1-\Gamma_C)\left(\dfrac{\partial\Gamma_C}{\partial\varepsilon}\varepsilon-\Gamma_C\right)<\dfrac{\partial\Gamma_C}{\partial\varepsilon}\varepsilon$.

由假设条件 $(1-\Gamma_C)\left(\bar{P}_1-P_0(1+r)\right)>\varepsilon\left(\bar{P}_1-P_1^C\right)$ 及 $\left(\bar{P}_1-P_0(1+r)\right)>0,\left(\bar{P}_1-P_1^C\right)>0$ 得

$$\frac{(1-\Gamma_C)\left(\bar{P}_1-P_0(1+r)\right)}{\varepsilon\left(\bar{P}_1-P_1^C\right)}>1$$

经过整理得

$$\begin{aligned}\left(\frac{\partial\Gamma_C}{\partial\varepsilon}\varepsilon-\Gamma_C\right)\left(\bar{P}_1-P_1^C\right)&<\frac{(1-\Gamma_C)\left(\bar{P}_1-P_0(1+r)\right)}{\varepsilon\left(\bar{P}_1-P_1^C\right)}\left(\frac{\partial\Gamma_C}{\partial\varepsilon}\varepsilon-\Gamma_C\right)\left(\bar{P}_1-P_1^C\right)\\&<\frac{\partial\Gamma_C}{\partial\varepsilon}\left(\bar{P}_1-P_0(1+r)\right)\end{aligned}$$

类似由 $(1-\Gamma_C)\left(s-P_0(1+r)\right)>\varepsilon\left(\bar{P}_1-P_1^C\right)$ 及 $\left(s-P_0(1+r)\right)>0,\left(s-P_1^C\right)>0$ 可推得

$$\left(\frac{\partial\Gamma_C}{\partial\varepsilon}\varepsilon-\Gamma_C\right)\left(s-P_1^C\right)<\frac{\partial\Gamma_C}{\partial\varepsilon}\left(s-P_0(1+r)\right)$$

综上, 有 $\dfrac{\partial\left(X^{*C}-X^{*R}\right)}{\partial\varepsilon}<0$.

证毕.

命题 8.5　尽管投资者 O 或者投资者 C 获取到的价格信号比投资者 N 的更精确, 投资者 N 还是可能会持有比投资者 O 或者投资者 C 更大的最优需求量, 如果式(8.16)满足:

$$(\kappa/\Gamma_N)\left[\bar{P}_1+\left(P_1^N-\bar{P}_1\right)\varepsilon\right]>\max\left\{(1/\Gamma_C)\left[\bar{P}_1+\left(P_1^C-\bar{P}_1\right)\varepsilon\right];\kappa\bar{P}_1\right\} \tag{8.16}$$

为帮助理解命题 8.5，定义如下变量

$$P_{\mathrm{NC}}\equiv\{\bar{P}_1+\varepsilon[\Gamma_C\kappa(\bar{P}_1-P_1^N)+\Gamma_N(P_1^C-\bar{P}_1)]/(\Gamma_N-\kappa\Gamma_C)\}/(1+r)$$

$$P_{\mathrm{OC}}\equiv[\bar{P}_1+\varepsilon(P_1^C-\bar{P}_1)/(1-\kappa\Gamma_C)]/(1+r)$$

$$P_{\mathrm{RC}}\equiv[\bar{P}_1+\varepsilon(P_1^C-\bar{P}_1)/(1-\Gamma_C)]/1+r$$

$$P_{\mathrm{OR}}\equiv\bar{P}_1/(1+r)$$

$$P_{\mathrm{NR}}\equiv[\bar{P}_1+\varepsilon\kappa(\bar{P}_1-P_1^N)/(\Gamma_N-\kappa)]/(1+r)$$

$$P_{\mathrm{ON}}\equiv[\bar{P}_1+\varepsilon(\bar{P}_1-P_1^N)/(\Gamma_N-1)]/(1+r)$$

当 $P_1^C>P_1^N>\bar{P}_1$, $\bar{P}_1<(1/\Gamma_C)[\bar{P}_1+(P_1^C-\bar{P}_1)\varepsilon]<\kappa\bar{P}_1<(\kappa/\Gamma_N)[\bar{P}_1+(P_1^N-\bar{P}_1)\varepsilon]$，即 $(\Gamma_N-1)/\varepsilon+1<P_1^N/\bar{P}_1$，$(\Gamma_C-1)/\varepsilon+1<P_1^C/\bar{P}_1<(\kappa\Gamma_C-1)/\varepsilon+1$ 时，可知投资者 N 的风险资产最优需求量 X^N 最大.

当 $P_1^C<\bar{P}_1<P_1^N$，$(\kappa/\Gamma_N)[\bar{P}_1+(P_1^N-\bar{P}_1)\varepsilon]>(1/\Gamma_C)[\bar{P}_1+(P_1^C-\bar{P}_1)\varepsilon]>\kappa\bar{P}_1$，即 $P_1^C/\bar{P}_1>(\kappa\Gamma_C-1)/\varepsilon+1$, $(1-\varepsilon)(\kappa\Gamma_C-\Gamma_N)/\varepsilon>(P_1^C\Gamma_N-P_1^N\kappa\Gamma_C)/\bar{P}_1$ 时，可知投资者 N 的风险资产最优需求量 X^N 最大.

由此不难理解，在给定的条件下，三类非理性投资者中，投资者 N 的最优需求量可能会最大，而且当资产价格较低时这种状态最明显.

命题 8.5 从解析角度解释了一个现象，即尽管投资者 N 与投资者 O 或投资者 C 相比，面临更大的不确定性，但仍然可能会有最大的风险资产最优需求量. 该结论暗合了非理性投资者行为的多样性及非理性（Hong and Stein, 1999; Bloomfield et al., 2000; Poteshman, 2001; Daniel et al., 1998, 2001）.

8.3.2 均衡资产定价及异质影响分析

由资产均衡价格要满足市场出清条件，即

$$\bar{x}=\psi_1X^{*O}+\psi_2X^{*C}+(1-\psi_1-\psi_2)X^{*N} \tag{8.17}$$

可得出上述市场假设下的资产均衡价格. 定理 8.1 即表达了在卖空约束机制下，金融市场存在唯一的线性均衡.

定理 8.1　记 $\bar{P}_1^C$、$\bar{P}_1^N$ 分别为保守投资者和中性投资者的平均先验价格信念，则该线性均衡价格为

$$P_0^* = \frac{1}{1+r}\left(\alpha_C \overline{P}_1^C + \alpha_N \overline{P}_1^N + \beta_1 \overline{P}_1 + \beta_2 s - \beta_3 \hat{x}\right) \tag{8.18}$$

其中,

$$\begin{aligned}
&\alpha_C = \psi_2 \Gamma_N \varepsilon(\rho_P + \rho_s) / D \\
&\alpha_N = (1-\psi_1-\psi_2)\Gamma_C \varepsilon'(\rho_P + \kappa'\rho_s) / D \\
&\beta_1 = \rho_P[\psi_1 \Gamma_C \Gamma_N + \psi_2 \Gamma_N (1-\varepsilon) + (1-\psi_1-\psi_2)\Gamma_C(1-\varepsilon')] / D \\
&\beta_2 = \rho_s[\psi_1 \Gamma_C \Gamma_N \kappa + \psi_2 \Gamma_N (1-\varepsilon) + (1-\psi_1-\psi_2)\Gamma_C \kappa'(1-\varepsilon')] / D \\
&\beta_3 = a\Gamma_C \Gamma_N / D \\
&D = \rho_P[\psi_1 \Gamma_C \Gamma_N + \psi_2 \Gamma_N + (1-\psi_1-\psi_2)\Gamma_C] + \rho_s[\psi_1 \Gamma_C \Gamma_N \kappa + \psi_2 \Gamma_N + (1-\psi_1-\psi_2)\Gamma_C \kappa'] \\
&\hat{x} = \overline{x} - [\psi_1 \lambda_O(\rho_P + \kappa\rho_s) + \psi_2 \lambda_C(\rho_P + \rho_s) / \Gamma_C + (1-\psi_1-\psi_2)\lambda_N(\rho_P + \kappa'\rho_s) / \Gamma_N] / a^2
\end{aligned}$$

定理 8.1 的证明非常简单(略). 式(8.18)清晰地说明了该均衡价格是价格信息 $\overline{P}_1, s, \overline{P}_1^C, \overline{P}_1^N$ 及资产有效供给 $\hat{x}$ 的线性函数. 各价格系数又由异质因子 $\varepsilon, \kappa, \varepsilon', \kappa'$, $\rho_s, \rho_P, \rho_\varepsilon, \rho_{\varepsilon'}, \Gamma_C, \Gamma_N$ 等决定.

为分析简便, 记

$$\sigma_C^2 \equiv \mathrm{Var}^C\left\{P_1 | s\right\} = \Gamma_C / (\rho_P + \rho_s) \tag{8.19}$$

$$\sigma_N^2 \equiv \mathrm{Var}^N\left\{P_1 | s\right\} = \Gamma_N / (\rho_P + \kappa'\rho_s) \tag{8.20}$$

将式(8.18)转化为式(8.21):

$$P_0^* = \frac{1}{1+r}\left(\alpha'_C \overline{P}_1^C + \alpha'_N \overline{P}_1^N + \beta'_1 \overline{P}_1 + \beta'_2 s - \beta'_3 \hat{x}\right) \tag{8.21}$$

其中,

$$\begin{aligned}
&\alpha'_C = \psi_2 \varepsilon / \sigma_C^2 D' \\
&\alpha'_N = (1-\psi_1-\psi_2)\varepsilon' / \sigma_N^2 D' \\
&\beta'_1 = \rho_P[\psi_1 + (1-\varepsilon)\psi_2 / \Gamma_C + (1-\varepsilon')(1-\psi_1-\psi_2) / \Gamma_N] / D' \\
&\beta'_2 = \rho_s[\psi_1 \kappa + (1-\varepsilon)\psi_2 / \Gamma_C + \kappa'(1-\varepsilon')(1-\psi_1-\psi_2) / \Gamma_N] / D' \\
&\beta'_3 = a / D' \\
&D' = \rho_P[\psi_1 + \psi_2 / \Gamma_C + (1-\psi_1-\psi_2) / \Gamma_N] + \rho_s[\psi_1 \kappa + \psi_2 / \Gamma_C + \kappa'(1-\psi_1-\psi_2) / \Gamma_N]
\end{aligned}$$

式(8.21)表明该均衡价格由五个部分组成.

(1)投资者 C 的平均先验价格信念 $\overline{P}_1^C$, 再加权意义明确的系数 α'_C (该系数由投资者 C 的成分 ψ_2、保守水平 ε、后验信念方差 σ_C^2 及一个公共的分母 D' 组成).

(2)投资者 N 的平均先验价格信念 $\overline{P}_1^N$, 再加权系数 $\alpha'_N = (1-\psi_1-\psi_2)\varepsilon' / \sigma_N^2 D'$.

(3)公开信念 $\overline{P}_1$, 再加权意义明确的系数 β'_1: $\psi_1 \cdot 1/D'$ (由于投资者 O 过度自信

公开价格信号s，完全忽略公开信念，从而该项前面系数为“1”），$\psi_2(1-\varepsilon)/\Gamma_C D'$（投资者$C$认为公有信息可能出错的概率为$\varepsilon(0<\varepsilon\leqslant 1)$，从而$\overline{P}_1$剩余系数为$(1-\varepsilon)$，类似可分析$(1-\varepsilon')(1-\psi_1-\psi_2)/\Gamma_N D'$.

(4) 公开价格信号s，再加权价格系数β_2'.

(5) 整个市场的风险溢价水平，即$-\left(a\beta_3'/D'\right)\hat{x}$.

所有异质因子都作用于各系数. 异质因子对均衡价格的重要程度不言而喻.

通过以上分析，有如下结论.

(1) 在其他条件相同的情况下，任意投资者提高对未来资产价格的预期（即$\overline{P}_1$或$\overline{P}_1^C$或$\overline{P}_1^N$增大），资产的均衡价格都将升高.

(2) 在其他条件相同的情况下，公开价格信号s增大，则资产的均衡价格也将升高.

(3) 注意到式(8.21)等号右边前四项系数都是非负的，唯有最后一项系数是负数. 这意味着，资产均衡价格与所有市场价格信息$\overline{P}_1,s,\overline{P}_1^C,\overline{P}_1^N$正相关（但前提是资产供求基本一致. 若供大于求，那将另当别论）；而与资产供应量$\overline{x}$负相关，进一步意味着新增股会折价. 此外，式中$\hat{x}$表示有效的资产供应量（或需求量），具有特别意义：①由命题 8.2 不难看出，卖空约束机制的引入发挥了阻遏资产价格下跌的作用. ②同样，由式(8.21)也可分析出，中国股市流通股占全部股票的比率低，这个事实客观上造成了股票价格远偏高于其内在价值.

以上结论，都比较常见于现有文献（顾娟和刘建洲，2004）中. 不过，本章得到此结论采用的方法与他们的不同.

注意到当投资者N简化为投资者O（$\varepsilon'=0,\kappa'=\kappa$）或者投资者$C$（$\varepsilon'=\varepsilon,\kappa'=1$），此时市场只有投资者$O$和投资者$C$，$\psi_1+\psi_2=1$，在无卖空约束机制下，均衡价格$P_0^*$简化为

$$P_0^{*'}=\frac{1}{1+r}\left(\alpha'\overline{P}_1^C+\beta_1'\overline{P}_1+\beta_2's-\beta_3'\overline{x}\right) \tag{8.22}$$

其中，

$$\alpha'=(1-\psi_1)\varepsilon(\rho_P+\rho_s)/D'$$
$$\beta_1'=\rho_P[\psi_1\Gamma_C+(1-\psi_1)(1-\varepsilon)]/D'$$
$$\beta_2'=\rho_s[\psi_1\Gamma_C\kappa+(1-\psi_1)(1-\varepsilon)]/D'$$
$$\beta_3'=a\Gamma_C/D'$$
$$D'=\rho_P[\psi_1\Gamma_C+(1-\psi_1)]+\rho_s[\psi_1\Gamma_C\kappa+(1-\psi_1)]$$

式(8.22)所示的均衡正好是由美国著名经济学家 Douglas Gale 教授指导 Wang S W 博士学位论文中的均衡（Wang, 2002），这说明我们这里的模型是他们

的模型的拓展.

命题 8.6　资产均衡价格随自信水平 κ 及 κ' 递增，随信念异质水平 ρ_ε 及 $\rho_{\varepsilon'}$ 递减，并且关于保守水平 ε 及 ε' 凸.

证明　为简化计算，假设 $\bar{x}=0, \bar{P}_1^C=\bar{P}_1^N=\bar{P}_1$，则

$$P_0^*=(\beta_1'\bar{P}_1+\beta_2 s)/(1+r)=[\bar{P}_1+\beta_2(\mu+\nu)]/(1+r)$$

显然，资产价格正相关于 β_2. 因此，只要证明：① β_2 随 κ 及 κ' 递增，随 ρ_ε 递减；② β_2 关于 ε 及 ε' 凸即可.

下面证明①.

证明

$$\frac{\partial\beta_2}{\partial\kappa}\Big|_{\varepsilon=\varepsilon'=0,\kappa'=1}=\frac{\psi_1\rho_P\rho_s}{\left[\rho_P+\rho_s\left(1+\psi_1\left(\kappa-1\right)\right)\right]^2}>0$$

$$\frac{\partial\beta_2}{\partial\kappa'}\Big|_{\varepsilon=\varepsilon'=0,\kappa=1}=\frac{\rho_s\rho_P\left(1-\psi_1-\psi_2\right)}{\left[\rho_P+\rho_s\left[\psi_1+\psi_2+\left(1-\psi_1-\psi_2\right)\kappa'\right]\right]^2}>0$$

$$\frac{\partial\beta_2}{\partial\rho_\varepsilon}\Big|_{\varepsilon'=0,\kappa'=1,\kappa=1}=\frac{\rho_s}{\rho_P+\rho_s}\frac{\left(1-\psi_2\right)\left(\varepsilon\dfrac{\partial\Gamma_C}{\partial\rho_\varepsilon}-\psi_2\Gamma_C\right)-\psi_2^2}{\left[\psi_2+\left(1-\psi_2\right)\Gamma_C\right]^2}<0$$

（上式是因为 $1-\psi_2>0,\Gamma_C>0,\dfrac{\partial\Gamma_C}{\partial\rho_\varepsilon}=-\dfrac{\varepsilon^2\left(\rho_P+\rho_s\right)}{\rho_\varepsilon^2}<0$）

$$\frac{\partial\beta_2}{\partial\rho_\varepsilon}\Big|_{\varepsilon'=0,\kappa'=1,\kappa=1}=\frac{\rho_s}{\rho_P+\rho_s}\frac{\left(1-\psi_1-\psi_2\right)\left(\psi_1+\psi_2\right)\varepsilon'\dfrac{\partial\Gamma_N}{\partial\rho_\varepsilon}}{\left[\left(\psi_1+\psi_2\right)\left(\Gamma_N-1\right)+1\right]^2}<0$$

（上式是因为 $1-\psi_1-\psi_2>0,\dfrac{\partial\Gamma_N}{\partial\rho_\varepsilon}=-\dfrac{\varepsilon'^2\left(\rho_P+\rho_s\right)}{\rho_\varepsilon^2}<0$）.

证毕.

下面证明②.

证明

$$\frac{\partial\beta_2}{\partial\varepsilon}\Big|_{\varepsilon'=0,\kappa'=1,\kappa=1}=\frac{\rho_s}{\left(\rho_P+\rho_s\right)}\frac{\psi_2\left[\varepsilon^2\left(1-\psi_2\right)\left(1+\dfrac{\rho_P+\rho_s}{\rho_\varepsilon}\right)-1\right]}{\left[\psi_2+\left(1-\psi_2\right)\Gamma_C\right]^2}\Leftrightarrow\varepsilon=\frac{1}{\sqrt{\left(1-\psi_2\right)\left(1+\dfrac{\rho_P+\rho_s}{\rho_\varepsilon}\right)}}$$

$$\frac{\partial\beta_2}{\partial\varepsilon'}\bigg|_{\varepsilon=0,\kappa'=1,\kappa=1}=\frac{\rho_s}{(\rho_P+\rho_s)}\frac{(1-\psi_1-\psi_2)\left[\varepsilon'^2\left(1+\dfrac{\rho_P+\rho_s}{\rho_\varepsilon}\right)(\psi_1+\psi_2)-1\right]}{\left[1+(\Gamma_N-1)(\psi_1+\psi_2)\right]^2}\Leftrightarrow\varepsilon'$$

$$=\frac{1}{\sqrt{(\psi_1+\psi_2)\left(1+\dfrac{\rho_P+\rho_s}{\rho_\varepsilon}\right)}}$$

证毕.

推论 8.1 资产均衡价格随过度自信类型投资者的比例 ψ_1 增大而升高, 随保守类型投资者的比例 ψ_2 增大而降低.

上述命题和推论说明, 资本市场上投资者的过度自信会推高资产价格, 而信息精确度、投资者的保守信念则一般会降低资产价格. 顾娟和刘建洲(2004)通过研究信息不对称与股票价格变动的关系也获得了类似的结论.

为进一步深入研究异质因子对资产均衡价格的影响, 我们比较异质因子载体, 即各种非理性投资者对此均衡价格的影响程度. 为使比较可行且有意义, 我们将三类投资者模型分别简化为两类投资者模型: (O,R)、(C,R) 及 (N,R), 并记 ψ_1^O、β_1^O, ψ_2^C、β_2^C 及 ψ_3^N、β_3^N 分别为投资者 O,C,N 的相应成分量与价格因子系数.

命题 8.7 在简化模型 (O,R) 及 (N,R) 中, 给定可比条件 $\psi_1^O=\psi_3^N,\varepsilon'=0$, 投资者 N 对均衡价格的影响一般不超过投资者 O.

命题 8.7 可直接由命题 8.6 推导出.

命题 8.8 在简化模型 (C,R) 及 (N,R), 给定可比条件 $\varepsilon=\varepsilon'$ 及 $\psi_2^C=\psi_3^N$, 投资者 N 对均衡价格的影响一般不低于投资者 C, 对于任意的 ψ、ε 及 κ', 只排除一种情况, 即当 $\psi\leqslant\psi^*$,

$$\varepsilon=\varepsilon'\in\left[\min\left\{\left(b-\sqrt{b^2-4ac}\right)\Big/2a,1\right\},\min\left\{\left(b+\sqrt{b^2-4ac}\right)\Big/2a,1\right\}\right] \tag{8.23}$$

其中,

$$\psi^*=1-4a/b^2 \tag{8.24}$$

$$a\equiv(1+\rho_s/\rho_P)(1+\rho_P/\rho_\varepsilon) \tag{8.25}$$

$$b\equiv(2+\rho_s/\rho_P) \tag{8.26}$$

$$c\equiv1/(1-\psi) \tag{8.27}$$

证明 记 $\psi_1^O,\psi_2^C,\psi_3^N$ 为投资者 O,C,N 在模型 (O,C,N) 中的成分. 根据假设, 模型 (C,R) 中投资者 C 成分 ψ_2^C 与模型 (N,R) 中投资者 N 成分 ψ_3^N 相同, 即 $\psi_2^C=\psi_3^N$.

为简化起见，记 $\psi_2^C=\psi_3^N\equiv\psi$．应用定理 8.1 于模型 (C,R) 及模型 (N,R) 中即得

$$\beta_2^C=\frac{\rho_s}{(\rho_P+\rho_s)}\left[1-\frac{\varepsilon\psi}{\Gamma_C(1-\psi)+\psi}\right]$$

$$\beta_2^N=\frac{\rho_s\left[(1-\psi)\Gamma_N+\psi\kappa'(1-\varepsilon')\right]}{\rho_P\left[\Gamma_N(1-\psi)+\psi\right]+\rho_s\left[\Gamma_N(1-\psi)+\kappa'\psi\right]}$$ ①

记 $\Delta\beta_2(\varepsilon,\varepsilon',\kappa',\psi)=\beta_2^N-\beta_2^C$，从而

$$\Delta\beta_2\big|_{\varepsilon=\varepsilon'}=\frac{(\kappa'-1)\rho_s\rho_P\psi(1-\varepsilon)\left[(1-\psi)\left(1+\frac{\rho_s}{\rho_P}\right)\left(1+\frac{\rho_P}{\rho_\varepsilon}\right)\varepsilon^2-(1-\psi)\left(2+\frac{\rho_s}{\rho_P}\right)\varepsilon+1\right]}{\left\{\rho_P\left[\Gamma_N(1-\psi)+\psi\right]+\rho_s\left[\Gamma_N(1-\psi)+\kappa'\psi\right]\right\}(\rho_P+\rho_s)\left[\Gamma_C(1-\psi)+\psi\right]}$$

显然，$\psi=0$ 或 $\kappa'=1$ 或 $\varepsilon=1$ 意味着 $\Delta\beta_2\big|_{\varepsilon=\varepsilon'}=0$；将 $\psi=1$ 代入上式得 $\Delta\beta_2\big|_{\varepsilon=\varepsilon'}>0$．而对 $0<\psi<1, 0\leqslant\varepsilon<1, \kappa'>1$，则有

$$\Delta\beta_2\big|_{\varepsilon=\varepsilon'}\geqslant 0\Leftrightarrow(1+\rho_s/\rho_P)(1+\rho_P/\rho_\varepsilon)\varepsilon^2-(2+\rho_s/\rho_P)\varepsilon+1/(1-\psi)\geqslant 0$$

若简记

$$a\equiv(1+\rho_s/\rho_P)(1+\rho_P/\rho_\varepsilon);b\equiv 2+\rho_s/\rho_P;c\equiv 1/(1-\psi)$$

则有

$$\begin{aligned}&\Delta\beta_2\big|_{\varepsilon=\varepsilon'}\geqslant 0\\ \Leftrightarrow&\begin{cases}\varepsilon\in\left[0,\min\left\{\dfrac{b-\sqrt{b^2-4ac}}{2a},1\right\}\right]\cup\left[\min\left\{\dfrac{b+\sqrt{b^2-4ac}}{2a},1\right\},1\right], & b^2-4ac\geqslant 0\\ \varepsilon\in[0,1], & b^2-4ac<0\end{cases}\end{aligned}$$

其中，$b^2-4ac\geqslant 0\Leftrightarrow b^2-4a/(1-\psi)\geqslant 0\Leftrightarrow\psi\leqslant 1-4a/b^2$．

证毕.

可用图 8.1 来示意命题 8.7 和命题 8.8.

① 此时在模型 (N,R) 中，投资者 R 同时来自投资者 O 及投资者 C．因此，$\psi_1+\psi_2=1-\psi$．

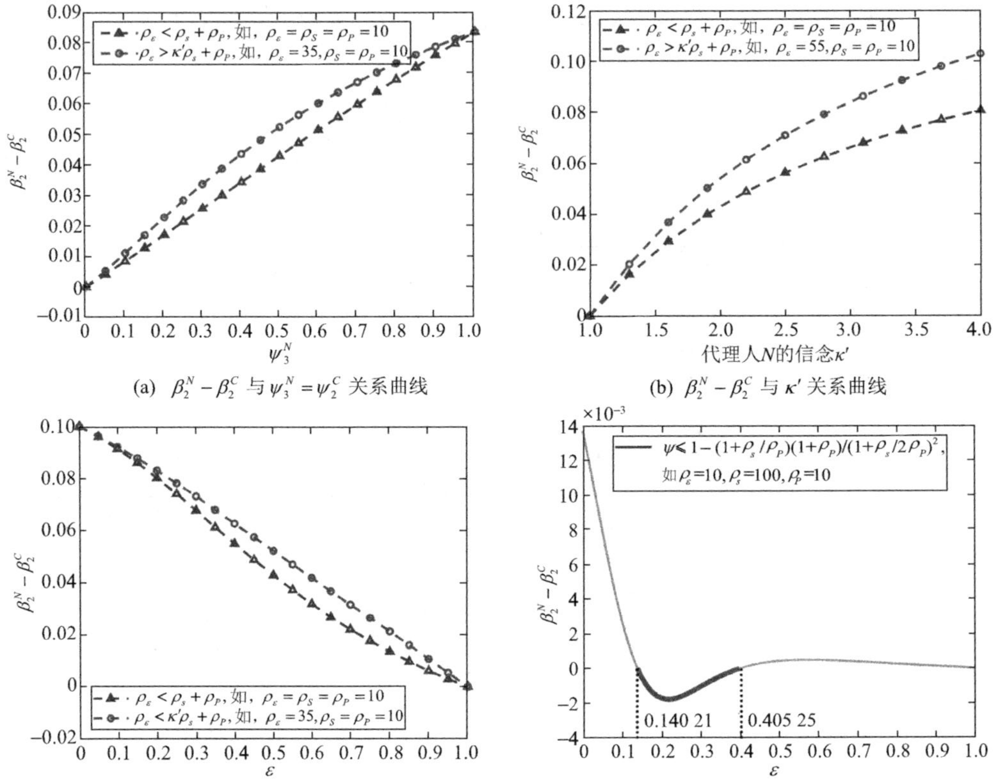

(a) $\beta_2^N - \beta_2^C$ 与 $\psi_3^N = \psi_2^C$ 关系曲线

(b) $\beta_2^N - \beta_2^C$ 与 κ' 关系曲线

(c) $\beta_2^N - \beta_2^C$ 与 $(\varepsilon = \varepsilon')$ 关系曲线

(d) $\beta_2^N - \beta_2^C$ 与 $(\varepsilon = \varepsilon')$ 关系曲线

图 8.1　异质因子对价格信号系数的影响

作图时，从图 8.1(a) 取 $\varepsilon = \varepsilon' = 0.5, \kappa' = 2$；从图 8.1(b) 取 $\varepsilon = \varepsilon' = 0.5, \psi_3^N = \psi_2^C = 0.5$；从图 8.1(c) 取 $\kappa' = 5$，$\psi_3^N = \psi_2^C = 0.5$；从图 8.1(d) 取 $\kappa' = 10, \psi_3^N = \psi_2^C = 0.2$ 以满足 $\psi \leqslant 1 - 4a/b^2$.

图 8.1 显示，假定在各自简化模型 (C,R) 及 (R,N) 中，$\varepsilon = \varepsilon'$ 与 $\psi_2^C = \psi_3^N \equiv \psi$，则价格信号系数差异 $\Delta\beta_2 = \beta_2^N - \beta_2^C$ 一般都大于零，且关于成分系数 ψ 随自信水平 κ' 递增，而随保守水平 ε 递减. 当且仅当 $\psi \leqslant 1 - (1+\rho_s/\rho_P)(1+\rho_P/\rho_\varepsilon)/(1+\rho_s/2\rho_P)^2$，$\varepsilon$ 取值于式(8.23)定义的区域时，价格信号系数差异 $\Delta\beta_2 = \beta_2^N - \beta_2^C$ 才表现出微弱的负值，如图 8.1(d) 所示. 图中 $\rho_s = 100$，$\rho_P = \rho_\varepsilon = 10$，$\psi^* = 0.3889$，从而随意选取 $\psi = 0.2$ 满足 $\psi \leqslant \psi^*$，计算出的 ε 异类区间为 $[0.1402, 0.4053]$.

注意到上面得到的均衡是有限理性均衡. 可以很容易证明三类非理性投资者都有与理性投资者一样的期望均衡价格，但是他们会察觉到不同的均衡价格方差.

为简化计算，同时不失去一般性，假设 $\bar{x} = 0$，$\bar{P}_1^C = \bar{P}_1^N = \bar{P}_1$，在无卖空约束机制下，式(8.21)成为 $P_0^* = (\beta_1'\bar{P}_1 + \beta_2 s)/(1+r)$，其中 $\beta_1' = 1 - \beta_2$. 进一步代入

$s=\overline{P}_1+\mu+\nu$，得到

$$P_0^*=[\overline{P}_1+\beta_2(\mu+\nu)]/(1+r)$$

从而，当 μ（基本扰动）和 ν（信号噪声）都服从高斯分布时，均衡价格 P_0 也服从高斯分布. 因此，关于异质因子对均衡价格方差及信息含量的影响，我们有下面的命题.

命题 8.9

(1) 均衡价格方差随自信水平 κ 及 κ' 递增，随信念异质水平 ρ_ε 及 $\rho_{\varepsilon'}$ 递减，并关于保守水平 ε 及 ε' 凸，且拐点分别为

$$\varepsilon=1/\sqrt{(1-\psi_2)[1+(\rho_P+\rho_s)/\rho_\varepsilon]} \tag{8.28}$$

$$\varepsilon'=1/\sqrt{(\psi_1+\psi_2)[1+(\rho_P+\rho_s)/\rho_{\varepsilon'}]} \tag{8.29}$$

(2) 若给定 $\beta_2>\rho_s(1+r)/(\rho_P+\rho_s)$，则异质因子对均衡价格信息含量影响与对均衡价格方差的影响相同.

证明　均衡价格方差为

$$\operatorname{Var}\{P_0\}=E\{P_0-E\{P_0\}\}^2=\frac{1}{(1+r)^2}E\{(1-\beta_2)\overline{P}_1+\beta_2 s-\overline{P}_1\}^2=\left(\frac{\beta_2}{1+r}\right)^2\left(\frac{1}{\rho_P}+\frac{1}{\rho_s}\right)$$

价格信息含量为

$$\operatorname{Var}\{P_0-P_1\}=\operatorname{Var}\{P_0\}+\operatorname{Var}\{P_1\}-2\operatorname{Cov}(P_0,P_1)=\left(\frac{\beta_2}{1+r}\right)^2\left(\frac{1}{\rho_P}+\frac{1}{\rho_s}\right)+\frac{1}{\rho_P}-\frac{2\beta_2}{1+r}\frac{1}{\rho_P}$$

$$\frac{\partial\operatorname{Var}\{P_0-P_1\}}{\partial\beta_2}=\left(\frac{2}{1+r}\right)\left[\left(\frac{1}{\rho_P}+\frac{1}{\rho_s}\right)\frac{\beta_2}{1+r}-\frac{1}{\rho_P}\right]>0$$

如果满足 $\beta_2>\dfrac{\rho_s}{\rho_P+\rho_s}(1+r)$.

证毕.

可以看出，价格方差及信息含量都随 β_2 递增，因此只需证明：① β_2 随 κ 及 κ' 递增，随 ρ_ε 递减；② β_2 关于 ε 及 ε' 凸即可. 余下证明同命题 8.6.

命题 8.9 说明过度自信投资者会促进资产价格波动，而保守投资者能够降低资产价格波动. 又因为市场中完全保守投资者是非常少的，这正好说明市场中个体投资者中的保守成分对稳定市场起决定作用. 而这点又是由中性投资者的行为特点决定：过度自信与保守的折中.

这也正是本章集合三类非理性投资者模型的成功之处：中性投资者的引入，

很好地避免了过度自信者及保守者的两个极端，使模型市场很好地仿真现实市场，从而为进一步利用该模型解决金融之谜和异象奠定基础.

8.3.3 均衡收益及异质影响分析

本节我们采用类似于文献(L'Her and Suret, 1995; Li and Fleisher, 2004)的方法，将上述均衡价格方程转换为均衡收益方程.

定理 8.2 在卖空约束机制下，资产均衡收益可表达为

$$\frac{1}{\overline{x}}\left[\frac{1}{P_0^*(1+r)}\left(\alpha_C\overline{P}_1^C+\alpha_N\overline{P}_1^N+\beta_1\overline{P}_1+\beta_2 s\right)-1\right]=\frac{1}{P_0^*(1+r)}\beta_3\left(1-\frac{\Delta x}{\overline{x}}\right) \tag{8.30}$$

其中，α_C、α_N、β_1、β_2、β_3与式(8.18)相同;

$$\Delta x=[\psi_1\lambda_O(\rho_P+\kappa\rho_s)+\psi_2\lambda_C(\rho_P+\rho_s)/\Gamma_C+(1-\psi_1-\psi_2)\lambda_N(\rho_P+\kappa'\rho_s)/\Gamma_N]/a^2 \tag{8.31}$$

式(8.30)为在卖空约束机制下，市场中包含三类非理性投资者，且允许投资者同时对资产价格先验及信号持有异质信念的资产均衡收益. 式(8.30)等式右边第一项表示没有绑定卖空约束机制下资产均衡收益；第二项恰好表示由卖空约束机制引起的收益减少部分. 显然，收益正比于β_3，反比于均衡价格.

下面，我们再给出异质因子对均衡收益影响的命题.

命题 8.10 均衡收益R_{eturn}随κ及κ'递减；关于ε和ε'凸，且

$$\varepsilon^*=\rho_\varepsilon/(\rho_\varepsilon+\rho_s+\rho_P) \tag{8.32}$$

$$\varepsilon'^*=\rho_{\varepsilon'}/(\rho_{\varepsilon'}+\kappa'\rho_s+\rho_P) \tag{8.33}$$

证明 (1)均衡收益R_{eturn}随κ及κ'递减.

$$\begin{aligned}&\frac{\partial\beta_3}{\partial\kappa}\\&=\frac{-a\Gamma_C^2\Gamma_N^2\rho_s\psi_1}{\{\rho_P[\psi_1\Gamma_C\Gamma_N+\psi_2\Gamma_N+(1-\psi_1-\psi_2)\Gamma_C]+\rho_s[\psi_1\Gamma_C\Gamma_N\kappa+\psi_2\Gamma_N+(1-\psi_1-\psi_2)\Gamma_C\kappa']\}^2}\\&\leqslant 0\end{aligned}$$

$$\begin{aligned}&\frac{\partial\beta_3}{\partial\kappa'}\\&=\frac{a\Gamma_C(1-\psi_1-\psi_2)\Gamma_C\left[\frac{\partial\Gamma_N}{\partial\kappa'}\rho_P+\left(\frac{\partial\Gamma_N}{\partial\kappa'}\kappa'-\Gamma_N\right)\rho_s\right]}{\{\rho_P[\psi_1\Gamma_C\Gamma_N+\psi_2\Gamma_N+(1-\psi_1-\psi_2)\Gamma_C]+\rho_s[\psi_1\Gamma_C\Gamma_N\kappa+\psi_2\Gamma_N+(1-\psi_1-\psi_2)\Gamma_C\kappa']\}^2}\\&\leqslant 0\end{aligned}$$

因为 $\frac{\partial \Gamma_N}{\partial \kappa'} = \frac{\rho_s}{\rho_{\varepsilon'}} \varepsilon'^2, \frac{\partial \Gamma_N}{\partial \kappa'} \rho_P + \left(\frac{\partial \Gamma_N}{\partial \kappa'} \kappa' - \Gamma_N \right) \rho_s = -\rho_s (1-\varepsilon')^2 \leqslant 0$

(2) 均衡收益 R_{eturn} 关于 ε 和 ε' 凸.

$$\frac{\partial \beta_3}{\partial \varepsilon}$$

$$= \frac{a\psi_2 \Gamma_N^2 \frac{\partial \Gamma_C}{\partial \varepsilon}(\rho_P + \rho_s)}{\{\rho_P[\psi_1 \Gamma_C \Gamma_N + \psi_2 \Gamma_N + (1-\psi_1-\psi_2)\Gamma_C] + \rho_s[\psi_1 \Gamma_C \Gamma_N \kappa + \psi_2 \Gamma_N + (1-\psi_1-\psi_2)\Gamma_C \kappa']\}^2}$$

因为 $\frac{\partial \Gamma_C}{\partial \varepsilon} = -2 + 2\varepsilon(1 + \frac{\rho_s + \rho_P}{\rho_\varepsilon})$. 从而

$$\frac{\partial \beta_3}{\partial \varepsilon} \gtrless 0 \Leftrightarrow \frac{\partial \Gamma_C}{\partial \varepsilon} = -2 + 2\varepsilon(1 + \frac{\rho_s + \rho_P}{\rho_\varepsilon}) \gtrless 0 \Leftrightarrow \varepsilon \gtrless \frac{\rho_\varepsilon}{\rho_\varepsilon + \rho_s + \rho_P}$$

$$\frac{\partial \beta_3}{\partial \varepsilon'}$$

$$= \frac{a(1-\psi_1-\psi_2)\{\rho_P + \rho_s \kappa'\} \Gamma_C^2 \frac{\partial \Gamma_N}{\partial \varepsilon'}}{\{\rho_P[\psi_1 \Gamma_C \Gamma_N + \psi_2 \Gamma_N + (1-\psi_1-\psi_2)\Gamma_C] + \rho_s[\psi_1 \Gamma_C \Gamma_N \kappa + \psi_2 \Gamma_N + (1-\psi_1-\psi_2)\Gamma_C \kappa']\}^2}$$

因为 $\frac{\partial \Gamma_N}{\partial \varepsilon'} = -2 + 2\varepsilon'(1 + \frac{\kappa' \rho_s + \rho_P}{\rho_{\varepsilon'}})$. 从而

$$\frac{\partial \beta_3}{\partial \varepsilon'} \gtrless 0 \Leftrightarrow \frac{\partial \Gamma_N}{\partial \varepsilon'} = -2 + 2\varepsilon'(1 + \frac{\kappa' \rho_s + \rho_P}{\rho_{\varepsilon'}}) \gtrless 0 \Leftrightarrow \varepsilon' \gtrless \frac{\rho_{\varepsilon'}}{\rho_{\varepsilon'} + \kappa' \rho_s + \rho_P}$$

证毕.

命题 8.10 说明, 当投资者趋于过度自信, 则资产均衡收益将打折扣. 因此, 我们并不奇怪标准・普尔公司建议中国股票市场上的投资者应该采用谨慎保守策略.

定理 8.2 给出的是市场均衡时的资产均衡收益, 对于具有期权的普通资本市场, 投资者更关心其投资组合收益的情况. 下面我们给出投资组合的收益定理.

定理 8.3　假设投资者的风险态度不变, 并以时刻 1 为到期、S 为敲定价出售该股票的期权, 其中敲定价 S 是建立在价格信号 s 基础上的, 且可分解为市场公开信念 $\overline{P}_1$ 再加上新信息对预期的改变量 Δ, 即 $S = \overline{P}_1 + \Delta$, 那么从 0 时刻到 1 时刻投资组合收益就是投资组合在 1 时刻的清偿支付减去均衡价格, 即

$$E(R)=E\left(\frac{1}{1+r}S-P_0^*\right)=\frac{1}{1+r}\left[\beta_3\hat{x}+\left(1-\beta_1-\beta_2\right)\bar{P}_1-\left(\alpha_C\bar{P}_1^C+\alpha_N\bar{P}_1^N\right)+\varDelta\right] \quad (8.34)$$

由式(8.34)不难得出以下结论.

(1) 在其他条件相同的情况下, 投资者对未来资产价格的预期越高(即 $\bar{P}_1^C$ 或 $\bar{P}_1^N$ 增大), 资产组合收益越低; 而预期改变量 $\varDelta>0$ 越大, 即敲定价越高, 则组合收益越大.

(2) 由类似于命题 8.10 的证明知, 组合收益 $E(R)$ 同样随自信水平 κ 及 κ' 的提高而递减, 随保守水平 ε 及 ε' 的提高而递减.

(3) 同理可得类似于推论 8.1 的结论, 组合收益 $E(R)$ 随过度自信类型投资者的比例 ψ_1 增大而降低, 而随保守类型投资者的比例 ψ_2 增大而升高.

以上结论与顾娟和刘建洲(2004)的结论几乎一致, 因此本模型同样可用来解释该文献中提到的国内外证券市场的股价异常现象.

8.3.4　评注

注意到本章模型中参变量众多, 我们可以将之归为七类: ①投资者异质信念 $\bar{P}_1$, $\bar{P}_1^C,\bar{P}_1^N$; ②信念异质水平 $\rho_s,\rho_P,\rho_\varepsilon$ 和 $\varepsilon,\varepsilon',\kappa,\kappa'$; ③投资者成分 $\psi_1^O,\psi_2^C,\psi_3^N$; ④风险厌恶系数 a; ⑤无风险利率 r; ⑥风险资产供应量 $\bar{x}$; ⑦卖空约束机制 $\lambda_O,\lambda_C,\lambda_N$.

若量化各变量对资产均衡价格及收益的贡献程度, 则需要对模型做数值仿真. 然而, 由于模型中某些变量值, 如投资者成分(即市场上过度自信、保守和中性投资者的占比)、信念异质水平等, 在现有统计数据或资料中无法得到, 我们要获取第一手数据需要通过大量的问卷调查、实证和统计分析, 由于时间与经费限制, 这些工作暂时无法开展. 因此, 要通过此模型计算真实的资产价格, 目前存在实质性困难. 事实上, 现有文献关于此类模型研究, 也都只是作为理论分析、逻辑推导之用, 如利用文中相关命题和定理可以预测出价格与收益变化趋势.

8.4　进一步研究讨论

8.4.1　基于行为效用的异质非理性定价模型

需要指出的是, 本章模型中的效用函数采用的是普遍使用的 CARA 型效用函数 $u(W)=-e^{-aW}$, 其目的仅为数学推导方便, 其缺点非常明显: 该效用与实现投资者效用偏离严重. 因此, 有必要选用贴近现实投资者的效用函数重新建立异质非理性定价模型.

1. 行为效用函数

众所周知, 现实投资者的真实效用, 不仅因人而异, 因时空状态而异, 除了随收益、财富等变化而变化外, 还受心态、情绪、地位等多因素影响. 本章称具有这样特性的效用为行为效用. 显然, 构造具有普遍现实意义的投资者行为效用函数, 并在此效用下研究最优消费组合及资产定价问题, 具有重大的理论和现实意义.

值得一提的是, 本章提出的"行为效用"是与行为金融理论相对应的英文为 behavioral utility 的效用. 特别地, 它区别于人类行为学中一般的行为效用 (praxeic utility). 本章提出的行为效用, 具体指以心理学、行为学及其他相关学科为基础, 并尝试将这些学科成果应用于建立具有普遍现实意义的投资者效用; 它考虑了经济系统中的人有可能不是完全理性, 度量的是现实投资决策活动带来的刺激和反应.

在马歇尔的《经济学原理》问世以前, 经济学和心理学的基本假设都是以边沁的功利主义为基础的, 前者的基本假设是经济人理性, 后者的基本假设是自然人快乐; 但到了马歇尔之后, 由于快乐被转换为可测量的效用, 于是行为主义意义上的快乐便被逐出经济学师门; 经济学所说的功利最大化就只剩下效用最大化, 彻底地抛弃了心理学的功利最大化. 如今, 行为经济学重新结合心理学和经济学, 将作为行为分析基础的功利划分为: 决策性功利(效用最大化意义上的功利)及体验性功利(快乐最大化意义上的功利). 这就决定了必须有新的效用函数与之对应. 行为效用即综合了决策性功利及体验性功利.

2. 一类行为效用函数

边际效用理论认为, 效用实质上是消费品(或劳务)作用于人的生理和心理之后产生的刺激与反应, 并受历史经验和环境影响. 著名的前景理论的发明者 Kahneman 和 Tversky(1979) 的研究也发现, 投资者效用不完全依赖财富或消费的绝对水平, 而是反映在前景理论的价值函数中, 是一条中间有拐点(参考点)的 S 形曲线——在盈利域通常是凹的、在损失域通常是凸的, 而且曲线的斜率在损失域比盈利域内要陡.

受这一认识的启发, 本章建立一种新型的基于财富、习惯消费、当前消费, 以及不同状态下的效用非理性等因素的行为效用. 令 $W(t)$ $(W(t)>0)$ 表示投资者在 t 时的绝对财富. 投资者的 t 时效用函数为 $u(c^{H,W}(t),H(t))$, 表示投资者的效用依赖当前消费 $c^{H,W}(t)$、财富 $W(t)$ 及习惯消费 $H(t)$. 其中习惯消费 $H(t)$ 在很多文献 (Carroll, 2000; Campbell and Cochrane, 1999; Li and Zhong, 2005) 中可找到, 表示为投资者 t 时以前的消费率的加权平均和, 即

$$H(t)=e^{-at}H(0)+b\int_0^t e^{-a(t-s)}c(s)\mathrm{d}s \tag{8.35}$$

其中，a 和 b 都为正参数. 显然，a 越大，过去消费水平 $c(s)(0\leqslant s<t)$ 在习惯消费 $H(t)$ 中的折扣就越大：b 越大，则过去消费水平 $c(s)$ 在习惯消费 $H(t)$ 中的权重就越大. 若 $a=b=0$，即不存在习惯消费，则回复到基于当前消费的效用函数. 对习惯消费 $H(t)$ 微分得

$$\mathrm{d}H(t)=[bc(t)-aH(t)]\mathrm{d}t \tag{8.36}$$

Wang (2002) 研究了基于当前财富的最优消费和投资模型并给出了该最优控制问题的解析解. 其采用的效用函数为

$$u(c(t),t)=\left(c(t)^{1-\gamma_c}/(1-\gamma_c)\right)W(t)^{-\gamma_W} \tag{8.37}$$

其中，$c(t)$ 为投资者在 t 时的消费率；$W(t)$ 为 t 时的财富水平；γ_c 和 γ_W 分别为消费因子和财富因子. 式(8.37)表达了投资效用与当前财富有关的事实，但忽略了另外一个事实，即投资者过去习惯消费对投资效用也有影响. 因此，Wang (2002) 又研究了基于习惯消费的差分效用

$$u(c(t),t)=[c(t)-H(t)]^{1-\gamma}/(1-\gamma) \tag{8.38}$$

其中，$H(t)$ 为投资者 t 时的习惯消费. 该效用函数正好克服了前面提到的缺点. 它反映了过去习惯消费对今天效用有影响的事实. 但式(8.38)又忽略了投资者的财富对效用的影响.

本章在式(8.37)和式(8.38)的基础上，吸收前景理论，设计如下的效用函数

$$u(c^{H,W}(t),H(t))=\left(W(t)^{-\gamma_W}/1-\gamma_c\right)\begin{bmatrix}H(t)^{1-\gamma_c}+\lambda(c^{H,W}(t),H(t))\\ \cdot\mathrm{sgn}(c^{H,W}(t)-H(t))\left|c^{H,W}(t)-H(t)\right|^{1-\gamma_c}\end{bmatrix} \tag{8.39}$$

其中，$\gamma_c(0<\gamma_c<1)$ 和 $\gamma_W(0<\gamma_W<1)$ 分别为消费因子和财富因子；$\mathrm{sgn}(\bullet)$ 为符号函数；$\lambda(c^{H,W}(t),H(t))$ 为投资者在不同状态下效用的非理性程度，或者说效用体验因子，

$$\lambda(c^{H,W}(t),H(t))=\begin{cases}\lambda_1(t), & c^{H,W}(t)\geqslant H(t)\\ \lambda_2(t), & c^{H,W}(t)<H(t)\end{cases} \tag{8.40}$$

且 $0<\lambda_1(t)\leqslant 1,\lambda_2(t)\geqslant 1$. 此外，为满足效用非负性，还要求

$$c^{H,W}(t)\geqslant H(t)\left(\lambda_2(t)^{1/(1-\gamma_c)}-1\right)/\lambda_2(t)^{1/(1-\gamma_c)} \tag{8.41}$$

图 8.2 描绘了该行为效用函数与消费水平的关系. 易见, 该效用函数具有典型的“S”形状.

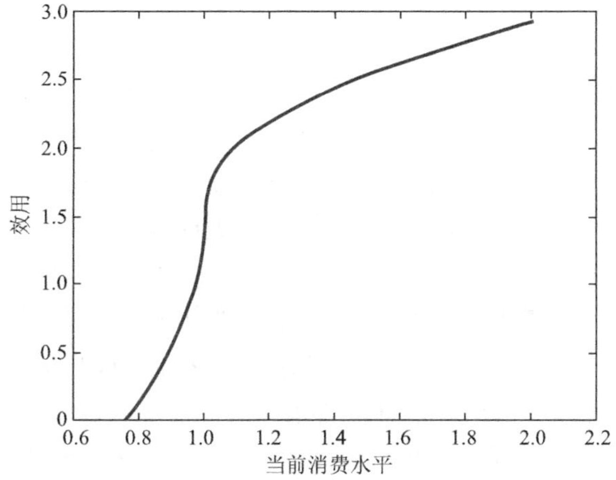

图 8.2　行为效用函数

可见, 行为效用 $u(c^{H,W}(t),H(t))$ 除了关于当前消费 $c^{H,W}(t)$ 和习惯消费 $H(t)$ 连续可微外, 还具有如下重要性质.

(1) 若 $c^{H,W}(t)\geqslant H(t)$,

$$u_c=\lambda_1(t)\left(c^{H,W}(t)-H(t)\right)^{-\gamma_c}W(t)^{-\gamma_W}\geqslant 0$$

$$u_{cc}=-\gamma_c\lambda_1(t)\left(c^{H,W}(t)-H(t)\right)^{-\gamma_c-1}W(t)^{-\gamma_W}\leqslant 0$$

(2) 若 $c^{H,W}(t)<H(t)$,

$$u_c=\lambda_2(t)\left(H(t)-c^{H,W}(t)\right)^{-\gamma_c}W(t)^{-\gamma_W}>0$$

$$u_{cc}=\gamma_c\lambda_2(t)\left(H(t)-c^{H,W}(t)\right)^{-\gamma_c-1}W(t)^{-\gamma_W}>0$$

(3) 当 $c^{H,W}(t)\geqslant H(t)$ 时,

$$u(c^{H,W}(t),H(t))\geqslant H(t)^{1-\gamma_c}W(t)^{-\gamma_W}/(1-\gamma_c)=u(H(t),H(t))$$

$$u_{Hc}=\gamma_c\lambda_1(t)\left(c^{H,W}(t)-H(t)\right)^{-\gamma_c-1}W(t)^{-\gamma_W}\geqslant 0$$

(4) 当 $c^{H,W}(t)<H(t)$ 时,

$$u(c^{H,W}(t),H(t))<H(t)^{1-\gamma_c}W(t)^{-\gamma_W}/(1-\gamma_c)=u(H(t),H(t))$$

(5) 当 $\left|H(t)-c^{H,W}\right|=\Delta c$ 时,

$$\partial u/\partial c\Big|_{c^{H,W}(t)\geqslant H(t)}<\partial u/\partial c\Big|_{c^{H,W}(t)<H(t)}$$

上述性质表明, 该行为效用除了与投资者的财富及习惯消费有关外, 还与投资者的消费预期及不同状态下效用的非理性有关, 从而这些因素都会影响到投资者的(边际)效用、最优消费水平及投资组合选择. 具体表现为以下三个方面.

第一, 对(边际)效用的影响: 当 $c^{H,W}(t)\geqslant H(t)$ 时, 即风险消费超出习惯消费(可视为主观预期消费参考点), 性质(1)说明, 尽管更高的风险资产消费水平会带来更多的满足感($u_c\geqslant 0$), 但这种满足感的增加速度在不断下降($u_{cc}\leqslant 0$), 即风险消费服从边际效用递减规律. 当 $c^{H,W}(t)<H(t)$ 时, 即风险消费始终未能达到主观预期消费, 性质(2)指出, 此时投资者的风险消费不服从边际效用递减规律($u_{cc}>0$). 该性质与前景理论的价值函数性质一致, 也符合辩证唯物主义中"量变到质变"的哲学原理. 图 8.2 则更直观地表达了该性质.

第二, 对消费水平的影响: 当 $c^{H,W}(t)\geqslant H(t)$ 时, 性质(3)表明, 投资者的效用要比按习惯消费带来的效用高, 并且习惯消费越大, 投资者越倾向"高"消费($u_{Hc}\geqslant 0$), 但此时最优消费水平的选择也受限于边际效用递减规律. 而当 $c^{H,W}(t)<H(t)$ 时, 性质(4)则指出, 投资者效用要比按习惯消费带来的效用低, 但投资者在面临亏损特别是亏损又不可避免时, 表现出风险偏好(非理性本性)促使他会选择尽量接近习惯消费的消费水平.

第三, 性质(5)指出, 在相同消费差异($\left|H(t)-c^{H,W}\right|$)下, 效用曲线的斜率在 $c^{H,W}(t)<H(t)$ 域内比在 $c^{H,W}(t)\geqslant H(t)$ 域内要陡.

简而言之, 该行为效用刻画了现实投资者的(边际)效用与财富水平、习惯消费(消费预期参考点)、当前消费, 以及投资者在盈利或亏损下的效用非理性等因素之间的复杂的非线性关系.

显然, 在投资者行为效用函数下建立异质非理性定价模型, 只需对市场做适当假设. 例如, 假设市场上的非理性投资者的效用为式(8.39); 假设证券市场上有一只无风险基金及一只股票. 为分担风险, 假设投资者可以无摩擦地、连续地交易两种证券; 或者再简单地考虑一个交易周期(即本章的假定); 然后在新效用函数下重新推导 8.2~8.3 节内容即可.

8.4.2　异质非理性自适应信念定价模型

本章也可借鉴信息自适应系统的基本思想(Brock et al., 2005), 引入反馈机制, 建立异质非理性证券系统的自适应信念定价模型. 例如, 非理性投资者会根

据均衡价格与先验价格差异自适应地调整过度自信或保守水平，各类非理性投资者成分也会随着市场行情而不断变化着，最后根据市场出清条件，可推得一个自适应价格过程.

8.5　小　结

本章通过更真实的投资者假设，将三类典型的非理性投资者(过度自信、保守及中性)融入同一模型中，并允许非理性投资者对资产价格先验及信号同时持异质信念；然后建立均衡模型，深入研究诸多异质因子对资产均衡价格及均衡收益的影响. 研究结果表明，本模型能较好地捕捉现实投资者行为中的异质、伪理性及反应过度等特性. 本研究结论表明，有效的资产定价模型必须尽量反映投资者的异质非理性现实.

正如书中指出，本章建立的三类非理性投资者模型可以很容易拓展为更多类非理性投资者模型，只需赋予不同的信念水平. 除了 8.4 节指出的进一步研究建议外，它还包括：在模型中融入更多的投资者心理与行为因素；可将静态模型推广到动态模型，甚至在模型中引入滞后或者超前因子，以更好地刻画真实市场中的股票价格、信息披露，以及投资者价格信念之间的复杂非线性时变关系；允许投资者之间相互博弈，并建立相应的均衡定价模型. 此外，其他非传统效用函数，如基于消费、终期财富、社会平均财富及投资者行为因素(财富偏好、习惯消费、追赶时髦、损失厌恶、嫉妒等)的效用函数等，都可被引进到模型中，以获得更有意义的结论. 最后，信息自适应系统的核心思想也可被引进模型中，建立起投资者与证券市场共同的进化系统.

以上建议的进一步研究与目前流行的行为资产定价研究方向也较吻合. 本章研究只抛砖引玉，相信这些延拓工作将更有意义.

第三篇　内　核　篇

众所周知，集合竞价是重要的证券市场交易机制之一．现有理论研究认为，集合竞价机制较好地避免了价格剧烈波动，维持了股价的连续性和稳定性，提高了价格发现(股市的一个重要功能，即定位功能)的质量等．然而，理论研究文献大多数都假设证券价格是“市场参与者最优化行为的结果”，并在均衡框架下推导出集合竞价机制下的出清价格．显然，这一做法所隐含的假设与现实严重不符．因此，这些关于集合竞价机制性能的理论研究结论，其参考价值有限．尽管有一些实证研究支持了理论文献的研究结论，但是客观地讲，要精确度量集合竞价成交价算法对股价的影响，必须确保证券市场上集合竞价算法是唯一可变的因素．而实证研究方法并不能控制证券市场上引起股价波动的其他因素保持不变，由此导致一些实证研究结论经常相互矛盾．因此，直接从算法本身出发，研究集合竞价成交价算法对价格的影响，就成为不可或缺的重要途径．

然而，或许由于技术保密，抑或跨学科技术障碍等，迄今为止，国际证券市场集合竞价机制相关算法的理论研究文献并不多见；也未见到从算法本身对集合竞价机制具有的良好性能的根源进行理论分析的报告．因此，本书首先构建出集合竞价机制的数学模型，设计实现算法；其次从算法本身出发挖掘现有文献关于集合竞价机制的优良性质的根源，并以数值仿真给予验证；再次从集合竞价机制及其数学模型入手，借鉴杠杆平衡原理，将集合竞价机制下的股价涨跌问题转化为带活动支点的数字杠杆平衡问题，提出数字杠杆平衡原理，并运用于证券市场流行的股价趋势理论评价和分析及股价操纵机理的解释；最后，研究操盘手采用单一账号拉抬，以及双账号对敲策略实现短线操纵股价的条件，计算操纵成本及效率，并基于短线操纵股价的前提假设条件，提出优化设计集合竞价机制的建议．

本篇是深刻认识和建立带反馈的股票定价模型的重要前提与理论基础．

第 9 章　证券交易制度与集合竞价机制建模

股票市场最搞笑的事情是：在任何一个时刻，买方和卖方都自认为比对方聪明.

——菲利普·费舍

本章简述证券交易制度，构建集合竞价机制的数学模型，并设计实现算法，为后续研究集合竞价算法对股票价格的影响及股价操纵机理分析奠定理论基础.

9.1　证券交易制度

在传统金融理论中，大多数关于证券市场和资产定价的讨论都认为交易制度是外生决定的，并且认为交易制度在整个资产定价过程中发挥较小的作用. 在金融市场微观结构理论中，一个市场微观结构由技术、规则、信息、参与者和工具组成. 交易制度属于规则，因而交易制度是市场微观结构的一个重要组成部分. 随着对市场微观结构的研究不断深入，人们发现市场微观结构不仅在市场成功运行和单个证券的定价上起着重要的作用，而且对市场的流动性和交易成本等产生极其重要的影响(陈亮, 2002).

交易制度的主要功能体现在三个方面：①直接影响证券交易的成本，从而影响证券市场的流动性；②直接影响交易价格的稳定程度，从而影响证券市场提供资产价格和资源配置信号的作用；③直接影响证券交易的效率，从而影响证券市场资源配置的效率.

正是由于证券交易制度的上述功能，证券交易制度本身就存在一个效率评价的问题. 据国际证券交易所联合会(1989 年)的有关报告，一个交易制度的优劣，主要看交易过程中的有关作业(如价格形成、买卖程度、信息传播)的绩效. 因此证券交易制度的基本目标主要包括市场的流动性、透明性、效率性，市场价格的稳定性. 对于交易制度目标选择来说，最重要的也最困难的就是在矛盾的多重目标中寻找一个最佳的结合点.

证券交易制度的主要内容包括：交易委托方式、价格形成机制、交易方式、指令撮合方式、交易信息披露、市场稳定措施等内容.

价格形成机制是证券交易制度的核心. 一般认为，交易价格形成机制有两种基本方式，即竞价制度与做市商制度. 在竞价交易方式下，交易价格由买卖双方直接决定，买卖双方直接或者通过指定的经纪商把委托传到交易市场，在交易市场的中心以委托价格为基础，按照价格优先、时间优先的原则进行交易. 因此这种方式也被称为拍卖驱动(auction-driven)或委托驱动(order-driven)方式. 竞价制度又可分为连续性竞价和间断性竞价. 做市商(market-maker)是指这样的一些证券商，他们在开市的任何时间里不断地向公众投资者报出某些特定证券的买卖价格，双向报价并在该价位上接受公众投资者的买卖要求，以其自有资金和证券与公众投资者进行证券交易. 做市商通过这种不断买卖的方式来维持市场的流动性，满足公众投资者的投资需求. 做市商不是通过收取佣金而是通过买卖报价的适当差额来补偿他们所提供服务的成本费用，并实现一定的利润. 做市商制度有两个重要特点：①所有客户订单都必须由做市商自己的账户买进、卖出，客户订单之间不直接进行交易；②做市商必须在看到订单前报出买卖价格，而公众投资者在看到报价后才下订单，因此做市商制度也被称作“报价驱动(quote-driven)交易制度”. 价格形成制度的一个重要发展趋势就是走向混合交易制度.

我国证券市场的交易价格形成机制采取的是竞价制度，但在具体实施上仍然存在少许缺陷. 例如，在平准市场机制设计上，我国证券市场并没有参照国际通行惯例，赋予一些机构(如同纽约证券交易所的专家、巴黎市场的特种兼职会员等)平准市场的功能，而是把这种稳定市场的功能赋予了证券投资基金. 从各国的实践看，证券投资基金的唯一目标是营利. 因此，我国证券市场一旦发生突发重大事件，极易导致股价激烈波动，甚至发生“股灾”.

9.2 集合竞价机制

集合竞价是指对一段时间内接受的买卖申报进行一次集中撮合的竞价方式. 集合竞价分以下四步完成.

(1) 在有涨跌幅限制的情况下确定有效委托. 有效委托的确定原则：根据该证券上一交易日收盘价及确定的涨跌幅度来计算当日的最高限价、最低限价. 有效价格范围就是该证券最高限价、最低限价之间的所有价位. 价格超出此范围的委托为无效委托，系统做自动撤单处理.

(2) 选取成交价位. 首先，在有效价格范围内选取使所有委托产生最大成交量的价位. 如有两个以上这样的价位，则依次执行以下规则选取成交价位：①最小剩余原则，即按照所确定的成交价位，未能成交的数量是最小的；②市场压力原则，即所确定的成交价位对集合竞价结束后的市场压力最小，如在所确定的成交价位档位上，买单未能全部成交，则取根据最小剩余原则确定的多个备选价格中的最高价为成交价位，反之取最低价；③参考价格原则，如果执行完前面三个原则仍不能确定唯一的成交价位，则在多个备选价格中选择离参考价格(如上一笔交易价)最近的一个价位.

(3) 集中撮合处理所有的买委托，按照委托限价由高到低的顺序排列，限价相同者按照进入系统的时间先后排列；所有卖委托按委托限价由低到高的顺序排列，限价相同者按照进入系统的时间先后排列. 依序逐笔将排在前面的买委托与卖委托配对成交，即按照“价格优先，同等价格下时间优先”的成交顺序依次成交，直至成交条件不满足为止，即不存在限价高于、等于成交价的叫买委托，不存在限价低于、等于成交价的叫卖委托. 所有成交都以同一成交价成交.

(4) 行情揭示：①如该只证券的成交量不为零，则将成交价位揭示为开盘价、最近成交价、最高价、最低价，并揭示出成交量、成交金额. ②剩余有效委托中，实际的最高叫买价揭示为叫买揭示价，若最高叫买价不存在，则叫买揭示价揭示为空；实际的最低叫卖价揭示为叫卖揭示价，若最低叫卖价不存在，则叫卖揭示价揭示为空. 集合竞价中未能成交的委托，自动进入连续竞价.

我国沪深股票市场集合竞价算法与国际市场有所不同，主要体现在后面几个原则上，沪市没有市场压力原则和参考价格原则.

9.3　集合竞价机制的数学模型与算法设计

9.3.1　数学模型

假设在执行第 t 次集合竞价之前，某股票 A 汇集了 n_t 个买单和 m_t 个卖单. 买单用二元组 $\left\{p_{i,t,b},O_{i,t,b}\right\}$ 表示，其中，$i=1,2,\cdots,n_t$，下标 b 为“买”，$p_{i,t,b}$ 为买单价格，$O_{i,t,b}$ 为买单量；卖单用 $\left\{p_{j,t,s},O_{j,t,s}\right\}$ 表示，其中，$j=1,2,\cdots,m_t$，下标 s 为“卖”，$p_{j,t,s}$ 为卖单价格，$O_{j,t,s}$ 为卖单量.令

$$p_{t,\max}=\max\left\{\max_i\left\{p_{i,t,b}\right\},\max_j\left\{p_{j,t,s}\right\}\right\}$$

$$p_{t,\min}=\min\left\{\min_i\left\{p_{i,t,b}\right\},\min_j\left\{p_{j,t,s}\right\}\right\}$$

$$\Omega = \left\{ p_t \middle| p_{t,\min} \leqslant p_t \leqslant p_{t,\max} \right\}$$

根据集合竞价机制最大成交量原则，知成交价 p_t 是下面优化问题的解（暂不考虑时间优先原则）

$$\max_{\Omega} \left\{ \min_{\Omega} \left(\sum_{i=1}^{n_t} O_{i,t,b} I_{p_{i,t,b} \geqslant p_t}, \sum_{j=1}^{m_t} O_{j,t,s} I_{p_{j,t,s} \leqslant p_t} \right) \right\} \tag{9.1}$$

其中，

$$I_{p_{i,t,b} \geqslant p_t} = \begin{cases} 1, & p_{i,t,b} \geqslant p_t \\ 0, & 其他 \end{cases}$$

$$I_{p_{j,t,s} \leqslant p_t} = \begin{cases} 1, & p_{j,t,s} \leqslant p_t \\ 0, & 其他 \end{cases}$$

考虑到满足式(9.1)的解的非唯一性，成交价 p_t 又可写成

$$p_t \in \left\{ \arg\max_{\Omega} \left[\min_{\Omega} \left(\sum_{i=1}^{n_t} O_{i,t,b} I_{p_{i,t,b} \geqslant p_t}, \sum_{j=1}^{m_t} O_{j,t,s} I_{p_{j,t,s} \leqslant p_t} \right) \right] \right\} \tag{9.2}$$

其中，Ω及 I 含义同上.

9.3.2　算法设计

集合竞价机制的核心在于成交价的决定原则. 目前，运行于世界各国证券市场上的集合竞价成交价决定原则有十多个（Madhavan and Panchapagesan, 2000），如最大成交量原则、最小剩余原则、市场压力原则、参考价格原则、最大成交价原则、最小成交价原则、中间成交价原则等. 其中，依次执行前四个原则，已经成为当前国际成熟证券市场上集合竞价机制主流的做法. 本节仅根据国际主流的成交价决定原则，编写集合竞价成交价算法. 简要步骤如下（Sun et al., 2010）.

由于满足式（9. 1）的价格不止一个，国际股票市场大多依次按照如下四个原则产生成交价：①最大成交量原则；②最小剩余原则；③市场压力原则；④参考价格原则.

本节根据上述四个原则编写集合竞价成交价算法框架，见图 9.1.

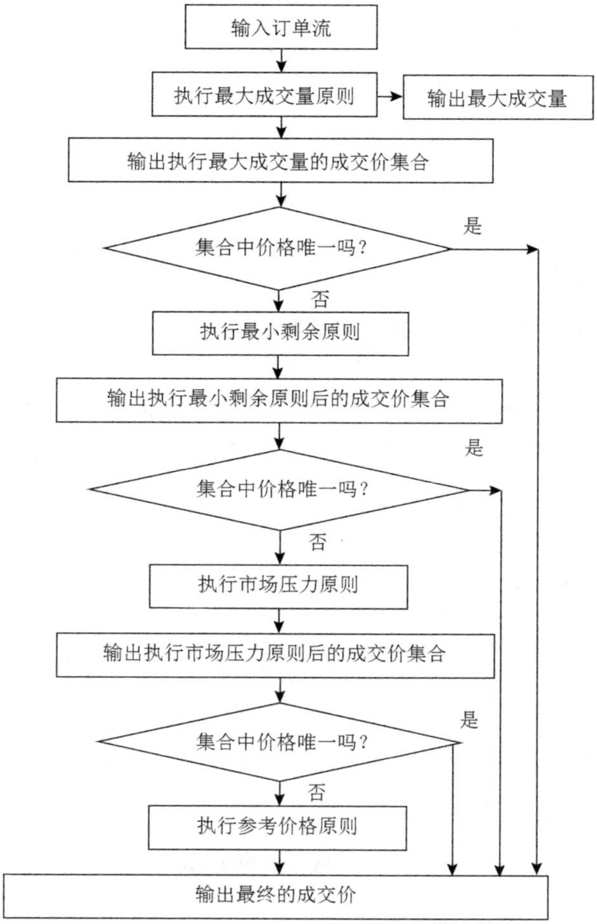

图 9.1　集合竞价成交价算法框架

步骤 1: 输入全体买单$\{p_{i,t,b}, O_{i,t,b}\}$ $(i=1,2,\cdots,n_t)$及卖单$\{p_{j,t,s}, O_{j,t,s}\}$ $(j=1,2,\cdots,m_t)$.

步骤 2: 执行最大成交量原则, 得到最大成交量及对应的备选成交价集合. 具体步骤如下.

(1) 提取全体订单的价格 $p_{t,k}\in\{\{p_{i,t,b}\},\{p_{j,t,s}\}\}$, 其中, $i=1,2,\cdots,n_t; j=1,2,\cdots,m_t; k=1,2,\cdots,K_t$; $K_t\leqslant m_t+n_t$. 并由大到小排列顺序 $p_{t,1}\geqslant p_{t,2}\geqslant\cdots\geqslant p_{t,K_t}$;然后计算出每个价位 $p_{t,k}$ 上的买单和卖单的累积数量.

注: 累积买单数量(cumulative buy quantity, CBQ)是在该价位上的买单数量, 加上比该价格更高的买单数量; 累积卖单数量(cumulative sell quantity, CSQ)是在该价位上的卖单数量, 加上比该价格更低的卖单数量.

(2) 计算出每个价位 $p_{t,k}$ (其中 $k=1,2,\cdots,K_t$) 上的最大成交数量, 并以 MEV

(maximum exchange volume, 最大成交量) 表示, $\mathrm{MEV}(p_{t,k})=\min(\mathrm{CBQ}(p_{t,k}),\mathrm{CSQ}(p_{t,k}))$ (其中 $k=1,2,\cdots,K_t$).

(3) 取 $\{\mathrm{MEV}(p_{t,k})\}$ 中最大值为该次集合竞价输出的成交量, 并以 MV (maximum volume, 最大量) 表示, 即 $\mathrm{MV}=\max\limits_{p_{t,k};k=1,2,\cdots,K_t}\{\mathrm{MEV}(p_{t,k})\}$; 对应的成交价格为 $\arg\max\limits_{p_{t,k};k=1,2,\cdots,K_t}\{\mathrm{MEV}(p_{t,k})\}$, 记其个数为 $Z_t(\geqslant 1)$, 并以 $\{p_{t,z}\}$ (其中 $z=1,2,\cdots,Z_t$) 表示执行最大成交量原则后的全体备选成交价集合. 如果 $Z_t=1$, 则直接输出此成交价 $p_{t,\mathrm{close}}$; 否则, 执行下一步.

步骤 3: 执行最小剩余原则, 得到基于最小剩余原则的成交价集合. 具体步骤如下.

(1) 计算备选集 $\{p_{t,z}\}$ (其中 $z=1,2,\cdots,Z_t$) 中每个价位上的剩余未成交数量, 以 LV (left volume, 剩余量) 表示, 则 $\mathrm{LV}(p_{t,z})=\mathrm{abs}(\mathrm{CBQ}(p_{t,z})-\mathrm{CSQ}(p_{t,z}))$ (其中 $z=1,2,\cdots,Z_t$).

(2) 取 $\{\mathrm{LV}(p_{t,z})\}$ 中最小值对应的价格为成交价, 即 $\arg\min\limits_{p_{t,z};z=1,2,\cdots,Z_t}\{\mathrm{LV}(p_{t,z})\}$, 记其个数为 $Y_t(\geqslant 1)$ 个, 并以 $\{p_{t,y}\}$ (其中 $y=1,2,\cdots,Y_t$) 表示执行最小剩余原则后的全体备选成交价集合. 如果 $Y_t=1$, 则直接输出此成交价 $p_{t,\mathrm{close}}$; 否则, 执行下一步.

步骤 4: 执行市场压力原则, 得到基于市场压力原则的成交价集合. 具体步骤如下.

(1) 比较备选集合竞价成交价集合 $\{p_{t,y}\}$ (其中 $y=1,2,\cdots,Y_t$) 中每个价位上 CBQ 与 CSQ 的大小: 如果买单未能全部成交, 即 $\mathrm{CBQ}(p_{t,y})>\mathrm{CSQ}(p_{t,y})$, 则 $\max\{p_{t,y}\}$ 为最终成交价; 反之取最低价 $\min\{p_{t,y}\}$. 记此原则下输出的成交价为 $p_{t,\mathrm{stress}}$.

(2) 记 X_t 为重复执行 (1) Y_t 次后输出的不同 $p_{t,\mathrm{stress}}$ 个数, 并以 $\{p_{t,x}\}$ ($x=1,2,\cdots,X_t$) 表示执行市场压力原则后的全体备选成交价集合. $p_{t,\mathrm{stress}}\in\{\max\{p_{t,y}\},\min\{p_{t,y}\}\}$, 因而不难理解 $1\leqslant X_t\leqslant 2$. 如果 $X_t=1$, 则直接输出此成交价 $p_{t,\mathrm{close}}$; 否则, 执行下一步.

步骤 5: 执行参考价格原则, 即取集合 $\{p_{t,x}\}$ (其中 $x=1,2$) 中最接近上次成交价 p_{t-1} 的价格, 即 $\arg\min\limits_{p_{t,x};x=1,2}(|p_{t,x}-p_{t-1}|)$ 为最终的唯一的成交价 $p_{t,\mathrm{close}}$. 为方便后文引用, 同时记此价格为 $p_{t,\mathrm{reference}}$.

9.3.3 收敛性分析

由 $1\leqslant X_t\leqslant 2$ 知, 集合 $V^s_{n'_t,t}$ 中最多包含两个价位, 执行参考价格原则就保证了成交价的唯一性，从而 $p_{t,\text{close}} = p_{t,\text{reference}}$. 进一步地，由上述集合竞价成交价算法的实现过程，可知下面各种备选成交价格集合或价格变量.

$\{p_{t,k}\}$（其中 $k=1,2,\cdots,K_t$）表示参与本次集合竞价的全体有效订单的价格集合.

$\{p_{t,z}\}$（其中 $z=1,2,\cdots,Z_t$）表示执行最大成交量原则后的全体备选成交价集合.

$\{p_{t,y}\}$（其中 $y=1,2,\cdots,Y_t$）表示执行最小剩余原则后的全体备选成交价集合.

$\{p_{t,x}\}$（其中 $x=1,2,\cdots,X_t$）表示执行市场压力原则后的全体备选成交价集合.

$p_{t,\text{reference}}$ 表示执行参考价格原则后的最终成交价.

$p_{t,\text{close}}$ 表示集合竞价算法输出的最终成交价.

它们之间的关系满足: $p_{t,\text{close}} = p_{t,\text{reference}} \in \{p_{t,x}\} \subseteq \{p_{t,y}\} \subseteq \{p_{t,z}\} \subseteq \{p_{t,k}\}$. 这表明，上述集合竞价成交价算法具有良好的收敛性.

9.4　集合竞价机制的物理学原理: 数字杠杆平衡

本节借鉴杠杆平衡原理，从集合竞价机制及其数学模型入手，将股价涨跌问题转化为某种类型的杠杆平衡问题.

假设在第 t 次集合竞价期间，某风险资产（如股票 A）的投资者由 m_t 个买方和 n_t 个卖方组成. 投资者的买单用二元组 $\{p_{i,t}^b, V_{i,t}^b\}$ 表示，其中，$i=1,2,\cdots,m_t$，上标 b 为“买”，$p_{i,t}^b$ 为买单价格，$V_{i,t}^b$ 为买单量；卖单用二元组 $\{p_{j,t}^s, V_{j,t}^s\}$ 表示，其中，$j=1,2,\cdots,n_t$，上标 s 为“卖”，$p_{j,t}^s$ 为卖单价格，$V_{j,t}^s$ 为卖单量.

视“订单量”为作用于杠杆上的“力”，“买单量”为“动力”，“卖单量”为“阻力”；视“订单价格与支点之间的距离”为“力臂”. 将基于上一次成交价的全体买单 $\{p_{i,t}^b, V_{i,t}^b\}$（其中 $i=1,2,\cdots,m_t$）及卖单 $\{p_{j,t}^s, V_{j,t}^s\}$（其中 $j=1,2,\cdots,n_t$）标注于图 9.2(a) 所示的数字杠杆上. 支点位置为上一次成交价 p_{t-1}，支点两侧 $[p_{t-1}(1-\delta), p_{t-1}(1+\delta)]$ 为本次集合竞价的有效订单价格约束域.

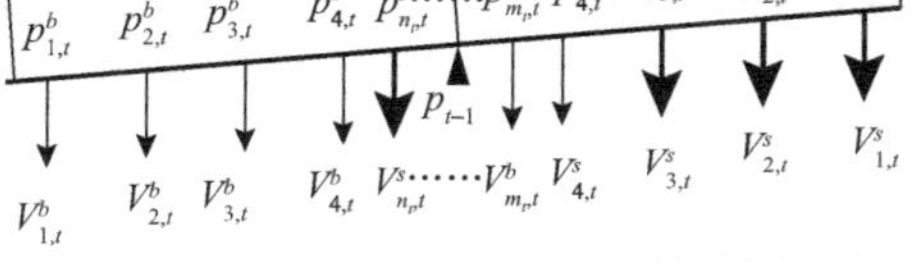

(a) 短暂失衡的数字杠杆—订单汇总阶段

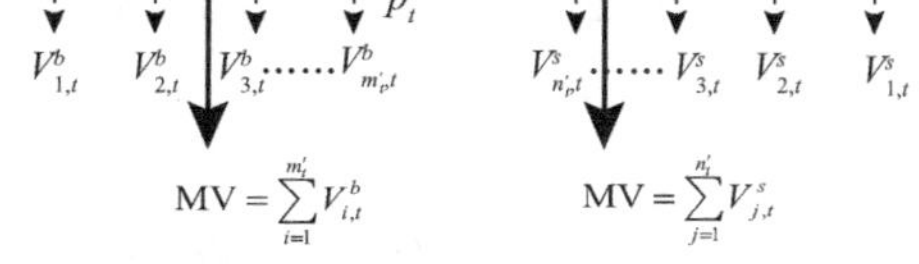

(b) 重新平衡的数字杠杆—集合竞价执行出清阶段

图 9.2　带活动支点的数字杠杆

粗箭头表示卖单，细箭头表示买单

保持作用于图 9.2(a) 中数字杠杆上的"力"不变，而移动支点，以寻求数字杠杆平衡. 根据集合竞价算法(赵骅和杨武, 2003; 攀登等, 2004) 可知数字杠杆的平衡条件是：作用于数字杠杆支点两边各自的"合力"相等，即

$$\sum_{i=1}^{m_t'} V_{i,t}^b = \sum_{j=1}^{n_t'} V_{j,t}^s \tag{9.3}$$

式中，m_t' 为成功的买单数；n_t' 为成功的卖单数. 这里，"成功"的必要条件是：成功买单必须位于数字杠杆活动支点左侧，即 $p_{i,t}^b \geqslant p_t$；成功卖单须位于数字杠杆活动支点右侧，即 $p_{j,t}^s \leqslant p_t$. 如图 9.2 所示，带活动支点的数字杠杆在执行集合竞价之前处于失衡状态[图 9.2(a)]，通过调整支点(往左移动)，数字杠杆达到新的平衡[图 9.2(b)].

不难发现，与经典物理学中的"实体杠杆"相比，数字杠杆有两个重大不同特点：①数字杠杆的支点是活动的，而不是固定的；②数字杠杆的平衡条件是"合力平衡"，而非传统的"力矩平衡".

考虑到使数字杠杆平衡的支点可能有无穷多个(连续情况下)，因此杠杆的支点及对应的合力可用下式表示.

$$p_t \in \left\{ \arg\max_{p_t} \sum_{i=1}^{m_t} V_{i,t}^b I_{p_{i,t}^b \geqslant p_t} \,\middle|\, \sum_{i=1}^{m_t} V_{i,t}^b I_{p_{i,t}^b \geqslant p_t} = \sum_{j=1}^{n_t} V_{j,t}^s I_{p_{j,t}^s \leqslant p_t} \right\}$$

$$\mathrm{MV} = \sum_{i=1}^{m_t'} V_{i,t}^b = \sum_{j=1}^{n_t'} V_{j,t}^s$$

其中，

$$I_{p_{i,t}^b \geqslant p_t} = \begin{cases} 1, & p_{i,t}^b \geqslant p_t \\ 0, & \text{其他} \end{cases}$$

$$I_{p_{j,t}^s \leqslant p_t} = \begin{cases} 1, & p_{j,t}^s \leqslant p_t \\ 0, & \text{其他} \end{cases}$$

综上所述，集合竞价机制下股价涨跌问题($p_{t-1} \to p_t$)就转化为数字杠杆平衡问题(旧支点→新支点).

9.5 数字杠杆平衡原理的应用

股价的涨跌，是全体投资者都十分关心的问题. 股市中众多趋势理论(以道

氏理论、波浪理论等为代表)都试图对此问题做出回答. 然而, 部分经典的股价趋势理论(爱德华和迈吉, 2004; 邵道明, 2005)因缺乏严格的科学理论基础, 其有效性仍有待检验.

本节应用数字杠杆平衡原理, 科学化证券市场某些股价趋势理论, 并从数学上严密论证股价操纵机理.

9.5.1　科学化股价趋势理论

经典的技术分析学派认为, 市场中买方力量强于卖方力量, 股价上涨; 卖方力量超过买方力量, 股价就回落. 尽管这个观点已经被广大投资者接受, 它却表述出含混不清的观点. 买方(卖方)“力量”准确地说是指什么? 是买方(卖方)人数, 买方(卖方)投入资金总量, 还是买(卖)单总量? 下面应用数字杠杆的平衡原理, 对此问题给出回答和严格证明.

为叙述简便, $V_{\text{buy}}=\sum_{i=1}^{m_t}V_{i,t}^{b}I_{p_{i,t}^{b}\geqslant p_{t-1}}$ 表示集合竞价之前, 位于杠杆支点左侧的买单合力, 可直观地理解为推升股价上涨的有效买单总量; $V_{\text{sell}}=\sum_{j=1}^{n_t}V_{j,t}^{s}I_{p_{j,t}^{s}\leqslant p_{t-1}}$ 表示集合竞价之前, 位于杠杆支点右侧的卖单合力, 可直观地理解为阻止股价上涨的有效卖单总量; $D_{\text{volume}}=V_{\text{buy}}-V_{\text{sell}}$ 表示有效买卖合力差; $D_{\text{price}}=p_t-p_{t-1}$ 表示前后两次成交价差.

命题 9.1　在集合竞价机制下

$$p_t\in\left\{\arg\max_{p_t}\sum_{i=1}^{m_t}V_{i,t}^{b}I_{p_{i,t}^{b}\geqslant p_t}\left|\sum_{i=1}^{m_t}V_{i,t}^{b}I_{p_{i,t}^{b}\geqslant p_t}=\sum_{j=1}^{n_t}V_{j,t}^{s}I_{p_{j,t}^{s}\leqslant p_t}\right.\right\}$$

$V_{\text{buy}}\geqslant V_{\text{sell}}$ 是 $p_t\geqslant p_{t-1}$ ($p_t<p_{t-1}$)的充分必要条件.

证明　由集合竞价算法

$$p_t\in\left\{\arg\max_{p_t}\sum_{i=1}^{m_t}V_{i,t}^{b}I_{p_{i,t}^{b}\geqslant p_t}\left|\sum_{i=1}^{m_t}V_{i,t}^{b}I_{p_{i,t}^{b}\geqslant p_t}=\sum_{j=1}^{n_t}V_{j,t}^{s}I_{p_{j,t}^{s}\leqslant p_t}\right.\right\}$$

可知

$$\sum_{i=1}^{m_t}V_{i,t}^{b}I_{p_{i,t}^{b}\geqslant p_t}=\sum_{j=1}^{n_t}V_{j,t}^{s}I_{p_{j,t}^{s}\leqslant p_t}\tag{9.4}$$

(1)当且仅当 $p_t\geqslant p_{t-1}$ 成立, 式(9.5)成立

$$\sum_{i=1}^{m_t} V_{i,t}^b I_{p_{i,t}^b \geqslant p_t} \leqslant \sum_{i=1}^{m_t} V_{i,t}^b I_{p_{i,t}^b \geqslant p_{t-1}} \tag{9.5}$$

$$\sum_{j=1}^{n_t} V_{j,t}^s I_{p_{j,t}^s \leqslant p_t} \geqslant \sum_{j=1}^{n_t} V_{j,t}^s I_{p_{j,t}^s \leqslant p_{t-1}} \tag{9.6}$$

从而由式(9.4)~式(9.6)可得

$$\sum_{i=1}^{m_t} V_{i,t}^b I_{p_{i,t}^b \geqslant p_{t-1}} \geqslant \sum_{j=1}^{n_t} V_{j,t}^s I_{p_{j,t}^s \leqslant p_{t-1}} \tag{9.7}$$

即 $V_{\text{buy}} \geqslant V_{\text{sell}}$.

(2)当且仅当 $p_t < p_{t-1}$ 成立，式(9.8)成立.

$$\sum_{i=1}^{m_t} V_{i,t}^b I_{p_{i,t}^b \geqslant p_t} > \sum_{i=1}^{m_t} V_{i,t}^b I_{p_{i,t}^b \geqslant p_{t-1}} \tag{9.8}$$

$$\sum_{j=1}^{n_t} V_{j,t}^s I_{p_{j,t}^s \leqslant p_t} < \sum_{j=1}^{n_t} V_{j,t}^s I_{p_{j,t}^s \leqslant p_{t-1}} \tag{9.9}$$

由式(9.4)及式(9.8)、式(9.9)可得

$$\sum_{i=1}^{m_t} V_{i,t}^b I_{p_{i,t}^b \geqslant p_{t-1}} < \sum_{j=1}^{n_t} V_{j,t}^s I_{p_{j,t}^s \leqslant p_{t-1}} \tag{9.10}$$

即 $V_{\text{buy}} < V_{\text{sell}}$.

证毕.

命题 9.1 表明，当施加于数字杠杆上的动力合力大于(小于)阻力合力，为寻杠杆平衡，支点必须往动力(阻力)方向移动，即股价上涨(下跌).

命题 9.1 清晰地表达了集合竞价机制下的股价涨跌，是由推升股价上涨的有效买单总量与阻止股价上涨的有效卖单总量差(有效买卖合力差)决定的，而不能含混表达为“买卖双方力量”或者“买方投入资金总量”等推动.

限于篇幅，本书不再对其他经典趋势理论进行逐一辨析.

9.5.2 解释股价操纵机理

证券市场经常出演连续集中交易、拉抬(打压)股价等短线操纵现象. 例如，主力机构凭借资金优势，通过巨额申报、大笔申报、连续申报、高价申报等大量买入，可推高股价甚至拉抬至涨停. 尽管人们在直觉上能理解这些股价操纵策略，但较少对其进行严格定量分析. 如果分别以“订单量”和“订单价格”来反映投资者

交易的强度与意愿，则下述几个由数字杠杆平衡原理演绎而来的科学命题就对股价操纵机理分析给出严格的理论基础.

命题 9.2　假设卖单流 $\left\{p_{j,t}^{s},V_{j,t}^{s}\right\}$（其中 $j=1,2,\cdots,n_t$）不变，而买单流强度和意愿均增大，即 $\forall i$，$V_{i,t}'^{b} \geqslant V_{i,t}^{b}$ 和 $p_{i,t}'^{b} \geqslant p_{i,t}^{b}$，则新订单流将驱动出更高的成交价.

证明　由集合竞价算法，知

$$p_t \in \left\{ \arg\max_{p_t} \sum_{i=1}^{n_t} V_{i,t}^{b} I_{p_{i,t}^{b} \geqslant p_t} \,\middle|\, \sum_{i=1}^{n_t} V_{i,t}^{b} I_{p_{i,t}^{b} \geqslant p_t} = \sum_{j=1}^{m_t} V_{j,t}^{s} I_{p_{j,t}^{s} \leqslant p_t} \right\}$$

由于 $\forall i$，$V_{i,t}'^{b} \geqslant V_{i,t}^{b}$ 和 $p_{i,t}'^{b} \geqslant p_{i,t}^{b}$，从而有

$$\sum_{i=1}^{n_t} V_{i,t}'^{b} I_{p_{i,t}'^{b} \geqslant p_t} \geqslant \sum_{i=1}^{n_t} V_{i,t}^{b} I_{p_{i,t}^{b} \geqslant p_t} = \sum_{j=1}^{m_t} V_{j,t}^{s} I_{p_{j,t}^{s} \leqslant p_t}$$

显然，增大 p_t，$\sum_{j=1}^{m_t} V_{j,t}^{s} I_{p_{j,t}^{s} \leqslant p_t}$ 相应增大，而 $\sum_{i=1}^{n_t} V_{i,t}'^{b} I_{p_{i,t}'^{b} \geqslant p_t}$ 在减小，从而可找到非空价格集 $\left\{p_{t,l}'\right\}$ $(l=1,2,\cdots,L)$，$\forall l, p_{t,l}' \geqslant p_t$，使

$$\sum_{i=1}^{n_t} V_{i,t}'^{b} I_{p_{i,t}'^{b} \geqslant p_{t,l}'} = \sum_{j=1}^{m_t} V_{j,t}^{s} I_{p_{j,t}^{s} \leqslant p_{t,l}'}$$

取 $p_t' = \arg\max_{p_{t,l}'} \sum_{i=1}^{n_t} V_{i,t}'^{b} I_{p_{i,t}'^{b} \geqslant p_{t,l}'}$，即

$$p_t' \in \left\{ \arg\max_{p_t'} \sum_{i=1}^{n_t} V_{i,t}'^{b} I_{p_{i,t}'^{b} \geqslant p_t'} \,\middle|\, \sum_{i=1}^{n_t} V_{i,t}'^{b} I_{p_{i,t}'^{b} \geqslant p_t'} = \sum_{j=1}^{m_t} V_{j,t}^{s} I_{p_{j,t}^{s} \leqslant p_t'} \right\}$$

由集合竞价算法知，此 p_t' 即为新订单流将驱动的成交价.

证毕.

命题 9.3　假设买单流 $\left\{p_{i,t}^{b},V_{i,t}^{b}\right\}$（其中 $i=1,2,\cdots,m_t$）不变，而卖单流强度和意愿均增大，即 $\forall j$，$V_{j,t}'^{s} \geqslant V_{j,t}^{s}$ 和 $p_{j,t}'^{s} \leqslant p_{j,t}^{s}$，则变化后的订单流将驱动出更低的成交价，即 $p_t' \leqslant p_t$.

证明　由集合竞价算法，知

$$p_t \in \left\{ \arg\max_{p_t} \sum_{i=1}^{n_t} V_{i,t}^{b} I_{p_{i,t}^{b} \geqslant p_t} \,\middle|\, \sum_{i=1}^{n_t} V_{i,t}^{b} I_{p_{i,t}^{b} \geqslant p_t} = \sum_{j=1}^{m_t} V_{j,t}^{s} I_{p_{j,t}^{s} \leqslant p_t} \right\}$$

由于$\forall j$，$V_{j,t}'^{s} \geqslant V_{j,t}^{s}$和$p_{j,t}'^{s} \leqslant p_{j,t}^{s}$，从而有

$$\sum_{i=1}^{n_t} V_{i,t}^{b} I_{p_{i,t}^{b} \geqslant p_t} = \sum_{j=1}^{m_t} V_{j,t}^{s} I_{p_{j,t}^{s} \leqslant p_t} \leqslant \sum_{j=1}^{m_t} V_{j,t}'^{s} I_{p_{j,t}'^{s} \leqslant p_t}$$

显然，减小p_t，$\sum_{j=1}^{m_t} V_{j,t}'^{s} I_{p_{j,t}'^{s} \leqslant p_t}$相应减小，而$\sum_{i=1}^{n_t} V_{i,t}^{b} I_{p_{i,t}^{b} \geqslant p_t}$在增大；从而可找到非空价格集$\{p'_{t,l}\}$ $(l=1,2,\cdots,L)$，$\forall l, p'_{t,l} \leqslant p_t$，使

$$\sum_{i=1}^{n_t} V_{i,t}^{b} I_{p_{i,t}^{b} \geqslant p'_{t,l}} = \sum_{j=1}^{m_t} V_{j,t}'^{s} I_{p_{j,t}'^{s} \leqslant p'_{t,l}}$$

取$p'_t = \arg\max\limits_{p'_{t,l}} \sum_{j=1}^{m_t} V_{j,t}'^{s} I_{p_{j,t}'^{s} \leqslant p'_{t,l}}$，即

$$p'_t \in \left\{ \arg\max_{p'_t} \sum_{j=1}^{m_t} V_{j,t}'^{s} I_{p_{j,t}'^{s} \leqslant p'_{t,l}} \,\middle|\, \sum_{i=1}^{n_t} V_{i,t}^{b} I_{p_{i,t}^{b} \geqslant p'_{t,l}} = \sum_{j=1}^{m_t} V_{j,t}'^{s} I_{p_{j,t}'^{s} \leqslant p'_{t,l}} \right\}$$

由集合竞价算法知，此p'_t即为新订单流将驱动的成交价.

证毕.

命题 9.4　假设卖单流$\{p_{j,t}^{s}, V_{j,t}^{s}\}$（其中$j=1,2,\cdots,n_t$）及买单价格$\{p_{i,t}^{b}\}$（其中$i=1,2,\cdots,m_t$）不变，而买单流强度增大，即$\forall i$，$V_{i,t}'^{b} \geqslant V_{i,t}^{b}$，则新订单流将驱动出更高的成交价.

证明　根据集合竞价算法，知

$$p_t \in \left\{ \arg\max_{p_t} \sum_{i=1}^{n_t} V_{i,t}^{b} I_{p_{i,t}^{b} \geqslant p_t} \,\middle|\, \sum_{i=1}^{n_t} V_{i,t}^{b} I_{p_{i,t}^{b} \geqslant p_t} = \sum_{j=1}^{m_t} V_{j,t}^{s} I_{p_{j,t}^{s} \leqslant p_t} \right\}$$

由于$\forall i, V_{i,t}'^{b} \geqslant V_{i,t}^{b}$，从而有

$$\sum_{i=1}^{n_t} V_{i,t}'^{b} I_{p_{i,t}^{b} \geqslant p_t} \geqslant \sum_{i=1}^{n_t} V_{i,t}^{b} I_{p_{i,t}^{b} \geqslant p_t} = \sum_{j=1}^{m_t} V_{j,t}^{s} I_{p_{j,t}^{s} \leqslant p_t}$$

显然，增大p_t，$\sum_{j=1}^{m_t} V_{j,t}^{s} I_{p_{j,t}^{s} \leqslant p_t}$相应增大，而$\sum_{i=1}^{n_t} V_{i,t}'^{b} I_{p_{i,t}^{b} \geqslant p_t}$在减小；从而可找到非空价格集$\{p'_{t,l}\}$ $(l=1,2,\cdots,L)$，$\forall l, p'_{t,l} \geqslant p_t$，使

$$\sum_{i=1}^{n_t} V_{i,t}^{\prime b} I_{p_{i,t}^b \geqslant p_{t,l}'} = \sum_{j=1}^{m_t} V_{j,t}^s I_{p_{j,t}^s \leqslant p_{t,l}'}$$

取 $p_t' = \arg\max\limits_{p_{t,l}'} \sum_{i=1}^{n_t} V_{i,t}^{\prime b} I_{p_{i,t}^b \geqslant p_{t,l}'}$，即

$$p_t' \in \left\{ \arg\max_{p_t'} \sum_{i=1}^{n_t} V_{i,t}^{\prime b} I_{p_{i,t}^b \geqslant p_t'} \middle| \sum_{i=1}^{n_t} V_{i,t}^{\prime b} I_{p_{i,t}^b \geqslant p_t'} = \sum_{j=1}^{m_t} V_{j,t}^s I_{p_{j,t}^s \leqslant p_t'} \right\}$$

由集合竞价算法知，此 p_t' 即为新订单流将驱动的成交价.

证毕.

命题 9.5　假设买单流 $\left\{p_{i,t}^b, V_{i,t}^b\right\}$ (其中 $i=1,2,\cdots,m_t$) 及卖单价格 $\left\{p_{j,t}^s\right\}$ (其中 $j=1,2,\cdots,n_t$) 不变，而卖单流强度增大，即 $\forall j$，$V_{j,t}^{\prime s} \geqslant V_{j,t}^s$，则变化后的订单流将驱动出更低的成交价.

证明　根据集合竞价算法，知

$$p_t \in \left\{ \arg\max_{p_t} \sum_{i=1}^{n_t} V_{i,t}^b I_{p_{i,t}^b \geqslant p_t} \middle| \sum_{i=1}^{n_t} V_{i,t}^b I_{p_{i,t}^b \geqslant p_t} = \sum_{j=1}^{m_t} V_{j,t}^s I_{p_{j,t}^s \leqslant p_t} \right\}$$

由于 $\forall j$，$V_{j,t}^{\prime s} \geqslant V_{j,t}^s$，从而

$$\sum_{i=1}^{n_t} V_{i,t}^b I_{p_{i,t}^b \geqslant p_t} = \sum_{j=1}^{m_t} V_{j,t}^s I_{p_{j,t}^s \leqslant p_t} \leqslant \sum_{j=1}^{m_t} V_{j,t}^{\prime s} I_{p_{j,t}^s \leqslant p_t}$$

显然，减小 p_t，$\sum_{j=1}^{m_t} V_{j,t}^{\prime s} I_{p_{j,t}^s \leqslant p_t}$ 相应减小，而 $\sum_{i=1}^{n_t} V_{i,t}^b I_{p_{i,t}^b \geqslant p_t}$ 在增大；从而可找到非空价格集 $\left\{p_{t,l}'\right\}$ $(l=1,2,\cdots,L)$，$\forall l, p_{t,l}' \leqslant p_t$，使

$$\sum_{i=1}^{n_t} V_{i,t}^b I_{p_{i,t}^b \geqslant p_{t,l}'} = \sum_{j=1}^{m_t} V_{j,t}^{\prime s} I_{p_{j,t}^s \leqslant p_{t,l}'}$$

取 $p_t' = \arg\max\limits_{p_{t,l}'} \sum_{j=1}^{m_t} V_{j,t}^{\prime s} I_{p_{j,t}^s \leqslant p_{t,l}'}$，即

$$p_t' \in \left\{ \arg\max_{p_t'} \sum_{j=1}^{m_t} V_{j,t}^{\prime s} I_{p_{j,t}^s \leqslant p_{t,l}'} \middle| \sum_{i=1}^{n_t} V_{i,t}^b I_{p_{i,t}^b \geqslant p_{t,l}'} = \sum_{j=1}^{m_t} V_{j,t}^{\prime s} I_{p_{j,t}^s \leqslant p_{t,l}'} \right\}$$

由集合竞价算法知，此 p_t' 即为新订单流将驱动的成交价.

证毕.

命题 9.6 假设卖单流$\left\{p_{j,t}^{s},V_{j,t}^{s}\right\}$（其中$j=1,2,\cdots,n_t$）及买单流强度$\left\{V_{i,t}^{b}\right\}$（其中$i=1,2,\cdots,m_t$）不变，而买单流意愿增大，即$\forall i$，$p_{i,t}'^{b}\geqslant p_{i,t}^{b}$，则新订单流将驱动出更高的成交价.

证明 根据集合竞价算法，知

$$p_t\in\left\{\arg\max_{p_t}\sum_{i=1}^{n_t}V_{i,t}^{b}I_{p_{i,t}^{b}\geqslant p_t}\left|\sum_{i=1}^{n_t}V_{i,t}^{b}I_{p_{i,t}^{b}\geqslant p_t}=\sum_{j=1}^{m_t}V_{j,t}^{s}I_{p_{j,t}^{s}\leqslant p_t}\right.\right\}$$

由于$\forall i, p_{i,t}'^{b}\geqslant p_{i,t}^{b}$，从而

$$\sum_{i=1}^{n_t}V_{i,t}^{b}I_{p_{i,t}'^{b}\geqslant p_t}\geqslant\sum_{i=1}^{n_t}V_{i,t}^{b}I_{p_{i,t}^{b}\geqslant p_t}=\sum_{j=1}^{m_t}V_{j,t}^{s}I_{p_{j,t}^{s}\leqslant p_t}$$

显然，增大p_t，$\sum_{j=1}^{m_t}V_{j,t}^{s}I_{p_{j,t}^{s}\leqslant p_t}$相应增大，而$\sum_{i=1}^{n_t}V_{i,t}^{b}I_{p_{i,t}'^{b}\geqslant p_t}$在减小；从而可找到非空价格集$\left\{p_{t,l}'\right\}$ $(l=1,2,\cdots,L)$，$\forall l, p_{t,l}'\geqslant p_t$，使

$$\sum_{i=1}^{n_t}V_{i,t}^{b}I_{p_{i,t}'^{b}\geqslant p_{t,l}'}=\sum_{j=1}^{m_t}V_{j,t}^{s}I_{p_{j,t}^{s}\leqslant p_{t,l}'}$$

取$p_t'=\arg\max_{p_{t,l}'}\sum_{i=1}^{n_t}V_{i,t}^{b}I_{p_{i,t}'^{b}\geqslant p_{t,l}'}$，即

$$p_t'\in\left\{\arg\max_{p_t'}\sum_{i=1}^{n_t}V_{i,t}^{b}I_{p_{i,t}'^{b}\geqslant p_t'}\left|\sum_{i=1}^{n_t}V_{i,t}^{b}I_{p_{i,t}'^{b}\geqslant p_t'}=\sum_{j=1}^{m_t}V_{j,t}^{s}I_{p_{j,t}^{s}\leqslant p_t'}\right.\right\}$$

由集合竞价算法知，此p_t'即为新订单流将驱动的成交价.

证毕.

命题 9.7 假设买单流$\left\{p_{i,t}^{b},V_{i,t}^{b}\right\}$（其中$i=1,2,\cdots,m_t$）及卖单流强度$\left\{V_{j,t}^{s}\right\}$（其中$j=1,2,\cdots,n_t$）不变，而卖单流意愿增大，即$\forall j$，$p_{j,t}'^{s}\leqslant p_{j,t}^{s}$，则变化后的订单流将驱动出更低的成交价.

证明 根据集合竞价算法，知

$$p_t\in\left\{\arg\max_{p_t}\sum_{i=1}^{n_t}V_{i,t}^{b}I_{p_{i,t}^{b}\geqslant p_t}\left|\sum_{i=1}^{n_t}V_{i,t}^{b}I_{p_{i,t}^{b}\geqslant p_t}=\sum_{j=1}^{m_t}V_{j,t}^{s}I_{p_{j,t}^{s}\leqslant p_t}\right.\right\}$$

由于$\forall j$，$p_{j,t}'^{s}\leqslant p_{j,t}^{s}$，从而

$$\sum_{i=1}^{n_t} V_{i,t}^b I_{p_{i,t}^b \geqslant p_t} = \sum_{j=1}^{m_t} V_{j,t}^s I_{p_{j,t}^s \leqslant p_t} \leqslant \sum_{j=1}^{m_t} V_{j,t}^s I_{p_{j,t}'^s \leqslant p_t}$$

显然，减小 p_t，$\sum_{j=1}^{m_t} V_{j,t}^s I_{p_{j,t}'^s \leqslant p_t}$ 相应减小，而 $\sum_{i=1}^{n_t} V_{i,t}^b I_{p_{i,t}^b \geqslant p_t}$ 在增大；从而可找到非空价格集 $\{p_{t,l}'\}$ $(l=1,2,\cdots,L)$，$\forall l, p_{t,l}' \leqslant p_t$，使

$$\sum_{i=1}^{n_t} V_{i,t}^b I_{p_{i,t}^b \geqslant p_{t,l}'} = \sum_{j=1}^{m_t} V_{j,t}^s I_{p_{j,t}'^s \leqslant p_{t,l}'}$$

取 $p_t' = \arg\max\limits_{p_{t,l}'} \sum_{j=1}^{m_t} V_{j,t}^s I_{p_{j,t}'^s \leqslant p_{t,l}'}$，即

$$p_t' \in \left\{ \arg\max_{p_t'} \sum_{j=1}^{m_t} V_{j,t}^s I_{p_{j,t}'^s \leqslant p_{t,l}'} \middle| \sum_{i=1}^{n_t} V_{i,t}^b I_{p_{i,t}^b \geqslant p_{t,l}'} = \sum_{j=1}^{m_t} V_{j,t}^s I_{p_{j,t}'^s \leqslant p_{t,l}'} \right\}$$

由集合竞价算法知，此 p_t' 即为新订单流将驱动的成交价.

证毕.

9.6 小　结

本章从集合竞价机制及其数学模型入手，借鉴杠杆平衡原理，将集合竞价机制下的股价涨跌问题转化为带活动支点的数字杠杆平衡问题，提出数字杠杆平衡原理，并将其运用于证券市场流行的股价趋势理论评价和分析及股价操纵机理的解释.

第 10 章　集合竞价算法对股票价格的影响

我们大多数人对于不喜欢的事实都视而不见. 虽然事实就摆在我们眼前, 置于我们鼻子底下, 堵在我们喉咙里, 但我们还是不承认它.

——Eric Hoffer

本书采用理论分析与金融实验相结合的研究方法, 从静态与动态两个角度研究集合竞价机制中的成交价决定原则对股票价格的影响, 得到结论: ①不同的集合竞价成交价决定原则, 产生不同的股票价格; ②从长远来看, 集合竞价成交价决定原则, 对股价走势的影响是长期和重大的; ③就是否引入更少系统风险而言, 集合竞价算法中的中间成交价和参考价格原则并不比最小或最大成交价原则好多少. 研究结论对证券交易机制设计具有理论和实践指导意义.

10.1　引　　言

随着市场微观结构理论的兴起, 越来越多的研究表明交易机制对证券市场的四大目标——流动性、稳定性(波动性)、透明性和有效性都会产生影响. 然而, 在交易机制对股价的影响研究方面, 由于真实市场中股票价格要受到诸多因素的影响, 这使直接得到有关结论比较困难. Amihud 和 Mendelson(1991)指出, 这方面的研究应通过实验方法, 对其他因素进行严格的人为控制, 将交易机制对股价行为的影响分离出来, 所得到的结论才会更具有可信性, 并且他认为这是未来深入研究的方向之一(Amihud and Mendelson, 1991). 本书即在此指引下开展.

众所周知, 学界普遍认为以集合竞价的方式产生开盘价可以提高价格发现的质量(Madhavan, 1992; Pagano and Schwartz, 2003; Comerton-Forde and Rydge, 2006a; Chang et al., 2008). Madhavan(1992)最早在理性预期的框架下建立了封闭式集合竞价的理论模型, 认为集合竞价的均衡价格与瓦尔拉斯市场均衡价格一致, 均是帕累托有效价格(Madhavan, 1992). 后来, Madhavan 和 Panchapagesan(2000) 进一步拓展了 Madhavan(1992) 的模型, Pagano 和 Schwartz(2003)研究了 Euronext Paris(巴黎泛欧)证券市场, Chang 等(2008)研究了新加坡证券市场, 认为集合竞价机制提升了价格发现的质量. 在国内获得过类似结论的研究有: 陈保华(2001)、刘阳(2003)、陈炜(2005)、李平和曾勇(2006)等.

然而, 上述文献中的理论研究部分, 一般都认为证券价格是市场参与者最优化行为的结果, 并在均衡框架下推导出集合竞价机制的出清价格. 这种做法隐含的假设与现实不符, 表现在如下三个方面: ①现实投资者普遍地表现出有限理性或非理性行为; ②现实投资者申报的订单并非完全反映真实的需求; ③自动集合竞价系统输出的开盘价并不能使现实股票市场完全出清, 只能是“近似出清”. 而“近似出清”又产生了新的问题: 由于满足“近似出清”条件的价格一般不止一个, 那么不同的最终成交价决定原则(取中间价, 还是离昨天收盘价最近的价位, 或者其他合理的价位)对股价长期走势是否有影响? 如果有, 如何影响? 等等. 目前关于这方面的理论研究报告, 尚不多见. 而相关主题的实证研究文献, 其意义又非常有限, 主要原因是: 对两种集合竞价成交价决定原则能做出比较的前提条件极为苛刻——要确保差异仅来自集合竞价算法而不是由交易环境等其他因素引起的, 需对同一时期、同一市场上的同一资产在相同的订单流驱动下, 在不同集合竞价算法下计算出的价格进行比较. 这是当前该主题实证研究难以逾越的技术障碍.

所幸的是, ASM 可为此研究清除技术障碍. 然而, 据作者所知, 当前能够结合 ASM 与集合竞价理论模型和算法, 去研究集合竞价算法对股票价格的影响方面的文献, 并不多见. Madhavan 和 Panchapagesan(2000)从理论上考察了集合竞价机制“黑箱”并研究成交匹配算法对成交价及成交量的影响(Madhavan and Panchapagesan, 2000). Comerton-Forde 和 Rydge(2006a)介绍了国际证券市场上几种主要的集合竞价匹配算法, 认为集合竞价的匹配算法设计会影响其真实价格发现的功能; 随后他们以澳大利亚股票交易市场为研究对象, 实证了“当考虑市场压力原则后, 集合竞价新算法大大地改善了价格发现质量和效率”(Comerton-Forde and Rydge, 2006b). 然而, Comerton-Forde 和 Rydge 在文中采用的仍然是实证研究方法. 值得一提的是, 即使在集合竞价数学模型及相关算法的理论研究方面, 或许出于技术保密, 抑或跨学科技术障碍等原因, 迄今为止, 相关文献仍不多见. 在这方面, 作者发表了文献(Sun et al., 2010; 孙有发等, 2010).

为透析集合竞价机制中的最终成交价决定原则对现实股票价格产生的影响, 本章摒弃理论研究文献中的投资者理性假设和均衡框架, 采用理论分析与金融实验相结合的研究方法: 从集合竞价机制出发, 建立数学模型, 设计算法实现步骤; 从静态与动态两个角度研究集合竞价机制中的最终成交价决定原则对股票价格的影响, 获得一些有意义的结论. 例如, 从长远来看, 集合竞价成交价决定原则, 对股价走势的影响是长期和重大的; 就是否引入更少系统风险而言, 集合竞价算法中的中间成交价和参考价格原则并不比最小或最大成交价原则好多少; 等等. 这些结论使当前学界的某些普遍观念需要再被商榷. 最后, 书中还针对性地构造两个 ASM, 从金融实验角度验证理论分析结论.

10.2 集合竞价算法对股价的影响分析

当前运行于各国证券市场上的集合竞价成交价决定原则有十多条(Madhavan and Panchapagesan, 2000). 限于篇幅, 本章并不打算比较全部决定原则给股票价格带来的影响, 而是选取其中比较有代表性的, 且能够唯一决定出最终成交价的四条原则.

(1) 最小成交价原则. 取满足式(9.2)的全体成交价中的最小值 $\min\{p_t\}$ 为最终成交价, 记 $p_{t,\min}$.

(2) 最大成交价原则. 取满足式(9.2)的全体成交价中的最大值 $\max\{p_t\}$ 为最终成交价, 记 $p_{t,\max}$.

(3) 中间成交价原则. 取满足式(9.2)的全体成交价中的中间值 $\arg\min\limits_{p_t}\left(\left|p_t - \mathrm{mean}\{p_t\}\right|\right)$ 为最终成交价, 记 $p_{t,\mathrm{mid}}$. 若执行该原则, 仍然有两个成交价输出, 则取其小值为最终成交价.

(4) 参考价格原则. 该原则定义具体见 9.3.2 节算法的步骤 5. 这里需要特别指出单独执行“参考价格原则”的结果, 与 2.2 节算法设计中的依次执行“四组合原则(最大成交量原则、最小剩余原则、市场压力原则、参考价格原则)”得到的结果 $p_{t,\mathrm{reference}}$ 一般是不同的. 因此, 为使各条原则地位对等且具有可比性, 这里取前者.

本节从两个角度研究集合竞价成交价决定原则对股票价格的影响: ①静态——执行一次集合竞价, 研究单纯由集合竞价算法差异引起股票价格即期变化; ②动态——从长远来看, 多阶段、连续地执行集合竞价, 研究集合竞价算法差异引起股票价格长期变化.

10.2.1 静态分析

上面定义的四种集合竞价成交价决定原则, 对股票价格的静态影响, 可做如下表述.

命题 10.1 在不同的集合竞价成交价决定原则下, 即使输入集合竞价系统的订单流完全相同(本章暂不考虑集合竞价机制中的时间优先原则), 仍有

(1) $p^{s}_{n'_t,t}$; $p_{t,\min} \leqslant p_{t,\mathrm{reference}} \leqslant p_{t,\max}$.

(2) $p_{t,\mathrm{mid}}$ 与 $p_{t,\mathrm{reference}}$ 没有一致的大小占优关系.

命题 10.1 可联合式(9.2)及四种成交价决定原则定义, 经直接分析得到.

命题 10.2 在命题 10.1 的基础上, 若以集合竞价系统输出的成交价来构建股票价格时间序列, 并假设交易系统仅存在集合竞价算法差异, 则由中间成交价原则输出的价格序列的波动性, 不一定小于由最小或最大成交价决定规则决定的价

格序列的波动性，即 $\operatorname{Var}\{p_{t,\mathrm{mid}}\}$ 与 $\operatorname{Var}\{p_{t,\min}\}$、$\operatorname{Var}\{p_{t,\max}\}$ 之间没有必然的一致性的大小占优关系；参考价格原则亦然.

证明　(1) 由命题 10.1 知，$\forall t>0$，$0\leqslant p_{t,\min}\leqslant p_{t,\mathrm{mid}}\leqslant p_{t,\max}$，从而

$$0\leqslant E\left(p_{t,\min}\right)\leqslant E\left(p_{t,\mathrm{mid}}\right)\leqslant E\left(p_{t,\max}\right);E\left(p_{t,\min}^{2}\right)\leqslant E\left(p_{t,\mathrm{mid}}^{2}\right)\leqslant E\left(p_{t,\max}^{2}\right)$$

因此，

$$\begin{aligned}\operatorname{Var}\left(p_{t,\mathrm{mid}}\right)&=E\left(p_{t,\mathrm{mid}}^{2}\right)-E^{2}\left(p_{t,\mathrm{mid}}\right)\\&\leqslant E\left(p_{t,\max}^{2}\right)-E^{2}\left(p_{t,\min}\right)\\&=E\left(p_{t,\max}^{2}\right)-E^{2}\left(p_{t,\max}\right)+E^{2}\left(p_{t,\max}\right)-E^{2}\left(p_{t,\min}\right)\\&=\operatorname{Var}\left(p_{t,\max}\right)+E^{2}\left(p_{t,\max}\right)-E^{2}\left(p_{t,\min}\right)\end{aligned}\tag{10.1}$$

$$\begin{aligned}\operatorname{Var}\left(p_{t,\mathrm{mid}}\right)&=E\left(p_{t,\mathrm{mid}}^{2}\right)-E^{2}\left(p_{t,\mathrm{mid}}\right)\\&\geqslant E\left(p_{t,\min}^{2}\right)-E^{2}\left(p_{t,\max}\right)\\&=E\left(p_{t,\min}^{2}\right)-E\left(p_{t,\max}^{2}\right)+E\left(p_{t,\max}^{2}\right)-E^{2}\left(p_{t,\max}\right)\\&=E\left(p_{t,\min}^{2}\right)-E\left(p_{t,\max}^{2}\right)+\operatorname{Var}\left(p_{t,\max}\right)\end{aligned}\tag{10.2}$$

$$\begin{aligned}\operatorname{Var}\left(p_{t,\mathrm{mid}}\right)&=E\left(p_{t,\mathrm{mid}}^{2}\right)-E^{2}\left(p_{t,\mathrm{mid}}\right)\\&\leqslant E\left(p_{t,\max}^{2}\right)-E^{2}\left(p_{t,\min}\right)\\&=E\left(p_{t,\max}^{2}\right)-E\left(p_{t,\min}^{2}\right)+E\left(p_{t,\min}^{2}\right)-E^{2}\left(p_{t,\min}\right)\\&=E\left(p_{t,\max}^{2}\right)-E\left(p_{t,\min}^{2}\right)+\operatorname{Var}\left(p_{t,\min}\right)\end{aligned}\tag{10.3}$$

$$\begin{aligned}\operatorname{Var}\left(p_{t,\mathrm{mid}}\right)&=E\left(p_{t,\mathrm{mid}}^{2}\right)-E^{2}\left(p_{t,\mathrm{mid}}\right)\\&\geqslant E\left(p_{t,\min}^{2}\right)-E^{2}\left(p_{t,\max}\right)\\&=E\left(p_{t,\min}^{2}\right)-E^{2}\left(p_{t,\min}\right)+E^{2}\left(p_{t,\min}\right)-E^{2}\left(p_{t,\max}\right)\\&=\operatorname{Var}\left(p_{t,\min}\right)+E^{2}\left(p_{t,\min}\right)-E^{2}\left(p_{t,\max}\right)\end{aligned}\tag{10.4}$$

由式(10.1)~式(10.4)，得

$$\operatorname{Var}\left(p_{t,\mathrm{mid}}\right)\leqslant\operatorname{Var}\left(p_{t,\max}\right)+E^{2}\left(p_{t,\max}\right)-E^{2}\left(p_{t,\min}\right)$$

$$\operatorname{Var}\left(p_{t,\mathrm{mid}}\right)\geqslant\operatorname{Var}\left(p_{t,\max}\right)+E\left(p_{t,\min}^{2}\right)-E\left(p_{t,\max}^{2}\right)$$

$$\operatorname{Var}\left(p_{t,\mathrm{mid}}\right)\leqslant\operatorname{Var}\left(p_{t,\min}\right)+E\left(p_{t,\max}^{2}\right)-E\left(p_{t,\min}^{2}\right)$$

$$\mathrm{Var}\left(p_{t,\mathrm{mid}}\right) \geqslant \mathrm{Var}\left(p_{t,\min}\right)+E^2\left(p_{t,\min}\right)-E^2\left(p_{t,\max}\right)$$

$$\mathrm{Var}\left(p_{t,\mathrm{mid}}\right) \leqslant \frac{\mathrm{Var}\left(p_{t,\max}\right)+\mathrm{Var}\left(p_{t,\min}\right)}{2}+E^2\left(p_{t,\max}\right)+E\left(p_{t,\max}^2\right)-E^2\left(p_{t,\min}\right)-E\left(p_{t,\min}^2\right)$$

$$\mathrm{Var}\left(p_{t,\mathrm{mid}}\right) \geqslant \frac{\mathrm{Var}\left(p_{t,\max}\right)+\mathrm{Var}\left(p_{t,\min}\right)}{2}+E^2\left(p_{t,\min}\right)+E\left(p_{t,\min}^2\right)-E^2\left(p_{t,\max}\right)-E\left(p_{t,\max}^2\right)$$

证毕.

从上述不等式可推知，由中间成交价原则输出价格序列的收益率波动性 $\mathrm{Var}\left\{p_{t,\mathrm{mid}}\right\}$，与由最小和最大成交价原则决定的价格序列的波动性 $\mathrm{Var}\left\{p_{t,\min}\right\}$ 和 $\mathrm{Var}\left\{p_{t,\max}\right\}$，三者之间没有必然的一致性的大小占优关系.

(2) 同理可证，由市场压力原则决定的价格序列的波动性 $\mathrm{Var}\left\{p_{t,\mathrm{reference}}\right\}$，由最小或最大成交价原则决定的价格序列的波动性（$\mathrm{Var}\left\{p_{t,\min}\right\}$ 和 $\mathrm{MV}=\max\limits_{p_k}\left\{\mathrm{MEV}\left(p_k\right)\right\}$），三者之间确实没有必然的一致性的大小占优关系.

命题 10.1 表明，从静态角度来看，中间成交价原则与参考价格原则，在理论上确实有利于增强价格的连续性，提高集合竞价的定价效率. 然而，命题 10.2 也表明，由中间成交价原则和参考价格原则引入的价格系统波动性，并不一定小于由最小和最大成交价原则引入的价格系统波动性；换句话说，就是否引入更少系统风险而言，集合竞价算法中的中间成交价原则和参考价格原则并不比最小或最大成交价原则好多少.

上述静态分析，要求集合竞价系统的输入在不同算法下完全一致，以确保全部差异仅来自集合竞价算法，并具有针对性强、无干扰因素等优点. 但现实系统要素之间总是动态关联的，因此有必要从动态角度进一步分析集合竞价算法对股票价格的影响.

10.2.2 动态分析

考虑到不同集合竞价算法会引起股票成交价发生即期变化，进而引起投资者现金流异质的变化，这将引起下一次投资者订单流变化. 那么从长远来看，由集合竞价成交价决定原则差异引起的股票成交价及投资者财富的累积变化，是否影响股票价格长期走势？本章以命题形式对此给予回答.

命题 10.3 在命题 10.1 的基础上，若进一步考虑到集合竞价会引起投资者财富的变化，则从长远来看，即使市场差异仅来自集合竞价算法，同一时期、同一市场上的同一股票，在不同的集合竞价成交价决定原则下，其价格时间序列也各不相同.

命题 10.3 的分析论证过程如下.

在不同的集合竞价成交价决定原则下，由命题 10.1 知，即使t时刻输入集合竞价系统的订单流相同(即$O_{j,t,s}=O'_{j,t,s}=O''_{j,t,s}=O'''_{j,t,s}$，$O_{i,t,b}=O'_{i,t,b}=O''_{i,t,b}=O'''_{i,t,b}$)，仍有$p_{t,\min}\leqslant p_{t,\text{mid}}\leqslant p_{t,\max},p_{t,\min}\leqslant p_{t,\text{reference}}\leqslant p_{t,\max}$. 这直接导致投资者在$t$时刻完成交易后的现金流发生异质变化(表 10.1)，如最小成交价原则导致第i个完全成交的买方投资者现金支出最少；而最大成交价原则使第j个完全成交的卖方投资者现金流增量最大.

表 10.1　不同集合竞价成交价决定原则下，投资者在 t 时刻完成交易后发生的现金流变化

集合竞价成交价决定原则	第 i 个完全成交的买方投资者现金变化	第 j 个完全成交的卖方投资者现金变化
最小成交价原则	$-O_{i,t,b}p_{t,\min}$	$O_{j,t,s}p_{t,\min}$
最大成交价原则	$-O'_{i,t,b}p_{t,\max}$	$O'_{j,t,s}p_{t,\max}$
中间成交价原则	$-O''_{i,t,b}p_{t,\text{mid}}$	$O''_{j,t,s}p_{t,\text{mid}}$
参考价格原则	$-O'''_{i,t,b}p_{t,\text{reference}}$	$O'''_{j,t,s}p_{t,\text{reference}}$

由于投资者在下一次的订单流受各自财富的硬约束(如果订单方向为买，则订单量不超过其现金购买能力；如果订单方向为卖，则订单量不超过其占有的股票总量)，即使假设在各种集合竞价成交价决定原则下全体投资者在$t+1$时刻的订单方向保持不变[①]，全体投资者在t时刻完成交易后的异质现金流变化，再加上t时刻异质的成交价，将进一步引起$\beta(N)$时刻的订单流异质的变化，即

$$\begin{aligned}\left\{p_{i,t+1,b},O_{i,t+1,b}\right\}\Big|_{p_{t,\min}}&\neq\left\{p'_{i,t+1,b},O'_{i,t+1,b}\right\}\Big|_{p_{t,\max}}\\&\neq\left\{p''_{i,t+1,b},O''_{i,t+1,b}\right\}\Big|_{p_{t,\text{mid}}}\neq\left\{p'''_{i,t+1,b},O'''_{i,t+1,b}\right\}\Big|_{p_{t,\text{reference}}}\end{aligned}\tag{10.5}$$

$$\begin{aligned}\left\{p_{j,t+1,s},O_{j,t+1,s}\right\}\Big|_{p_{t,\min}}&\neq\left\{p'_{j,t+1,s},O'_{j,t+1,s}\right\}\Big|_{p_{t,\max}}\\&\neq\left\{p''_{j,t+1,s},O''_{j,t+1,s}\right\}\Big|_{p_{t,\text{mid}}}\neq\left\{p'''_{j,t+1,s},O'''_{j,t+1,s}\right\}\Big|_{p_{t,\text{reference}}}\end{aligned}\tag{10.6}$$

其中，$i=1,\cdots,n_{t+1};j=1,\cdots,m_{t+1}$；$n_{t+1}$和$m_{t+1}$分别为$t+1$时刻的有效买单笔数和卖单笔数. 如果放松“在各种集合竞价成交价决定原则下全体投资者在$t+1$时刻的订单方向保持不变”这个强假设，而改为“在任意一种集合竞价成交价决定原则下，允许全体投资者在$t+1$时刻下达任意方向的订单”，则不同集合竞价成交价决定原则下，全体投资者在$t+1$时刻的订单流之间的关联性将更弱.

再根据前面关于集合竞价成交价决定原则及式(9.2)，有

① 这里所说的订单方向保持不变，并非指全体投资者在$t+1$时刻都下达买单(或卖单)；而是指在$t+1$时刻，若某投资者在某种集合竞价机制下下达“卖单”，则该投资者在其他集合竞价机制下也下达“卖单”.

$$p_{t+1,\min} = \min\left\{ \arg\max_{p_{t+1}} \sum_{i=1}^{n_{t+1}} O_{i,t+1,b} I_{p_{i,t+1,b} \geqslant p_{t+1}} \middle| \sum_{i=1}^{n_{t+1}} O_{i,t+1,b} I_{p_{i,t+1,b} \geqslant p_{t+1}} = \sum_{j=1}^{m_{t+1}} O_{j,t+1,s} I_{p_{j,t+1,s} \leqslant p_{t+1}} \right\} \tag{10.7}$$

$$p_{t+1,\max} = \max\left\{ \arg\max_{p_{t+1}} \sum_{i=1}^{n_{t+1}} O'_{i,t+1,b} I_{p'_{i,t+1,b} \geqslant p_{t+1}} \middle| \sum_{i=1}^{n_{t+1}} O'_{i,t+1,b} I_{p'_{i,t+1,b} \geqslant p_{t+1}} = \sum_{j=1}^{m_{t+1}} O'_{j,t+1,s} I_{p'_{j,t+1,s} \leqslant p_{t+1}} \right\} \tag{10.8}$$

$$\begin{gathered} p_{t+1} \in \left\{ \arg\max_{p_{t+1}} \sum_{i=1}^{n_{t+1}} O''_{i,t+1,b} I_{p''_{i,t+1,b} \geqslant p_{t+1}} \middle| \sum_{i=1}^{n_{t+1}} O''_{i,t+1,b} I_{p''_{i,t+1,b} \geqslant p_{t+1}} = \sum_{j=1}^{m_{t+1}} O''_{j,t+1,s} I_{p''_{j,t+1,s} \leqslant p_{t+1}} \right\} \\ p_{t+1,\mathrm{mid}} = \arg\min_{p_{t+1}} \left(\left| p_{t+1} - \mathrm{mean}\left\{ p_{t+1} \right\} \right| \right) \end{gathered} \tag{10.9}$$

$$\begin{gathered} p_{t+1} \in \left\{ \arg\max_{p_{t+1}} \sum_{i=1}^{n_{t+1}} O'''_{i,t+1,b} I_{p'''_{i,t+1,b} \geqslant p_{t+1}} \middle| \sum_{i=1}^{n_{t+1}} O'''_{i,t+1,b} I_{p'''_{i,t+1,b} \geqslant p_{t+1}} = \sum_{j=1}^{m_{t+1}} O'''_{j,t+1,s} I_{p'''_{j,t+1,s} \leqslant p_{t+1}} \right\} \\ p_{t+1,\mathrm{reference}} = \arg\min_{p_{t+1}} \left(\left| p_{t+1} - p_{t,\mathrm{close}} \right| \right) \end{gathered} \tag{10.10}$$

显然，由不同集合竞价成交价决定原则下订单流的异质性，可知式(10.7)～式(10.10)包含的优化问题的独立性，从而$\left\{p_{t+1,\min}\right\} \neq \left\{p_{t,\max}\right\} \neq \left\{p_{t+1,\mathrm{mid}}\right\} \neq \left\{p_{t+1,\mathrm{reference}}\right\}$，即不同的集合竞价成交价决定原则下，股票价格时间序列各不相同.

尽管如此，我们并不否认存在一些巧合的情形：在某个或几个时刻，四种成交价可能是同一个价位；或者说，其中某几种成交价是同一个价位；这仅缘于订单流的随机性.

10.3 数 值 仿 真

为检验集合竞价成交价决定原则影响股价的静态和动态分析结论，本书构造两个ASM，并用Matlab语言实现. 对于这两个ASM，本书并不额外假设投资者行为是否理性、市场是否达到均衡.

对 ASM1，仅假设市场有卖空约束；投资者可随机地下达订单流，但确保投资者在不同集合竞价算法下的订单流一致(从而确保差异仅来自集合竞价算法). 因此，对 ASM1 股价的仿真，可以检验纯粹由集合竞价成交价决定原则差异引起股价变化的静态影响.

对 ASM2，假设市场有卖空约束；投资者可随机地下达订单流，但受各自财富的硬约束；此外，为使投资者随机下达的订单流，受到该只股票前一次成交价的影响，假设在任意时刻参与投资股票 A 的投资群体基本固定，仅少部分投资者快进快出该股票市场. 对 ASM2 的仿真，可以检验集合竞价成交价决定原则对股价长期走势的动态影响.

在仿真中，投资者初始财富禀赋随机生成；投资者的订单价格由有效委托原则及随机定价原则共同决定，订单量受财富硬约束. 此外，在仿真过程中，不向市场注入或抽走资金，也不增减股份. 假设股票 A 在 t_0 时刻的初始股价为 10 元，仿真时长为 100 个交易日.

10.3.1　静态影响仿真

为检验集合竞价成交价决定原则的静态影响，在仿真时，本书确保输入竞价系统的订单流不变，图 10.1 是 ASM1 输出的价格序列.

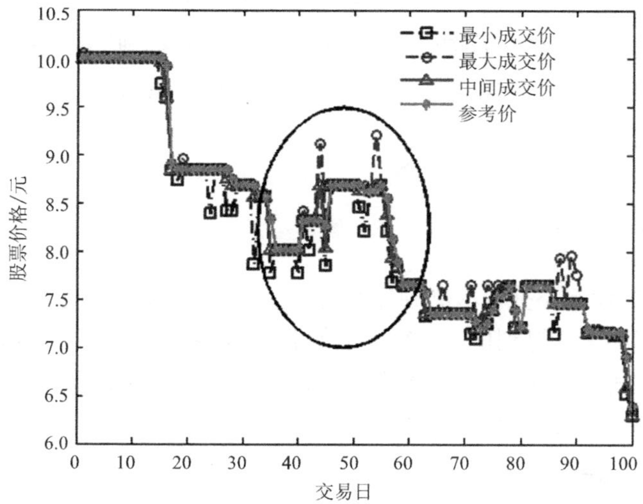

(a)

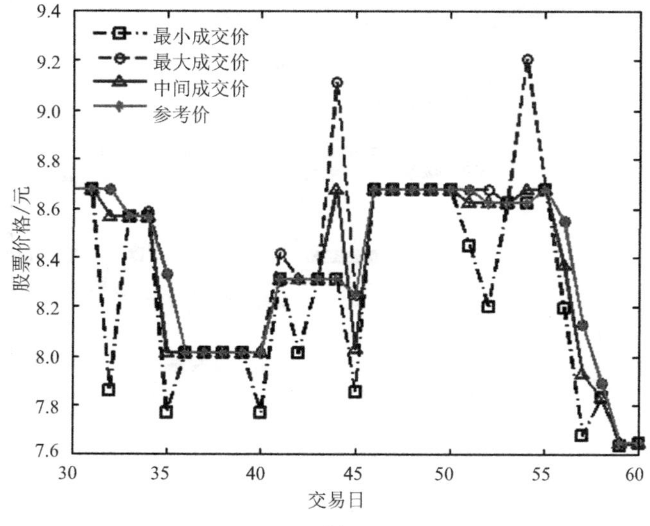

(b)

图 10.1　集合竞价成交价决定原则的静态影响（图 10.1（b）是对图 10.1（a）圈中价格序列的放大）

图 10.1(b)显示，最小成交价原则得到最小成交价序列；最大成交价原则得到最大成交价序列；中间成交价原则和参考价格原则输出的成交价则居于其中，但二者之间并无一致性的大小占优关系. 仿真结果与静态分析结论完全一致.

图 10.1(a)显示，由最小和最大成交价原则输出的价格序列带有少量“单侧毛刺”；相对而言，由中间成交价原则和参考价格原则输出的成交价序列似乎更为平滑. 然而，这仅为表象. 实际上，图 10.1 所示的 4 个价格序列$\left\{p_{t,\min}\right\}$,$\left\{p_{t,\max}\right\}$,$\left\{p_{t,\text{mid}}\right\}$与$\left\{p_{t,\text{reference}}\right\}$的方差分别为 0.9322, 0.8934, 0.9261 和 0.9169. 仿真结果支持前文的静态分析结论：由中间成交价原则和参考价格原则引入的价格系统波动性，并不一定小于由最小和最大成交价原则引入的波动性.

10.3.2　动态影响仿真

1. 仿真股票价格序列

保持 ASM2 设定不变，本书独立运行人工模拟股票市场仿真软件. 任意取其中两次独立仿真结果，得到图 10.2 所示的股票价格序列图. 注意到：独立运行软件多次，然后取其平均值作为价格序列输出结果，该方法在此处并不可取，因为平均值法会平滑掉独立股票价格序列中拥有的全部重要细节.

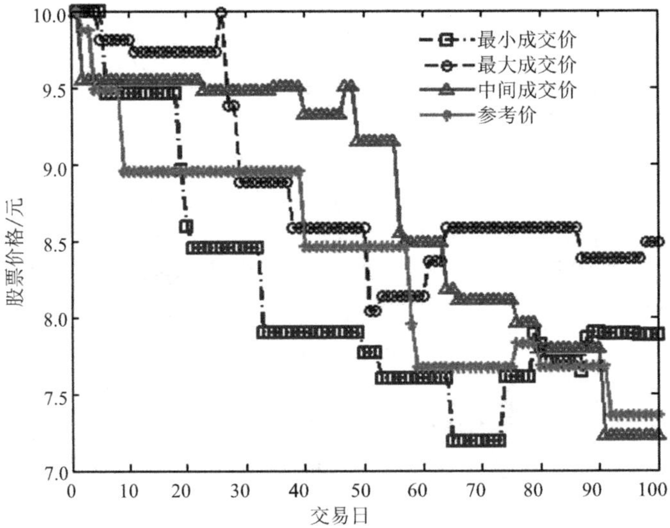

(a)

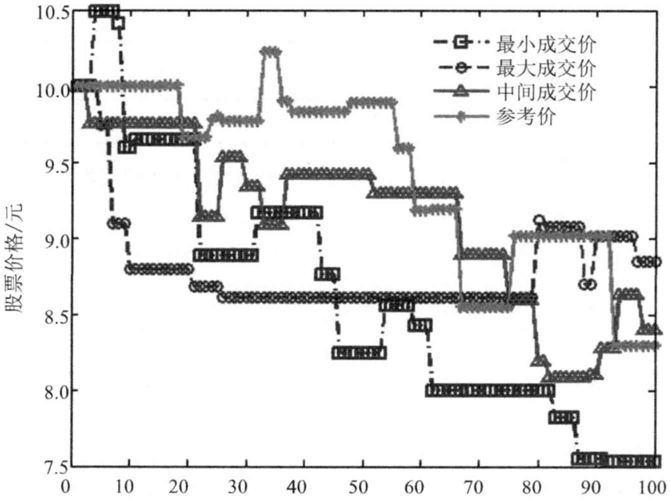

(b)

图 10.2　集合竞价成交价决定原则的动态影响

由图 10.2 不难看出，在整个仿真过程中 $\{p_{t,\min}\}$ 并非一直最小，$\{p_{t,\max}\}$ 也并非一直最大. 此即验证了前面的静态分析结论：$p_{t+1,\min}$、$p_{t+1,\max}$、$p_{t+1,\mathrm{mid}}$ 与 $p_{t+1,\mathrm{reference}}$ 之间并不必然地呈现出一致性的大小占优关系. 图 10.2 还显示，即使在完全相同的市场假设下，仅改变集合竞价成交价决定原则，这些由同一次实验输出的价格序列也迥然不同，表现为：除了第一个时间步紧密“咬合”外，绝大多数时期四个时间序列各不相同. 仿真结果支持动态分析结论：$\{p_{t+1,\min}\} \neq \{p_{t,\max}\} \neq \{p_{t+1,\mathrm{mid}}\} \neq \{p_{t+1,\mathrm{reference}}\}$.

2. 仿真股票收益率统计特性

记收益率为 $R_t\left(=\lg(p_{t+1}/p_t)\right)$，并以 $\{R_{t,\min}\}$、$\{R_{t,\max}\}$、$\{R_{t,\mathrm{mid}}\}$ 和 $\{R_{t,\mathrm{reference}}\}$ 分别表示基于仿真股票价格序列 $\{p_{t,\min}\}$、$\{p_{t,\max}\}$、$\{p_{t,\mathrm{mid}}\}$ 和 $\{p_{\mathrm{t,reference}}\}$ 的收益率.

表 10.2 列举了 100 次独立仿真实验输出的四个仿真股票价格序列的收益率统计特性. 图 10.3 则特别地显示了收益率方差信息.

表 10.2　100 次独立仿真实验输出价格序列的收益率统计特性

统计量	$\{R_{t,\min}\}$	$\{R_{t,\max}\}$	$\{R_{t,\mathrm{mid}}\}$	$\{R_{t,\mathrm{reference}}\}$
均值	−0.0016	−0.0017	−0.0017	−0.0018
方差均值	1.538×10^{-4}	1.692×10^{-4}	1.522×10^{-4}	1.587×10^{-4}
偏度均值	−1. 8598	−1.5779	−1.7809	−2.1009

续表

统计量	$\{R_{t,\min}\}$	$\{R_{t,\max}\}$	$\{R_{t,\text{mid}}\}$	$\{R_{t,\text{reference}}\}$
峰度均值	19.6400	18.1875	19.6094	19.0840

注：表 10.2 中统计量“均值”定义为 $\left(\sum_{i=1}^{100}\text{第}i\text{次实验输出的收益率均值}\right)\Big/100$；其余类似定义

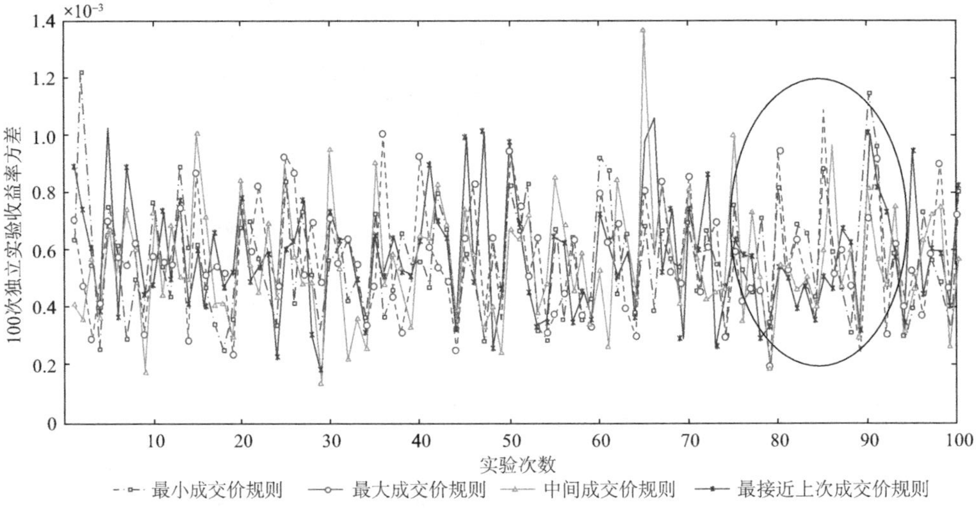

(a)

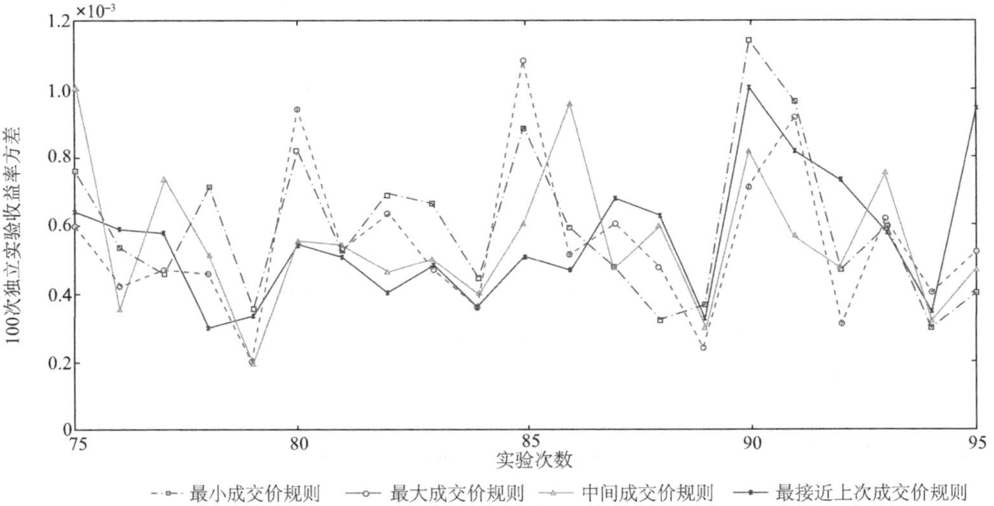

(b)

图 10.3　100 次独立仿真实验输出的四种股票价格收益率方差

[图 10.3(b)是对图 10.3(a)画圈部分的放大]

由表 10.2 不难看出，本书仿真的价格序列收益率均具有“右偏、超峰”等真实股票收益率所具有的统计特性；但在具体的统计数值上，即使独立地做 100 次实验，四个仿真股票价格序列的收益率统计特性在平均意义上仍然有较大差异. 这事实上再次验证前文动态分析结论. 此外，尽管表 10.2 在统计意义上支持“$\mathrm{var}\{R_{t,\mathrm{mid}}\}$ 和 $\mathrm{var}\{R_{t,\mathrm{reference}}\}$ 小于 $\mathrm{var}\{R_{t,\min}\}$ 和 $\mathrm{var}\{R_{t,\max}\}$”的结论，但图 10.3 也清晰显示，该结论并不适用于任意一次独立仿真结果.

以上分析表明，仅能从统计意义上说，集合竞价算法中的中间成交价原则及参考价格原则有益于降低股票收益率的波动性；相比而言，最小和最大成交价原则要稍微逊色一些.

3. 投资者现金流序列

下面考察在不同集合竞价成交价决定原则下，同一个投资者的现金存量时间序列的独立性. 图 10.4 为 ASM2 中某个投资者在整个交易期间的现金存量变化曲线.

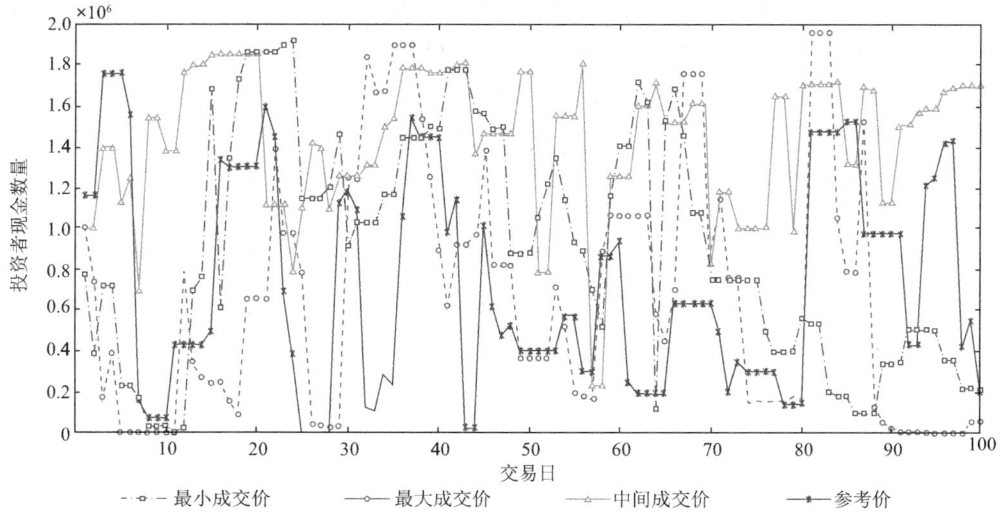

图 10.4　ASM2 市场中某个投资者在整个交易期间的现金存量变化曲线

图 10.4 显示，在不同集合竞价成交价决定原则下，同一个投资者在整个交易期间，其现金存量的时间序列呈现出杂乱无章走势. 用 Matlab 语言中 corrcoef 命令可以得到图 10.4 所示的四个现金存量时间序列的关联系数矩阵:

$$
\mathrm{Corrcoef}_{\mathrm{cash}} = \begin{bmatrix} 1.0000 & -0.0364 & -0.0320 & -0.0010 \\ -0.0364 & 1.0000 & 0.0892 & -0.0883 \\ -0.0320 & 0.0892 & 1.0000 & 0.0835 \\ -0.0010 & -0.0883 & 0.0835 & 1.0000 \end{bmatrix}
$$

该矩阵表明, 各现金存量时间序列除了与自己关联外, 其互相之间的关联度很小. 从而该仿真结果支持了前文动态分析过程中的推导结论: 不同集合竞价成交价决定原则驱动投资者的现金流各自独立变化.

10.4 小 结

本章结合 ASM 与集合竞价理论模型和算法, 研究了集合竞价机制中的最终成交价决定原则对股票价格的影响. 研究认为, 成交价决定原则对股价走势的影响是长期和重大的; 不同的集合竞价成交价决定原则, 产生迥异的股票价格行为. 基于此结论, 本书认为, 前人的研究结论"由集合竞价机制产生的开盘价格在理论上接近证券资产的真实价位"值得再被商榷, 因为证券资产的真实价格(如果存在)走势线只能有一条, 而集合竞价算法(成交价决定原则)却并不唯一. 此外, 本研究还认为, 如果单纯从静态角度分析集合竞价成交价决定原则对股票价格的影响, 由中间成交价原则和参考价格原则输出价格序列的波动性, 与由最小和最大成交价原则输出价格序列的波动性, 它们之间没有必然的一致性的大小占优关系; 仅从统计意义上看, 与最小和最大成交价原则相比而言, 集合竞价算法中的中间成交价原则和参考价格原则有利于降低股票收益率的波动性.

本研究对证券市场交易机制设计具有重要的理论和实践指导意义. 进一步可能研究的方向: 将投资者预期、投资者心理素质及能力、投资者的预期与股价之间的反身性等要素逐步融入书中的集合竞价模型中, 可得到更多有趣的结论.

第 11 章　基于集合竞价机制的股价短线操纵研究

炒作就像动物世界的森林法则，专门攻击弱者，这种做法往往能够百发百中.

——乔治·索罗斯

从集合竞价机制的数学模型与算法实现角度，本书研究操盘手采用单一账号拉抬，以及双账号对敲策略实现短线操纵股价的条件，计算操纵成本及效率，并基于短线操纵股价的前提假设条件，提出优化设计集合竞价机制的建议.

11.1　引　　言

股市操纵行为是证券市场上较为普遍的现象，从实践中看，市场操纵行为主要有以下几种方式：渲染、洗售、对敲、拉抬、拉高出货、做尾盘、轧空及挤榨等(Allen and Gale, 1992; Aggarwal and Wu, 2003; Fischel and Ross, 1991). 现有文献多从股市操纵行为界定(林志平, 2006)、表象(甄红线, 2007; 胡金霞和胡代平, 2009)、治理(赵运锋, 2008)等角度研究股市操纵行为；从内幕交易(徐高, 2007; 徐爱农, 2007)、博弈机制(杨柏, 2006)等角度去描述股市操纵原理与模型；从实证角度(刘逖等, 2006)研究证券市场运行机制对股价操纵的影响等.

由于现有法律与相关实践都还围绕着传统的"坐庄"操纵模式展开，无论学界还是业界都对短线操纵这一模式的研究甚少(蔡奕, 2010)； 而从集合竞价机制角度研究股价短线操纵模型的文献就更少见.

尽管基于社会剩余最大化的集合竞价交易机制(即 Min-Max 交易机制)，许香存等(2009)发现交易者通过低报数量操纵价格几乎是不可能的，但该文结论似乎与来自业界及交易所的实际统计结论不符. 由于操纵集合竞价的成本低，国内外操盘手(庄家)倾向于采取集合竞价操纵策略. 也正因为如此，为抑制股市操纵行为，目前国际主要证券市场，如伦敦、巴黎、德国、澳大利亚、中国香港交易所等，普遍采取开放式集合竞价来决定当日或某个交易时段的开盘价；我国证券市场也已从封闭式集合竞价模式改为开放式集合竞价模式，深圳证券交易所还启用了收盘集合竞价制度.

鉴于集合竞价机制的股市操纵策略已为广大"庄家"所用，或许出于利益竞争及技术保密等原因，这方面的定量化模型研究又很少见，本章从纯学术角度，基于集合竞价机制的数学模型与算法，以及操盘手采用单一账号拉抬和双账号对敲策略实现短线操纵股价的条件，计算操纵成本及操纵效率，并基于短线操纵股价的前提假设条件，提出优化设计集合竞价机制的建议.

11.2 股价短线操纵策略分析

为简便分析，且不失一般性，本书假设买单报价由高到低、卖单报价由低到高排列，即

$$p_{1,b} \geqslant p_{2,b} \geqslant \cdots \geqslant p_{n,b} \tag{11.1}$$

$$p_{1,s} \leqslant p_{2,s} \leqslant \cdots \leqslant p_{m,s} \tag{11.2}$$

从执行最大成交量原则后集合竞价系统输出的备选成交价集 $\{p_z\}$ 中任意选取一个价格 p_k （其中 $k=1,2\cdots,Z$ ）. 令 $q_{i,b}^k$ 和 $q_{j,s}^k$ 分别为第 i 个买单和第 j 个卖单在价格 p_k 下的成交量，则集合竞价系统输出的最大成交量可表示为

$$Q=\sum_{i=1}^{n_k} q_{i,b}^k=\sum_{j=1}^{m_k} q_{j,s}^k \tag{11.3}$$

其中，n_k 和 m_k 分别为完全成交与部分成交的卖单及买单总数.

为操纵开盘价，操盘手可利用早盘集合竞价期间即时披露的信息，如虚拟开盘参考价格、虚拟匹配量、买方虚拟未匹配量、卖方虚拟未匹配量等，将自己的订单插入恰当位置.

11.2.1 单账号直接拉抬股价

情形 1：如果在拟成交价 p_k 处，买单量低于卖单量，即 $\sum_{i=1}^{n_k} O_{i,b}<\sum_{j=1}^{m_k} O_{j,s}$.

情形 1 意味着

$$q_{i,b}^k=\begin{cases} O_{i,b}, & i=1,2,\cdots,n_k \\ 0, & i=n_k+1,\cdots,n \end{cases} \tag{11.4}$$

$$q_{j,s}^k=\begin{cases} O_{j,s}, & j=1,2,\cdots,m_k-1 \\ Q-\sum_{j=1}^{m_k-1} O_{j,s}, & j=m_k \\ 0, & j=m_k+1,\cdots,m \end{cases} \tag{11.5}$$

其中 $Q=\sum_{i=1}^{n_k} O_{i,b} < \sum_{j=1}^{m_k} O_{j,s}$. 从而

$$p_{n_k,b} \geqslant p_k = p_{m_k,s} \tag{11.6}$$

(1) 如果操盘手拟通过在 $p_{n_k,b}$ 价位之上插入足够买单量来拉抬股价, 不失一般性, 假设插入的买单量为 ε, 而其他投资者不改变其订单报价及数量, 那么该操盘手只需做到

$$\varepsilon \geqslant \sum_{j=1}^{m_k} O_{j,s} - \sum_{i=1}^{n_k} O_{i,b}\text{，即} \sum_{i=1}^{n_k} O_{i,b} + \varepsilon \geqslant \sum_{j=1}^{m_k} O_{j,s}$$

就有如下结果:

$$q_{i,b}^k = \begin{cases} O_{i,b},\ i=1,2,\cdots,n_k-1 \\ Q' - \sum_{i=1}^{n_k-1} O_{i,b}, i = n_k \\ 0,\ i=n_k+1,\cdots,n \end{cases} \tag{11.7}$$

$$q_{j,s}^k = \begin{cases} O_{j,s},\ j=1,2,\cdots,m_k \\ 0,\ j=m_k+1,\cdots,m \end{cases} \tag{11.8}$$

其中 $Q' = \sum_{j=1}^{m_k} O_{j,s}$. 从而

$$p_{n_k,b} = p'_k \geqslant p_{m_k,s} \tag{11.9}$$

不难分析出, $Q' \geqslant Q$, $p'_k \geqslant p_k$. 这表明, 操盘手通过高报买单量, 可成功拉抬成交价, 同时扩大成交量.

由于操盘手在 $p_{n_k,b}$ 价位上插入买单量为 ε, 其实际成交量为 $\sum_{j=1}^{m_k} O_{j,s} - \sum_{i=1}^{n_k} O_{i,b}$. 因此操盘手拉抬股价的成本为 $(\sum_{j=1}^{m_k} O_{j,s} - \sum_{i=1}^{n_k} O_{i,b}) p_{n_k,b}$.

为最大限度地降低操纵成本, 操盘手只需大致估算出虚拟成交价集 $\{p_z\}$ 中, 每一个价格下买卖单序列中买卖压差 $\sum_{j=1}^{m_k} O_{j,s} - \sum_{i=1}^{n_k} O_{i,b}$ 与目标成交价 $p_{n_k,b}$ 的乘积, 取其最小值. 此最小值, 即对应最佳的操纵时机.

进一步地, 定义操盘手拉抬股价的效率为股价上涨水平/操纵成本, 即

$$\rho_1 = \frac{1}{\sum_{j=1}^{m_k} O_{j,s} - \sum_{i=1}^{n_k} O_{i,b}} \left(1 - \frac{p_k}{p_{n_k,b}}\right) \geqslant \frac{1}{\varepsilon}\left(1 - \frac{p_k}{p_{n_k,b}}\right) \tag{11.10}$$

式(11.10)表明, 股价拉抬效率取决于操盘手寻求最佳操纵时机的能力.

现实市场中的操盘手不会单纯地利用上述技巧来操作股价, 还将配合其他虚实策略.

(2) 如果操盘手的资金充沛, 也可通过同时高报买单量及买单价来拉抬股价. 不失一般性, 假设操盘手以高于 $p_{n_k,b}$ 一个价位的价格插入买单量 ε, 而其他投资者不改变其订单报价及数量, 那么操盘手只要使

$$\varepsilon > \sum_{j=1}^{m_k} O_{j,s} - \sum_{i=1}^{n_k - \Delta n_k} O_{i,b}\text{，即} \sum_{i=1}^{n_k - \Delta n_k} O_{i,b} + \varepsilon > \sum_{j=1}^{m_k} O_{j,s}$$

其中, Δn_k 为操盘手插入高价买单后, 集合竞价系统成功匹配的买单序号减少的个数, 从而有

$$q_{i,b}^k = \begin{cases} O_{i,b},\ i = 1,2,\cdots,n_k - \Delta n_k - 1 \\ Q'' - \sum_{i=1}^{n_k - \Delta n_k - 1} O_{i,b}, i = n_k - \Delta n_k \\ 0,\ i = n_k - \Delta n_k + 1,\cdots,n \end{cases} \tag{11.11}$$

$$q_{j,s}^k = \begin{cases} O_{j,s},\ j = 1,2,\cdots,m_k \\ 0,\ i = m_k + 1,\cdots,m \end{cases} \tag{11.12}$$

其中 $Q'' = \sum_{j=1}^{m_k} O_{j,s}$. 从而

$$p_{n_k - \Delta n_k,b} = p_k'' > p_{m_k,s} \tag{11.13}$$

不难看出, $Q'' = Q' \geqslant Q$, $p_k'' > p_k' \geqslant p_k$. 这表明, 操盘手通过插入高价买单, 成功地操纵成交价进一步上涨.

由于操盘手在高于 $p_{n_k,b}$ 一个价位上插入的买单量为 ε, 实际成交量为 $\sum_{j=1}^{m_k} O_{j,s} - \sum_{i=1}^{n_k - \Delta n_k} O_{i,b}$. 操盘手拉抬股价上涨 $p_k'' - p_k$ 的成本为 $(\sum_{j=1}^{m_k} O_{j,s} - \sum_{i=1}^{n_k - \Delta n_k} O_{i,b}) p_{n_k - \Delta n_k,b}$. 容易看出, 采取插入高价买单的拉抬策略, 其成本比仅采取高报买单量策略要大得多.

此时，操盘手将股价由 p_k 拉抬到 $p_{n_k-\Delta n_k,b}$ 的效率为

$$\rho_2=\frac{1}{\sum_{j=1}^{m_k}O_{j,s}-\sum_{i=1}^{n_k-\Delta n_k}O_{i,b}}\left(1-\frac{p_k}{p_{n_k-\Delta n_k,b}}\right) \tag{11.14}$$

(3) 如果操盘手的资金十分雄厚，也可在涨停价位下达天量买单，使股价直接拉抬到涨停位置. 当然，这样的股价操纵成本最大，但效率未必最高.

如果操盘手欲操纵股价下跌，则只需采取相反操纵策略，可给予类似以上分析. 限于篇幅，这里不再赘述.

情形 2：如果在拟成交价 p_k 处，买单量高于卖单量，即 $\sum_{i=1}^{n_k}O_{i,b}\geqslant\sum_{j=1}^{m_k}O_{j,s}$.

情形 2 意味着

$$q_{i,b}^k=\begin{cases}O_{i,b},\ i=1,2,\cdots,n_k-1\\ Q-\sum_{i=1}^{n_k-1}O_{i,b},i=n_k\\ 0,\ i=n_k+1,\cdots,n\end{cases} \tag{11.15}$$

$$q_{j,s}^k=\begin{cases}O_{j,s},\ j=1,2,\cdots,m_k\\ 0,\ j=m_k+1,\cdots,m\end{cases} \tag{11.16}$$

其中 $Q=\sum_{j=1}^{m_k}O_{j,s}<\sum_{i=1}^{n_k}O_{i,b}$. 从而

$$p_{n_k,b}=p_k\geqslant p_{m_k,s}$$

此时，操盘手可通过高报买单价或同时高报买单价和买单量来操纵股价上涨. 分析方法类似于情形(1)，这里不再赘述.

11.2.2　双账号对敲操纵股价

情形 3：如果在拟成交价 p_k 处，买单量低于卖单量，即 $\sum_{i=1}^{n_k}O_{i,b}<\sum_{j=1}^{m_k}O_{j,s}$.

操盘手可通过插入高价买单，同时降低(或撤掉)卖单量来操纵股价上涨. 不失一般性，假设操盘手在 $p_{n_k,b}$ 价位上插入的买单量为 ε_1，同时撤销先前在价位

$p_{m'_k,s}(<p_k)$ 上已下达的部分卖单 ε_2（为便于分析，假设 $\varepsilon_1+\varepsilon_2=\varepsilon$），而其他投资者不改变其订单报价及数量，那么该操盘手只要做到

$$\sum_{i=1}^{n_k} O_{i,b}+\varepsilon_1>\sum_{j=1}^{m_k} O_{j,s}-\varepsilon_2$$

就有如下结果:

$$q_{i,b}^k=\begin{cases}O_{i,b},\ i=1,2,\cdots,n_k-1\\ Q'''-\sum_{i=1}^{n_k-1}O_{i,b},i=n_k\\ 0,\ i=n_k+1,\cdots,n\end{cases} \tag{11.17}$$

$$q_{j,s}^k=\begin{cases}O_{j,s},\ j=1,2,\cdots,m'_k-1,m'_k+1,\cdots,m_k\\ O_{j,s}-\varepsilon_2,j=m'_k\\ 0,\ j=m'_k+1,\cdots,m\end{cases} \tag{11.18}$$

其中 $Q'''=\sum_{j=1}^{m_k}O_{j,s}-\varepsilon_2$. 从而

$$p_{n_k,b}=p_k'''\geqslant p_{m_k,s}$$

不难分析出，$Q'''\leqslant Q$，$p_k'''\geqslant p_k$. 这表明，操盘手通过对敲策略，成功地操纵了成交量及成交价.

此次对敲操作，操盘手插入的买单部分成交了 $(\sum_{j=1}^{m_k}O_{j,s}-\varepsilon_2-\sum_{i=1}^{n_k}O_{i,b})$ 股；此外，从对敲卖单处获得的收益比正常卖单多出 $(O_{m'_k,s}-\varepsilon_2)p_{n_k,b}-O_{m'_k,s}p_k$，从而操盘手为本次对敲操作支付的总成本为

$$\begin{aligned}&(\sum_{j=1}^{m_k}O_{j,s}-\varepsilon_2-\sum_{i=1}^{n_k}O_{i,b})p_{n_k,b}-(O_{m'_k,s}-\varepsilon_2)p_{n_k,b}+O_{m'_k,s}p_k\\ &=(\sum_{j=1}^{m_k}O_{j,s}-\sum_{i=1}^{n_k}O_{i,b})p_{n_k,b}-O_{m'_k,s}(p_{n_k,b}-p_k)\\ &<(\sum_{j=1}^{m_k}O_{j,s}-\sum_{i=1}^{n_k}O_{i,b})p_{n_k,b}\end{aligned} \tag{11.19}$$

式（11.19）意味着，如果目标价位相同，采取对敲操纵，其成本低于利用单一账号拉抬操纵的成本. 因而，对敲也就成为操盘手操纵股价的首选方式.

操盘手将股价由 p_k 对敲操纵到 $p_{n_k,b}$ 的效率为

$$
\begin{aligned}
\rho_3 &= \frac{p_{n_k,b} - p_k}{(\sum_{j=1}^{m_k} O_{j,s} - \sum_{i=1}^{n_k} O_{i,b}) p_{n_k,b} - O_{m_k',s}(p_{n_k,b} - p_k)} \\
&\geqslant \frac{1}{\sum_{j=1}^{m_k} O_{j,s} - \sum_{i=1}^{n_k} O_{i,b}} \left(1 - \frac{p_k}{p_{n_k,b}}\right) \qquad (11.20) \\
&= \rho_1
\end{aligned}
$$

式（11.20）表明，对敲操纵股价的效率要高于单账号拉抬股价的效率.

当然，如果操盘手的资金雄厚，也可通过直接高报买单价（如涨停价位）与买单量，同时低报卖单价及卖单量来操纵股价上涨.

情形 4：如果在拟成交价 p_k 处，买单量高于卖单量，即 $\sum_{i=1}^{n_k} O_{i,b} \geqslant \sum_{j=1}^{m_k} O_{j,s}$.

操盘手可通过双账号对敲策略——高报买单价与买单量，同时低报卖单价与卖单量，操纵股价上涨. 如果操盘手欲操纵股价下跌，则只需采取相反策略.

分析方法类似于本小节中的情形 3，这里不再赘述.

11.3　防范股价操纵，优化集合竞价机制设计建议

下面从操盘手操纵股价的可行性，以及短线操纵股价的前提条件出发，给出防范股价操纵、优化集合竞价机制设计的建议.

纵观集合竞价的四个原则：最大成交量原则、最小剩余原则、市场压力原则、参考价格原则，虽然它从机制设计上在一定程度上较好地削弱了激进的操纵股价行为效果，但通过适度地高报买单量及买单价来操纵股价，其成功的可能性并没有被当前的集合竞价算法完全排除. 此外，由于我国沪市集合竞价机制中尚没有市场压力原则和参考价格原则，因此，基于集合竞价的股市操纵在沪市将显然更为容易.

注意到 11.2 节关于短线操纵股价的分析中有一个重要假设，即操盘手可估算出买卖订单差. 该假设是操盘手短线精准操纵股价的不可或缺的重要前提. 这意味着，如果操盘手没有途径获取到这些信息，那么就很难精准操纵股价.

此外，如果证券交易所不是在固定时刻执行集合竞价算法，而是在随机时刻点开始，并随机结束（这属于集合竞价机制设计问题），这意味着操盘手无法提前预知证券交易系统何时执行集合竞价算法及何时停止接纳买卖订单，那么精准操纵股价也就无从谈起. 从解决问题的可行性和效率角度看，将“在固定时刻点”执行集合

竞价算法，改为“随机时刻点执行集合竞价算法”，是防范短线操纵股价的一个有效措施.

11.4 小　结

本章基于集合竞价机制数学模型及其算法，分析了操盘手惯用两种简单操纵方式(拉抬及对敲策略)短线操纵股价的可行性、操纵成本及操纵效率，并基于短线操纵股价的前提假设条件，提出优化设计集合竞价机制的建议. 未来的研究包括：将“随机开始、结束机制”纳入集合竞价成交价算法中，从理论和数值仿真角度探讨新机制在防范股价操纵方面的性能.

第四篇　系统实现篇

资金、信息和上市公司，是股票运作的三要素. 投资者的资金不对等，占有的市场信息千差万别，加上资金的趋利性，导致股市零和博弈游戏中必定有人亏损.

网络上曾流传：操盘庄家从不担心中小投资者有多高的操作技巧，最担心的是中小投资者不看盘. 这句话，到底有没有合理成分，还仅是弱势投资者的愤世嫉俗之言？

本篇将在前文构建的理论和模型支撑下，借助科学严谨的金融实验，揭开谜底.

第 12 章　基于系统论的行为证券定价系统设计与实现

金融市场是有经验的人获得更多金钱，有金钱的人获得更多经验的地方！

——朱尔

股市是谣言最多的地方，如果每听到什么谣言，就要买进卖出的话，那么钱再多，也不够赔.

——是川银藏

最终决定投资者命运的，既不是股票市场也不是那些上市公司，而是投资者自己.

——彼得·林奇

本章基于中国股市普遍存在的现象——“操盘庄家通过公开媒介传播有利于自身的资信信息，并配合个股盘面操纵，影响中小投资者的决策行为，最终实现操纵股价、获取丰厚投资收益的目的”，运用前文提出的带反馈的行为证券定价理论和模型，基于中国股市投资者结构的实际数据，设计并实现一套行为证券定价系统，客观再现证券市场零和博弈下的股票价格涨跌过程，并揭示深层次原因.

12.1　行为证券定价系统的框架

行为证券定价系统包括两个大模块：投资者模块及证券交易系统模块，见图 12.1.

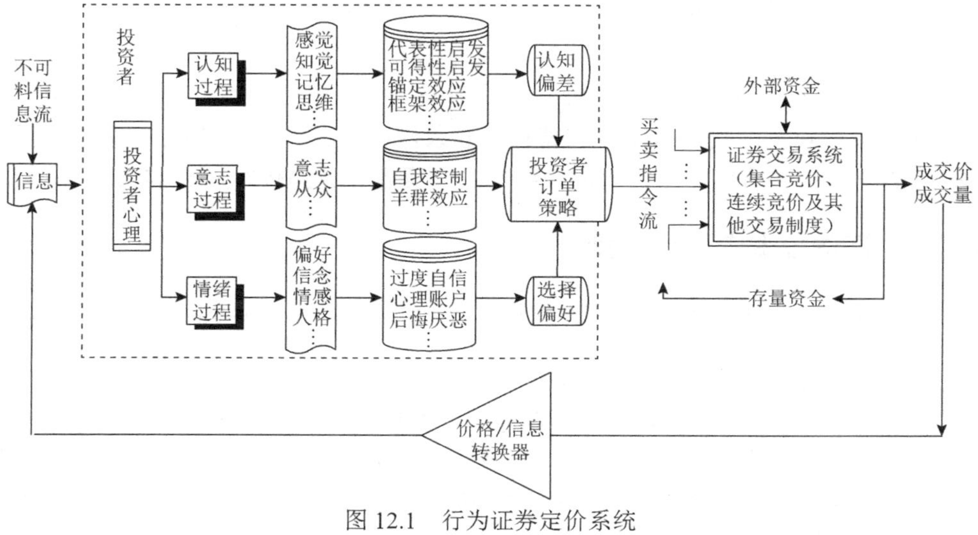

图 12.1　行为证券定价系统

其中，投资者模块又包括投资者结构(图 12.2)、投资者心理及投资者订单策略等三个子模块.

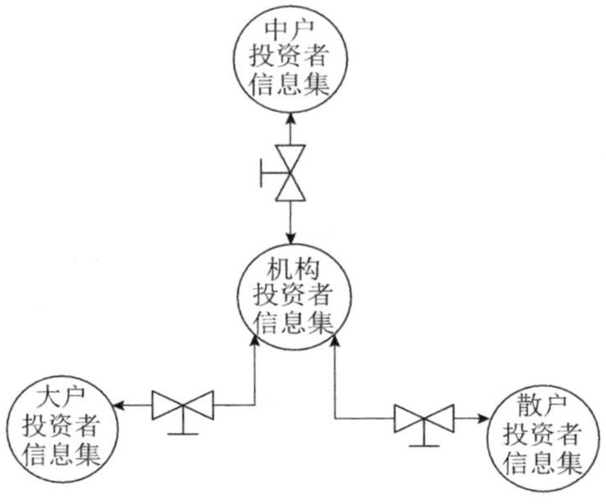

图 12.2　投资者结构模块

图 12.1 中的出入股市的外部资金，指的是养老金、海外资金及其他大类资产阶段性配置结构变化带来的股市增(减)量资金，以及个体投资者追加(撤离)投资量等. 一般把市场投资者划分为个体投资者和机构投资者，其中：个体投资者分散户、小户、中户、大户、特大户；机构投资者分基金、QFII、自营、保险、资管(全称资产管理)、一般机构. 为仿真便利且不失一般性，本章把投资者划分为四类：机构投资者，大户、中户及散户投资者(图 12.2)；图中用"阀门"表示信息操控；关于投资者划分依据及他们之间的信息关联分析，详见下文.

12.2　我国行为证券定价系统的要素原型

本节大量参考国内有关证券投资的畅销书、研究报告和相关网站等，详细阐述我国证券市场上的投资者结构与特征、股票操纵(股价操纵和信息操纵)全过程等；目的是为后文的行为证券定价系统中的投资者设计提供客观现实依据.

12.2.1　证券投资者结构原型①

投资者结构是影响股价变动的重要环节，研究投资者结构利于把握市场波动

① 本节内容转引申万宏源集团股份有限公司研究报告《中国股市投资者全景图》和《中国证券投资者结构全景分析报告 2016》，目的有两个：一是方便读者快速了解中国证券市场投资者结构变迁；二是服务于本章后面的行为证券定价系统投资者结构相关参数设计，确保系统运行环境尽量接近客观现实.

特征及市场风格变化. 下面首先对证券市场的有关投资者名词进行界定, 再阐述我国证券市场上的投资者结构.

1. 名词厘定: 机构投资者、庄家与主力

1) 机构投资者

机构投资者在资本市场上是一个常用的名词, 但对这一名词理论上的界定并不多. 国外比较权威的或全面的说法主要有两种: 一是按照《新帕尔格雷夫货币与金融大词典》的定义, 机构投资者就是许多西方国家管理长期储蓄的专业化的金融机构. 这些机构管理着养老基金、人寿保险基金和投资基金或单位信托基金, 其资金的管理和运用都由专业化人员完成. 很明显, 这个定义所包含的机构投资者是指专门投资于证券业并积极管理这种投资的金融中介机构, 它把产业基金、风险投资基金及大陆法系国家的银行都排除在外, 因此这种定义是不完备的. 二是美国的《布莱克法律词典》将机构投资者定义为: 大的投资者, 如共同基金、养老基金、保险公司及用他人的钱进行投资的机构等. 在中国, 机构投资者是指在金融市场从事证券投资的法人机构, 主要有保险公司、养老基金和投资基金、证券公司、银行等.

机构投资者从广义上讲是指用自有资金或者从分散的公众手中筹集的资金专门进行有价证券投资活动的法人机构. 在西方国家, 以有价证券投资收益为其重要收入来源的证券公司、投资公司、保险公司、各种福利基金、养老基金及金融财团等, 一般被称为机构投资者. 其中最典型的机构投资者是专门从事有价证券投资的共同基金. 在中国, 机构投资者主要是具有证券自营业务资格的证券经营机构, 符合国家有关政策法规的投资管理基金等.

2) 庄家

庄家是从赌博中引进的概念, 指在一只股票里面控制了流通盘的一定比例、能影响股票行情、拥有巨额资金的大户投资者(个人或几个人合伙、私募基金等). 由于庄家高度控盘, 其对 K 线的控制游刃有余, 对关键价位的细微控制得很好, 甚至可以一天仅让其在几分钱区间振荡, 拉升区可连续收阳.

3) 主力

主力一般是指在某只(或者某几只)股票中具有很大影响力(直接或者间接持有一定的股份但没有达到控盘的程度)、驱动股票价格走势的主要投资力量. 这股力量可能来自庄家, 也可能来自庄家与散户的合力, 甚至可能完全来自散户.

每只股都存在主力, 但是不一定都是机构. 庄家是主力, 但主力不一定是庄家. 一只股票里面庄家只能是一个, 而主力可以是好几个.

注意到, 机构投资者与庄家是有严格区别的, 本书也试图启用"操盘机构"一词, 来指代采取某些手段操控股价的投资者. 由于这个操盘机构, 可能是机构投资者, 也可能仅是一个庄家, 为行文方便, 本书在某些内容处并不严格区分"操盘机构"、"机构投资者"与"庄家".

2. 投资者结构

通常地, 投资者类型划分为三大类: 个人投资者、机构投资者和一般法人. 其中一般法人包括上市公司的产业资本类股东、国务院国有资产监督管理委员会(简称国资委)和财政部等政府持股机构、信托资金计划、基金及子公司专户产品、券商资管计划、有限合伙企业或产业基金、私募机构、部分社保基金组合、部分QFII 投资者及沪港通、深港通账户统计等.

近年来, 我国股市投资者结构已发生重要变化. 针对我国证券市场投资者结构的真实情况, 蒋健蓉等(2016, 2017)提出将投资者分为五类: 一是境内专业机构投资者, 包括境内公募和私募基金、证券、保险、信托等资管机构及其资管产品等; 二是产业资本, 包括各类产业集团及其投资公司; 三是政府持股, 即中央和地方的国资委、财政部、中央汇金投资有限责任公司、中国建银投资有限责任公司及地方国资(全称国有资本)运营平台直接持有的股份, 这部分统计不包括证金和汇金资管的持股; 四是以 QFII、RQFII(RMB qualified foreign institutional investors, 人民币合格境外机构投资者)为代表的境外投资机构; 五是以个人名义直接参与的个人投资者, 其中也包括部分个人大股东.

在五分法下, 2016 年底 A 股投资者结构中, 个人投资者市值占比 40%, 占据最大比例; 产业资本市值占比 34.6%, 是资本市场的隐形大咖; 政府持股 8.3%, 以金融国资为主; 境内专业机构投资者市值占比 16.3%, 其影响力在不断提升; 境外投资机构市值占比为 0.9%, 总体规模还非常小. 我们计算的市值占比均为流通市值占比. 在股权分置改革后, 我国流通市值占比显著提高, 2011 年以来, 我国 A 股流通股市值占总市值的比重已基本稳定在 77%~85%的水平, 而 2006 年底时这一比重仅为 28%.

个人投资者和产业资本是 A 股市场最主要的力量. 在我国股票市场中, 个人投资者所持股票交易账户数量占绝对优势. 中国证券登记结算有限公司数据显示, 截至 2016 年 2 月, 我国股票市场中, 投资者账户数量共有 10 161.08 万, 其中个人投资者账户数量为 10 132.09 万, 占比 99.71%; 机构投资者账户数量为 28.99 万, 占比 0.29%.

从投资者持有上市 A 股流通市值来看, 个人投资者主要以小散户为主, 机构投资者持股规模结构较多元化, 各个层次较平均. 截至 2016 年 2 月, 个人投资者本期末上市 A 股流通市值在 10 万以下的有 38 677 900 户，占个人投资者总数的 76.73%，为绝对多数；50 万以上的仅有 2 431 038 户，占比 4.83%. 机构投资者所持上市 A 股流通市值分布较为均匀，无占绝对优势类别(表 12.1).

表 12.1　我国 A 股市场投资者结构统计

已上市 A 股流通市值/亿元	个人投资者		机构投资者		个人投资者占总投资者的比例
	投资者数量	比重	投资者数量	比重	
1~10	24 649 172	48.90%	8 703	13.45%	99.96%
10~50	9 296 047	18.44%	11 406	17.63%	99.88%
50~100	1 402 022	2.78%	5 876	9.08%	99.58%
100~500	916 857	1.82%	12 226	18.90%	98.68%
500~1 000	70 045	0.14%	4 375	6.76%	94.12%
1 000	38 606	0.08%	9 937	15.36%	79.53%
10 000	3 508	0.01%	7 434	11.49%	32.06%
合计	50 404 985	100.00%	64 693	100.00%	

资料来源：申万宏源研究报告, 2016 年 4 月 1 日；数据截至 2016 年 2 月

专业机构投资者持股占比[①]下降. 根据 Wind 数据系统统计显示, 2006 年以来, 个人投资者和专业机构投资者持股的流通市值占比均呈明显下降的趋势，一般法人的持股市值占比显著提升到一半左右. 截至 2015 年第三季度，中国股票市场个人投资者、一般法人、机构投资者持股的流通市值占比分别为 41.58%、51.71%、6.71%，相较 2006 年，个人投资者和机构投资者占比已分别下降 28 个百分点和 18 个百分点；一般法人占比上升了 47 个百分点. 导致一般法人占比从 2006 年开始加快提升的主要原因是股权分置改革带来的限售股解禁. 由于限售股解禁一般采取承诺 3~5 年逐步解禁的方式，到 2009 年之后一般法人占比基本趋于稳定在全流通市值一半略多的水平.

12.2.2　庄家原型

1. 我国股市庄家

1) 短线庄家、中线庄家、长线庄家

短线庄家：快进快出，炒作周期 2 天~1 个月，控盘程度(流通股) 5%~20%，盘面特征为不经洗盘，快进快出，筹码收集期较短且手法隐蔽，派发多采用跳水式.

① 这里的“持股占比”，指持股市值占流通市值比重. 机构投资者包括基金公司、保险公司、证券公司、社保基金、信托公司、企业年金、QFII 等.

拉升空间一般为10%以上，获利目标一般为5%~10%.

中线庄家：炒作周期1~6个月，控盘程度(流通股)30%~80%，盘面特征为营造波段式的上升趋势，有明显的收集期和派发期，拉升空间一般为50%~100%，获利目标一般为50%以上.

长线庄家：把筹码锁定，炒作周期半年~一年，控盘程度(流通股)50%以上．盘面特征为：①形成较长期的上升通道；②一般选业绩有较大提高潜力的成长股，拉升空间100%以上，获利目标一般为100%以上.

2) 大势庄家、板块庄家、个股庄家、老庄与新庄

大势庄家：实力最强，一般选择大盘指标股或龙头股．一来进出方便，二来可以调控大盘指数．其特点是进出量大且时间较长，吞吃的个股越多，仓位越重，则发动行情的力度也越大．这类庄家通常多为大的实力券商，一般的中小机构及民间大户难以为继.

板块庄家：经常以某一龙头股作为领涨，同一板块其余个股随后呼应，即采取轮动(轮炒)方式，一旦整个板块全面启动之时，则往往是主要品种调整(减仓)之际．庄家炒作这类个股时，往往伴之以行业题材(或区域利好)加以配合.

个股庄家：这是最为常见的一类庄家，即“撇开大盘做个股”．他们多喜欢选择小盘股，以便于控盘和营造独立行情，但一般投机性较强.

老庄，指的是在某股“温”了一段儿时间以前进的庄，一般已经完成了收集筹码的过程，可分为以下三种情况：①已经有较为丰厚的获利，极想寻机逢高派发．②可能浅度被套，一般没有明显的收集过程就再次上攻，主要通过上下反复振荡或继续上拉来达到解套撤庄的目的．③已经深套盘中，一般要趁大盘走势趋于乐观时才会再度拉高自救，且拉升幅度较为可观.

新庄，就是指近期刚刚入驻的庄家．这种庄家一般要经历四个完整的炒作过程，而不像(被套)老庄那样缺少收集筹码阶段．新庄在选择个股时一般喜欢“另起炉灶”，不愿意选择已经有庄的股票进驻.

2. 庄家惯用的策略

(1) 在低位建仓时，庄家一般会控制当日的涨升幅度，不愿在每天的涨跌幅排行榜上亮相，严防引起市场关注，同时会严密封锁消息，不让外界知悉入驻秘密．在拉升阶段时，喜欢在涨幅榜上“金榜题名”，以便吸引市场的跟风盘，并显示庄家的实力，此时经常有意“泄露”消息.

(2) 善于运用逆向思维，往往在高位轧空诱多，而在低位轧多诱空．如欲建仓吸货，往往利用手中筹码制造卖压，一旦散户大量抛空，便迅速撤掉原挂卖单吞吃廉价筹码，即假卖真买．如欲拉高出货，往往挂出大笔买单，制造表

面繁荣的假象，一旦散户大量追涨，便迅速撤掉原挂买单套住跟进筹码，即假买真卖.

轻仓时往往顺势而为；重仓时则往往逆势而动；等等. 此处不一一列举.

3. 庄家操盘五部曲

一个完整的坐庄炒作过程，包括建仓、震仓、拉升、派发这几个必不可少的环节.

1) 低吸筹码阶段

庄家往往极耐心地、静悄悄地、不动声色地收集低价位筹码，这部分筹码是庄家未来产生利润的源泉. 这一阶段的成交量极少，且变化不大，均匀分布. 在吸筹阶段末期，股价呈现为不跌；或即使下跌，也会很快被拉回；但上涨行情并不立刻到来.

2) 试盘吸货与打压震仓并举阶段

庄家在低位吸足筹码、大幅拉升之前，一般先要试盘，将股价小幅拉升数日，察看市场跟风盘量及已入场投资者的心态；视情况决定打压震仓，以清扫意志不稳的浮码，为即将开始的大幅拉升扫清障碍. 在庄家打压震仓末期，成交量一般呈递减状况.

3) 大幅拉升阶段

拉升初期，成交量稳步放大，股价稳步攀升，K 线平均线系统处于完全多头排列状态，或即将处于完全多头排列状态，阳线出现次数多于阴线出现次数；拉升中后期，股价上涨幅度越来越大，上升角度越来越陡，成交量越放越大. 当个股的交易温度炽热，成交量大得惊人之时，大幅拉升阶段也就快结束了.

4) 洗盘阶段

大幅拉升阶段往往伴随洗盘，二者同步进行. 每当股价上一个台阶之后，庄家一般都洗一洗盘，一则可使前期持股者下车，将筹码换手，提高平均持仓成本，防止前期持股者获利太多，中途抛货砸盘，从而使庄家付出太多的拉升成本；二则提高平均持仓成本，这对庄家在高位抛货离场也相当有利，不至于发生刚一出现庄家抛货迹象，就把散户投资者吓跑的情况.

5) 抛货离场阶段

抛货离场阶段 K 线图上阴线出现次数增多，股价正在构筑头部，买盘虽仍旺盛，但已露疲弱之态，成交量连日放大，这显示庄家已在派发离场.

4. 坐庄全过程的消息控制

在坐庄的每个环节中，都有消息被刻意操控的痕迹.

1) 建仓期

建仓期的选股，实质就是信息评判和研发能力的较量. 机构投资者对个股的研究调查是很复杂、很专业的过程，既要从产业政策、母公司或主管部门到公司自身的管理者和管理水平，再到产品结构和市场潜力等进行调查，又要从国内外的相同或相近行业、关联行业及潜在竞争者等角度分析，从中找出最佳的目标. 资金的性质和大小决定了其选股的目标. 这个选股过程一般是保密的.

投资性资金一般把上市公司的业绩和成长性放在首位，追求的是安全性. 而对于那些冲着内幕消息而来的集团性资金而言，根本不存在选股的问题，它们更关心的是如何建仓.

通常大主力建仓喜欢隐蔽吸货，不露声色.

2) 震仓期

既然震仓是为了吓出信心不足的散户筹码，庄家通常采用跳水式打压策略，让散户投资者在惊恐中抛出手中持股. 为配合打压策略的顺利实施，庄家会刻意营造空声一片的市场氛围.

3) 拉升期

在拉升阶段，庄家十分需要跟风盘的追捧，否则意味着庄家要自己举重. 此时，消息就是庄家可利用的重要筹码. 消息出笼的时机是受控的，当股价涨幅达到预定目标时，小道消息便登台亮相.

4) 派发期

出货前舆论先行，庄家用消息把这个股票再次炒热. 在媒体上该股露脸的次数越来越多，可能还会有连续报道、专题访问、价值分析之类的东西，市场传闻也开始越来越明确和诱人，股价走势开始配合走高，给投资人的感觉是可以买入，即便被套住也不怕.

12.2.3　中小投资者原型

1. 我国股市的散户

散户主要是指资金实力较小的投资者，其入市的资金一般也就三五万元左右甚至更低，基本由工薪阶层组成. 散户的人数众多，约占到投资者总数的 95%左右. 由于资金有限、人数众多，在股市交易中散户的行为带有明显的不规则性和非理性，其情绪极易受市场行情和气氛的影响. 散户基本都是业余投资者，其力量单薄，时间和精力没有保证，其专业知识和投资技能相对较差. 由于散户资金散、思想散，难以形成规模效应，不能有效影响股价，再加上个别投资者贪婪、恐惧和后悔等弱点，散户在股市投资中往往都成为机构大户“宰割”的对象，其亏损的比例要远远高于大户.

普通散户投资者往往具有三大心理特征：一是过度自信，常常过高估计自己的市场判断力而做出短线行为；二是避险意识差，投资者内心对风险惧怕和模糊；三是从众行为和追求时尚的心理. ①

三种心理特征引发的实际投资行为结果是，投资者情绪化，偏离经典金融理论最优决策；绝大多数散户投资者处于亏损状态. 典型的原因有：①不及时止损；②总想追求利润最大化. 其中追求利润最大化的主要表现为：①追热点；②频繁换股；③总是满仓.

2. 散户常用的交易策略②

实战中普通散户一般采用下面某种交易策略或杂合几种：①价值型策略，通过分析公司基本面，寻找投资机会；②趋势型策略，通俗说，就是追涨杀跌；③能量型策略，关注成交量，认为成交量是股价的元气；④周期型策略，运用周期理论或艾略特波浪理论来寻找投资机会；⑤突变型策略，利用价格发生跳变时机炒股；⑥数理型策略，利用江恩理论构建投资策略；⑦跟庄型策略；等等. 趋势型策略，似乎已成为散户投资者公认的“法则”. 这种投资策略必须确保两个前提：一是涨跌趋势必须明确；二是必须能够及早确认趋势.

较为成熟的散户，也会采取一些理性的交易策略，以减少损失或稳定获取收益，如及时止盈止损等. 设置止损的一般准则有两个：①通常，合理的止损距离设为 5%~10%；②买进股票后，止损价位一般设在前一个局部小底部以下，以免因盘中震荡被过早清理出局. 当股价在较长时间内持续上行或急速大幅拉升后，一旦跌破支撑或完成顶部形态，成熟的散户一般会立即止损或部分减仓；若出现反抽但不能重返原支撑上方，则会全部退出；而当股价持续下调一段时间后并在

① 伴随股市三十余年的快速发展，也有少数散户逐渐成熟起来. 这些老散户并非通常所设想的那样表现出低专业水准，在他们的理解范围内往往能对上至国家宏观经济政策、行业政策，下至上市公司财务状况、具体的高级管理层讲话阐述翔实的个人观点；某些特别敬业的散户，除了时常切磋看盘技巧外，还会亲自跑到上市公司做实地调研，其作风特点颇类似于投资机构研究员.

② 网络上有大量关于庄家坐盘手法的文章、博客，如百度文库上的《庄家通常惯用的炒作手段》、东方资讯上的《庄家最怕泄露的 7 个破绽，看懂称霸股市有何难?》等. 本书这一节是对这些文章(博客)做了一个汇总.

关键支撑处企稳时，此前已获利了结或被迫止损的成熟散户又会尝试回补；待股价突破重要压力位并经回抽确认有效时，则会立即回补.

当股市处在换手、轮动，行情走势表现为“东升西跳”“此起彼落”时，成熟散户会采取类似于机构投资者采取的配对交易策略，“以静制动”，选择涨幅较小，或者尚未调整价位的股票买进持有.

为降低持股成本，成熟散户投资者会做“$T+n$”操作，趁高价位先卖出自己所持有的股票，待其价位下降之后再接回；或者，当股价跌落一段时间后，散户投资者以低价再买进一些股本，以摊低平均持股成本.

还有受过专业训练的极少数散户投资者，甚至掌握现代证券理论，能够运用投资组合理论来选择一个折中于自己希望得到的投资报酬和所能承担的风险之间的合适的投资组合.

12.2.4　股价操纵原型

1. 庄家操纵股市行为的界定

1) 我国对庄家操纵股市行为的界定

我国《中华人民共和国证券法》总结了国内外证券市场识别和打击操纵股价行为的许多经验，第七十七条从四个方面对庄家操纵股市的行为进行界定，并“禁止任何人以下列手段操纵证券市场：(一) 单独或者通过合谋，集中资金优势、持股优势或者利用信息优势联合或者连续买卖，操纵证券交易价格或者证券交易量；(二) 与他人串通，以事先约定的时间、价格和方式相互进行证券交易，影响证券交易价格或者证券交易量；(三) 在自己实际控制的账户之间进行证券交易，影响证券交易价格或者证券交易量；(四) 以其他手段操纵证券市场”.

2) 全球证券市场对庄家操纵股市行为的界定

从全球证券市场情况看，庄家操纵市场的行为主要分为三种情况：①虚买虚卖，或者以自己为交易对象，进行不转移所有权的自买自卖，或者与他人串通以事先约定的时间、价格和方式相互买卖其持有的证券，以影响证券交易行情，牟取不当利益或转嫁风险. ②连续交易，通过合谋集中资金优势、持股优势，或利用信息优势、联合连续买卖，操纵证券交易价格. ③散布谣言或不实资料，故意使公众投资者对证券价格趋势产生错误判断，自己趁机获取利益或避免损失. 在实际案例中，虚买虚卖、连续交易往往同时并用，分别从证券交易的价格、数量、规模与时间等因素影响证券行情.

2. 识别操纵股价的行为

虽然法律对操纵股价的行为有明确界定,但要在市场中准确识别操纵股价的各种手法仍较困难. 根据经验, 人们通常通过以下方面综合分辨操纵股价的行为: ①成交量急剧放大, 大宗交易出现, 表示大量换手; ②在没有任何公开信息发布的情况下股价大幅波动; ③股价单向直线行驶; ④单笔成交量畸大; ⑤不良的公司财务状况与股价不相宜; ⑥在互联网上发布虚假信息; ⑦不实的新闻发布; ⑧交易者行为历史不清白; ⑨隐瞒证券所有权.

中国证券市场是新兴市场,概括起来, 一些庄家操纵股价有自己的特点: ①利用多开证券账户和资金账户分仓操作, 但资金来源相同或高度相关. ②数个大户经过合谋共同操纵某只股票, 合谋者根据分工, 对进入、退出市场的时机及利润分配做出安排. ③操纵市场背后必定有重大内幕消息, 并且有很大一部分操纵行为是与上市公司联手的. ④利用转托管手段, 从一个营业部打入支票购买股票, 通过转托管到其他营业部卖掉股票, 套取现金, 制造散户跟风气氛.

既然证券市场上庄家操纵股价的行为十分隐秘, 而且有不操纵股价但其交易行为对股价又能带来较大影响的"大户" "主力"存在, 这就需要投资者慎重投资, 仔细分辨, 切不可盲目跟庄, 把自己的命运"托付"给庄家.

投资者须知: 盲目跟庄既可能增大风险,损害自身利益, 也不利于资本市场对企业价值发现功能的发挥, 有碍资本市场良性机制形成. 如果大家都能理性投资, 不盲目跟庄, 股价操纵者就缺少滋长的土壤, 操纵市场的行为将得到有效遏制.

3. 股价操纵策略

马克思在《资本论·政治经济学批判》中曾生动、精辟地指出: 资本来到世间, 从头到脚, 每个毛孔都滴着血和肮脏的东西. 他还形象地指出: 为了牟取暴利, 资本敢于藐视法律, 敢于铤而走险, 敢于冒天下之大不韪. 在证券市场中, 利用资本操纵股价的现象屡见不鲜.

庄家操纵股价的主要手段有: ①挖空心思, 炮制题材; ②上市公司配合; ③内幕交易, 暗箱操作; ④联手操纵; ⑤控盘操作, 虚拟价格; ⑥多开账户, 逃避监管; ⑦空穴来风, 虚假造市; ⑧大胆逼空, 小心诱多; ⑨对倒; ⑩打"老鼠仓", 送大礼包; 等等.

12.2.5　股市信息传播原型

股市是信息高效率流动的市场. 金融政策、宏观经济、上市公司、机构或庄家动向等各个方面和各个层次的信息，都会引发股市及其个股价格的波动. 在建仓时，投资者若能够提前知道利好消息，就能够在别人之前以较低的价格买入；同样，若能提前得到利空信息，则能够安全出局，获利或减轻损失.

信息在股市中的重要地位，使每一位进入股市的投资者都非常重视股市信息. 机构投资者设立了专门的信息分析队伍，研究信息的有效性和力度，在一定的情况下，利用信息进行炒作，达到诱空或诱多的目的. 另外，市场上还有一些策划机构，将上市公司的题材和炒作思路制定成方案，联系庄家入市，通过炒作获利并进行利润分配. 作为中小投资者，与这些机构相比，在信息来源和获取信息的时间等方面都处于不利地位. 因此，许多中小投资者将获取信息的希望寄托在股评人士身上，但这种方法也非十分有效. 相反，盲目地追逐市场消息或市场谣传往往成为庄家的抬轿人. 中小投资者要学会根据自己了解和得到的信息进行仔细分析，通过分析去伪存真，把握消息带来的投资机会.

按照中小投资者获得信息的渠道，信息源主要有以下几类：①新闻媒介公布的信息. 包括金融和证券市场管理政策、宏观经济报告、上市公司年报、上市公司信息公告等. 其中，前两类直接影响股市大盘的走势，后两类影响个股的涨跌. ②各类证券市场分析报告，包括股评、上市公司分析、行业分析报告等. ③市场传闻. 一般地，中小投资者比较关注第二类信息和第三类信息. 第三类信息具有许多不确定性，极富神秘感，易于被庄家利用，引发市场的跟风气氛，因而激起中小投资者的浓厚兴趣. 在证券市场规模日益扩大、机构资金实力在市场竞争中不断增强的背景下，庄家要对某只股票进行大资金的炒作，都必须在深入研究第一类信息的基础上进行. 这类信息最真实，是研判大势、精选个股的基础，同样应该引起散户投资者的高度重视. 因为无论是机构大户还是散户，在这些信息面前都是平等的.

最后，还有一种广义意义上的信息传播，就是机构投资者或庄家利用各种媒介或场合，刻意地向中小投资者灌输的某种投资思维或理念. 一旦中小投资者对这些思维或理念深信不疑，则立即进入庄家提早布好的圈套. 例如，主力借助媒体和大盘走势，长时间地、反复地向投资者灌输熊市或者牛市思维，结果只要普通投资者接受这两种思维中的一种，其投资则大概率会亏损，因为只要普通投资者的某种思维一旦固化，惯性将会使这种思维维持很长时间，从而诱导普通投资者成功地错过最佳投资时机. 一般来说，牛市思维诱导中小投资者在高位接盘；而熊市思维则驱使他们在低位抛盘.

12.2.6 机构投资者与中小投资者的博弈原型

在当前中国证券市场，中小投资者与机构投资者的关系依然是生存博弈的关系，而非和谐共存的关系. 著名财经评论家、现任《华夏时报》总编辑水皮(本名吕平波)曾经讲过，如果把散户比作喜洋洋，那么机构投资就是灰太狼；狼与狼之间进行交易是很难占到互相的便宜的，狼只有跟羊博弈才能占到便宜；股市是一个生态系统，既要有羊也要有狼，同时要有老虎、狮子、狐狸、猴子，这样才能构成一个比较完整的生态系统；保护我国中小投资者的利益，本质上是在保护我国当前股市的基石；中国股市拥有世界上其他市场所没有的庞大的一个散户群，这是我国股市还能高速发展的重要红利.

股市从设立之初，机构投资者与广大中小投资者的博弈从来就不是站在公平的原则上，尽管他们遵从同一个游戏规则. 股票二级市场中的机构投资者与中小投资者的不公平体现在：占有的资源不对等，投资决策信息量不对等，决策水平不对等，投资策略、途径与工具不对等，见表 12.2.

表 12.2　参与股市博弈的投资者差异

项目	机构投资者	中小投资者
资金量	巨额	小额
投资决策支持	上市公司调研、基本面分析、技术面分析等	听股评、看新闻、听消息、追热点、炒概念、看指标
策略	做多与做空两个方向上均可盈利	跟庄，只能通过做多盈利
工具	期货、融资融券、定向增发等多种投资渠道和工具	股票
决策水平	专业性、计划性强	盲目主观性强

仅从“投资决策支持”这一项上看，机构投资者拥有充足、专业的人才资源和资金实力去实施上市公司调研，获取接近真实的公司信息，然后历经充足的基本面分析和技术面分析，再做投资决策(“择时”“择股”)；相比之下，中小投资者除了“听股评、看新闻、听消息、追热点、炒概念、看指标”外，没有其他更有价值的投资决策依据. 机构投资者仅凭此一项优势，就可大概率胜出中小投资者.

本书通过 Wind 数据系统的分析发现，近年来我国机构投资者行为特征散户化的倾向较明显，表现为：首先，在股票购买的数量上，从以往的重仓个股到广撒网，追求优化投资组合，机构覆盖个股面逐年扩张，越来越难看出机构自身的研发能力所在；其次，对于股票操作上采取的交易策略，更像是散户行为，在股票拉升的过程当中进场，出现了集体被套在高位；或者是卖出时间较早，无法获得股票拉升时的收益. 可能的原因是：机构普遍面临短期业绩排名压力、持股比例限制、监管制度调整等因素，这使机构扎堆持有个股现象变得越来越普遍. 中泰证券股份有限公司(原齐鲁证券)首席经济学家、研究所所长李迅雷在一次有关全球资产配置的座谈会上，也认为A股市场价值投资理念不盛行，并表现出“投资者结构散户化与机构思维散户化”[①]的特征.

庄家与散户的投资博弈行为差别体现在: ①庄家在做一只股票前, 一般要对该股做长时间的详细调查、研究、分析, 并制订周密的操盘计划; 散户则不然, 其投资决策的非理性和随机性较大. ②庄家操盘资金量的单位往往是亿级; 散户的资金量单位一般是万元. ③庄家的操盘周期往往以年为单位; 散户的平均持股时长则以天为单位. ④庄家喜欢集中资金打“歼灭战”; 散户往往喜欢买多只股票做分散投资. ⑤庄家选择一些较冷门股, 将其由冷炒热赚钱; 散户偏好一些热门股, 正好为庄接盘. ⑥庄家拥有投资策略和技术优势; 多数散户甚至不熟悉道琼斯理论、趋势理论、江恩法则. ⑦庄家非常重视散户并有途径了解散户; 散户却对庄家了解不深.

12.3　行为证券定价系统设计

在一个金融系统中, 投资者并非单一、独立的个体, 一个投资者的投资行为会对其他投资者的投资行为产生不同的影响. 若两投资者间存在相互影响, 则称其为有关联, 二者相互称对方为邻居; 否则无关联. 为简化模型, 本书将证券市场的投资者分为以下四类: 机构投资者、大户投资者、中户投资者与散户投资者.

12.3.1　投资者小世界网络

小世界网络[②]的构造方法很多, 其中 Watts 和 Strogatz 提出的小世界网络模型

---

① 根据海通证券研究所策略团队的统计, A 股投资者结构最大的特点是散户占比高、机构投资者占比低, 散户占一半(按自由流通市值计), 而公募、私募、保险社保等机构投资者占比仅 22.5%. 而成熟的市场, 如美国标准普尔 500 指数投资者结构中, 个人投资者只占 14.1%, 机构投资者占比高达 66.5%. 机构投资者中, 追求绝对收益投资者占比超过相对收益投资者. 即便是机构投资者, 如保险、QFII、国家队等与公募和私募的投资风格也有差异, 保险、QFII 更偏重于低估值的蓝筹股和价值投资, 而公募和私募则偏爱新兴行业. 但由于 2015 年以来, 私募发展过快, 已经超过万家的私募基金, 虽然名义上公募和私募都为机构投资者, 但由于存在业绩排名、申购赎回或结构化产品的压力, 私募实际上是很难做到长期投资, 因此, 投资思维散户化倾向的机构也不在少数.

② 小世界网络模型包括 WS 小世界网络模型、NW 小世界网络模型、Monasson 小世界网络模型, 以及一些其他的变形模型, 如 BW 小世界网络模型等. 其中 Watts 和 Strogatz 开创性地提出了小世界网络并给出了 WS 小世界网络模型; 接着 Newman 和 Watts 又对 WS 小世界网络模型进行改进, 提出了 NW 小世界网络模型, 他们用随机化加边代替随机化重连, 从而避免产生孤立节点的可能. 因此 WS 小世界网络模型和 NW 小世界网络模型是最为经典的小世界网络模型.

(简称 WS 小世界网络模型) 具有代表性. WS 小世界网络模型从规则图开始, 考虑一个含有 N 个节点的最近邻耦合网络, 将它们围成一个环, 环中每个节点都与它左右相邻的各 $k/2$ 个节点相连, k 是偶数, 也就是节点的度; 然后进行随机化重连, 以概率 p 随机地重新连接网络中的每个边, 即将边的一个端点保持不变, 而将另一个端点取为网络中随机选择的一个节点, 并且规定任意两个不同节点之间至多只能有一条边, 每一个节点都不能有边与自身相连.

然而, 该方法构造出来的小世界网络是环形网络, 与人类社会网络差距较大. 关于投资者关联小世界网络，这里采用一种新颖的方法——树生长算法来构造.

用 $V=\{1,2,\cdots,N\}$ 表示一个有限个体集合, 对任意 $i,j\in V$, 定义变量 $l(i,j)$: 当 i 与 j 间有边连接时, $l(i,j)=1$; 否则 $l(i,j)=0$. 网络 $G=\{l(i,j);i,j\in V\}$ 是所有个体的关系对列表, 个体 i 的邻居用集合 $\Gamma_i=\{j:j\in V,l(i,j)=1\}$ 表示. 网络 G 的构造, 分两步进行.

(1) 用 Watts 和 Strogatz 提出方法构造初始规模为 N_0 的小世界网络 G_0.

(2) 对 G_0 中的所有节点采用树生长算法, 即将每个节点看成一个芽点, 任其随机发芽并生长出随机个枝头, 每个节点生长出来的新枝头再在局域内随机地建立连接, 我们称此时形成的网络为 G_0+L_1, L_1 表示 G_0 生长出来的第一层新节点; 然后再将 L_1 中每个节点又看成一个芽点, 任其随机发芽并生长出随机个树枝, 并形成 $G_0+L_1+L_2$ 网络; 新发枝头 L_2 再生长……

图 12.3 是用 Matlab 语言实现的一个具有三层新生长节点的小世界网络示例.

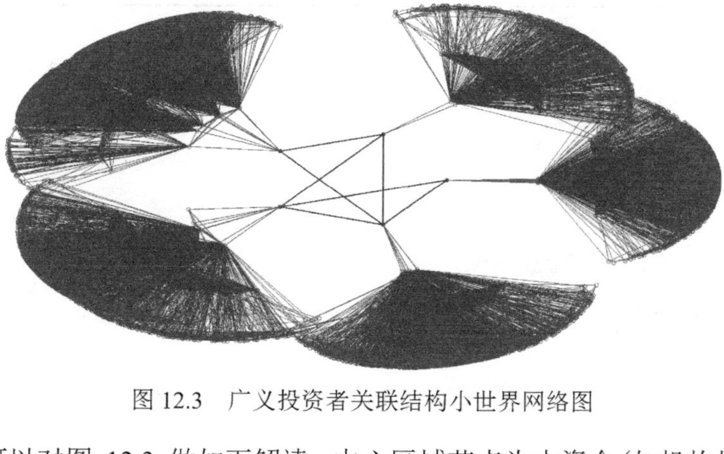

图 12.3　广义投资者关联结构小世界网络图

本书可以对图 12.3 做如下解读: 中心区域节点为大资金(如机构投资者、庄家等), 紧接着是与机构(庄家)投资者有密切关联的各利益共同体(如为机构投资者服务的部分媒体, 以及其他大资金投资者等); 逐层向外扩张的节点, 依次为中户(第三层)及散户(第四层).

虽然相关媒体并不直接参与股市投资，但这些媒体效力于某些机构投资者利益共同体，因此会公开传播一些与股市密切攸关的重要信息(包括虚假信息). 由于这些公开的传媒，就是广大中小投资者获得投资信息的主要途径，这意味着机构投资者与广大中小投资者之间存在虚拟的间接关联关系. 又由于广大中小投资者并无鉴别信息真伪的能力，机构投资者利益共同体就通过媒体(如电视股评、股票网络论坛、某些报刊等)间接影响中小投资者的投资决策.

12.3.2　投资者属性设计

传统金融学认为市场是有效的和投资者是完全理性的. 但在现实生活中，投资者特别是中国的散户投资者缺乏专业的知识能力，投资决策受情绪影响较大，往往是非理性的. 中小投资者常常跟风投资，易受与其相关联的其他投资者的信息影响，出现盲目从众、羊群行为. 投资者在投资过程中也经常表现出过度自信或自信不足的行为，基于不同的风险偏好程度，投资者对同一时间段同一只股票所做出的投资决策也不同. 因此，行为金融学对投资者自身行为属性及投资属性的研究更贴合现实中投资者的投资行为，这也对传统金融形成了巨大的挑战.

为便于系统设计，并尽量接近现实，我们设计了如表 12.3 所示的投资者自然属性.

表 12.3　投资者自然属性表

<table>
<tr><th>一级属性</th><th>二级属性</th><th>三级属性</th></tr>
<tr><td rowspan="14">投资者自然属性</td><td rowspan="9">投资者账户属性</td><td>账号</td></tr>
<tr><td>投资者类型</td></tr>
<tr><td>现金</td></tr>
<tr><td>股票数量</td></tr>
<tr><td>总财富</td></tr>
<tr><td>盈利目标</td></tr>
<tr><td>止损位</td></tr>
<tr><td>平均持股成本</td></tr>
<tr><td>当前盈利/损失水平</td></tr>
<tr><td rowspan="3">投资者心理属性</td><td>风险偏好程度</td></tr>
<tr><td>过度自信水平</td></tr>
<tr><td>风险容忍程度</td></tr>
<tr><td rowspan="2">投资者信息属性</td><td>私有正面信息</td></tr>
<tr><td>私有负面信息</td></tr>
</table>

续表

一级属性	二级属性	三级属性
投资者自然属性	投资者信息属性	公开正面信息
		公开负面信息
		传播正面信息
		传播负面信息
		大盘正面信息
		大盘负面信息
	投资者订单信息	方向
		价格
		数量
		成交量
		成交价

注意到，在投资者信息属性一栏中，我们设置了“大盘正面信息”和“大盘负面信息”. 这对实际制定投资者(尤其是机构投资者)的订单策略是相当有帮助的. 例如，庄家可以利用大盘走势(或者说市场力量)，游刃有余地深度打压股价或快速拉升或无痕派发. 但由于仿真实验中并无真实的大盘走势数据及各类信息，我们纯粹去虚拟出这些信息，并不能额外带来更多的实际价值，在后文的金融实验中，我们忽略此属性.

12.3.3　投资者属性更新机制设计

1. 信息属性更新机制

信息在投资者之间扮演一个举足轻重的角色，庄家是否能操盘成功与散发的信息有没有被中小投资者接收有直接关系，如果散户接收不到信息，庄家将无法进行下一步行动，甚至可能导致机构整个操盘的失败. 机构有能力挖掘得到可靠的真信息，而中小投资者要获得真实信息是很困难的，因此，一旦机构提前获取到有关上市公司的真实利好信息，并打算实施操盘，他在建仓期间会向外释放虚假的利空信息；而当机构已经筹集好所需筹码，则会逐步释放利好信息，直至派发结束.

2. 机构投资者的信息更新

假设在整个建仓、拉升、派发过程中，机构始终能提前掌握到真实信息. 机构在建仓、拉升、派发的过程中往往会释放不同的信息来影响中户、散户的决策，从而实现机构低位建仓、高位派发的目的. 在建仓过程中, 机构会释放众多利空信息, 使投资者纷纷抛盘; 在拉升过程中, 机构会释放一定的真信息及假的利好信息来使投资者帮忙抬升股价; 在派发过程中,机构则会释放过量的利好信息来使投资者接盘.

3. 中小投资者信息的更新

在整个信息传递机制中, 每名中小投资者的信息来源为三类: 一是私有信息; 二是来自机构投资者刻意释放出来的信息; 三是来自邻居中小投资者的信息. 在更新信息时, 不同信息来源的权重不同: 一般散户投资者在决策时较倚重机构刻意释放出来的信息; 而对于自身掌握的私有信息或来自朋友的信息的重视程度, 往往取决于投资者自身的自信水平; 但三类信息的权重之和应该为 1. 可用式(12.1)来表示中小投资者信息的更新机制:

$$I_{i,t+1}=\sum_{j\in \mathrm{Set}_i^{\mathrm{Link}}} w_j I_{j,t} \tag{12.1}$$

其中, $\mathrm{Set}_i^{\mathrm{Link}}$ 为投资者 i 的信息来源; $I_{j,t}$ 为信息集 $\mathrm{Set}_i^{\mathrm{Link}}$ 中第 j 个信源; w_j 为投资者 i 采信权重; $\sum_{j\in \mathrm{Set}_i^{\mathrm{Link}}} w_j=1$.

4. 其他属性更新机制

在股票自动交易过程中, 投资者的账户信息(如股票数量、现金、财富、平均持股成本、当前盈利水平等)会依据股市规则自动更新.

关于投资者的止盈止损水平、风险偏好、过度自信水平及分析容忍程度等, 则依据行为金融学相关理论, 我们也相适应地设计了更新机制. 例如, 中小投资者的当前盈利提升了, 这可能导致其自信水平和风险容忍能力也提升了, 他们变得更加偏好风险, 表现为自觉地提高了止盈位, 而降低了止损位等.

12.3.4 投资者订单策略设计

在证券市场中, 投资者会根据环境改变自己的订单策略.

1. 机构与大户投资者订单策略

一旦确定了要操盘某只股票, 接下来机构投资者在不同的操盘阶段首要考虑的事情有以下几个.

(1) 在建仓阶段, 廉价的股票从哪里获取? 如何获取, 方能不引起市场注意?

风险在哪里?

(2) 在拉升阶段, 资金从哪里来? 如何利用市场自身的力量, 实现四两拨千斤? 如何对付跟风大资金和“老鼠仓”? 风险在哪里?

(3) 在派发阶段, 关键是要吸引买盘进场接庄家的筹码. 股票要派发给谁? 谁会愿意在高位接盘? 散户, 还是曾经的盟友? 如何做到不动声色地派发? 风险在哪里?

各阶段的操作策略, 前后关联, 又相互影响, 因而需要提前统一筹划, 并制订异常应对方案.

对于机构和大户而言, 其订单策略与操盘过程相适应, 策略制定详见 12.2.2 小节中的“庄家惯用的策略、庄家操盘五部曲、坐庄全过程的消息控制”等. 在本书中, 我们参考现有职业操盘相关出版物的通行做法, 将一个完整操盘过程划分为十个阶段: 准备阶段、吸货阶段、试盘阶段、整理阶段、初升阶段、洗盘阶段、拉升阶段、出货阶段、反弹阶段、砸盘阶段.

2. 中小投资者订单策略

对于中小投资者, 其订单策略主要依据投资者自信程度、风险偏好、掌握的信息、止盈止损水平、股价涨跌趋势、投资者自身资源禀赋等制定. 这类投资者在投资一只股票之前, 往往会对该股票的未来预期收益进行估计, 他们都会将资金投资于自己估计的未来预期回报率高的股票. 而由于投资者自身的知识水平与投资偏好不同, 不同的投资者使用的估计未来股价的方法也不尽相同. 但总的来说, 投资者的预测模型都与其自身掌握的信息高度相关. 这里我们将投资者的自身行为属性及信息来源进行划分, 以便具体策略的制定.

1) 投资者的自信度

一般而言, 投资者信心是投资者看好投资前景, 认为投资在未来有保证, 不必担心投资发生意外损失的一种主观状态. 由于证券市场具有特殊的衍生性和虚拟性, 证券价格行为在相当程度上依赖投资者信心, 投资者信心在市场实践中发挥着很大的作用. 当投资者信心十足的时候, 就会增加风险投资, 更多的投资者进入股市, 并且可接受风险的程度提高, 进而买入股票, 反之亦然.

投资者在投资证券时往往会出现过度自信、盲目自信、自信不足等情况, 而不同的自信水平所影响的投资策略不同, 例如, 过度自信的投资者容易重仓买入其认为有投资价值的某一股票, 而自信不足的人则容易跟风, 盲目从众.

2) 投资者的风险偏好

不同的投资者对风险的态度是存在差异的, 一部分人可能喜欢大得大失的刺激，另一部分人则可能更愿意“求稳”. 本书根据投资者对风险的偏好将其分为风险回避者、风险追求者和风险中立者. 风险回避者选择资产的态度是：当预期收益率相同时，偏好于具有低风险的资产；而对于具有同样风险的资产，风险回避者则钟情于具有高预期收益率的资产. 与风险回避者恰恰相反，风险追求者通常主动追求风险，喜欢收益的动荡胜于喜欢收益的稳定. 他们选择资产的原则是：当预期收益相同时，选择风险大的，因为这会给他们带来更大的效用. 风险中立者通常既不回避风险，也不主动追求风险. 他们选择资产的唯一标准是预期收益的大小，而不管风险状况如何.

一般情况下，我们可将投资者承受的风险水平划分为风险偏好、风险中性、风险规避这三大类. 不同性格、不同资金量、甚至不同年龄段的投资者对风险的喜好程度不同. 激进的投资者往往会为了追求高收益率而投资高风险的股票，稳健性的投资者则综合权衡风险与收益，而保守型的投资者常常为了回避风险而降低对股票预期收益率的要求. 因此，不同风险承受水平的投资者投资的股票类型、仓位、买卖价格都大有差异.

3) 掌握的信息

信息在投资者订单策略中占据很重要的地位. 报刊等媒体上的公司新闻是吸引注意力的一个重要因素，在近期内有新闻释放的公司比起没有新闻的公司更容易吸引投资者的注意力. 股票相关的信息引起了投资者的注意而导致了明显的买卖行为. 一般来说，对于利好的消息，投资者会选择积极的投资策略，对于利空的消息，投资者会选择消极的投资策略. 不幸的是，中小投资者的信息辨别能力普遍偏弱，其掌握的信息往往不可靠. 当机构投资者在建仓时往往会向散户释放假利空消息；而当机构投资者意图派发时又会释放出假利好消息，此时中小投资者对这些市面信息很难分辨出真假.

4) 投资者期望收益率

投资者期望收益率对投资者的决策也起到了很大的作用. 不同投资者对期望收益率的要求也不尽相同. 当一只股票有着异常的收益率或者达到涨跌停板时，都可以认为它引起了投资者的注意力. 买入行为更容易受到涨停板的影响，而卖出行为更容易受到跌停板的影响. 大多数投资者，尤其是业余的个人投资者，他们在股票上的时间有限，往往是在每日收盘之后才得知股票的当日收益率，最快的反应行为是在下一个交易日，所以我们通过与昨天的价格对比来分析投资者的决策.

根据中小投资者的掌握的信息水平、风险偏好程度、自信水平、止盈止损水平等，本书可制定出表 12.4 中的基础策略集及表 12.5 中的复合策略集. 以上不同类型划分策略，本质区别都体现在投资者的订单方向、大小及订单价格高低上.

表 12.4　中小投资者的基础策略集

策略依据	策略条件		订单策略		
			方向	价格	订单量
随机类	—		买入	前一天收盘价×(1.0+sign(rand-θ_0)×δ×rand)	(现金持有量/订单价格)×rand
			卖出	前一天收盘价×(1.0+sign(rand-θ_1)×δ×rand)	股票持有量×rand
			持有	—	—
信息类	正面信息	$>I_1^P$	买入	前一天收盘价×(1+正面信息×δ×($\alpha+\beta_1$×rand))	(现金持有量/订单价格)×正面信息×($\alpha+\beta_1$×rand)
		否则	持有	—	—
	负面信息	$<I_1^N$	卖出	前一天收盘价×(1+负面信息×δ×($\alpha+\beta_2$×rand))	股票持有量×abs(负面信息)×($\alpha+\beta_2$×rand)
		否则	持有	—	—
	综合信息(=正面信息+负面信息)	$>I_1^C$	买入	前一天收盘价×(1+综合信息×δ×($\alpha+\beta_3$×rand))	(现金持有量/订单价格)×abs(综合信息)×($\alpha+\beta_3$×rand)
		$<I_2^C$	卖出	前一天收盘价×(1+综合信息×δ×($\alpha+\beta_4$×rand))	股票持有量×abs(综合信息)×($\alpha+\beta_4$×rand)
		否则	持有	—	—
风险偏好类	风险偏好	$>\mathrm{prf}_1$	买入	前一天收盘价×(1+风险偏好×δ×($\alpha+\beta_1$×rand))	(现金持有量/订单价格)×风险偏好×($\alpha+\beta_1$×rand)
		$>\mathrm{prf}_1$	卖出	前一天收盘价×(1+风险偏好×δ×($\alpha+\beta_2$×rand))	股票持有量×风险偏好×($\alpha+\beta_2$×rand)
			持有	—	—
		$\in(\mathrm{pfr}_2,\mathrm{pfr}_1]$	买入	前一天收盘价×(1+风险偏好×δ×($\alpha+\beta_3$×rand))	(现金持有量/订单价格)×风险偏好×($\alpha+\beta_3$×rand)
			卖出	前一天收盘价×(1+风险偏好×δ×($\alpha+\beta_4$×rand))	股票持有量×风险偏好×($\alpha+\beta_4$×rand)
			持有	—	—
		其他	买入	前一天收盘价×(1+风险偏好×δ×($\alpha+\beta_5$×rand))	(现金持有量/订单价格)×风险偏好×($\alpha+\beta_5$×rand)
			卖出	前一天收盘价×(1+风险偏好×δ×($\alpha+\beta_6$×rand))	股票持有量×风险偏好×($\alpha+\beta_6$×rand)
			持有	—	—
过度自信类	自信水平	$>\mathrm{confid}_1$	买入	前一天收盘价×(1+自信度×δ×($\alpha+\beta_1$×rand))	(现金持有量/订单价格)×自信度×($\alpha+\beta_1$×rand)
			卖出	前一天收盘价×(1+自信度×δ×($\alpha+\beta_2$×rand))	股票持有量×自信度×($\alpha+\beta_2$×rand)
			持有	—	—
		$<\mathrm{confid}_2$	买入	前一天收盘价×(1+自信度×δ×($\alpha+\beta_3$×rand))	(现金持有量/订单价格)×自信度×($\alpha+\beta_3$×rand)
			卖出	前一天收盘价×(1+自信度×δ×($\alpha+\beta_4$×rand))	股票持有量×风险度×($\alpha+\beta_4$×rand)
			持有	—	—

续表

策略依据	策略条件		订单策略		
			方向	价格	订单量
过度自信类	自信水平	其他	买入	前一天收盘价×(1+自信度×δ×(α+β_5×rand))	(现金持有量/订单价格)×自信度×(α+β_5×rand)
			卖出	前一天收盘价×(1+自信度×δ×(α+β_6×rand))	股票持有量×自信度×(α+β_6×rand)
			持有	—	—
止盈止损类	止盈止损水平	当前盈利水平>止盈位	买入	前一天收盘价×(1.0+sign(rand-θ_0)×δ×rand)	(现金持有量/订单价格)×rand
		当前损失水平<止损位	卖出	前一天收盘价×(1.0+sign(rand-θ_1)×δ×rand)	股票持有量×rand
		其他	持有	—	—

表 12.5　中小投资者的复合策略集

策略依据	策略条件		订单策略		
			方向	价格	订单量
正面信息+风险偏好	正面信息 $>I_2^P$	风险偏好 > prf_1	买入	前一天收盘价×(1+0.5×(风险偏好+正面信息)×δ×(α+β_1×rand))	(现金持有量/订单价格)×0.5×(风险偏好+正面信息)×(α+β_1×rand)
		风险偏好 $\in(prf_2, prf_1]$		前一天收盘价×(1+0.5×(风险偏好+正面信息)×δ×(α+β_2×rand))	(现金持有量/订单价格)×0.5×(风险偏好+正面信息)×(α+β_2×rand)
		其他		前一天收盘价×(1+0.5×(风险偏好+正面信息)×δ×(α+β_3×rand))	(现金持有量/订单价格)×0.5×(风险偏好+正面信息)×(α+β_3×rand)
	正面信息为其他时	—	持有	0	0
负面信息+风险偏好	负面信息 $<I_1^N$	风险偏好 > prf_1	买入	前一天收盘价×(1+0.5×(风险偏好+负面信息)×δ×(α+β_1×rand))	股票持有量×风险偏好×abs(负面信息)×(α+β_1×rand)
		风险偏好 $\in(prf_2, prf_1]$		订单价格=前一天收盘价×(1+0.5×(风险偏好+负面信息)×δ×(α+β_2×rand))	股票持有量×风险偏好×abs(负面信息)×(α+β_2×rand)
		其他		前一天收盘价×(1+0.5×(风险偏好+正面信息)×δ×(α+β_3×rand))	股票持有量×风险偏好×abs(负面信息)×(α+β_3×rand)
	负面信息为其他时	—	持有	0	0
综合信息+风险偏好	综合信息 $>I_1^C$	风险偏好 > prf_1	买入	前一天收盘价×(1+0.5×(风险偏好+综合信息)×δ×(α+β_1×rand))	(现金持有量/订单价格)×0.5×(风险偏好+综合信息)×(α+β_1×rand)

续表

策略依据	策略条件		订单策略		
			方向	价格	订单量
综合信息+风险偏好	综合信息 $>I_1^C$	风险偏好 $\in(\mathrm{pfr}_2,\mathrm{pfr}_1]$	买入	前一天收盘价×(1+0.5×(风险偏好+综合信息)×δ×(α+β_2×rand))	(现金持有量/订单价格)×0.5×(风险偏好+综合信息)×(α+β_2×rand)
		其他		前一天收盘价×(1+0.5×(风险偏好+正面信息)×δ×(α+β_3×rand))	(现金持有量/订单价格)×0.5×(风险偏好+综合信息)×(α+β_3×rand)
	综合信息 $<I_2^C$	风险偏好 $>\mathrm{prf}_1$	卖出	前一天收盘价×(1+0.5×(风险偏好+综合信息)×δ×(α+β_1×rand))	股票持有量×0.5×(风险偏好+综合信息)×(α+β_1×rand)
		风险偏好 $\in(\mathrm{pfr}_2,\mathrm{pfr}_1]$		订单价格=前一天收盘价×(1+0.5×(风险偏好+综合信息)×δ×(α+β_2×rand))	股票持有量×0.5×(风险偏好+综合信息)×(α+β_2×rand)
		其他		前一天收盘价×(1+0.5×(风险偏好+正面信息)×δ×(α+β_3×rand))	股票持有量×0.5×(风险偏好+综合信息)×(α+β_3×rand)
	综合信息为其他时	—	持有	0	0
正面信息+过度自信	正面信息 $>I_2^P$	过度自信 $>\mathrm{confid}_1$	买入	前一天收盘价×(1+0.5×(正面信息+自信水平)×δ×(α+β_1×rand))	((现金持有量/订单价格)× 0.5×(正面信息+自信水平))×(α+β_1×rand)
		过度自信 $<\mathrm{confid}_2$		前一天收盘价×(1+0.5×(正面信息+自信水平)×δ×(α+β_2×rand))	((现金持有量/订单价格)×0.5×(正面信息+自信水平)×(α+β_2×rand))
		其他		订单价格=前一天收盘价×(1+0.5×(正面信息+自信水平)×δ×(α+β_3×rand))	((现金持有量/订单价格)×0.5×(正面信息+自信水平)×(α+β_3×rand))
	正面信息为其他时	—	持有	0	0
负面信息+过度自信	负面信息 $<I_1^N$	过度自信 $>\mathrm{confid}_1$	买入	前一天收盘价×(1+自信度×负面信息×δ×(α+β_1×rand))	(股票持有量×0.5×(负面信息+自信水平))×(α+β_1×rand)
		过度自信 $<\mathrm{confid}_2$		前一天收盘价×(1+自信度×负面信息×δ×(α+β_2×rand))	股票持有量×0.5×(负面信息+自信水平)×(α+β_2×rand)
		其他		前一天收盘价×(1+0.5×(正面信息+自信水平)×δ×(α+β_3×rand))	股票持有量×0.5×(负面信息+自信水平)×(α+β_3×rand)
	负面信息为其他时	—	持有	0	0
综合信息+过度自信	综合信息 $>I_1^C$	过度自信 $>\mathrm{confid}_1$	买入	前一天收盘价×(1+0.5×(综合信息+自信水平)×δ×(α+β_1×rand))	(股票持有量×自信度×abs(综合信息))×(α+β_1×rand)

续表

策略依据	策略条件		订单策略		
			方向	价格	订单量
综合信息+过度自信	综合信息 $>I_1^C$	过度自信 $<\text{confid}_2$	买入	前一天收盘价×(1+0.5×(综合信息+自信水平)×$\delta\times(\alpha+\beta_2\times\text{rand})$)	(股票持有量×0.5×(综合信息+自信水平)×$(\alpha+\beta_2\times\text{rand})$)
		其他		前一天收盘价×(1+0.5×(正面信息+自信水平)×$\delta\times(\alpha+\beta_3\times\text{rand})$)	(股票持有量×0.5×(综合信息+自信水平)×$(\alpha+\beta_3\times\text{rand})$)
	综合信息 $<I_2^C$	过度自信 $>\text{confid}_1$	卖出	前一天收盘价×(1+0.5×(风险偏好+综合信息)×$\delta\times(\alpha+\beta_4\times\text{rand})$)	股票持有量×自信度×abs(综合信息)×$(\alpha+\beta_4\times\text{rand})$
		过度自信 $<\text{confid}_2$		订单价格=前一天收盘价×(1+0.5×(风险偏好+综合信息)×$\delta\times(\alpha+\beta_5\times\text{rand})$)	股票持有量×自信度×abs(综合信息)×$(\alpha+\beta_5\times\text{rand})$
		其他		前一天收盘价×(1+0.5×(正面信息+自信水平)×$\delta\times(\alpha+\beta_6\times\text{rand})$)	股票持有量×自信度×abs(综合信息)×$(\alpha+\beta_6\times\text{rand})$
	综合信息为其他时	—	持有	0	0
过度自信+风险偏好	过度自信 $>\text{confid}_1$	风险偏好 $>\text{prf}_1$	买入	前一收盘价×(1+0.5×(风险偏好+自信水平)×$\delta\times(\alpha+\beta_1\times\text{rand})$)	(现金持有量/订单价格)×0.5×(风险偏好+自信水平)×$(\alpha+\beta_1\times\text{rand})$
		风险偏好 $\in(\text{pfr}_2,\text{pfr}_1]$		前一收盘价×(1+0.5×(风险偏好+自信水平)×$\delta\times(\alpha+\beta_2\times\text{rand})$)	(现金持有量/订单价格)×0.5×(风险偏好+自信水平)×$(\alpha+\beta_2\times\text{rand})$
		其他		前一收盘价×(1+0.5×(风险偏好+自信水平)×$\delta\times(\alpha+\beta_3\times\text{rand})$)	(现金持有量/订单价格)×0.5×(风险偏好+自信水平)×$(\alpha+\beta_3\times\text{rand})$
		风险偏好 $>\text{prf}_1$	卖出	前一收盘价×(1+0.5×(风险偏好+自信水平)×$\delta\times(\alpha+\beta_4\times\text{rand})$)	前一收盘价×(1+0.5×(风险偏好+自信水平)×$\delta\times(\alpha+\beta_4\times\text{rand})$)
		风险偏好 $\in(\text{pfr}_2,\text{pfr}_1]$		前一收盘价×(1+0.5×(风险偏好+自信水平)×$\delta\times(\alpha+\beta_5\times\text{rand})$)	前一收盘价×(1+0.5×(风险偏好+自信水平)×$\delta\times(\alpha+\beta_5\times\text{rand})$)
		其他		前一收盘价×(1+0.5×(风险偏好+自信水平)×$\delta\times(\alpha+\beta_6\times\text{rand})$)	前一收盘价×(1+0.5×(风险偏好+自信水平)×$\delta\times(\alpha+\beta_6\times\text{rand})$)
		—	持有	0	0
	过度自信 $<\text{confid}_2$	风险偏好 $>\text{prf}_1$	买入	前一收盘价×(1+0.5×(风险偏好+自信水平)×$\delta\times(\alpha+\beta_1\times\text{rand})$)	(现金持有量/订单价格)×0.5×(风险偏好+自信水平)×$(\alpha+\beta_1\times\text{rand})$

续表

策略依据	策略条件		订单策略		
			方向	价格	订单量
		风险偏好 $\in(\text{pfr}_2,\text{pfr}_1]$	买入	前一收盘价×(1+0.5×(风险偏好+自信水平)×δ×($\alpha+\beta_2$×rand))	(现金持有量/订单价格)×0.5×(风险偏好+自信水平)×($\alpha+\beta_2$×rand)
		其他	买入	前一收盘价×(1+0.5×(风险偏好+自信水平)×δ×($\alpha+\beta_3$×rand))	(现金持有量/订单价格)×0.5×(风险偏好+自信水平)×($\alpha+\beta_3$×rand)
	过度自信 $<\text{confid}_2$	风险偏好 $>\text{prf}_1$	卖出	前一收盘价×(1+0.5×(风险偏好+自信水平)×δ×($\alpha+\beta_1$×rand))	股票持有量×0.5×(风险偏好+自信水平)×($\alpha+\beta_1$×rand)
		风险偏好 $\in(\text{pfr}_2,\text{pfr}_1]$	卖出	前一收盘价×(1+0.5×(风险偏好+自信水平)×δ×($\alpha+\beta_2$×rand))	股票持有量×0.5×(风险偏好+自信水平)×($\alpha+\beta_2$×rand)
		其他	卖出	前一收盘价×(1+0.5×(风险偏好+自信水平)×δ×($\alpha+\beta_3$×rand))	股票持有量×0.5×(风险偏好+自信水平)×($\alpha+\beta_3$×rand)
		—	持有	0	0
过度自信+风险偏好		风险偏好 $>\text{prf}_1$	买入	前一收盘价×(1+0.5×(风险偏好+自信水平)×δ×($\alpha+\beta_1$×rand))	(现金持有量/订单价格)×0.5×(风险偏好+自信水平)×($\alpha+\beta_1$×rand)
		风险偏好 $\in(\text{pfr}_2,\text{pfr}_1]$	买入	前一收盘价×(1+0.5×(风险偏好+自信水平)×δ×($\alpha+\beta_2$×rand))	(现金持有量/订单价格)×0.5×(风险偏好+自信水平)×($\alpha+\beta_2$×rand)
		其他	买入	前一收盘价×(1+0.5×(风险偏好+自信水平)×δ×($\alpha+\beta_3$×rand))	股票持有量×0.5×(风险偏好+自信水平)×($\alpha+\beta_3$×rand)
	其他	风险偏好 $>\text{prf}_1$	卖出	前一收盘价×(1+0.5×(风险偏好+自信水平)×δ×($\alpha+\beta_1$×rand))	股票持有量×0.5×(风险偏好+自信水平)×($\alpha+\beta_1$×rand)
		风险偏好 $\in(\text{pfr}_2,\text{pfr}]$	卖出	前一收盘价×(1+0.5×(风险偏好+自信水平)×δ×($\alpha+\beta_2$×rand))	股票持有量×0.5×(风险偏好+自信水平)×($\alpha+\beta_2$×rand)
		其他	卖出	前一收盘价×(1+0.5×(风险偏好+自信水平)×δ×($\alpha+\beta_3$×rand))	股票持有量×0.5×(风险偏好+自信水平)×($\alpha+\beta_3$×rand)
		—	持有	0	0

注：策略中的参数设置，要求满足四条规则. ①所有订单价格都在制度规定的涨跌幅限制以内. 在上述策略表达式中，涨跌幅限制用参数 δ 表示，其余乘项起调节作用. ②不允许超买，即所有买单的量，受限于账户的现金(为简化分析，本书假设股市运行过程中不存在资金的流入或流出). ③不允许卖空. ④所有参数值大小的设置，应符合该参数的逻辑和现实意义

此外，本书还考虑了止盈止损率、短期 K 线趋势与自信度、风险偏好、信息

等多维度组合订单策略. 限于篇幅, 本书不再罗列.

在系统运行过程中的每一次竞价执行之前, 全体中小投资者均依据判断条件, 自适应地选择其中一条订单策略并执行.

12.4　行为证券定价系统界面

基于 Matlab 语言, 我们开发出带反馈的行为证券定价系统一套, 软件界面如图 12.4 所示.

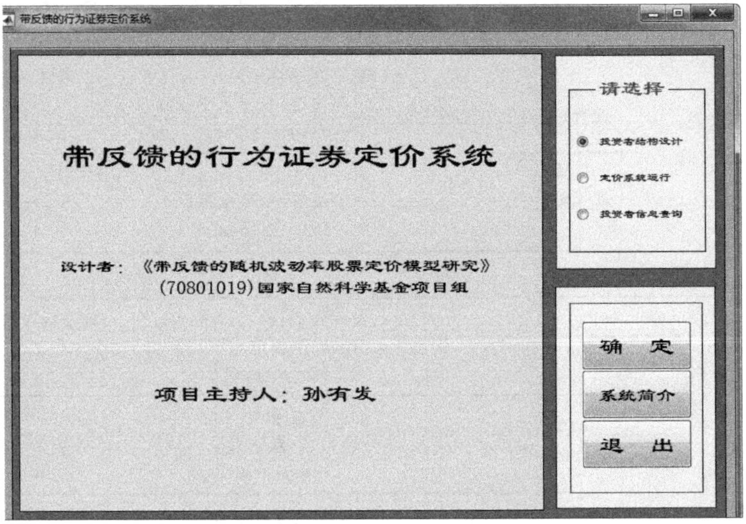

图 12.4　行为证券定价系统界面

该系统除了具备仿真 ASM 功能外, 还可对股票操纵、噪声交易、羊群行为、交易策略、投资者关联结构“小世界”特征、脉冲资金流等对股票价格的影响, 进行仿真实验研究.

整套系统分三大模块: 投资者结构定制模块、定价系统运行模块及投资者信息查询模块.

12.4.1　投资者结构定制模块

在投资者结构定制模块, 本书可以定制参与股市投资的四类典型投资者(超级大户投资者, 如机构投资者、大型游资等; 大户投资者; 中户及散户投资者, 对应于中小投资者)的数量、关联结构、各投资者自身的资源禀赋及心理行为属性等. 投资者结构设计界面, 如图 12.5 和图 12.6 所示.

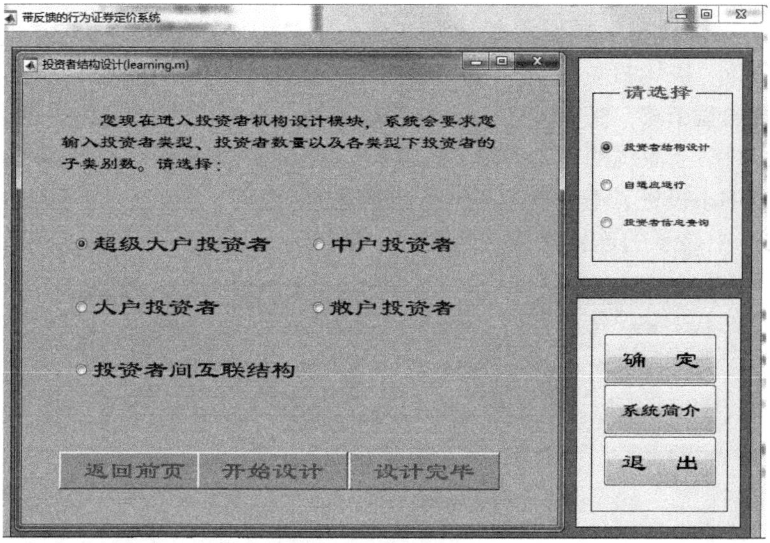

图 12.5　投资者结构设计界面

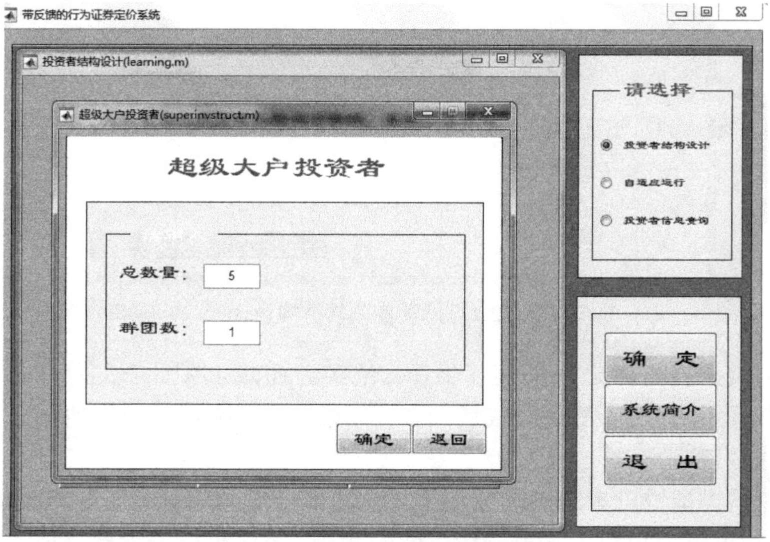

图 12.6　同类型投资者内部结构设计

庄家(或者说机构投资者)通过公开媒介传播有利于自身的资信信息，并配合个股盘面操纵，影响中小投资者的决策行为，最终获取丰厚投资收益. 庄家操盘策略之所以能够成功实施，一方面是因为中小投资者辨别信息的真伪能力弱；另一方面(也是更重要的原因)是因为庄家利用投资者关联结构网络这个秘密武器来传播各类信息. 由此可见，证券市场上投资者之间的关联结构网络，对股价的影响是极其重要的.

正因为机构投资者早已清楚认识这点，而多数中小投资者对此几乎不知，这导致：一方面，机构投资者利用一切手段挖掘上市公司的真实投资信息；另一方面，为配合操盘节奏，在广大中小投资者接触的信息媒介上发布各类投资信息.

因此，网络上流传的言论“机构投资者从不担心中小投资者有多高的操作技巧，最担心的是中小投资者不看盘”，是有一定道理的.

图 12.7 中显示的连接矩阵，有如下特征.

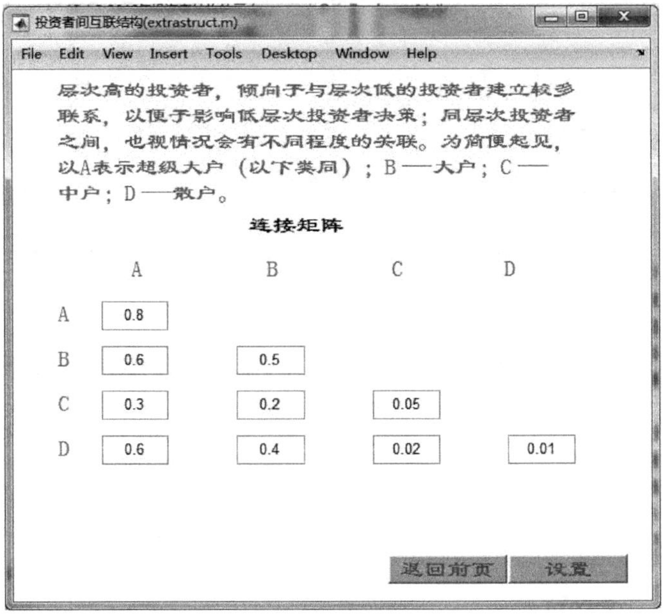

图 12.7　投资者关联结构设计

(1) 同类型投资者之间的连接概率，依实力递减. 原因是实力强的投资者更注重协同，而中小投资者由于数量众多，分布也广，这客观导致他们之间的协同意愿弱和能力差.

(2) 不同类型投资者之间的连接概率，基本依实力递减，但散户投资者例外. 原因是机构投资者会积极寻求一切可能的途径，与中小投资者建立广泛的虚拟关联(如利用各类公开媒介传播有利于自身的投资资信)，以实现操控目的；而绝大多数散户投资者，对于此圈套不明就里，正积极投身于收集公开的各类投资信息的运动中，勤奋看盘，频繁换手.

本书对全部投资者的基本属性(投资者账户属性、投资者心理属性、投资者信息属性及投资者订单属性)值，将通过图 12.8 所示的系统界面辅助完成设置. 此外，在系统设计上，我们还考虑了投资者属性的可扩充性.

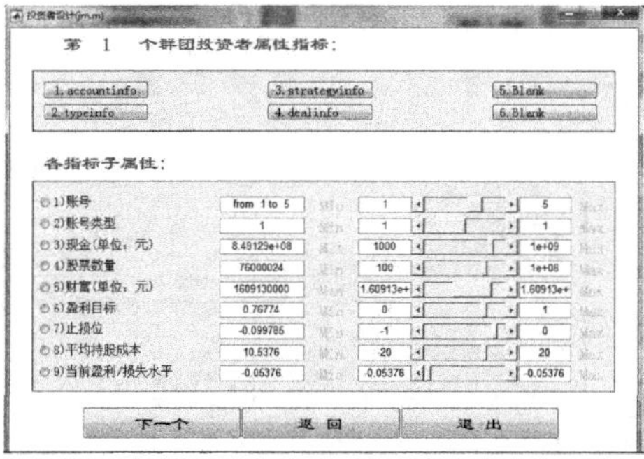

(a) 投资者账户属性

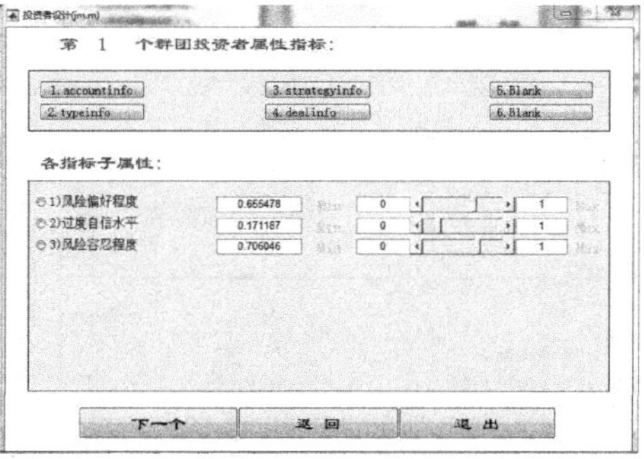

(b) 投资者心理属性

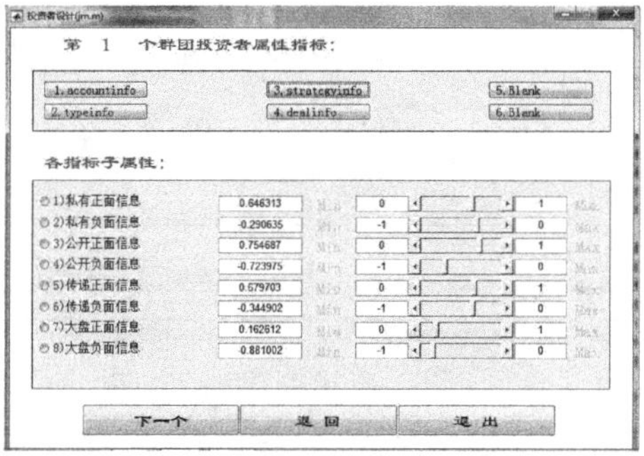

(c) 投资者信息属性

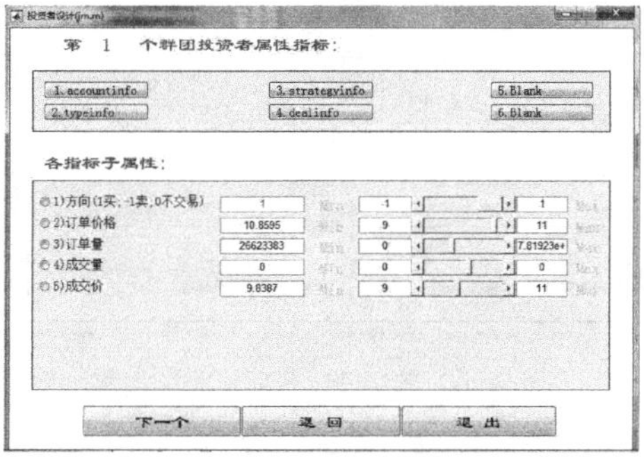

(d) 投资者订单属性

图 12.8　投资者属性设计

12.4.2　定价系统运行模块

一般来说, 证券交易系统应包含每个交易日开盘的集合竞价、连续竞价、自动撮合、自动即时过户、自动清算、实时成交回报、实时行情广播和“回转交易”等功能.

由于我们设计系统的主要目的是辅助策略研究和实验, 并非用于实时交易, 因此我们设计的定价系统运行模块只包含证券交易系统应有的其他主体功能, 以及供研究用的特殊功能模块, 如回滚操作功能(以对比策略效果)模块等. 此外, 为简化系统设计, 我们假设每日股票交易仅包括一次集合竞价过程.

我们设计的定价系统运行模块分为两个子模块: 手动运行模块和自动运行模块.

1. 手动运行模块

手动运行模块的核心是庄家操盘策略与投资者订单策略设计, 见图 12.9.

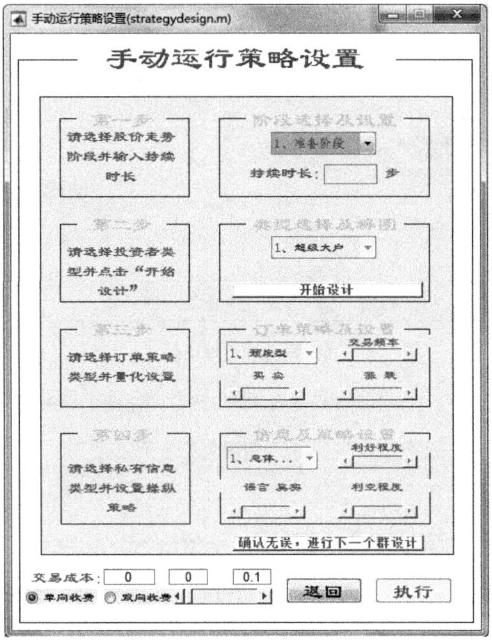

(a) 策略设计界面

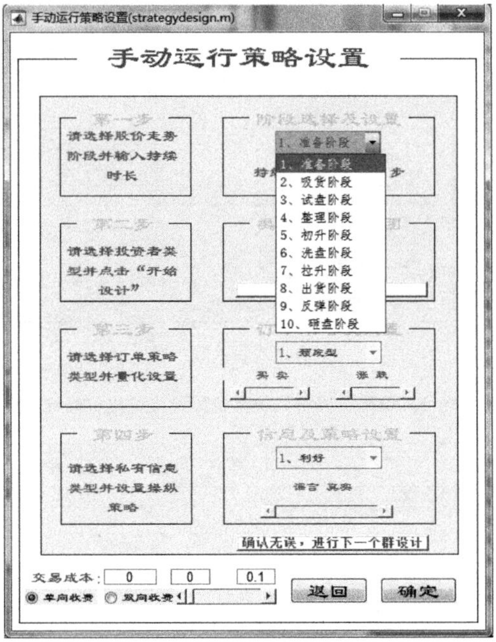

(b) 操盘阶段设计

(c) 订单策略设计界面

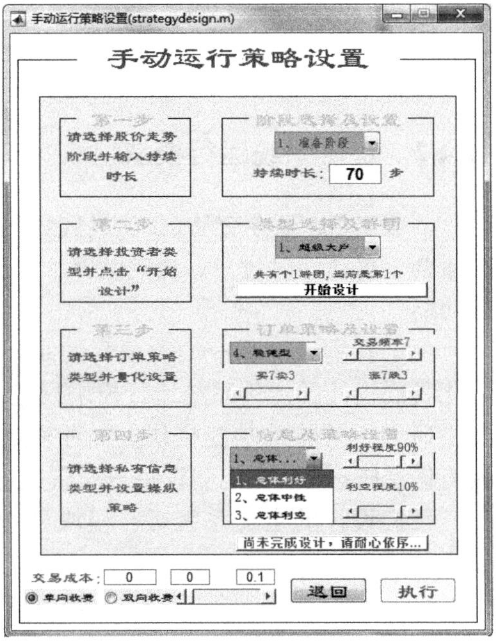

(d) 信息策略

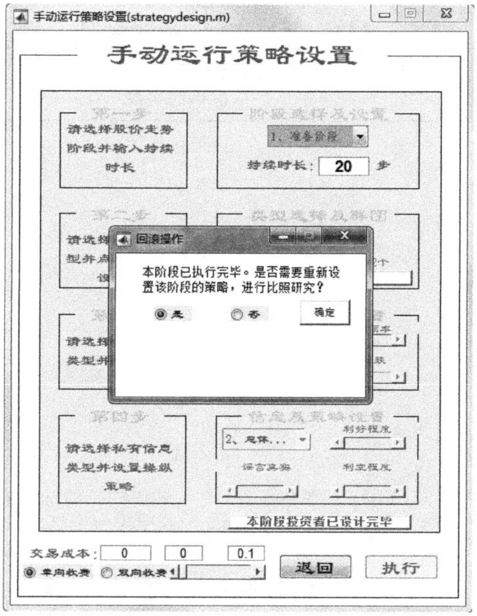

(e) 回滚操作: 订单策略对比研究

图 12.9　投资者策略设计模块

为配合策略研究需要, 系统设置了投资者的“手动运行策略定制模块”, 分四个步骤进行.

(1) 定制操盘节奏. 依据庄家操盘股票的节奏, 系统把整个股价走势划为十个阶段: 准备阶段、吸货阶段、试盘阶段、整理阶段、初升阶段、洗盘阶段、拉升阶段、出货阶段、反弹阶段、砸盘阶段. 本系统也实现了手动运行模块的简化设置功能, 研究者可以挑选感兴趣的操盘节奏(不需要选择全部的十个阶段) 来测试策略的控盘能力.

(2) 定制投资者. 在这里, 定制股市中四类典型的投资者: 超级大户投资者、大户投资者、中户投资者及散户投资者. 每个投资者的全部属性(投资者账户属性、投资者心理属性、投资者信息属性及投资者订单属性) 均在此完成初始设置.

(3) 定制订单策略. 由于系统设计在设定的阶段时长内为自动运行, 因此在这一步, 我们要定制好该阶段全体投资者的订单策略. 各类型策略, 最终具体体现在投资者的交易频率、方向及订单价位设置上.

(4) 定制信息操纵模式. 这个功能主要是针对机构投资者(庄家) 设置的. 机构投资者依据自身掌握的真实信息(利好或利空), 策略性地散布偏离事实的信息, 以影响与之关联的中小投资者决策.

在系统中, 为简化策略设置流程, 依据订单提交频率、买卖概率及订单价位高低程度等, 特将投资者订单策略划为八大类型: 颓废型、保守型、中庸型、稳健型、激进型、随机型、趋势型、能量型(表 12.6).

表 12.6　投资者订单策略类型

类型	交易频率(每十个交易日参与订单投递次数)	买卖概率(每十次投订中，买单的次数)	涨跌程度(每十次订单中，订单价位高于现价的次数)
颓废	1	1	1
保守	3	4	5
中庸	5	5	5
稳健	7	6	5
激进(看多)	9	9	9
激进(看平)	9	5	5
激进(看空)	9	1	1
随机	随机	随机	随机
趋势	如果股价连续涨(跌)3 日，则交易频率为 0.8；否则，为 0.3	连续涨 3 日，则买概率为 80%；连续跌 3 日，则卖概率为 80%；否则，买卖均等	连续涨 3 日，则高买概率为 80%；连续跌 3 日，则低卖概率为 80%；否则，买卖均等
能量	如果量价能量连续涨(跌)3 日，则交易频率为 0.8；否则，为 0.3	量价能量连续涨 3 日，则买概率为 80%；连续跌 3 日，则卖概率为 80%；否则，买卖均等	量价能量连续涨 3 日，则高买概率为 80%；连续跌 3 日，则低卖概率为 80%；否则，买卖均等

2. 自动运行模块

与每个阶段都可以设置订单策略的手动运行模块不同，系统自动运行模块需要把各阶段的订单策略提前固化在程序中.

庄家可依据自己的操盘习惯，从系统配置的十个操盘阶段中，任意选择和设置自己想要的节奏. 注意到，这十个阶段的名称，只是遵从现有职业操盘相关图书中的习惯说法. 本书在系统后台编写各阶段的订单策略时，并不拘泥于这些“名称”字面含义.

例如，庄家建仓时，并不限于只在图 12.10(a) 中所示的“吸货”阶段，在“1~4”阶段里庄家均可吸取廉价筹码. 又如，庄家打算派发，并不意味着只在“出货”阶段才开始派发，庄家在“7~10”阶段皆可卖出筹码.

图 12.10 是自动运行模块的系统界面，以及某个阶段的系统自动运行结果.

一般来说，绝大多数庄家主观上都愿意采取“边拉升边派发”策略，即一边拉高股价，一边慢慢派发，待股价拉到最高点时，庄家手里的筹码已经出了大半，剩余的筹码庄家可自由派发，或采用“砸盘出货法”出货. “边拉升边派发”策略的优点是，庄家可以较高的平均出货价格将货出完，庄家可以获得较高的利润. 至于到底以何种拉高方式来出货，这是拉高出货的效果问题. 典型的拉高方式包括急速拉高、缓慢拉高、平台式拉高、大涨小回式拉高等. 具体的执行策略，可以细化到本系统的相应程序中.

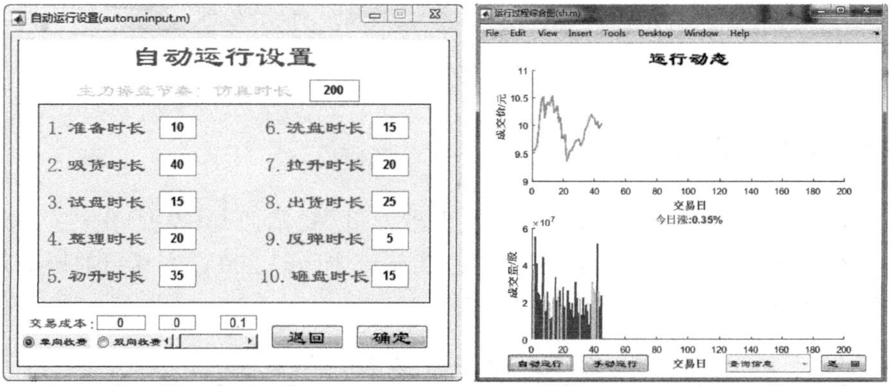

(a) 自动运行设计　　　　(b) 自动运行结果界面

图 12.10　自动运行模块

最后，在操盘总时长及各阶段的时长设置上，出于减少实验等待时间及职业操盘无固定模式等原因，本系统仅设置了 200 个交易日，并随意分配各阶段时长. 这与现实中的庄家操盘节奏可能存在一定差异.

例如，有些资金成本不高的庄家，可以耗时半年以上来慢慢建仓；拉升时长很短，一般是其他时间的四分之一到五分之一；拉高需要两三个星期；出货则需要半年.

12.4.3　投资者信息查询模块

本系统还设计了信息查询模块，如图 12.11 所示. 我们可以方便地查询到任何账户属性及一些统计量，如各类投资者的平均持股量、平均私有信息量等.

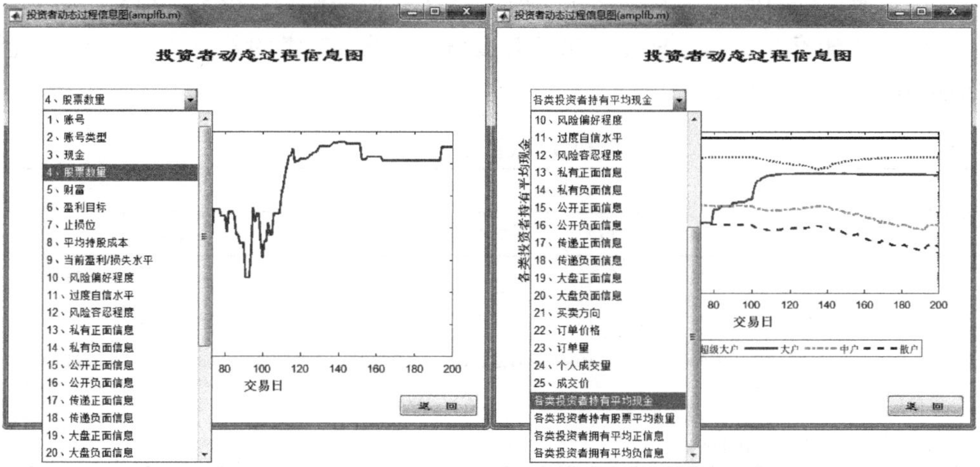

(a) 投资者属性　　　　(b) 投资者统计属性

图 12.11　投资者信息查询模块

12.5　行为证券定价系统运行

12.5.1　系统与环境配置

假设机构投资者(庄家)长期跟踪某上市公司，提前研判(挖掘)出该公司未来一个年度的盈利情况将非常良好，拟策划实施一个历时 200 个交易日的操盘方案，控盘节奏及拟采取的策略设定，见表 12.7.

表 12.7　机构投资者(庄家)操盘节奏与策略策划

序号	阶段	持续时长(交易日)	订单策略	信息策略
1	准备阶段	10	激进打压	释放虚假利空消息
2	吸货阶段	40	打压建仓	释放虚假利空消息
3	试盘阶段	15	快速拉升，然后放任自流	释放虚假利空消息
4	整理阶段	20	进一步营造恐慌	释放虚假利空消息
5	初升阶段	35	稳健做多	开始释放利好消息
6	洗盘阶段	15	稳健洗盘	利空与利好消息并存
7	拉升阶段	20	谨慎做多	释放利好消息
8	出货阶段	25	稳健抛盘	释放利好消息
9	反弹阶段	5	颓废不护盘	释放利好消息
10	砸盘阶段	15	激进做空	—

假设股市中投资于该股票的各类投资者结构及其初始禀赋设置见表 12.8. 为不失一般性，我们假设庄家在操作之前已经持有部分股份；在本章稍后位置，我们也给出了庄家在操作之前完全未持有股份的情形. 二者的差异，仅体现在建仓初期策略上，后续阶段完全相同.

表 12.8　投资者资源禀赋

投资者类别	数量	账户占比	股票		资金		财富	
			持股数	占比	资金量	占比	初始禀赋	占比
机构	5	0.09%	3.00×10^7	18.75%	5.00×10^8	53.19%	4.00×10^9	31.50%
大户	30	0.54%	5.00×10^6	18.75%	5.00×10^7	31.91%	3.00×10^9	23.62%
中户	500	9.03%	5.00×10^5	31.25%	5.00×10^5	5.32%	2.75×10^9	21.65%
散户	5000	90.33%	5.00×10^4	31.25%	9.00×10^4	9.57%	2.95×10^9	23.23%
总计	5535	100.00%	—	100.00%	—	100.00%	—	100.00%

注：表中各类投资者持股比例及资金实力，均参照申万宏源集团股份有限公司研究报告《中国股市投资者全景图》和《中国证券投资者结构全景分析报告 2016》中的统计结果设定

投资者小世界网络，如图 12.3 所示. 图中共有 5535 个节点(即投资者人数)，其中网络中心区的规模为 5 个节点(可解读为投资某个股票的机构投资者数量)；第一生长层次有 30 个节点(为机构投资者控制的各级媒体及其他利益共同体，以及其他大资金投资者等)；第二生长层次有 500 个节点(可被认为是中户投资者)；最后一层有 5000 个节点(可被认为是散户投资者). 投资者的初始属性设置，如无给定约束规则，则均在合理值域内随机均匀生成. 本系统将各类型投资者之间的关联概率矩阵设置为

$$\text{Link}=\begin{bmatrix}0.8 & & & \\ 0.6 & 0.5 & & \\ 0.3 & 0.2 & 0.05 & \\ 0.6 & 0.4 & 0.02 & 0.01\end{bmatrix} \tag{12.2}$$

假设初始股价是 10 元，中小投资者的期望收益设为 10%~30%，止损位设为−20%~−5%. 在系统中，中小投资者的订单策略类型及采用比例设置，见表 12.9.

表 12.9　中小投资者的订单策略

策略大类	具体类型	策略采用比例	策略是否受控于庄家	受控机理
随机类	随机订单策略	20%	否	—
与信息相关类	(1)纯信息策略 (2)混合类(信息+心理与行为类；信息+技术类)	25%	是	庄家通过投资者关联结构网络，操控市面信息——信息反馈控制
心理与行为类	(1)风险偏好类 (2)过度自信类 (3)混合类(风险偏好+过度自信)	15%	是	庄家通过操纵股价走势，控制中小投资者的账户盈利水平，进而影响中小投资者的心理与情绪——股价自反馈控制
技术类	(1)K 线技术 (2)止盈止损类	40%	是	庄家操纵股价走势，直接控制 K 线图——股价自反馈控制

行为金融学理论认为，盈利情况会充分影响中小投资者的心理与情绪；操盘机构又有能力部分地控制市面信息、盘面信息及股价走势. 因此，除了随机类策略不受控于操盘机构外，中小投资者采用的其他策略，如与信息相关类投资策略、心理与行为类投资策略及技术类策略等，均直接或间接受控.

以上系统与环境配置，作为参照组，记为 $S\&E_0$.

12.5.2　系统运行结果

图 12.12 所示的是股价走势. 它基本按照庄家的操盘节奏来运行：准备阶段

(第 1~10 个交易日快速打压股价)、吸货阶段(第 11~50 个交易日廉价吸筹)、试盘阶段(第 51~65 个交易日)、整理阶段(第 66~85 个交易日初升之前进一步洗盘)、初升阶段(第 86~120 个交易日放量拉升，快速脱离成本区)、洗盘阶段(第 121~135 个交易日)、拉升阶段(第 136~155 个交易日)、出货阶段(第 156~180 个交易日)、反弹阶段(第 181~185 个交易日)、砸盘阶段(186~200 个交易日).

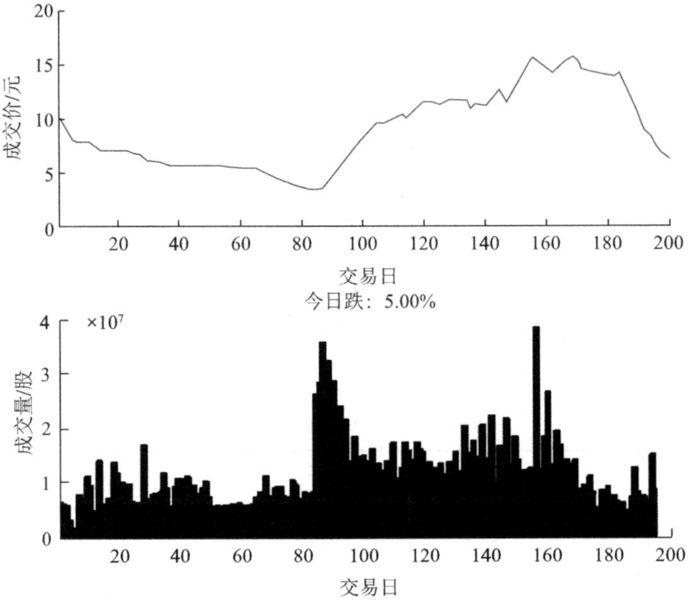

图 12.12　股票价格走势与成交量

股价之所以能够按照庄家的操盘节奏来运行，是因为庄家的信息控制策略发挥了重要的作用. 在整个操盘过程中，机构实施的信息策略所达到的效果，见图 12.13.

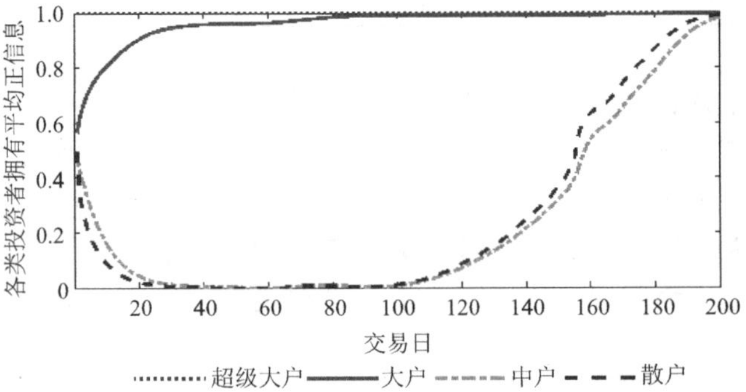

(a) 各类型投资者的私有正面信息

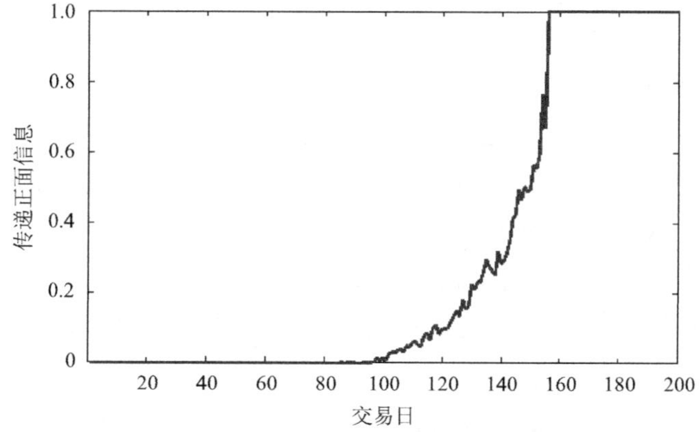

(b) 庄家传递出来的正面信息

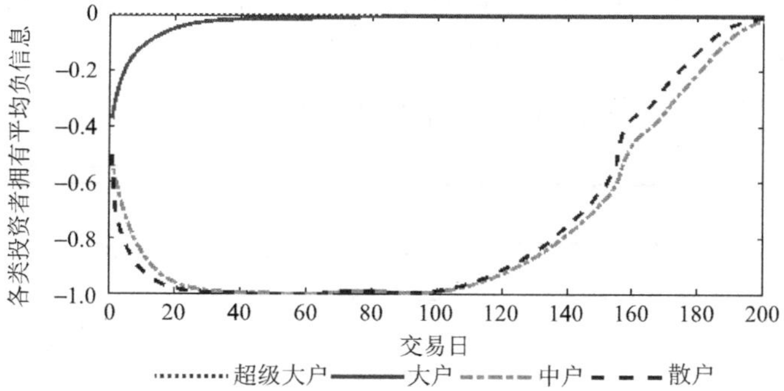

(c) 各类型投资者的私有负面信息

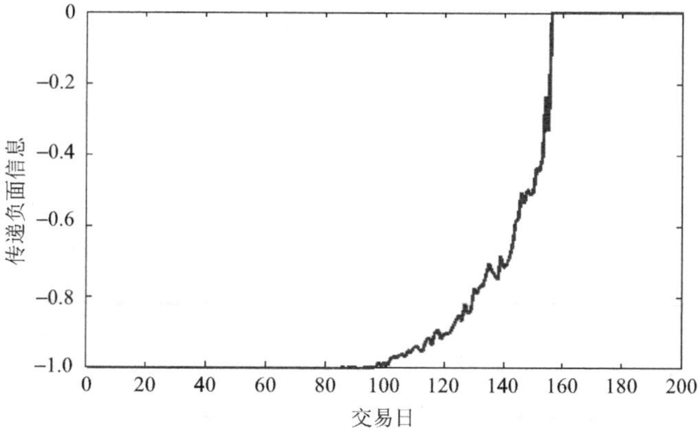

(d) 庄家传递出来的负面信息

图 12.13　操盘机构的信息控制图

从图 12.13(a) 和 (c) 可看到，机构投资者的私有正面信息 (+1) 和负面信息 (0)，从第一个交易日开始到结束，没有发生任何变化，非常稳定及确定，不受股价走势影响. 图 12.13(b) 和 (d) 显示，机构投资者在拉升之前，散播负面信息 (−1)；到了需要拉升时，才逐渐释放正面信息，同时逐渐减少负面信息的传播；到了派发阶段，机构只传播正面信息(+1).

从信息控制效果上看，中小投资者占有的正面信息在准备建仓阶段急速下滑至(0)；直到拉升阶段，才随之上升；其占有的负面信息则从一开始急速累积至(−1)，直到庄家的拉升阶段，负面信息量才逐渐得以平息. 由此可见，庄家实施信息控制策略的效果是达预期的.

图 12.13 还反映了两个有意思的现象：①散户由于基本没有信息真伪判别能力，在整个操盘节奏中，其拥有的投资决策私有信息，均是机构投资者希望其拥有的；而中户投资者有一定的独立思维能力，因此其占有的私有信息达到极差和极好值的时刻，均晚于散户投资者. ②即使机构成功地实施了信息操纵，中小投资者持有的信息并没有立即如机构所愿，这表明中户和散户投资者的信息来源，不限于机构投资者释放的消息，还有其他途径(有关详情，见 12.3.3 小节的投资者属性更新机制设计).

图 12.14 所示的是整个操盘过程中各类型投资者账户上的现金和股票平均持有量.

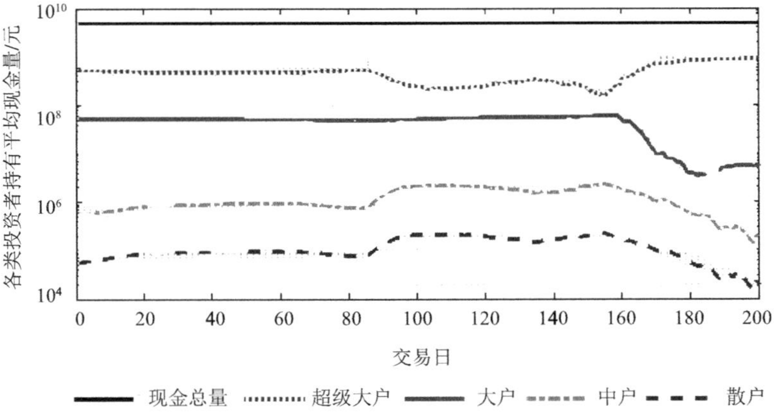

(a) 平均现金量

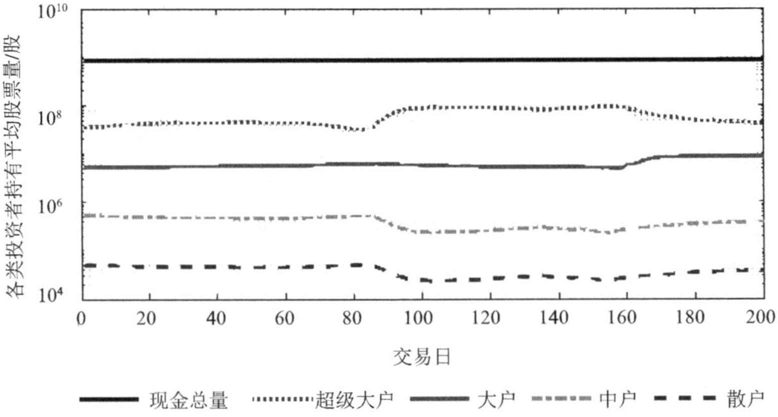

(b) 平均持股量

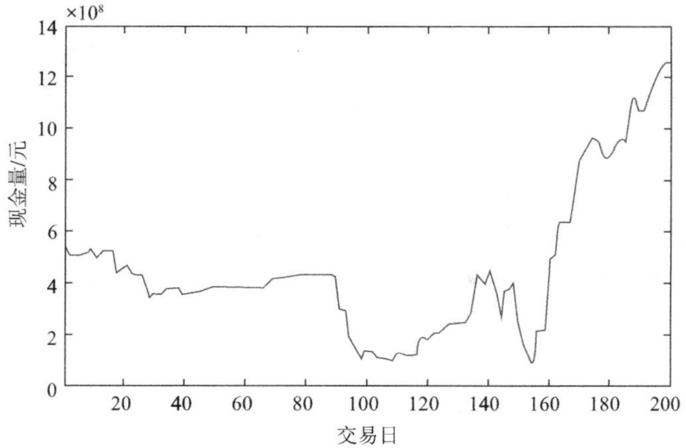

(c) 某机构账户上的现金量

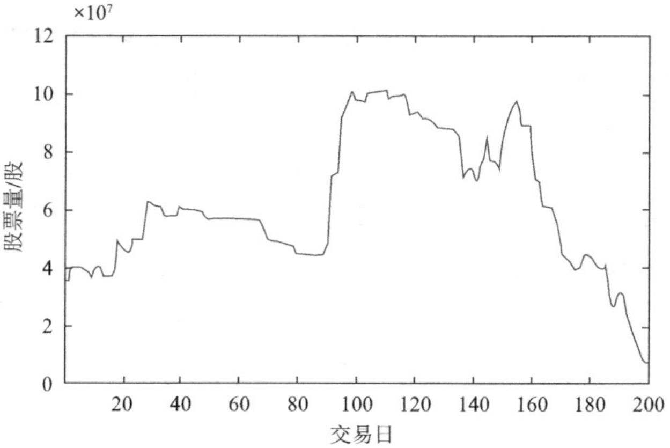

(d) 某机构账户上的持股量

图 12.14　投资者平均持有现金量和持股量

本次操盘中，庄家持有的平均现金量由期初的 5.4252×10^8 元增长到 9.0269×10^8 元，增长率为 66.39%；大户、中户和散户投资者平均现金量则分别亏损 90.09%、70.33%和 66.49%. 庄家持有的平均持股量由期初的 3.5191×10^7 股增长到 4.1122×10^7 股，增长率为 16.85%；大户的平均持股量也增长 62.70%；中户和散户投资者平均持股量则分别减少了 25.63%与 24.51%.

以上统计数据表明，本次机构的控盘是相当成功的：不仅实现了现金量的增长，而且持股量没有减少. 相比之下，中小投资者在现金量和持股量上双亏；大户投资者虽然现金量减少，但持股量增多，未来仍然有盈利的可能.

结合股票价格走势与成交量(图 12.12)、操盘机构的信息控制图(图 12.13)、投资者平均持有现金量和持股量(图 12.14)，我们可解读出：股票价格走势、信息控制、投资者持有的现金量与持股量变化的内在逻辑，是完全一致的.

(1) 股票价格走势与信息控制是完全协同的. 首先，机构提前得到真实的利好消息，决定操盘，立即发布虚假利空消息，降低投资者的市场预期，同时打压股价，以便实现低成本建仓. 当机构建仓完毕时，判断可以开始拉升，立即调整信息传播策略，减少负面信息，增加正面信息，从预期上营造股价上涨态势. 当股价上涨至预期利润区以上时，机构判断可以派发，此时市面信息只有正面信息(+1)，为诱多，机构营造股票价格还会翻倍上涨的预期氛围，甚至不惜再次用资金拉反弹. 最后的砸盘阶段，一般为是为下一次操盘做准备的.

(2) 从中小投资者的行为来看，当市场弥漫利空信息时，部分投资者倾向于抛售手中的股份，使股价开始下滑(这当然还要归功于庄家的故意打压)，而这种下滑又使投资者产生股价会进一步下滑的预期，从而形成了股价下跌的"正反馈机制"；当市场上开始弥漫利好信息时，由于投资者们看到了股价上涨，部分投资者跟风买入，虽然股价初升归功于机构投资者的推动，但后期的拉升，不得不归功于广大中小投资者跟风买入的非理性"羊群行为"，股价上涨产生了"正反馈机制".

(3) 由于现实中上市公司的持股量和投资者占有的现金量，都是有限资源. 这势必导致：当机构投资者持有持股量最多的时候，也是其现金量最为紧张的时候，如图 12.14(c)和图 12.14(d)所示，此正是"股价高高在上，机构心理惶惶"；如果操控不当，机构很容易陷入"自弹自唱"的局面. 因此，很容易理解，实力有限的操盘机构在发动行情之前，为何会来一波深度的"诱空"行情，其目的之一可能就是拉升股价、筹集资金.

图 12.15 展示了一个散户投资者各项属性在整个操盘过程中的变化.

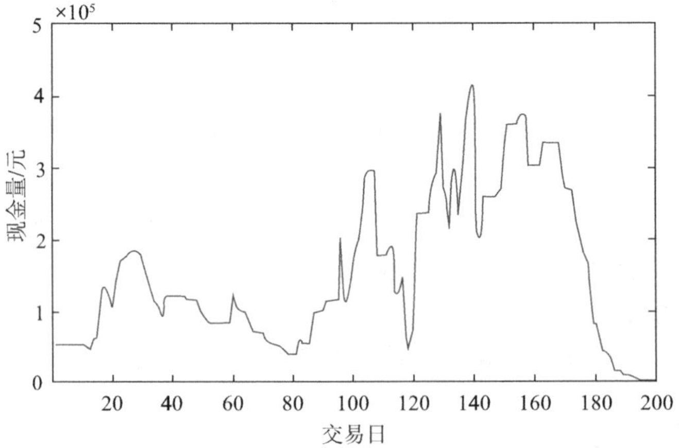

(a) 现金量

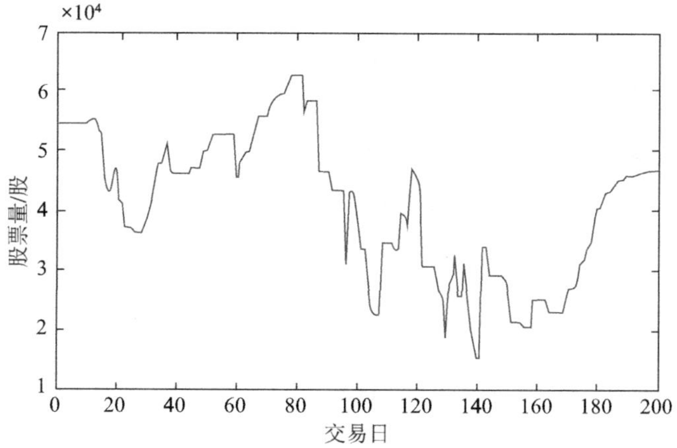

(b) 持股量

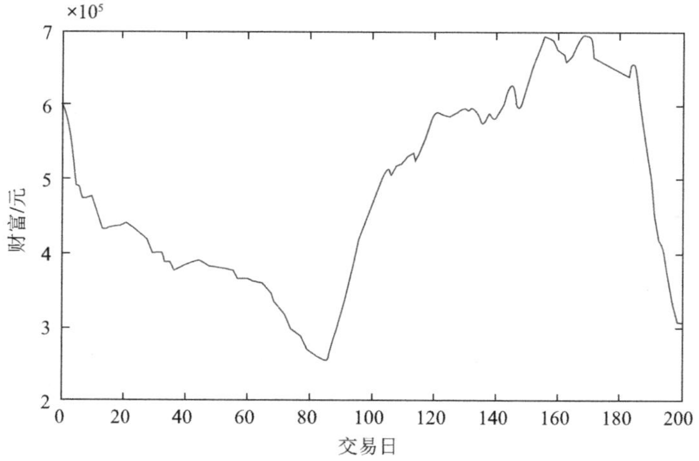

(c) 财富过程

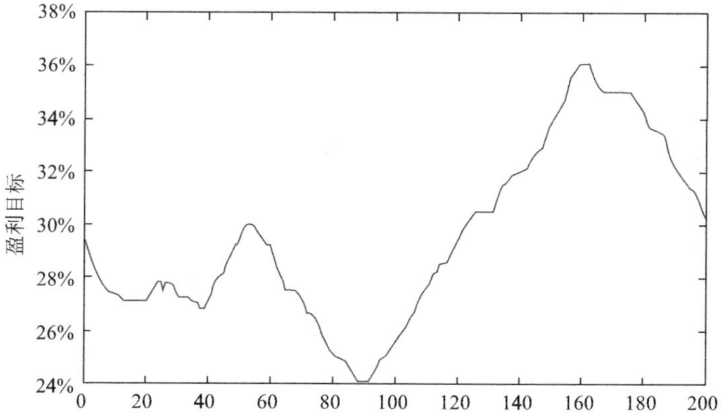

(d) 止盈位更新过程

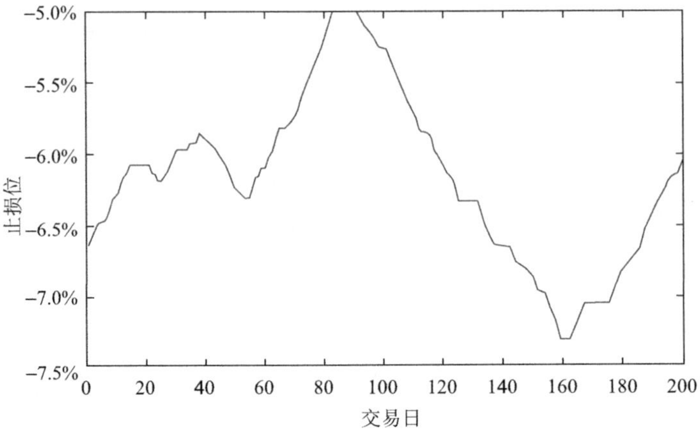

(e) 止损位更新过程

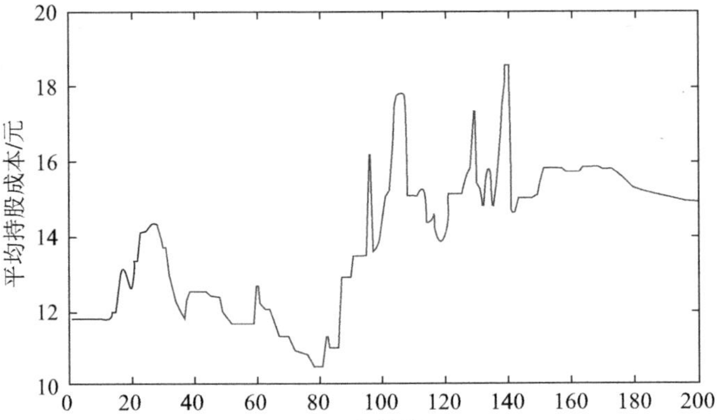

(f) 持股成本更新过程

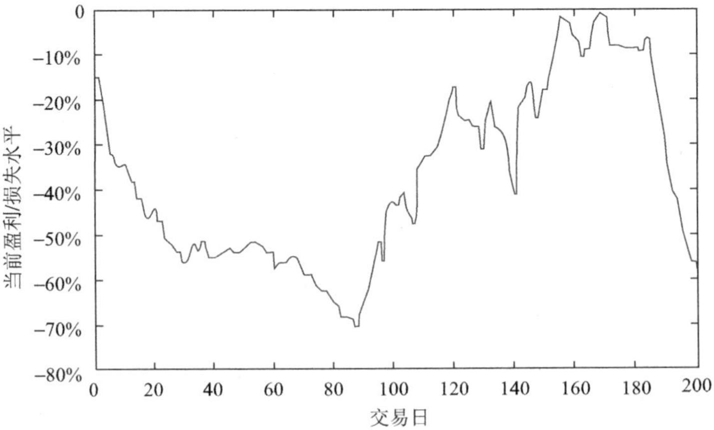

(g) 账户盈利/亏损过程

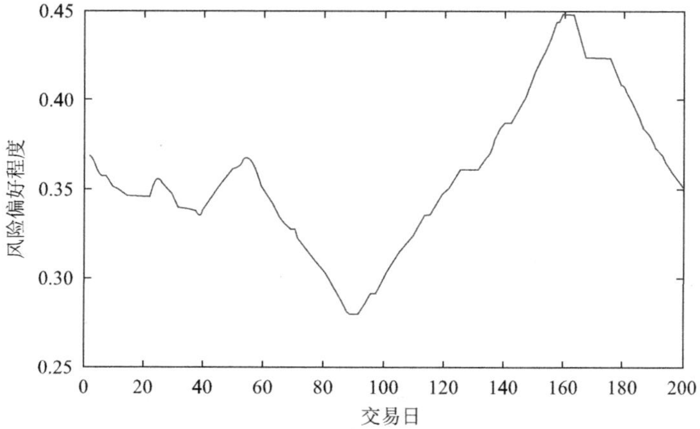

(h) 风险偏好更新过程

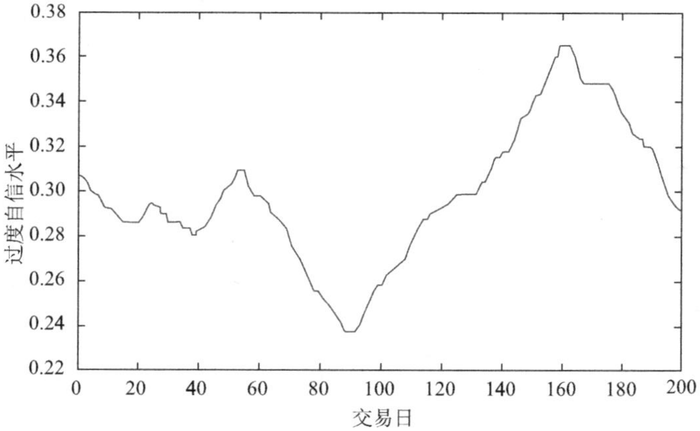

(i) 自信水平更新过程

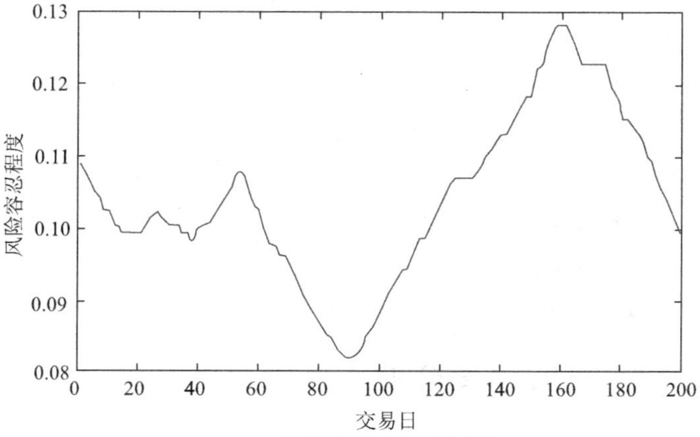

(j) 风险容忍程度更新过程

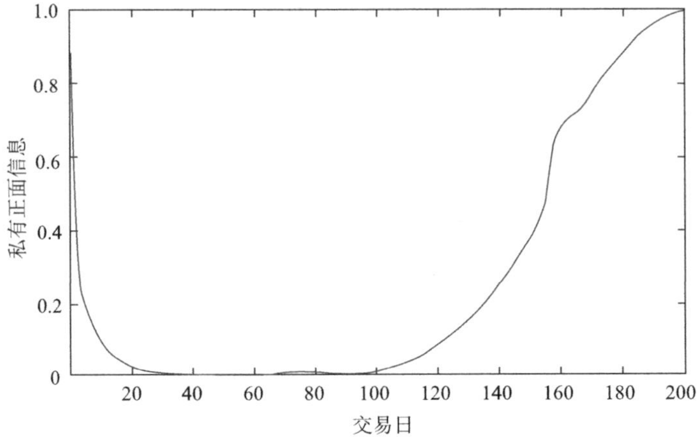

(k) 私有正面信息更新过程

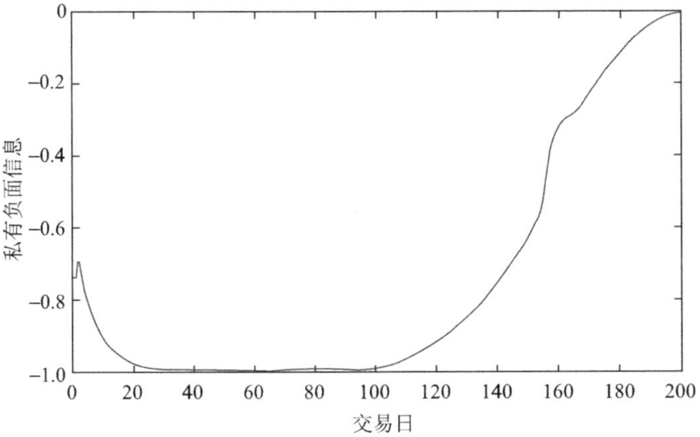

(l) 私有负面信息更新过程

图 12.15　一个散户投资者的各项属性值

图12.15剖析了一个典型散户投资者的"双亏过程"(期末时刻的现金和股票数量均减少). 当然, 在这个过程中的某个期间, 散户投资者也有"双赢"状态的时候, 只因自身局限, 散户投资者没有选择及时出局.

在整个过程中, 散户投资者的心理属性(如止盈止损水平、风险偏好程度、自信水平、风险容忍程度等)及信息属性(私有正面信息与负面信息)等, 在自动更新. 从止盈止损水平的调整可看出: 散户投资者的"患得患失"心态表现得淋漓尽致. 整个股票价格走势, 如同散户投资者的心电图, 完全受控于操盘机构.

12.5.3　机构成功操盘的要素分析

1. 资金实力(测试组 $S\&E_1$)

为检验资金实力对机构成功操盘的贡献程度, 我们构建测试组 $S\&E_1$. 系统与环境配置为: 假设在操盘过程中, 大户投资者不再与机构投资者配合(相当于降低机构投资者的资金实力); 不改变表 12.8 中投资者资源禀赋的任何初始设置; 其余配置与参照组 S&E_0完全相同. 为简化系统设置变更, 这里将“不配合”简单建模为: 假设大户投资者在整个操盘过程中均随机交易.

S&E_1 系统与环境配置, 相当于测试: 如果机构投资者的资金实力不够充沛, 那么即便其有能力提前获取上市公司的超级利好信息, 且有信息操控能力, 在这种情形下, 庄家操盘的后果会是什么?

S&E_1 系统与环境配置下的运行结果, 见图 12.16.

图 12.16(a)显示, 本次股价走势, 基本能够按照庄家的操盘节奏来运行. 与参照组图 12.12 和图 12.14 输出的结果相比, 它们的差异体现在以下几个方面.

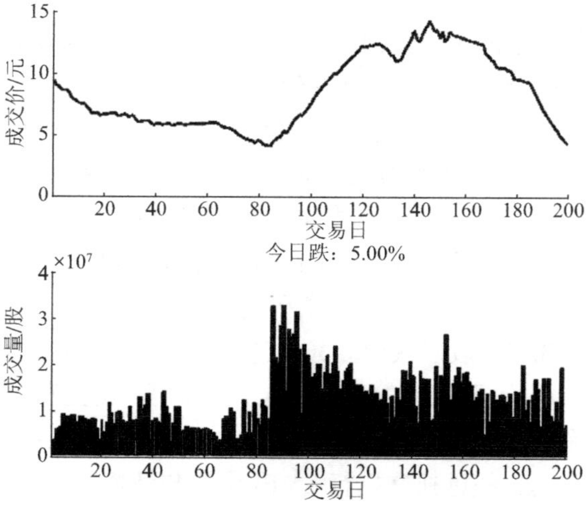

(a)股价走势与对应的成交量

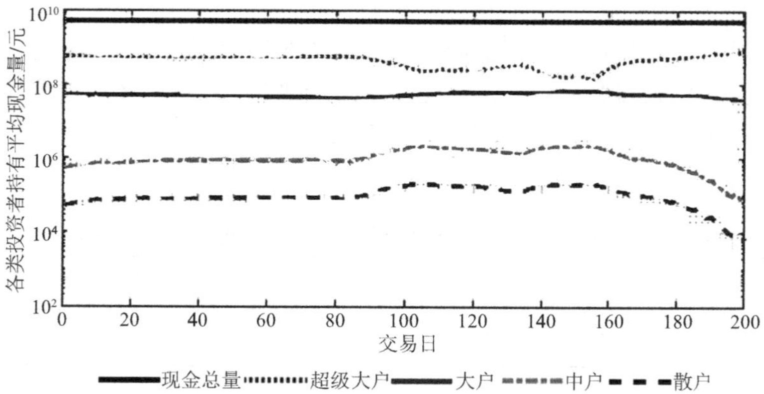

(b)平均现金量

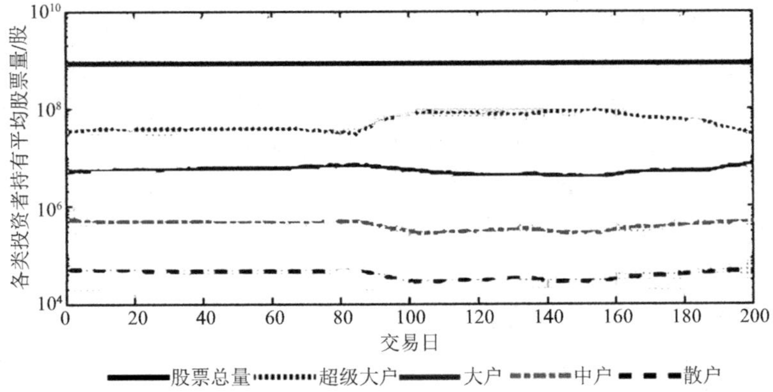

(c) 平均持股量

图 12.16 庄家的操盘资金实力不够充沛的操盘结果

(1) 股价达到的空间不同. 测试组输出的股价运行区间为[4.00, 14.17], 而参照组图 12.12 为[3.26, 15.46]. 这表明: 机构的操盘资金实力降低, 会缩小股价操纵空间.

(2) 庄家持有的平均现金量增长率为 30.74%, 比参照组的结果 66.39%低; 大户、中户和散户投资者则分别亏损 23.86%、87.73%和 88.03%, 均比参照组要少亏(参照组对应结果分别为: 分别亏损 90.09%、70.33%和 66.49%).

(3) 庄家持有的平均持股量减少 13.13%(参照组的结果为增长 16.85%); 大户的平均持股量也增长 36.55%(参照组的结果为增长 62.70%); 中户减少 7.47%(参照组的结果为减少 25.63%); 散户减少 6.30%(参照组的结果为减少 24.51%).

以上数据表明: 机构投资者的操盘资金实力降低, 其盈利能力也降低. 大户由于没有配合机构操纵股价, 其亏损明显降低; 中小投资者的亏损也减少, 主要表现在持股量减损程度降低. 任意独立执行 $S\&E_1$ 系统与环境测试, 上述结论无变化.

2. 信息优势(测试组 $S\&E_2$)

为检验机构投资者的信息优势(主要指信息操控优势, 也称为社会资源优势)对机构成功操盘的贡献程度, 我们构建测试组 $S\&E_2$. 系统与环境配置如下: 仅变化表 12.9 中小投资者的订单策略采用比例(具体见表 12.10), 其余配置与参照组 $S\&E_0$ 完全相同.

表 12.10 $S\&E_2$ 的系统与环境配置: 中小投资者的订单策略比例

策略大类	策略采用比例	
	$S\&E_0$	$S\&E_2$
随机类	20%	45%*

续表

策略大类	策略采用比例	
	S&E_0	S&E_2
与信息相关类	25%	0
心理与行为类	15%	15%
技术类	40%	40%

＊ 由于庄家缺失信息操控能力，这相当于中小投资者的信息相关类策略均不受控于庄家；又由于中小投资者的信息挖掘能力相当薄弱，这些基于信息的订单策略就相当于噪声交易，因而本书将此归类到随机类策略

S&E_2 系统与环境配置，相当于测试：假设机构投资者提前获取上市公司的超级利好信息，但完全缺失信息操控能力，在这种情形下，庄家操盘的后果会是什么？

S&E_2 系统与环境配置下的运行结果，见图 12.17.

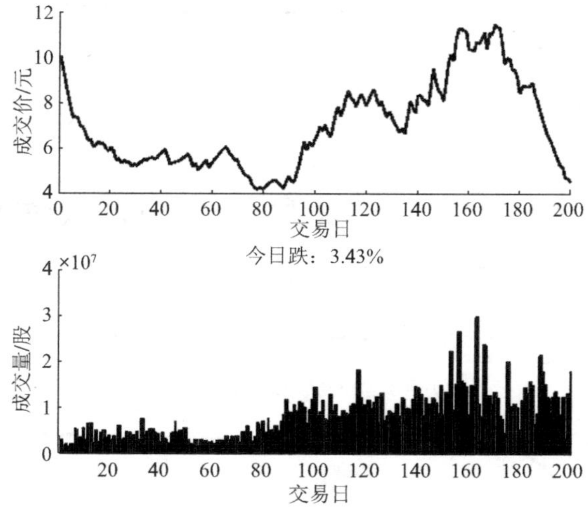

(a) 股价走势与对应的成交量

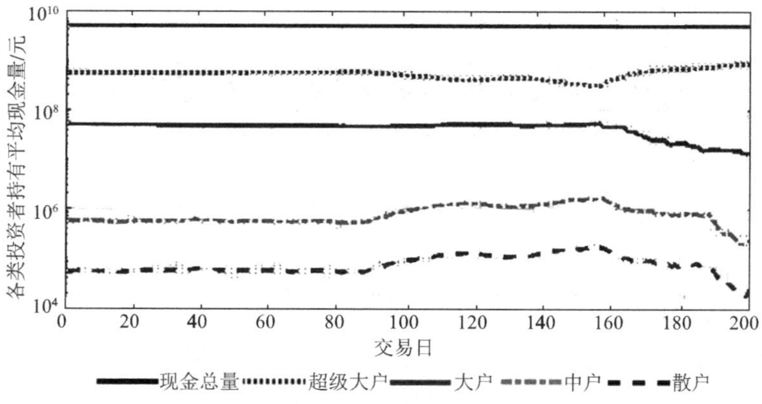

(b) 平均现金量

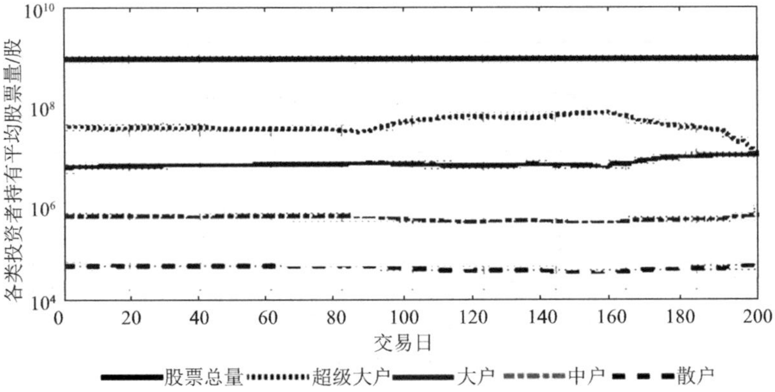

(c) 平均持股量

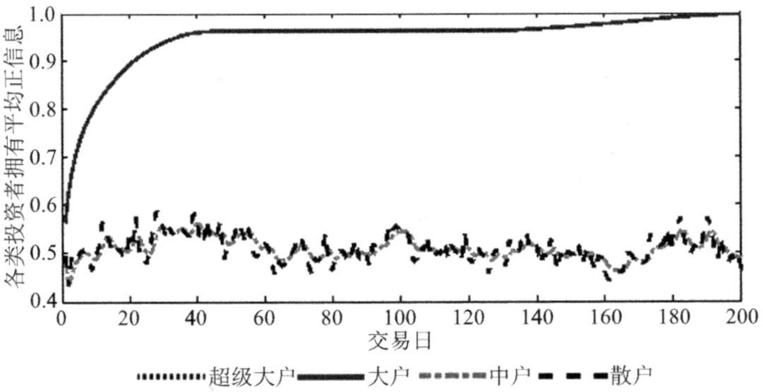

(d) 各类型投资者的私有正面信息

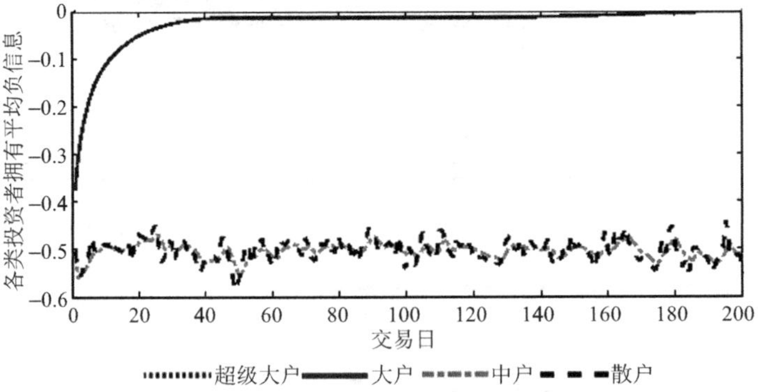

(e) 各类型投资者的私有负面信息

图 12.17　庄家缺失信息操控优势后的操盘结果

图 12.17 显示，本次股价走势，基本上也按照庄家的操盘节奏来运行．但与参照组图 12.12 和图 12.14 输出的结果相比，它们存在明显的差异．

(1) 测试组输出的股价运行区间为[4.23, 11.44], 而参照组图 12.12 为[3.26, 15.46]. 这表明: 机构缺失信息操控优势后[如图 12.17(d) 和图 12.17(e) 所示], 无论在打压股价上, 还是在拉升股价上, 都比参照组要弱.

(2) 庄家持有的平均现金量增长率为 56.42%, 比参照组的结果 66.39%低; 大户、中户和散户投资者则分别亏损 76.44%、61.39%和 60.85%, 均比参照组要少亏(参照组对应结果分别为: 分别亏损 90.09%、70.33%和 66.49%);.

(3) 庄家持有的平均持股量减少 75.39% (参照组的结果为增长 16.85%); 大户的平均持股量也增长 82.87%(参照组的结果为增长 62.70%); 中户增长 0.59%(参照组的结果为减少 25.63%), 散户减少 0.77%(参照组的结果为减少 24.51%).

以上数据表明: 即使机构投资者有能力提前获取上市公司的超级利好信息, 如果缺失信息操控能力, 在这种情形下机构的盈利能力要大打折扣, 表现为仅期末的现金量增大, 而持股量锐减. 也正是因为投资决策信息不为机构所控制, 中小投资者即便采用噪声或纯技术交易, 其损失也大为减少, 至少期末持有的股票量没有太大变化.

任意独立执行 $S\&E_2$ 系统与环境测试, 上述结论无变化.

3. 中小投资者的非理性(测试组 $S\&E_3$)

股市中的非理性投资者无处不在, 即使机构投资者也概莫能外. 在所有投资者中, 又以中小投资者的非理性程度尤为严重. 因此, 较为理性的投资者(如某些机构), 可利用其他投资者的非理性来营利. 股市中的庄家正是利用市场中的非理性, 通过构建自身与其他投资者之间的多重反馈机制, 来实现股价操纵的. 例如, 庄家通过信息操控, 影响中小投资者的订单, 引诱中小投资者在地板上抛盘, 却在高位接盘; 再例如, 庄家通过控制股价走势, 影响中小投资者的心理与行为, 同时影响技术派(K 线图)投资者的决策.

为检验中小投资者的非理性对机构成功操盘的贡献程度, 我们构建测试组 $S\&E_3$. 系统与环境配置如下: 仅变化表 12.9 中小投资者的订单策略采用比例(具体见表 12.11), 其余配置与参照组 $S\&E_0$ 完全相同.

表 12.11　$S\&E_3$ 的系统与环境配置: 中小投资者的订单策略比例

策略大类	策略采用比例	
	$S\&E_0$	$S\&E_3$
随机类	20%	100%*
与信息相关类	25%	0
心理与行为类	15%	0
技术类(仅严格执行止盈止损)	40%	0

* 这里假设中小投资者能清醒地意识到自身的非理性决策会被他人利用, 为摆脱受控局面, 仅做随机交易

S&E_3 系统与环境配置，相当于测试：假设全体中小投资者仅随机交易，在这种情形下，庄家操盘的后果会是什么？

S&E_3 系统与环境配置下的运行结果，见图 12.18.

图 12.18 显示，本次股价走势，基本上也能够按照庄家的操盘节奏来运行. 但与参照组图 12.12 和图 12.14 输出的结果相比，它们存在明显的差异.

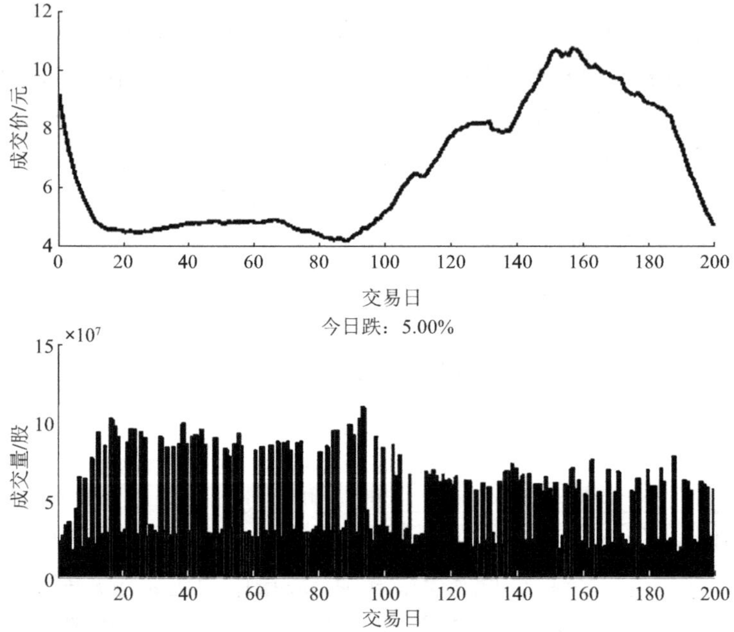

(a) 股价走势与对应的成交量

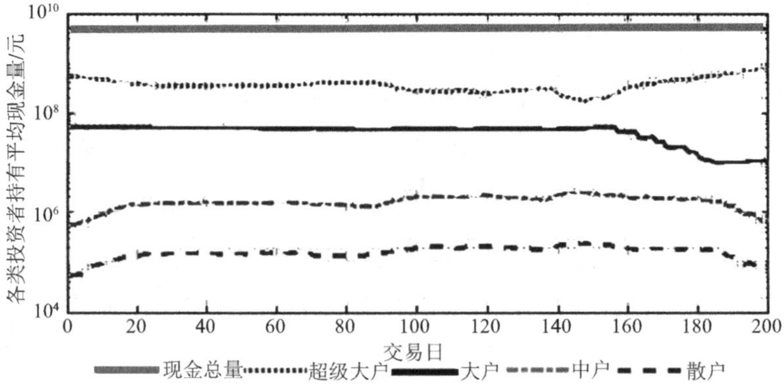

(b) 平均现金量

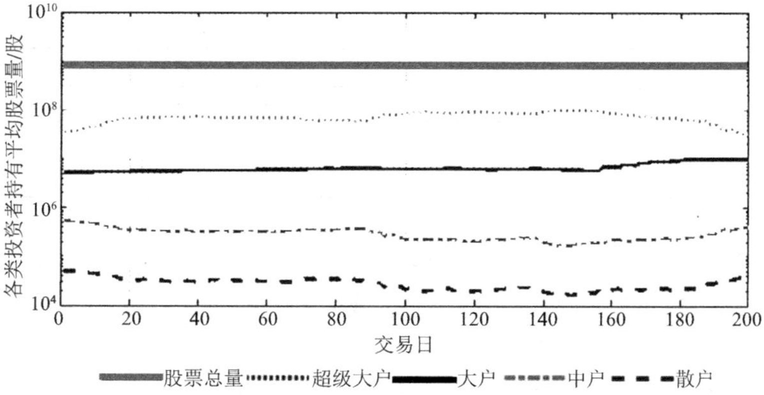

(c) 平均持股量

图 12.18　中小投资者变得理性后的庄家操盘结果

(1) 测试组输出的股价运行区间为[4.19, 10.75], 而参照组图 12.12 为[3.26, 15.46]. 这表明: 在缺失中小投资者这个“助涨助跌”群体后, 机构的操盘成了“自弹自唱”的行为.

(2) 期末, 庄家持有的平均现金量增长率为 39.94%, 仅相当于参照组的结果 66.39%的 3/5; 大户亏损 79.53%; 中户和散户投资者的期末平均现金量则分别实现 21.01%和 36.74%的增长, 当然代价是期末平均持股量分别减少 23.61%和 25.50%. 而机构的平均持股量减少了 8.63%, 大户则增持了 88.84%的股份.

以上数据表明: 如果没有广大中小投资者的积极参与和“配合”, 即使机构投资者拥有资金和信息优势, 机构投资者要实现成功操盘, 也将变得很困难.

任意独立执行 $S\&E_3$ 系统与环境测试, 上述结论无变化.

4. 中小投资者的觉醒(测试组 $S\&E_4$)

如果广大中小投资者能清醒地意识到自己所掌握的“投资决策信息”实质是庄家希望自己掌握的信息, 那么应放弃“与信息相关类订单策略”, 进而要么选择随机交易, 要么严格执行看似相当被动的策略“买进并持有, 直到触发止盈止损”.

为检验中小投资者的上述策略对机构成功操盘的“阻碍”程度, 我们构建测试组 $S\&E_4$. 系统与环境配置如下: 仅变化表 12.9 中小投资者的订单策略采用比例(具体见表 12.12), 其余配置与参照组 $S\&E_0$ 完全相同.

表 12.12　$S\&E_4$ 的系统与环境配置: 中小投资者的订单策略比例

策略大类	策略采用比例	
	$S\&E_0$	$S\&E_4$
随机类	20%	70%
与信息相关类	25%	0

续表

策略大类	策略采用比例	
	S&E_0	S&E_4
心理与行为类	15%	0
技术类(仅严格执行止盈止损)	40%	30%

S&E_4 系统与环境配置，相当于测试：假设全体中小投资者的订单策略，不受任何外在因素的影响，他们仅随机交易，或者严格执行止盈止损策略，在这种情形下，庄家操盘的后果会是什么?

S&E_4 系统与环境配置下的运行结果，见图 12.19.

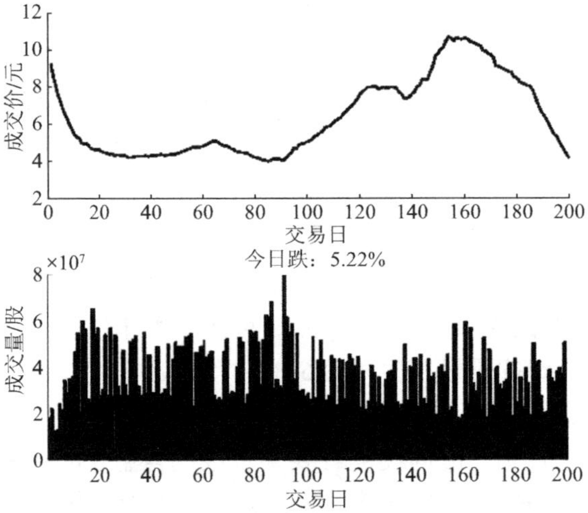

(a)股价走势与对应的成交量

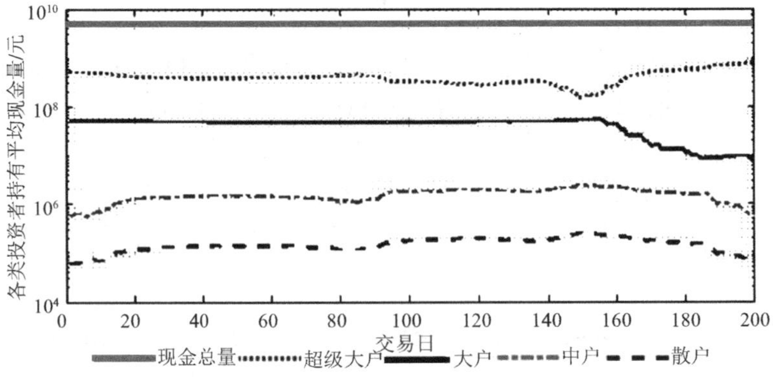

(b)平均现金量

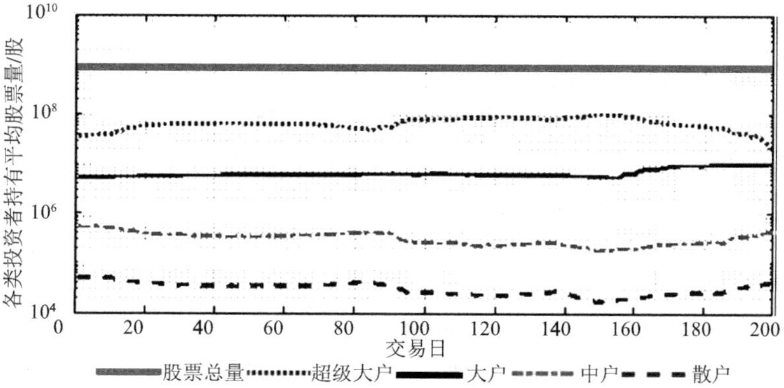

(c) 平均持股量

图 12.19　中小投资者觉醒后的庄家操盘结果

图 12.19 显示，本次股价走势，基本上也能按照庄家的操盘节奏来运行. 但与参照组图 12.12 和图 12.14 输出的结果相比，它们的差异相当明显.

(1) 测试组输出的股价运行区间为[3.95, 10.65]，参照组图 12.12 为[3.26, 15.46]. 这表明，没有广大中小投资者的积极参与和"配合"，机构"自弹自唱"式的打压和拉抬股价的幅度均压缩了.

(2) 庄家持有的平均现金量增长率为 48.66%，比参照组的结果 66.39%低；大户亏损 84.73%；但中小投资者的期末平均现金量变化与参照组的差异显著：本测试组的中户亏损 0.65%，散户增长 4.58%；参照组对应结果均为亏损，且数额较大，分别为 70.33%和 66.49%.

(3) 庄家持有的平均持股量减少 35.31%（参照组的结果为增长 16.85%）；大户的平均持股量增长 93.49%（参照组的结果为增长 62.70%）；中户和散户则分别减少 16.12%和 17.62%（参照组对应的结果为减少 25.63%和 24.51%）.

如果进一步降低中小投资者执行随机交易策略的比例到 40%，相应地提高执行"买进并持有，直到触发止盈止损"策略的比例到 60%（为便于引用，本书称此系统与环境配置为 $S\&E_{4\#}$），输出的结果如下.

(1) 测试组输出的股价运行区间为[1.67, 13.69].

(2) 庄家持有的平均现金量亏损 2.95%，大户亏损 80.90%，中户和散户投资者则分别盈利 246.00%和 229.15%.

(3) 庄家持有的平均持股量增长 122.30%（参照组的结果为增长 16.85%）；大户的平均持股量也增长 74.82%（参照组的结果为增长 62.70%）；中户和散户则分别减少 66.85%和 63.07%（参照组对应的结果为减少 25.63%和 24.51%）.

以上数据表明：如果广大中小投资者觉醒后，采取随机交易或被动的"买进并持有，直到触发止盈止损"策略，那么，庄家操盘就是"自弹自唱"行为，而且可能遭遇中小投资者的“守株待兔”式的抢食行为，这将导致机构投资者的期末平均现金量增长率锐减，甚至亏损. 随着中小投资者采用“买进并持有，直到触发止盈止损”策略的比例增多，他们的期末平均现金量增长率也得到提升. 尽管中小投资者的“买进并持有，直到触发止盈止损”策略，不能确保每一位都获得期末平均现金量上的增长，但从平均意义上，用这个策略来应对机构投资者的操盘，是有效的. 这一点，也可以从“机构投资者的期末平均现金量的增长率大幅降低”这个事实上得到印证.

任意独立执行 $S\&E_{4\#}$系统与环境测试，上述结论无变化.

为方便比较，本书将上述几种情形的操盘结果列于表 12.13 中. 由表 12.13 可很容易得到如下结论.

(1) 机构投资者的资金优势与信息优势，是成功操盘的重要因素，但这两点并不是机构控盘成功的根本原因.

(2) 如果机构投资者仅有信息优势，但缺失信息操控能力，在这种情形下，机构的操盘盈利能力将大打折扣.

(3) 如果没有中小投资者的非理性投资行为(即广大中小投资者的积极参与和“配合”)，即使机构投资者拥有资金和信息优势，操盘也不一定成功.

(4) 如果中小投资者自觉采取随机交易或被动的“买进并持有，直到触发止盈止损”策略，那么，庄家操盘不仅是“自弹自唱”行为，而且会遭遇中小投资者的“守株待兔”式的抢食行为，这将进一步降低庄家操盘的成功率.

最后，通过比较上述各种情形下的实验结果，还可得到结论：股价走势完全相同，但投资者之间的输赢结果却可以完全不同. 这意味着，人们应该更科学地看待充斥市面的有关 K 线投资的秘籍. 无论过去，还是未来，股票价格走势，只是一种或然. 关于这点，本书在第三篇(内核篇)已经解释清楚.

12.5.4　一个较为现实的庄家操盘过程

一个职业操盘手追求的境界是：在整个操盘过程中，无须上市公司配合发布任何虚假信息，不使用任何骗线手段，一切操作都是顺其自然，如行云流水，毫无斧凿痕迹，拉升高度恰到好处，显得不温不火；事后还不会引起任何麻烦——管理层不管，投资者不恨，甚至不留下什么特别的印象，如飞鸟无痕.

在前面的系统与环境配置里，假设了庄家在操盘之前持有一定比例的股票. 本节假设庄家在操盘某只股票之前，并不持有该股票股份，下面用本系统模拟一个职业的庄家操盘过程(至少包含庄家建仓、拉升和派发，并最终实现高额收益和全身而退).

表 12.13　庄家操盘成功的关键要素

情形	机构的资源禀赋或蕴含的关键要素	反馈控制	中小投资者策略比例		股价到达空间	期末账户统计								庄家操盘成功
						机构		大户		中户		散户		
						平均现金量	平均持股量	平均现金量	平均持股量	平均现金量	平均持股量	平均现金量	平均持股量	
$S\&E_0$	信息优势(含信息控制) 资金优势 中小投资者的非理性	信息反馈控制；股价自反馈	随机类	20%	[3.26,15.46]	增长 66.39%	增持 16.85%	亏损 90.09%	增持 62.70%	亏损 70.33%	减持 25.63%	亏损 66.49%	减持 24.51%	是
			与信息相关类	25%										
			心理与行为类	15%										
			技术类	40%										
$S\&E_1$	信息优势(含信息控制) 中小投资者的非理性	信息反馈控制；股价自反馈	随机类	20%	[4.00, 14.17]	增长 30.74%	减持 13.13%	亏损 23.86%	增持 36.55%	亏损 87.73%	减持 7.47%	亏损 88.03%	减持 6.30%	否
			与信息相关类	25%										
			心理与行为类	15%										
			技术类	40%										
$S\&E_2$	资金优势 中小投资者的非理性	股价自反馈	随机类	45%	[4.23, 11.44]	增长 56.42%	减持 75.39%	亏损 76.44%	增持 82.87%	亏损 61.39%	增持 0.59%	亏损 60.85%	减持 0.77%	否
			与信息相关类	0										
			心理与行为类	15%										
			技术类	40%										
$S\&E_3$	信息优势(不含信息控制) 资金优势 中小投资者的理性(纯随机交易)	—	随机类	100%	[4.19,10.75]	增长 39.94%	减持 8.63%	亏损 79.53%	增持 88.84%	增长 21.01%	减持 23.61%	增长 36.74%	减持 25.50%	否
			与信息相关类	0										
			心理与行为类	0										
			技术类(仅严格执行止盈止损)	0										

续表

情形	机构的资源禀赋或蕴含的关键要素	反馈控制	中小投资者策略比例		股价到达空间	期末账户统计								庄家操盘成功
						机构		大户		中户		散户		
						平均现金量	平均持股量	平均现金量	平均持股量	平均现金量	平均持股量	平均现金量	平均持股量	
$S\&E_4$	信息优势（不含信息控制） 资金优势 中小投资者觉醒（随机交易，或止盈止损）	—	随机类	70%	[3.95,10.65]	增长 48.66%	减持 35.31%	亏损 84.73%	增持 93.49%	亏损 0.65%	减持 16.12%	增长 4.58%	减持 17.62%	否
			与信息相关类	0										
			心理与行为类	0										
			技术类（仅严格执行止盈止损）	30%										
$S\&E_{4\#}$	信息优势（不含信息控制） 资金优势 中小投资者觉醒（随机交易，或止盈止损）	—	随机类	40%	[1.67,13.69]	亏损 2.95%	增持 122.30%	亏损 80.90%	增持 74.82%	增长 246.00%	减持 66.85%	增长 229.15%	减持 63.07%	否
			与信息相关类	0										
			心理与行为类	0										
			技术类	60%										

1. 系统与环境配置(测试组 $S\&E_5$)

为实现上述职业操盘手追求的境界, 表 12.14 策划了一套庄家的操盘节奏与策略.

表 12.14　机构投资者(庄家)操盘节奏与策略

序号	阶段	持续时长(交易日)	订单策略	信息策略
1	准备阶段	10	震荡建仓	公司信息真空期, 解读历史利空消息
2	吸货阶段	40	震荡建仓	公司信息真空期, 解读历史利空消息
3	试盘阶段	15	快速拉升, 然后放任自流	公司信息真空期, 解读历史利空消息
4	整理阶段	20	进一步营造恐慌	公司信息真空期, 解读历史利空消息
5	初升阶段	35	稳健做多	双向解读公司信息, 利空与利好并存
6	洗盘阶段	15	稳健洗盘	双向解读公司信息, 利空与利好并存
7	拉升阶段	20	谨慎做多	仅解读利好消息
8	出货阶段	25	稳健抛盘	仅解读利好消息
9	反弹阶段	5	颓废不护盘	仅解读利好消息
10	砸盘阶段	15	激进做空	—

市场配置如表 12.15 所示.

表 12.15　投资者资源禀赋

投资者类别	数量	账户占比	股票		资金		财富	
			持股数	占比	资金量	占比	初始禀赋	占比
机构	5	0.09%	0	0	5.00×10^8	53.19%	4.00×10^9	31.50%
大户	30	0.54%	5.00×10^6	23.08%	5.00×10^7	31.91%	3.00×10^9	23.62%
中户	500	9.03%	5.00×10^5	38.46%	5.00×10^5	5.32%	2.75×10^9	21.65%
散户	5000	90.33%	5.00×10^4	38.46%	9.00×10^4	9.57%	2.95×10^9	23.23%
总计	5535	100.00%	6.50×10^8	100.00%	4.70×10^9	100.00%	1.62×10^{13}	100.00%

其余系统与环境配置, 与 $S\&E_0$ 相同.

2. 系统运行结果

图 12.20 显示, 本次股价走势, 同样能够按照庄家的操盘节奏来运行. 与参照组图 12.12 和图 12.14 输出的结果相比, 它们的差异体现在以下几个方面.

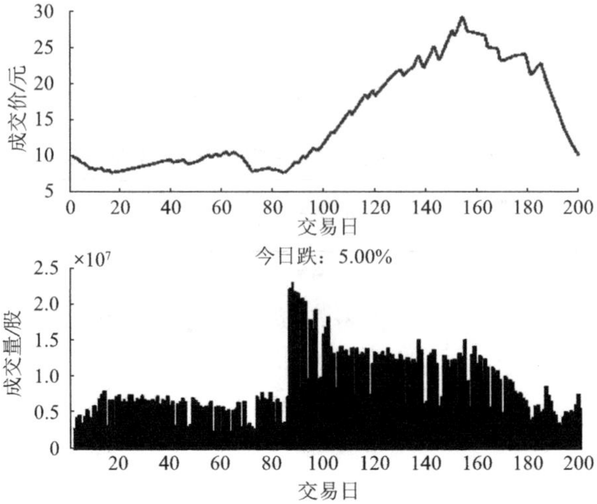

(a)股价走势与对应的成交量

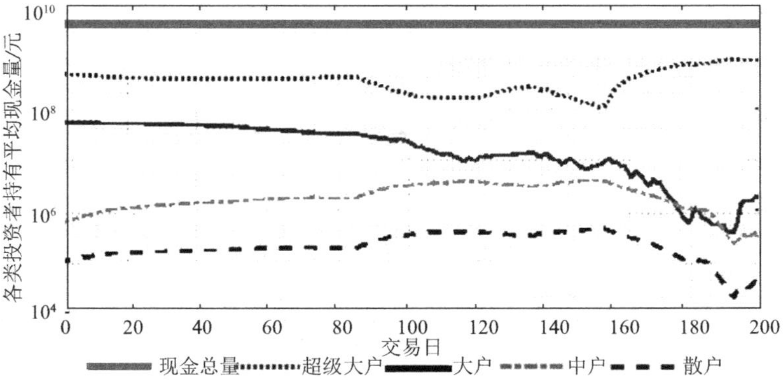

(b)平均现金量

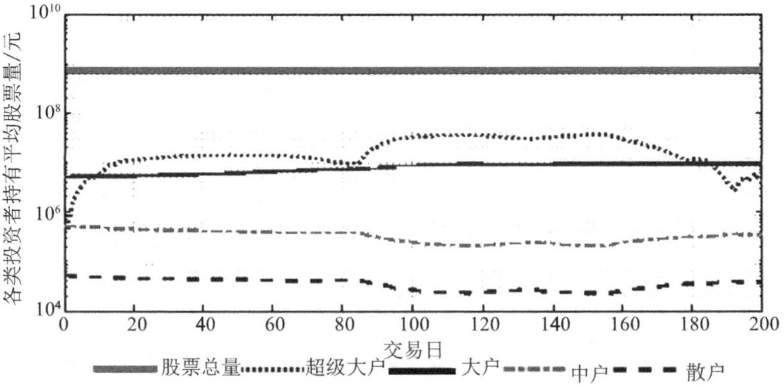

(c)平均持股量

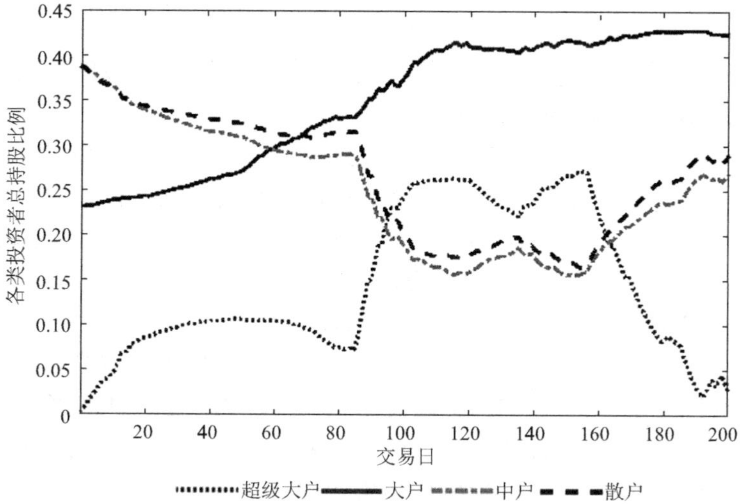

(d) 各类型投资者总持股比例

图 12.20　庄家未提前持股的操盘结果

(1) 股价达到的空间不同. 测试组输出的股价运行区间为[7.83, 29.37], 而参照组图 12.12 为[3.26, 15.46]. 这表明: 在未提前持股的情形下, 庄家的建仓成本要比提前布局的操盘情形高出很多, 这是因为建仓初期庄家首先要购买筹码, 才能打压股价, 而不能如同参照组那样一开始就直接打压股价. 正因为本情形下庄家的建仓成本高, 为确保操盘收益, 所以股价拉升的幅度就更高.

(2) 庄家持有的平均现金量增长率为 81.78%, 大户、中户和散户投资者则分别亏损 96.55%、58.44%与 73.89%. 参照组对应的结果分别为: 增长 66.39%、亏损 90.09%、亏损 70.33%和亏损 66.49%.

(3) 本情形最有趣的结果是, 操盘庄家虽然在初始不持有股份, 但在操盘结束时, 不仅实现了 81.78%的高额收益, 而且账户持有上市公司流通股份的 2.44% (留作底仓). 整个操盘过程中, 各类型投资者总持股比例变化见图 12.20 (d).

以上结果表明: 机构投资者即使在未提前持股的情形下操盘, 如果能利用好信息控制策略、资金优势及其他投资者的非理性, 其盈利能力并未降低.

任意独立执行 S&E_5 系统与环境测试, 上述结论无变化.

12.6　小　　结

本章在前文构建的理论和模型支撑下, 大量参考国内有关证券投资的畅销书、研究报告和相关网站等关于我国证券市场投资者结构与特征、股票操纵等内容,客观设计了一套行为证券定价系统. 在这套系统中, 投资者依据动态更新的自然属性(包括自身资源禀赋、心理与行为、掌握的信息等)制定各自的投资策略. 通过科学严谨的金融实验, 本书得到如下结论.

(1)机构投资者的核心优势是资金优势和社会资源优势(包括信息优势及信息操控能力), 表现为: 能够比普通投资者提前获得关于上市公司的价值信息, 且在客观上能影响(通过投资者虚拟关联网络, 如各种媒介等)广大中小投资者的决策信息; 同时, 利用其雄厚的资金、投资策略及技术优势, 操纵盘面, 以影响中小投资者的决策心理. 通过双管齐下, 对机构投资者实现股价操纵.

(2)机构投资者的资金优势与信息优势, 并不是机构控盘成功的必然原因. 如果机构投资者仅有信息优势, 而缺失信息操控能力, 在这种情形下, 机构的操盘盈利能力将大打折扣. 如果没有中小投资者的非理性投资行为(即广大中小投资者的积极参与和"配合"), 即使机构投资者拥有资金和信息优势, 操盘也不一定成功. 如果中小投资者自觉采取随机交易或被动的"买进并持有, 直到触发止盈止损"策略, 那么, 庄家操盘不仅是"自弹自唱"行为, 而且会遭遇中小投资者的"守株待兔"式的抢食行为, 这将进一步降低庄家操盘的成功率.

本书对金融市场相关工作部门和广大中小投资者提出如下建议.

(1)我国证券市场监管部门应着重培养投资者的投资素质与投资理念, 开展理性投资教育, 减少由于投资者非理性而产生的误导性信息传播; 倡导投资者进行价值投资而非盲目投机, 提高投资者市场准入的门槛; 提高我国投资者的投资知识水平有利于维护市场稳定; 此外, 倡导价值投资理念, 关键在于加大激励措施, 鼓励(或强制)上市公司真诚回报价值投资者.

(2)监管部门要注重对市场信息的监管, 加大真实信息的披露程度与透明度, 同时严惩上市公司信息披露不充分、不透明甚至虚假披露的行为. 市场信息的真实、透明有利于投资者形成价值投资理念, 稳定证券市场.

(3)中小投资者想要在股市博弈中获得盈利, 首先必须要独立思考和调研, 辩证地解读收集到的投资信息, 坚持价值投资理念, 认真选择好股票, 在合理价位买进; 其次自觉地、彻底地切断与机构投资者之间的各种虚拟关联关系(措施为: 不听小道消息, 尽量不看盘, 不浏览各类股票论坛信息等).

(4)最后, 中小投资者必须辩证地对待上述建议, 因为它仅是相对"听小道消息、跟风操作、频繁换手"而言稍微理性的投资建议, 并不意味着任何投资者都可以通过该策略实现盈利. 事实上, 对任何投资者来说, 都不存在一劳永逸的持续盈利策略.

参 考 文 献

爱德华 R D，迈吉 J. 2004. 股市趋势技术分析（第 8 版）[M]. 8 版. 巴赛提 WHC，程鹏，等译. 北京：中国发展出版社.

蔡奕. 2010. 短线操纵行为的规制与监管[R]. 研究通讯（深圳证券交易所）.

陈保华. 2001. 交易机制对股价行为的影响——对中国股票市场的实证检验[J]. 经济研究，40（5）：69-73，95.

陈亮. 2002. 证券交易制度的国际比较研究[D]. 中央财经大学硕士学位论文.

陈炜. 2005. 中小企业板收盘集合竞价制度研究[R]. 深圳证券交易所综合研究所.

陈彦斌，周业安. 2004. 行为资产定价理论综述[J]. 经济研究，43（6）：117-127.

陈彦斌. 2005. 情绪波动和资产价格波动[J]. 经济研究，44（3）：36-45.

丛春霞，季秀芳. 2000. 灰色预测在股票价格指数预测中的应用[J]. 中国统计，19（5）：15-17.

邓国和. 2004. 一类（QL）型随机微分方程极值解的存在性[J]. 工程数学学报，21（2）：189-194.

方勇. 2013. 反馈型交易策略与资产价格演化[J]. 技术经济与管理研究，20（5）：3-9.

冯芷艳. 1999. 香山科学会议探讨"复杂性科学"[J]. 神州学人，（7）:39.

高隆昌. 2005. 系统学原理[M]. 北京：科学出版社.

高志亮，李忠良. 2004. 系统工程方法论[M]. 西安：西北工业大学出版社.

顾娟，刘建洲. 2004. 信息不对称与股票价格变动——我国证券市场信息传导机制的经济学分析[J]. 经济研究，43（2）：106-114.

郭红. 2004. 金融资产定价的扰动因素与定价模式初探[J]. 现代财经，24（8）：10-13.

郭怀英. 2002. 行为金融学分析与证券市场风险控制[D]. 中国社会科学院博士学位论文.

何基报，鲁直. 2006. 什么影响着投资者选择卖出或继续持有?[J]. 管理科学学报，9（6）：53-63.

何颖. 2003. 非理性及其价值研究[M]. 北京：中国社会科学出版社.

胡金霞，胡代平. 2009. 我国股票市场价格操纵交易特征实证研究[J]. 科学技术与工程，9（18）：5624-5626.

姜波克，薛斐. 2004. 行为金融学的发展与探索[J].复旦学报（社会科学版），（5）：57-62.

蒋健蓉，龚芳，陆媛媛. 2017. 中国证券投资者结构全景分析报告 2016[R]. 申万宏源研究报告.

蒋健蓉，钱康宁，龚芳. 2016. 中国股市投资者全景图[R]. 申万宏源研究报告.

孔德周. 2005. 系统经济法论[M]. 北京：中国法制出版社.

雷亚 R. 2008. 道氏理论[M]. 3www 译. 北京：地震出版社.

黎鸣. 2005. 恢复哲学的尊严[M]. 2 版. 北京：中国社会出版社.

李东，苏小红，马双玉. 2003. 基于新维灰色马尔可夫模型的股价预测算法[J]. 哈尔滨工业大学学报，35（2）：244-248.

李佳源. 2012. 情感计算的研究现状与认知困境[J]. 自然辩证法通讯，34（2）：23-28.

李平，曾勇. 2006. 封闭式与开放式集合竞价机制下的价格发现分析[J]. 系统工程理论与实践，26（2）：10-18.

李心丹. 2004. 行为金融学——理论及中国的证据[M]. 上海：上海三联书店.

李雪娜. 2008. 中国证券投资基金正反馈交易行为及其对股票收益动量影响的实证研究[D]. 厦

门大学硕士学位论文.
李增惠. 2004. 系统、控制与复杂性科学——香山科学会议第 227 次学术研讨会综述[J]. 科技政策与发展战略, (10): 1-6.
梁汉超. 2017. 基于有限理性的行为资产定价模型研究[D]. 华南理工大学博士学位论文.
林志平. 2006. 市场操纵司法界定、惩治比较及其启示[J]. 证券市场导报, (3): 36-39.
刘超, 刘丽. 2012. 系统金融理论:未来金融理论研究范式的演化方向——兼现代金融理论、行为金融理论、系统金融理论比较[J]. 上海金融, (5): 27-35, 49.
刘继云, 李红. 2007. 基于复杂网络的证券投资行为扩散研究[J]. 企业经济, (11): 150-152.
刘洁, 郭海华. 2005. 基于无偏灰色——马氏链组合模型的股价研究[J]. 湖北大学学报(自然科学版), 27(1): 11-14.
刘逖, 叶武, 章秀奇. 2006. 进一步完善开放式集合竞价机制——基于上海证券市场的实证研究[R]. 上海证券交易所研究中心创新实验室.
刘文财. 2003. 中国股票市场价格行为复杂性研究[D]. 天津大学博士学位论文.
刘阳. 2003. 交易机制对我国证券市场波动性的影响分析[J]. 南开经济研究(4): 65-70.
陆静, 裴饴军, 吴琴琴. 2017. 投资者情绪影响香港股票市场吗?[J]. 系统工程理论与实践, 37(1): 80-90.
陆蓉, 陈小琳. 2009. 股票操纵行为市场表现及其判别研究[J]. 证券市场导报, (4): 65-72.
苗东升. 1998. 系统科学精要[M]. 北京: 中国人民大学出版社.
攀登, 刘逖, 刘海龙, 等. 2004. 封闭式集合竞价交易策略模型及对沪市的实证检验[J]. 系统工程理论与实践, 22(1): 1-10.
彭叠峰, 饶育蕾, 雷湘媛. 2015. 基于注意力传染机制的股市动量与反转模型研究[J]. 中国管理科学, 23(5): 32-40.
普莱切特 R R Jr., 弗罗斯特 A J. 2004. 艾略特波浪理论: 市场行为的关键[M]. 陈鑫译. 北京: 机械工业出版社.
钱学森, 等. 1988. 论系统工程(增订本) [M]. 长沙: 湖南科学技术出版社.
饶育蕾, 张轮. 2005. 行为金融学[M]. 2 版. 上海:复旦大学出版社.
邵道明. 2005. 庄家相术: 职业操盘手透析跟庄新思维[M]. 北京: 经济管理出版社.
施光耀. 2000. 中国证券百科全书(第 6 卷)[M]. 太原: 山西经济出版社.
石建勋. 2007-08-08. 机构博弈时代的庄家赢利模式[N]. 证券时报, (11).
孙德轩. 2007. 股票市场的博弈行为研究[J]. 财会研究, (4): 59, 60.
孙亘. 2004. 标准金融与行为金融的资产定价理论比较研究[J]. 中山大学学报(社会科学版), 44(4): 39-43.
孙有发, 陈世权, 吴今培. 2002. 一种非一致性的自适应遗传算法与应用[J]. 系统工程, 20(6): 82-86.
孙有发, 邓飞其. 2006. 带跳及反馈的随机波动证券定价模型[J]. 华南理工大学学报(自然科学版), 34(6): 59-63.
孙有发, 邓飞其. 2007. 反馈混沌遗传算法及其在约束优化中应用[J]. 华南理工大学学报, 35(1): 19-23.
孙有发, 郭旭冲, 梁肖肖, 等. 2010. 现实复杂情形下的SIRS型传染病模型及其控制策略[J]. 系统仿真学报, 22(1): 195-200.
孙有发, 李雪岩, 刘彩燕, 等. 2011a. 基于策略倾向的投资者预期与做市商模型分析[J]. 系统工程, (11): 28-33.

孙有发, 梁肖肖, 郭旭冲, 等. 2012. 小世界网络 V.S. 均匀混合网络中的 SIRS 型传染病模型[J]. 系统仿真学报, 24(3): 669-676.
孙有发, 颜学湘, 郭旭冲, 等. 2011b. 基于情绪传染的自适应变主体股市演化模型[J]. 系统管理学报, 20(3): 327-334.
孙有发, 张成科, 高京广, 等. 2007. 带反馈的混沌并行 GA 及其在非线性约束优化中的应用[J]. 计算机学报, 30(3): 424-430.
孙有发, 张成科, 高京广, 等. 2007. 现代证券定价模型[J]. 系统工程理论与实践, 27(5): 1-11.
孙有发, 张成科, 刘彩燕, 等. 2010. 数字杠杆平衡原理及其在证券市场中的应用[J]. 统计与决策, 305(5): 20, 21.
孙有发, 张成科, 刘彩燕, 等. 2011c. 集合竞价算法对股票价格的影响[J]. 系统工程理论与实践, 31(1): 28-37.
孙有发. 2006. 基于系统论的行为资产定价理论及模型研究[D]. 华南理工大学博士学位论文.
孙有发. 2011. 基于集合竞价算法的股价短线操纵研究[J]. 统计与决策, (4): 133-137.
田树喜, 齐小源, 吴迪. 2016. 正反馈交易、风险溢出与瀑布效应——基于沪深 300 现货指数与期货指数联动作用的经验研究[J]. 东北大学学报(社会科学版), 18(5): 464-469.
汪丁丁. 1998. 经济学理性主义的基础[J]. 社会学研究, (2): 1-11.
汪应洛. 2003. 系统工程[M]. 3 版. 北京: 机械工业出版社.
王春峰, 黄凝, 房振明. 2016. 公司视角下基于动态面板的中国股市收益与波动关系研究[J]. 管理评论, 28(4): 3-11.
王国成. 2015. 计算社会科学引论:从微观行为到宏观涌现[M]. 北京: 中国社会科学出版社.
王宏,颉斌,解仑, 等. 2004. 基于人工心理理论的情感模型建立及其数值仿真[J]. 计算机应用, 24(z1): 368-370.
王珏, 秦伟良, 钱海荣. 2004. 上海股市的时间序列模型研究[J]. 统计与决策, (11): 11, 23.
王灵芝, 吴忠. 2013. 正反馈交易、市场效率与流动性黑洞——基于日内分笔交易数据的实证研究[J]. 证券市场导报, 23(2):48-53.
吴冲锋, 王承炜, 吴文锋. 2002. 交易量和交易量驱动的股价动力学分析方法[J].管理科学学报, 5(1): 1-11.
吴让泉, 陈增敬. 1994. 更弱条件下随机微分方程解的存在性[J]. 数理统计与应用概率, 9(1): 59-71.
夏景明, 肖冬荣, 夏景虹, 等. 2004. 灰色神经网络模型应用于证券短期预测研究[J]. 工业技术经济, 23(6): 109-111.
徐爱农,申红. 2004. 我国股票市场的价值基础及价格泡沫研究[J]. 同济大学学报, 32(4): 534-538.
徐爱农. 2007. 股票市场操纵行为的模型分析[J]. 同济大学学报(自然科学版), 35(7): 998-1002.
徐高. 2007. 内部交易与价格操纵[J]. 浙江社会科学, (3): 12-16.
徐龙炳. 2005. 中国股市机构投资者多账户交易行为研究[J]. 经济研究, 44(2): 72-80.
许国志, 顾基发, 车宏安. 2000. 系统科学[M]. 上海: 上海科技教育出版社.
许香存, 李平, 曾勇. 2009. 基于社会剩余最大化的集合竞价交易机制研究[J]. 管理学报, 6(3): 396-410, 412.
杨柏. 2006. 基于证券交易的市场操纵行为博弈机制研究[J]. 经济问题探索, (7): 111-116.

杨春鹏, 吴冲锋. 2005. 过度自信与正反馈交易行为[J]. 管理评论, 17(11): 21-26, 65.
杨永健, 聂瑜, 吴洋, 等. 2017. 基于 SVM 新的情感计算方法[J]. 吉林大学学报(信息科学版), 35(4): 438-442.
游宗君, 王鹏, 石建昌. 2010. 中国股票市场的收益与波动关系[J]. 系统管理学报, 19(2): 183-190.
于同奎, 曹国华. 2009. 具有多种市场形态的多主体股市演化动力机制[J]. 系统工程学报, 24(1): 89-93.
张恩众. 2009. 正反馈交易对证券市场的影响——来自上海证券市场的证据[J]. 山东社会科学, 23(10): 83-86.
张行端. 2002. 股市技术指标大全[M]. 上海:百家出版社.
张建伟, 胡乐明. 2005a. 经济学理性主义传统的当代流变[J]. 学术研究, (8): 10-18.
张建伟, 胡乐明. 2005b. 西方主流经济学的理性主义"硬核"剖析[J]. 中州学刊, (4): 16-21.
张晟嘉. 2012. 投资者情绪与资产价格异常波动研究[D]. 武汉大学博士学位论文.
张维, 何枫, 熊熊, 等. 2017. 中国金融系统工程: 研究现状及未来发展[J]. 系统工程理论与实践, 37 (1): 1-16.
张晓蓉, 唐国兴, 徐剑刚. 2005. 投机泡沫的混合理性正反馈模型[J]. 金融研究, 28(8): 85-98.
赵骅, 杨武. 2003. 我国证券市场开盘价格的形成机制分析[J]. 数量经济技术经济研究, (10): 90-94.
赵运锋. 2008. 操纵证券交易价格行为及其治理对策[J]. 广东金融学院学报, 23(6): 65-73.
甄红线. 2007. 被操纵股票价格特征的非线性分析[J].东北财经大学学报, 54(6): 60-63.
周宾凰, 池祥萱, 周冠男, 等. 2002. 行为财务学:文献回顾与展望[J]. 证券市场发展季刊, 14(2): 1-48.
周业安. 2018-05-03. 行为金融理论与有效市场假说能否兼容[N]. 上海证券报, (008).
Abarbanell J S, Bushee B J. 1997. Fundamental analysis, future earnings, and stock prices[J]. Journal of Accounting Research, 35(1): 1-24.
Acedo L, González-Parra G, Arenas A J. 2010. Modal series solution for an epidemic model[J]. Physica A: Statistical Mechanics and Its Applications, 389(5): 1151-1157.
Aggarwal R K, Wu G J. 2003. Stock market manipulation-theory and evidence. https://ssrn.com/abstract=474582[2004-05-16].
Alfarano S, Lux T, Wagner F. 2008. Time variation of higher moments in a financial market with heterogeneous agents: an analytical approach[J]. Journal of Economic Dynamics and Control, 32(1): 101-136.
Allen F, Gale D. 1992. Stock-price manipulation[J]. Review of Financial Studies, 5(3): 503-529.
Alvarez-Ramirez J, Suarez R, Ibarra-Valdez. 2003. Trading strategies, feedback control and market dynamics[J]. Physica A: Statistical Mechanics and Its Applications, 324(1/2): 220-226.
Amihud Y, Mendelson H. 1991. Volatility, efficiency, and trading: evidence from the Japanese stock market[J]. Journal of Finance, 46(5): 1765-1789.
Arkes H R, Blumer C, 1985. The psychology of sunk cost[J]. Organizational Behavior and Human Decision processes, 35(1):124-140.
Atkinson J, Campos D. 2016. Improving BCI-based emotion recognition by combining EEG feature

selection and kernel classifiers[J]. Expert Systems with Applications, 47: 35-41.

Avery C, Chevalier J. 1999. Identifying investor sentiment from price paths: the case of football betting[J]. The Journal of Business, 72(4): 493-521.

Bannerjee A V. 1992. A simple model of herd behavior[J]. The Quarterly Journal of Economics, 107(3): 797-817.

Barber B M, Odean T. 2001. Boys will be boys: gender, overconfidence, and common stock investment[J]. The Quarterly Journal of Economics, 116(1): 261-292.

Barber B, Lehavy R, Mcnichols M, et al. 2001. Can investors profit from the prophets? Security analyst recommendations and stock returns[J]. Journal of Finance, 56(2): 531-564.

Barberis N, Huang M, Santos T. 2001. Prospect theory and asset prices[J]. Quarterly Journal of Economics, 116(1): 1-53.

Barberis N, Huang M. 2001. Mental accounting, loss aversion, and individual stock returns[J]. Journal of Finance, 56(4): 1247-1292.

Barberis N, Shleifer A, Vishny a R. 1998. A model of investor sentiment[J]. Journal of Financial Economics, 49(3): 307-343.

Barberis N, Shleifer A. 2003. Style investing[J]. Journal of Financial Economics, 68(2): 161-199.

Barberis N, Thaler R. 2003. A survey of behavioral finance[C]//Constantinidis G M, Milton H, Stulz R M. Handbook of the Economics of Finance. Amsterdam: North-Holland: 1053-1123.

Barucci E, Malliavin P, Mancino M E, et al. 2003. The price-volatility feedback rate: an implementable mathematical indicator of market stability[J]. Mathematical Finance, 13(1): 17-35.

Basak S, Croitoru B. 2000. Equilibrium mispricing in a capital market with portfolio constraints[J]. The Review of Financial Studies, 13(3): 715-748.

Battig C, Chelley-steeley P L. 2010. The impact of the closing call auction: an examination of effects in London[J]. Applied Financial Economics, 20(4): 303-315.

Benhabib J, Liu X W, Wang P F. 2016. Sentiments, financial markets, and macroeconomic fluctuations[J]. Journal of Financial Economics, 120(2): 420-443.

Bikhchandani S, Hirshleifer D, Welch I. 1992. A theory of fads, fashion, custom, and cultural change as informational cascades[J]. Journal of Political Economy, 100(5): 992-1026.

Bikhchandani S, Sharma S. 2000. Herd behavior in financial markets: a review[J]. IMF Economic Review, 47(3): 279-310.

Biondo A E, Pluchino A, Rapisarda A. 2015. Modeling financial markets by self-organized criticality[J]. Physical Review E, 92(4): 042814.

Biondo A E, Pluchino A, Rapisarda A. 2016. Order book, financial markets, and self-organized criticality[J]. Chaos, Solitons & Fractals, 88: 196-208.

Black F, Scholes M S. 1973. The pricing of options and corporate liabilities[J]. Journal of Political Economy, 81(3): 637-654.

Black F. 1986. Noise[J]. Journal of Finance, 41(3): 529-543.

Bloomfield R, Libby R, Nelson M W. 2000. Underreactions, overreactions and moderated confidence[J]. Journal of Financial Markets, 3(2): 113-137.

Borland L. 2016. Exploring the dynamics of financial markets: from stock prices to strategy returns[J]. Chaos, Solitons & Fractals, 88: 59-74.

Boswijk H P, Hommes C H, Manzan S. 2007. Behavioral heterogeneity in stock prices[J]. Journal of Economic Dynamics and Control, 31(6): 1938-1970.

Brock W A, Hommes C H, Wagener F O O. 2005. Evolutionary dynamics in markets with many trader types[J]. Journal of Mathematical Economics, 41(1/2): 7-42.

Calverley J. 2004. Bubbles and how to survive them[M]. London: Nicholas Brealey Publishing.

Camerer C F, Loewenstein, G F, Prelec D. 2004. Neuroeconomics: why economics needs brains[J]. Scandinavian Journal of Economics, 106 (3): 555-579.

Campbell J Y, Cochrane J H. 1999. By force of habit: a consumption-based explanation of aggregate stock market behavior[J]. Journal of Political Economy, 107(2): 205-251.

Campbell J Y, Hentschel L. 1992. No news is good news: An asymmetric model of changing volatility in stock returns[J]. Journal of Financial Economics, 31(3): 281-318.

Campbell J Y. 1993. Intertemporal asset pricing without consumption data[J]. American Economic Review, 83(3): 487-512.

Carroll C D. 2000. Solving consumption models with multiplicative habits[J]. Economics Letters, 68(1): 67-77.

Chang R P, Rhee S G, Stone G R, et al. 2008. How does the call market method affect price efficiency? Evidence from the singapore stock market[J]. Journal of Banking and Finance, 32(10): 2205-2219.

Cheng B, Wei X H. 2005. Portfolio and consumption decisions with the consumption habit constraints[J]. Nonlinear Analysis: Theory Methods &Applications, 63(5/6/7): 2335-2346.

Chiarella C, Dieci R, He X-Z. 2009. Heterogeneity, market mechanisms, and asset price dynamics [C]//Hens T, Schenk-Hoppé K R. Handbook of Financial Markets: Dynamics and Evolution. Amsterdam: North-Holland: 277-344.

Chuang W-I, Lee B-S. 2006. An empirical evaluation of the overconfidence hypothesis[J]. Journal of Banking and Finance, 30(9): 2489-2515.

Comerton-Forde C, Rydge J. 2006a. The influence of call auction algorithm rules on market efficiency[J]. Journal of Financial Markets, 9(2): 199-222.

Comerton-Forde C, Rydge J. 2006b. Call auction algorithm design and market manipulation[J]. Journal of Multinational Financial Management, 16(2): 184-198.

Conrad J. 1989. The price effect of option introduction[J]. Journal of Finance, 44(2): 487-498.

Cutler D M, Poterba J M, Summers L H. 1989. What moves stock prices?[J]. Journal of Portfolio Management, 15(3): 4-12.

Daniel K D, Hirshleifer D, Subrahmanyam A. 2001. Overconfidence, arbitrage, and equilibrium asset pricing[J]. Journal of Finance, 56(3): 921-965.

Daniel K, Hirshleifer D, Subrahmanyam A. 1998. Investor psychology and security market under-and overreactions[J]. Journal of Finance, 53(6): 1839-1885.

Daniel K, Hirshleifer D, Teoh S H. 2002. Investor psychology in capital markets: evidence and policy implications[J]. Journal of Monetary Economics, 49(1): 139-209.

de Chow P M, Hutton A P, Meulbroek L K. et al. 2001. Short-sellers, fundamental analysis and stock returns[J]. Journal of Monetary Economics, 49 (1) : 139-209.

de Long J B, Shleifer A, Summers L H, et al. 1990a. Noise trader risk in financial markets[J]. Journal of Political Economy, 98 (4) : 703-738.

de Long J B, Shleifer A, Summers L H, et al. 1990b. Positive feedback investment strategies and destabilizing rational speculation[J]. Journal of Finance, 45 (2) : 379-395.

de Long J B, Shleifer A, Summers L H, et al. 1991. The survival of noise traders in financial markets[J]. The Journal of Business, 64 (1) : 1-19.

Detemple J, Jorion P. 1990. Option listing and stock returns: an empirical analysis[J]. Journal of Banking and Finance, 14 (4) : 781-801.

Díaz A, Pijoan-Mas J, Ríos-Rull J-V. 2003. Precautionary savings and wealth distribution under habit formation preferences[J]. Journal of Monetary Economics, 50 (6) : 1257-1291.

Ding D K, Charoenwong C, Seetoh R. 2004. Prospect theory, analyst forecasts, and stock returns[J]. Journal of Multinational Financial Management, 14 (4/5) : 425-442.

Duffie D, Epstein L G. 1992. Asset pricing with stochastic differential utility[J]. The Review of Financial Studies, 5 (3) : 411-436.

Duffie D, Pan J, Singleton K, et al. 2000. Transform analysis and asset pricing for affine jump-diffusions[J]. Econometrica, 68 (6) : 1343-1376.

Dugar A, Nathan S. 1995. The effect of investment banking relationships on financial analysts' earnings forecasts and investment recommendations[J]. Contemporary Accounting Research, 12 (1) : 131-160.

Dumas B, Uppal R, Wang T. 2000. Efficient intertemporal allocation with recursive utility[J]. Journal of Economic Theory, 93 (2) : 240-259.

Elliott R J, Siu T K, Badescu A. 2011. On pricing and hedging options in regime-switching models with feedback effect[J]. Journal of Economic Dynamics and Control, 35 (5) : 694-713.

Engle R F, Ghysels E, Sohn B. 2013. Stock market volatility and macroeconomic fundamentals[J]. Review of Economics and Statistics, 95 (3) : 776-797.

Evans G W, Guesnerie R. 1993. Rationalizability, strong rationality and expectational stability[J]. Games and Economic Behavior, 5 (4) : 632-646.

Fama E F, French K R. 2012. Size value, and momentum in international stock returns[J]. Journal of Financial Economics, 105(3): 457-472.

Fang F, Oosterlee C W. 2008. A novel pricing method for European options based on fourier-cosine series expansions[J]. SIAM Journal on Scientific Computing, 31 (2) : 826-848.

Farkas W, Necula C, Waelchli B. 2015. Herding and stochastic volatility[J]. Swiss Finance Institute Research Paper: 1-32.

Fischel D R, Ross D J. 1991. Should the law prohibit 'manipulation' in financial markets[J]. Harvard Law Review, 105 (2) : 503-553.

Flood R P, Hodrick R J. 1986. Asset price volatility, bubbles, and process switching[J]. Journal of Finance, 41 (4) :831-842.

Frankfurter G M, McGoun E G, Allen D E. 2004. The prescriptive turn in behavioral finance[J].

Journal of Socio-Economics, 33(4): 449-468.

French K R, Schwert G W, Stambaugh R F. 1987. Expected stock returns and volatility[J]. Journal of Financial Economics, 19(1): 3-29.

Frey R, Stremme A. 1997. Market volatility and feedback effects from dynamic hedging[J]. Mathematical Finance, 7(4): 351-374.

Froot K A, Obstfeld M. 1991. Intrinsic bubbles: the case of stock prices[J]. American Economic Review, 81(5): 1189-1214.

Gaunersdorfer A, Hommes C H, Wagener F O O. 2008. Bifurcation routes to volatility clustering under evolutionary learning[J]. Journal of Economic Behavior and Organization, 67(1): 27-47.

Grzelak L A, Oosterlee C W, van Weeren S. 2011. The affine Heston model with correlated gaussian interest rates for pricing hybrid derivatives[J]. Quantitative Finance, 11(11): 1647-1663.

Guéant O, Pu J. 2015. Option pricing and hedging with execution costs and market impact[J]. https://arxiv.org/abs/1311.4342v8.

Guesnerie R. 1992. An exploration of the educative justifications of the rational-expectations hypothesis[J]. American Economic Review, 82(5): 1254-1278.

Guesnerie R. 1993. Successes and failures in coordinating expectations[J]. European Economic Review, 37(2/3): 243-268.

Harrison J M, Kreps D M. 1979. Martingales and arbitrage in multiperiod securities markets[J]. Journal of Economic Theory, 20(3): 381-408.

Haug J. 2001. Explicit characterizations of financial prices with history-dependent utility[J]. Journal of Mathematical Economics, 36(4): 337-356.

Heemeijer P, Hommes C, Sonnemans J, et al. 2009. Price stability and volatility in markets with positive and negative expectations feedback: an experimental investigation[J]. Journal of Economic Dynamics and Control, 33(5): 1052-1072.

Hirshleifer D A, Subrahmanyam A, Titman S. 2006. Feedback and the success of irrational investors[J]. Journal of Financial Economics, 81(2): 311-338.

Hirshleifer D, Luo G Y. 2001. On the survival of overconfident traders in a competitive securities market[J]. Journal of Financial Markets, 4(1): 73-84.

Hirshleifer D, Teoh S H. 2009. Thought and behavior contagion in capital markets[C]//Hens T, Schenk-Hoppé K R. Handbook of Financial Markets: Dynamics and Evolution[M]. Amsterdam: North-Holland: 1-56.

Hirshleifer D. 2001. Investor psychology and asset pricing[J]. Journal of Finance, 56(4): 1533-1597.

Hommes C H, Kiseleva T, Kuznetsov Y A, et al. 2012. Is more memory in evolutionary selection (de)stabilizing[J]. Macroeconomic Dynamics, 16(3): 335-357.

Hommes C, Tuinstra J, Sonnemans J, et al. 2005. A strategy experiment in dynamic asset pricing[J]. Journal of Economic Dynamics and Control, 29(4): 823-843.

Hommes C, Wagener F. 2009. Complex evolutionary systems in behavioral finance[C]//Hens T, Schenk-Hoppé K R. Handbook of Financial Markets: Dynamics and Evolution. Amsterdam: North-Holland: 217-276.

Hommes C. 2006. Heterogeneous agent models in economics and finance[C]//Tesfatsion L, Judd K

L. Handbook of Computational Economics. Amsterdam: North-Holland: 1107-1186.

Hommes C. 2013. Reflexivity, expectations feedback and almost self-fulfilling equilibria: economic theory, empirical evidence and laboratory experiments[J]. Journal of Economic Methodology, 20(4): 406-419.

Hong H, Stein J C. 1999. A unified theory of underreaction, momentum trading and overreaction in asset markets[J]. Journal of Finance, 54(6): 2143-2184.

Hou Y, Li S. 2014. The impact of the CSI 300 stock index futures: Positive feedback trading and autocorrelation of stock returns[J]. International Review of Economics & Finance, 33: 319-337.

Jin X, Shen D H, Zhang W. 2016. Has microblogging changed stock market behavior? Evidence from China[J]. Physica A: Statistical Mechanics and its Applications, 452: 151-156.

Kahn B. 2015. Electroencephalogram (EEG) signal processing, wave identification, and emotion recognition[D]. Northridge: California State University.

Kahneman D, Tversky A. 1979. Prospect theory: an analysis of decision under risk[J]. Econometrica, 47(2): 263-291.

Kahneman D, Tversky A. 1992. Advances in prospect theory: cumulative representation of uncertainty[J]. Journal of Risk and Uncertainty, 5(4): 297-323.

Kahneman D. 2003. A psychological perspective on economics[J]. American Economic Review, 93(2): 162-168.

Kim K-J, Han I. 2000. Genetic algorithms approach to feature discretization in artificial neural networks for the prediction of stock price index[J]. Expert Systems with Applications, 19(2): 125-132.

Kim M J, Min S H, Han I. 2006. An evolutionary approach to the combination of multiple classifiers to predict a stock price index[J]. Expert Systems with Applications, 31(2): 241-247.

Klapper D, Ebling C, Temme J. 2005. Another look at loss aversion in brand choice data: can we characterize the loss averse consumer?[J]. International Journal of Research in Marketing, 22(3): 239-254.

Koutmos G. 1997. Feedback trading and the autocorrelation pattern of stock returns: further empirical evidence[J]. Journal of International Money and Finance, 16(4): 625-636.

Kuznitz A. 2001. Direct Wealth Preference in an Endowment Economy[D]. Ph.D. dissertation of Tel Aviv University.

L'Her J-F, Suret J-M. 1995. Heterogeneous expectations, short sales regulation, and the risk-return relationship[J]. Financial Review, 30(4): 637-662.

Lakonishok J, Shleifer A, Vishny R W. 1992. The impact of institutional trading on stock prices[J]. Journal of Financial Economics, 32(1): 23-43.

Laopodis N T. 2005. Feedback trading and autocorrelation interactions in the foreign exchange market: further evidence[J]. Economic Modelling, 22(5): 811-827.

LeBaron B. 2006. Agent-based computational finance[C]//Tesfatsion L, Judd K L. Handbook of Computational Economics. Amsterdam: North-Holland: 1187-1233.

Lee C M C, Myers J, Swaminathan B. 1999. What is the intrinsic value of the dow?[J]. Journal of Finance, 54(5): 1693-1741.

Lee C M C, Shleifer A, Thaler R H. 1991. Investor sentiment and the closed-end fund puzzle[J]. Journal of Finance, 46 (1) :75-109.

Lee C M C, Swaminathan B. 2000. Price momentum and trading volume[J]. Journal of Finance, 55 (5) : 2017-2069.

Leigh W, Purvis R, Ragusa J M. 2002. Forecasting the NYSE composite index with technical analysis, pattern recognizer, neural networks, and genetic algorithm: a case study in romantic decision support[J]. Decision Support Systems, 32 (4) : 361-377.

Lettau M, Ludvigson S. 2001. Consumption, aggregate wealth, and expected stock returns[J]. Journal of Finance, 56 (3) : 815-849.

Li L F, Fleisher B M. 2004. Heterogeneous expectations and stock prices in segmented markets: application to Chinese firms[J]. The Quarterly Review of Economics and Finance, 44 (4): 521-538.

Li Y M, Zhong M S. 2005. Consumption habit and international stock returns[J]. Journal of Banking & Finance, 29 (3) : 579-601.

Lintner G. 1998. Behavioral finance: why investors make bad decisions[J]. The Planner, 13 (1) : 7, 8.

Liu Y-F, Zhang W, Xu C, et al. 2014. Impact of information cost and switching of trading strategies in an artificial stock market[J]. Physica A: Statistical Mechanics and Its Applications, 407: 204-215.

Lo A W, MacKinlay A C. 1988. Stock market prices do not follow random walks: evidence from a simple specification test[J]. The Review of Financial Studies, 1 (1) : 41-66.

Loomes G, Sugden R. 1982. Regret theory: an alternative theory of rational choice under uncertainty[J]. The Economic Journal, 92 (368) : 805-824.

Lucas R E Jr. 2003. Macroeconomic priorities[J]. American Economic Review, 93 (1) : 1-14.

Lux T. 2009. Stochastic behavioural asset-pricing models and the stylized facts[C]//Hens T, Schenk-Hoppé K R. Handbook of Financial Markets: Dynamics and Evolution. Amsterdam: North-Holland: 161-215.

Lux T, Marchesi M. 1999. Scaling and criticality in a stochastic multi-agent model of a financial market[J]. Nature, 397 (6719) : 498-500.

Lux T, Marchesi M. 2000. Volatility clustering in financial markets: a micro simulation of interacting agents[J]. International Journal of Theoretical and Applied Finance, 3 (4) , 675-702.

Madhavan A, Panchapagesan V. 2000. Price discovery in auction markets: a look inside the black box[J]. The Review of Financial Studies, 13 (3) : 627-658.

Madhavan A. 1992. Trading mechanisms in securities markets[J]. Journal of Finance, 47 (2): 607-641.

Mandelbrot B B, van Ness J W. 1968. Fractional Brownian motions, fractional noises and applications[J]. SIAM Review, 10 (4) : 422-437.

Mandelbrot B B, Wallis J R. 1968. Noah, Joseph, and operational hydrology[J]. Water Resources Research, 4 (5) : 909-918.

Mandelbrot B B. 1997. Fractals and Scaling in Finance: Discontinuity, Concentration, Risk[M]. New York: Springer.

Mariani M C, Liu Y. 2006. A new analysis of intermittence, scale invariance and characteristic scales applied to the behavior of financial indices near a crash[J]. Physica A: Statistical Mechanics and Its Applications, 367: 345-352.

McMillan D G. 2003. Non-linear predictability of UK stock market returns[J]. Oxford Bulletin of Economics & Statistics, 65(5): 557-573.

Mehra R, Prescott E C. 1985. The equity premium: a puzzle[J]. Journal of Monetary Economics, 15(2): 145-161.

Mehra R, Sah R. 2002. Mood fluctuations, projection bias, and volatility of equity prices[J]. Journal of Economic Dynamic and Control, 26(5): 869-887.

Mizuno T, Nakano T, Takayasu M, et al. 2004. Traders' strategy with price feedbacks in financial market[J]. Physica A: Statistical Mechanics and Its Applications, 344(1/2): 330-334.

Neal R, Wheatley S M. 1998. Do measures of investor sentiment predict returns?[J]. Journal of Financial and Quantitative Analysis, 33(4): 523-547.

Nelson C, Kim M. 1993. Predictable stock returns: the role of small sample bias[J]. Journal of Finance, 48(2): 641-661.

Ng D, Sadeghi M. 2005. Loss aversion asset pricing model performance: empirical evidence from five pacific-basin countries[J]. Contemporary Studies in Economic and Financial Analysis, 86: 235-271.

Ni S X, Pan J, Poteshman A M. 2008. Volatility information trading in the option market[J]. Journal of Finance, 63(3): 1059-1091.

Ni S X, Pearson N D, Poteshman A M. 2005. Stock price clustering on option expiration dates[J]. Journal of Financial Economics, 78(1): 49-87.

Nofsinger J R, Sias R W. 1999. Herding and feedback trading by institutional and individual investors[J]. Journal of Finance, 54(6): 2263-2295.

Odean T. 1998. Are investors reluctant to realize their losses? [J]. Journal of Finance, 53(5): 1775-1798.

Ofek E, Richardson M, Whitelaw R F. 2004. Limited arbitrage and short sales restrictions: evidence from the options markets[J]. Journal of Financial Economics, 74 (2): 305-342.

Olsen R. 1998.Behavioral finance and its implications for stock price volatility[J]. Financial Analysis Journal, 54(2): 10-18.

Osler C, Savaser T. 2011. Extreme returns: The case of currencies[J]. Journal of Banking & Finance, 35(11): 2868-2880.

Ou J A, Penman S H. 1989. Financial statement analysis and the prediction of stock returns[J]. Journal of Accounting and Economics, 11(4): 295-329.

Pagano M S, Schwartz R A. 2003. A closing call's impact on market quality at Euronext Paris[J]. Journal of Financial Economics, 68(3): 439-484.

Paulos J A. 2003. A Mathematician Plays the Stock Market[M]. New York: Basic Books.

Peng L, Röell A. 2014. Managerial incentives and stock price manipulation[J]. Journal of Finance, 69(2): 487-526.

Picard R W. 1997. Affective Computing [M]. London: MIT Press.

Pontiff J. 1996. Costly arbitrage: evidence from closed-end funds[J]. The Quarterly Journal of

Economics, 111(4): 1135-1151.

Poteshman A M. 2001. Underreaction, overreaction, and increasing misreaction to information in the options market[J]. Journal of Finance, 56(3): 851-876.

Prast H M, Vor M P HD. 2005, Investor reactions to news: a cognitive dissonance analysis of the euro-dollar exchange rates[J]. European Journal of Political Economy, 21(1): 115-141.

Protter P. 2001. A partial introduction to financial asset pricing theory [J]. Stochastic Processes and Their Applications, 91(2): 169-203.

Pruna R T, Polukarov M, Jennings N R. 2016. A new structural stochastic volatility model of asset pricing and its stylized facts. http://cn.arxiv.org/abs/1604.08824[2017-07-19].

Rajesh K A, Wu G J. 2006. Stock market manipulation[J]. Journal of Business, 79(4): 1915-1953.

Red'ko V G, Mosalov O P, Prokhorov D V. 2005. A model of evolution and learning[J]. Neural Networks, 18(5/6): 738-745.

Ritter J R. 2003. Behavioral finance[J]. Pacific-Basin Finance Journal, 11(4): 429-437.

Rozkosz A, Slomiński L. 1997. On stability and existence of solutions of SDEs with reflection at the boundary[J]. Stochastic Processes and Their Applications, 68(2): 285-302.

Salm C A, Schuppli M. 2010. Positive feedback trading in stock index futures: International evidence[J]. International Review of Financial Analysis, 19(5): 313-322.

Saunders, E M J. 1993. Stock prices and wall street weather[J]. American Economic Review, 83(5): 1337-1345.

Schroder M, Skiadas C. 1999. Optimal consumption and portfolio selection with stochastics differential utility[J]. Journal of Economic Theory, 89(1): 68-126.

Seydel R U. 2009 .Tools for Computational Finance. [M].4th ed. Heidelberg: Springer.

Shefrin H, Statman M. 1985. The disposition to sell winners too early and ride losers too long[J]. Journal of Finance, 40(3): 777-790.

Shefrin H, Statman M. 1994. Behavioral capital asset pricing theory[J]. Journal of Financial and Quantitative Analysis, 29(3): 323-349.

Shefrin H. 2002. Beyond Greed and Fear: Understanding Behavioral Finance and the Psychology of Investing[M]. Oxford: Oxford University Press.

Shiller R J. 1984. Stock prices and social dynamics[J]. Brookings Papers on Economics Activity, 1984(2): 457-510.

Shiller R J. 1987. Investor behavior in the October 1987 stock market crash: survey evidence[D]. National Bureau of Economic Research Working Paper: 2446.

Shiller R J. 1990. Market volatility and investor behavior[J]. American Economic Review, 80(2): 58-62.

Shiller R J. 1995. Conversation, information, and herd behavior[J]. American Economic Review, 85(2): 181-185.

Shiller R J. 2000. Irrational Exuberance[M]. Princeton: Princeton University Press.

Shiller R J. 2003. From efficient markets theory to behavioral finance[J]. Journal of Economic Perspective, 17(1): 83-104.

Shiller R J. 2005. Irrational Exuberance[M]. 2nd ed. Princeton: Princeton University Press.

Shively P A. 2003. The nonlinear dynamics of stock prices[J]. The Quarterly Review of Economics and Finance, 43(3): 505-517.

Shleifer A, Mullainathan S. 2005. The market for news[J]. American Economic Review, 95(4): 1031-1053.

Shleifer A, Summers L H. 1990. The noise trader approach to finance[J]. Journal of Econometrics, 4(2): 19-33.

Shleifer A, Vishny RW. 1997. The limits of arbitrage[J]. Journal of Finance, 52(1), 35-55.

Shleifer A. 2000. Inefficient Markets: An Introduction to Behavioral Finance[M]. Oxford: Oxford University Press.

Smith W T. 2001. How does the spirit of capitalism affect stock market prices?[J]. The Review of Financial Studies, 14(4): 1215-1232.

Soros, G. 2003. The Alchemy of Finance[M]. New York: John Wiley & Sons.

Stracca L. 2004. Behavioral finance and asset prices: where do we stand? [J]. Journal of Economic Psychology, 25(3): 373-405.

Sun Y F, Liang X X, Guo X C, et al. 2010. Algorithm of call auction price[J]. Applied Mechanics & Materials, 20-23: 981-986.

Sun Y F, Liu C Y, Guo S M. 2017. Stochastic volatility double jump-diffusions model: The importance of distribution type of jump amplitude[J]. International Journal of Computer Mathematics, 94(5): 989-1014.

Sun Y F, Yuan G, Guo S M, et al. 2015. Does model misspecification matter for hedging? A computational finance experiment-based approach[J]. International Journal of Financial Engineering, 2(3): 1-18.

Sun Y. F. 2015. Efficient pricing and hedging under the double Heston stochastic volatility and jump-diffusion model[J]. International Journal of Computer Mathematics, 92(12): 2551-2574.

Sun Y-F, Zhang C-K, Gao J-G. 2008. Feedback and stochastic volatility stock pricing model[C]. Long Beach: 2008 International Conference on Management Science and Engineering 15th Annual Conference Proceedings: 1257-1263.

Tao J H, Tan T N. 2005. Affective computing: a review[C]//Tan J, Tan T, Picard R W. Affective Computing and Intelligent Interaction. Berlin: Springer: 981-995.

Thaler R H, Johnson E J. 1990. Gambling with the house money and trying to break even: the effects of prior outcomes on risky choices[J]. Management Science, 36(6): 643-660.

Thaler R H, Tversky A, Kahneman D, et al. 1997. The effect of myopia and loss aversion on risk taking: an experimental test[J], Quarterly Journal of Economics, 112(2): 647-661.

Thaler R H. 1993. Advances in Behavioral Finance[M]. New York: Russell Sage Foundation.

Thaler R. 1987.Seasonal movements in security prices Ⅱ: weekend, holiday, turn of the month and intraday effects[J]. Journal of Economic Perspectives, 1(2): 169-177.

Tvede L. 2002. The Psychology of Finance: Understanding the Behavioral Dynamics of Markets[M]. New York: John Wiley & Sons.

Tversky A, Kahneman D. 1974. Judgment under uncertainty: heuristics and biases[J]. Science, 1974, 185(4157): 1124-1131.

Tversky A, Kahneman D. 1991. Loss aversion and riskless choice: a reference dependent model[J]. Quarterly Journal of Economics, 106(4), 1039-1061.

Vo M T. 2008. Strategic trading when some investors receive information before others[J]. International Review of Economics & Finance, 17(2): 319-332.

Wang G C. 2015. Introduction to Computational Social Sciences: From Micro Behavior to Macro Emergence[M]. Beijing: China Social Science Press.

Wang S W. 2002. Essays on Asset Pricing under Heterogeneous Beliefs[D]. New York: New York University.

Wang Y F. 2002. Prediction stock price using fuzzy grey prediction system[J]. Expert Systems with Applications, 22(1): 33-38.

Wang Y F. 2003. Mining stock price using fuzzy rough set system[J]. Expert Systems with Applications, 24(1): 13-23.

Weil P. 1989. The equity premium puzzle and the risk-free rate puzzle[J]. Journal of Monetary Economics, 24(3): 401-421.

Westerhoff F H. 2009. Exchange rate dynamics: a nonlinear survey//Rosser J B Jr. Handbook of Research on Complexity[M]. Cheltenham: Edward Elgar: 287-325.

Wu G J. 2001. The determinants of asymmetric volatility[J]. The Review of Financial Studies, 14(3): 837-859.

Yan H F, Liu S Y. 2003. Pricing options on stocks driven by poisson jump diffusion process. Chinese Journal of Engineering Mathematics, 20(2): 35-40.

Yeung D WK. 1999. A stochastic differential game of institutional investor speculation[J]. Journal of Optimization Theory and Applications, 102(3): 463-477.

Zhang W, Li G, Xiong X, et al. 2010. Trader species with different decision strategies and price dynamics in financial markets: an agent-based modeling perspective[J]. International Journal of Information Technology & Decision Making, 9(2): 327-344.

Zhang W, Zhang Y J, Xiong X, et al. 2006. BSV investors versus rational investors: an agent-based computational finance model[J]. International Journal of Information Technology and Decision Making, 5(3): 455-466.

Zhu M, Chiarella C, He X-Z, et al. 2009. Does the market maker stabilize the market[J]. Physica A: Statistical Mechanics and Its Applications, 388(15/16): 3164-3180.

后　记

现有的金融资产定价研究范式，无论是传统主流金融资产定价研究范式，还是当前的行为资产定价研究范式，都不同程度地割裂了研究对象，因而难以从整体上把握金融资产定价系统的运行规律，所提出的理论及模型都存在其自身难以克服的缺陷.

本书就是在这种精神的指引下，将系统科学的方法论引入行为金融学研究中，研究行为资产定价理论及模型．首先系统地阐述基于系统论的行为资产定价理论；其次在该理论指导下，建立基于系统论的行为资产定价模型框架及若干个具体的定价模型，设计出带反馈的行为证券定价仿真系统；最后通过科学严谨的金融实验，揭示证券市场零和博弈下股价走势的深层次原因，并给出相关政策建议．本书提出的基于系统论的行为资产定价理论及定价模型，可为今后深入研究行为资产定价提供一种理论框架及模型参考.

受限于主客观因素，本书内容也存在局限性．首先，书中提出的基于系统论的行为资产定价理论需要进一步系统化和深化．其次，无论是模型研究还是理论应用都远未结束．下面是作者认为今后值得进一步研究的一些方向或思路.

(1) 虽然书中在基于系统论的行为证券定价理论框架下建立了两大类定价模型，但是模型中某些具体细节需要做更细致、深入的研究．例如，文中重大信息驱动股票价格波动的变化率 $I(t)$ 的设计，采用了模糊随机估计技术，对 $I(t)$ 更准确的刻画需要依赖进一步的证券基本面分析，以及认知学、心理学的研究成果．此外，构造投资者群体的心理与情感驱动价格的变化率 $N(t)$，至今仍然是科学界公开的难题．关于证券市场投资者群体的人工心理及情感计算研究，可能需要进一步吸收和借鉴心理学、认知学、系统科学理论（如耗散系统论、协同论、突变论、分形论等）、行为金融学、金融心理学、证券投资心理学、证券投资分析理论，以及人工智能技术（如模糊技术、神经网络、支持向量机、人工心理与情感计算技术等）等的研究成果．例如，应用神经网络或支持向量机技术学习投资者情绪波动驱动股票价格变化的复杂非线性模式，这样做可避免人为地定义转换函数（当然该方法也有自身无法克服的缺点）．此外，构建基于系统论的行为资产定价模型，以及股票内在投资价值模型的证券价格预测专家系统，以提高中长期预测精度，也是未来研究的重要方向．最后，在某些模型应用上，仍然需要攻克数学上的难关，以便研究成果进一步在期权市场上得到应用.

(2) 首先，本书建立的异质非理性（单阶段）均衡资产定价模型，应该被推广到多阶段模型或研究动态均衡定价模型. 其次, 在模型中可融入更多的投资者心理与行为因素, 允许异质非理性投资者之间进行博弈等. 再次, 在模型中引入滞后或者超前时间因子, 以更好地刻画真实市场中的股票价格、信息披露及投资者价格信念之间的复杂非线性时变关系; 其他非传统效用函数, 如基于消费、终期财富、社会平均财富及投资者行为因素(如财富偏好、习惯消费、追赶时髦、损失厌恶、嫉妒等)的效用函数, 都可被引进模型中, 预期应可得更有意义的结论. 最后, Brock 和 Hommes 的信念自适应系统的核心思想也可被引进模型中, 建立起投资者与证券市场共同进化系统.

(3) 书中构建的带反馈的行为证券定价系统, 也有待进一步完善. 例如, 有关投资者策略的制定部分, 可以更真实些, 如参考职业操盘手的手法来建模庄家的订单策略; 中小投资者的订单策略, 可更多融入心理自组织、情绪突变理论、非理性心理等内容, 以使仿真系统中的投资者更鲜活. 此外, 还可在系统中多设置一些交易品种, 以仿真存量资金在不同风险资产之间的流动、从而使系统可更丰富地刻画影响股价走势的因素; 等等.

最后, 在本书即将面世之际我要感谢师友和亲人. 首先, 我要深深地感谢导师刘永清教授、吴今培教授、陈世权教授、邓飞其教授、Cornelis W. Oosterlee 教授(荷兰), 是他们启发了我现在的学术思想和观点(当然一切错误都是我自己的). 导师们纷纷慷慨地把他们在系统科学、人工智能、模糊科学、自动化学科、计算金融等领域的学术专长传授给我; 他们严谨治学的态度、孜孜不倦攀登科学高峰的无畏精神, 无时无刻不感染我, 并让我受益终生. 其次, 我要感谢生我养我的父母, 他们不仅给予我生命, 而且给予我智慧. 他们讲给我听的童年故事《智者、聋人、盲人与蛇》[①]一直提醒着我, 做研究要摒弃附和作风. 再次, 在本书内容的研究过程中, 我得到多位在当时素不相识或仅一面之缘(当然现在很多已经是好朋友了)的学术前辈、专家、教授的指导或建议或鼓励. 他们是: 天津大学的张维教授、中山大学的李仲飞教授、南京大学的李心丹教授、阿姆斯特丹大学的 Cars Hommes 教授等. 在此, 向他们一一表示衷心感谢！此外, 书中引用了很多参考文献, 我也向这些论文、著作、研究报告等的作者表示衷心感谢！感谢所有同行、专家的指点, 感谢所有我教过的学生, 感谢所有读过我的作品的读者. 最后, 我要特别感谢科学出版社的编辑. 可以说, 没有他们的帮助, 就没有本书的问世.

孙有发

2019 年 6 月 24 日

---

① 智者: “刚才有条蛇从前面经过.”盲人: “真的呢. 我听到‘唆’的一声.”聋人: “怪不得我看到旁边的草在晃动.” 智者听完, 哈哈大笑.